[필터] 메뉴에서 선택하는 필터

3D

Generate Bump (Height) Map...
Generate Normal Map...

Blur(흐림 효과)

Average
Blur
Blur More
Box Blur...
Gaussian Blur...
Lens Blur...
Motion Blur...
Radial Blur...
Shape Blur...
Smart Blur...
Surface Blur...

Blur Gallery
(흐림 효과 갤러리)

Field Blur...
Iris Blur...
Tilt-Shift...
Path Blur...
Spin Blur...

Distort(왜곡)

Displace...
Pinch...
Polar Coordinates...
Ripple...
Shear...
Spherize...
Twirl...
Wave...
ZigZag...

Noise(노이즈)

Add Noise...
Despeckle
Dust & Scratches...
Median...
Reduce Noise...

Pixelate(픽셀화)

Color Halftone...
Crystallize...
Facet
Fragment
Mezzotint...
Mosaic...
Pointillize...

Render(렌더)

Flame...
Picture Frame...
Tree...
Clouds
Difference Clouds
Fibers...
Lens Flare...
Lighting Effects...

Sharpen(선명 효과)

Shake Reduction...
Sharpen
Sharpen Edges
Sharpen More
Smart Sharpen...
Unsharp Mask...

Stylize(스타일화)

Diffuse...
Emboss...
Extrude...
Find Edges
Oil Paint...
Solarize
Tiles...
Trace Contour...
Wind...

Vidoe(비디오)

De-Interlace...
NTSC Colors

Other(기타)

Custom...
High Pass...
HSB/HSL
Maximum...
Minimum...
Offset...

텍스트 뒤틀기

텍스트는 뒤틀린 모양만 제공되고 적용된 효과의 명칭이 제공되지 않으므로 확실하게 파악하고 있지 않을 경우 이것저
것 다 눌러보다가 시험 시간이 끝나는 수가 있습니다.

기본

⌒ Arc(부채꼴)

▢ Arc Lower(아래 부채꼴)

⌓ Arc Upper(위 부채꼴)

⌂ Arch(아치)

⬭ Bulge(돌출)

↻ Shell Lower
(아래가 넓은 조개)

⇡ Shell Upper
(위가 넓은 조개)

GTQ SINAGONG

GTQ SINAGONG

GTQ SINAGONG

GTQ SINAGONG

≈ Flag(깃발)

▧ Wave(파형)

ぐ Fish(물고기)

▨ Rise(상승)

GTQ SINAGONG

GTQ SINAGONG

GTQ SINAGONG

GTQ SINAGONG

▣ Fisheye(어안)

○ Inflate(부풀리기)

☲ Squeeze(양쪽 누르기)

▥ Twist(비틀기)

GTQ 2급

시나공

길벗알앤디 지음

길벗

지은이 **길벗알앤디**

강윤석, 김용갑, 김우경, 김종일

IT 서적을 기획하고 집필하는 출판 기획 전문 집단으로, 2003년부터 길벗출판사의 IT 수험서인 〈시험에 나오는 것만 공부한다!〉 시리즈를 기획부터 집필 및 편집까지 총괄하고 있다.

30여 년간 자격증 취득에 관한 교육, 연구, 집필에 몰두해 온 강윤석 실장을 중심으로 IT 자격증 시험의 분야별 전문가들이 모여 국내 IT 수험서의 수준을 한 단계 높이기 위한 다양한 연구와 집필 활동에 전념하고 있다.

GTQ 2급 – 시나공 시리즈 ㉙

Graphic Technology Qualification – Photoshop Intermediate Level

초판 발행 · 2024년 2월 19일

발행인 · 이종원
발행처 · (주)도서출판 길벗
출판사 등록일 · 1990년 12월 24일
주소 · 서울시 마포구 월드컵로 10길 56(서교동)
주문 전화 · 02)332–0931 팩스 · 02)323–0568
홈페이지 · www.gilbut.co.kr 이메일 · gilbut@gilbut.co.kr

기획 및 책임 편집 · 강윤석(kys@gilbut.co.kr), 김미정(kongkong@gilbut.co.kr), 임은정, 정혜린(sunriin@gilbut.co.kr)
디자인 · 강은경, 윤석남 제작 · 이준호, 손일순, 이진혁, 김우식 마케팅 · 조승모
영업관리 · 김명자 독자지원 · 윤정아

편집진행 및 교정 · 길벗알앤디(강윤석 · 김용갑 · 김우경 · 김종일 · 김서희) 일러스트 · 윤석남
전산편집 · 예다움 CTP 출력 및 인쇄 · 정민 제본 · 정민

ISBN 979-11-407-0854-3 13000
(길벗 도서번호 030926)

가격 22,000원

독자의 1초까지 아껴주는 길벗출판사

(주)도서출판 길벗 | IT교육서, IT단행본, 경제경영서, 어학&실용서, 인문교양서, 자녀교육서 www.gilbut.co.kr
길벗스쿨 | 국어학습, 수학학습, 어린이교양, 주니어 어학학습, 학습단행본 www.gilbutschool.co.kr

인스타그램 • @study_with_sinagong

짜잔~ '시나공' 시리즈를 소개합니다~

자격증 취득, 가장 효율적으로 공부하고 싶으시죠?
보통 사람들의 공부 패턴과 자격증 시험을 분석하여 최적의 내용을 담았습니다.

첫째 최대한 단시간에 취득할 수 있도록 노력했습니다.

포토샵을 아무리 잘 사용해도 시험에서 사용하는 기능에 충분히 숙달되어 있지 않으면 90분내에 모든 작업을 완벽히 끝내기는 매우 어렵습니다. 이 책은 포토샵의 다양한 기능중에서 GTQ 시험에 출제되는 기능만을 선별하여 시험 문제의 지시사항을 최대한 빨리 끝낼 수 있는 방법으로 반복 숙달할 수 있도록 구성했습니다.

둘째 공부하면서 답답해 하지 않도록 노력했습니다.

포토샵 같은 컴퓨터 프로그램을 사용해 본 사람이라면 누구나 경험해 봤겠지만 모르는 기능을 배울 때 주어진 기능을 설명대로 따라 하다 중간에서 막히면 대책이 없습니다. 이 책에서는 따라하면 누구나 결과가 나오도록 한 단계도 빼놓지 않고 자세하게 설명했습니다. 특히 책 출간 전에 초보자 여러 명이 직접 따라해 보면서 수정에 수정을 거듭했기 때문에 안심하고 따라 하셔도 됩니다.

셋째 학습 방향을 제시하기 위해 노력했습니다.

이 시험을 준비하는 수험생이 대부분 비전공자이다 보니 학습 방향을 잡는 데 어려움이 있습니다. 교재에 수록된 내용을 학습 방향도 파악하지 못한 채 무작정 따라하는 것은 비효율적입니다. '전문가의 조언', '시나공 Q&A 베스트', '잠깐만요' 등의 코너를 두어 "지

금 이것을 왜 하는지?", "왜 안 되는지?", "더 효율적인 방법은 없는지?" 등 옆에서 선생님이 지도하는 것처럼 친절한 가이드라인을 제공합니다.

넷째 한 번에 합격할 수 있도록 전략을 세웠습니다.

GTQ 시험에 사용되는 포토샵 기능을 문제별로 분석하여 중복된 기능을 제거하면 전체 문제 풀이에 사용되는 기능은 15가지 정도이고, 이 15가지를 이용해서 4가지 유형의 작업을 평균 100여 번 반복합니다. 즉 기능은 몇 개 안 되지만 시간이 턱없이 부족하므로 학습 전략이 필요합니다. 필터나 레이어 스타일처럼 사용법만 알고 있으면 바로 사용할 수 있는 기능과 선택 영역을 지정하거나 펜 도구처럼 숙달이 필요한 기능, 그리고 문제 풀이에 항상 사용되는 기능을 구분하여 학습 전략을 세웠습니다. 이 책에서 제시한 합격 전략대로 공부하세요. 반드시 합격할 것입니다.

끝으로 이 책으로 공부하는 모든 수험생들이 한 번에 합격할 수 있기를 기원합니다.

2024년 새로운 한 해를 시작하며

강윤석

Special thanks to …

이 책이 나오기까지 '감 놔라, 배 놔라' 미주알 고주알 참견해(?) 주시고 설문조사에 응해 주신 300여 명의 수험생, 길벗출판사 독자, 고등학교 선생님, 학원 선생님들께 깊이 감사드립니다.

기본기 다지기

동영상 강의

🎥 동영상 강의가 제공되는 내용입니다.
※ 동영상 강의는 7쪽의 '동영상 강의 수강 방법'에
   안내되어 있는 방법에 따라 시청하시면 됩니다.

실전 모의고사

최신 기출유형

'C:\길벗GTQ2급' 폴더에 "최신기출유형.pdf" 파일로 저장되어 있습니다.

1등만이 드릴 수 있는 1등 혜택!!

수험생을 위한 아주 특별한 서비스

서비스 하나 | 시나공 홈페이지
시험 정보 제공!

IT 자격증 시험, 혼자 공부하기 막막하다고요? 시나공 홈페이지에서 대한민국 최대, 50만 회원들과 함께 공부하세요.

지금 sinagong.co.kr에 접속하세요!

시나공 홈페이지에서는 최신기출문제와 해설, 시험대비자료, 선배들의 합격 수기와 합격 전략, 책 내용에 대한 문의 및 관련 자료 등 IT 자격증 시험을 위한 모든 정보를 제공합니다.

서비스 둘 | 수험생 지원센터
무엇이든 물어보세요!

공부하다 답답하거나 궁금한 내용이 있으면, 시나공 홈페이지 '묻고 답하기' 게시판에 질문을 올리세요. 길벗알앤디의 전문가들이 빠른 시간 내에 답변해 드립니다.

서비스 셋 | 시나공 만의
동영상 강좌

독학이 가능한 친절한 교재가 있어도 준비할 시간이 부족하다면?

길벗출판사의 '동영상 강좌(유료)' 이용 안내

1. 시나공 홈페이지(sinagong.co.kr)에 접속하여 로그인 하세요.
2. 상단 메뉴 중 [동영상 강좌]를 클릭하세요.
3. '유료 강좌' 카테고리에서 원하는 강좌를 선택하고 [수강 신청하기]를 클릭하세요.
4. 우측 상단의 [마이길벗] → [나의 동영상 강좌]로 이동하여 강좌를 수강하세요.
※ 기타 동영상 이용 문의 : 독자지원(02-332-0931)

시나공 시리즈는 단순한 책 한 권이 아닙니다. 여러분이 시나공 시리즈 책 한 권을 구입한 순간, Q&A 서비스에서 최신기출문제 등 각종 학습 자료까지 IT 자격증 최고 전문가들이 제공하는 온라인&오프라인 합격 보장 교육 프로그램이 함께합니다.

서비스 넷 합격 전략 동영상 강의 제공

한 번의 시험으로 합격할 수 있도록 시험의 전 과정을 따라가기 식으로 설명하는 '실제 시험장을 옮겨 놓았다!'를 동영상 강의로 제공합니다.

시나공 홈페이지에서는 이렇게 사용하세요!

1. 시나공 홈페이지(sinagong.co.kr)에 로그인하세요.
2. 상단 메뉴 중 [동영상 강좌] → [실기특강(무료)]을 클릭하세요!
3. 실기특강 목록에서 'GTQ 2급 – 실제 시험장을 옮겨 놓았다'를 클릭한 후 원하는 강좌의 〈강의보기〉를 클릭하여 시청하세요.

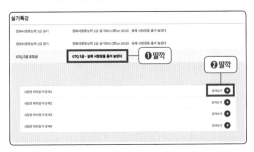

※ '실기특강' 서비스는 시나공 홈페이지 회원 중 구입 도서를 등록한 분께 제공됩니다.

QR코드는 이렇게 이용하세요!

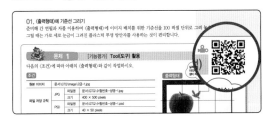

1. 스마트폰의 QR코드 리더 앱을 실행하세요!
2. 시나공 실기특강 QR코드를 스캔하세요!
3. 스마트폰을 통해 실기특강이 시작됩니다!

시나공 서비스 이용을 위한 회원 가입 방법

1. 시나공 홈페이지(sinagong.co.kr)에 접속하여 우측 상단의 〈회원가입〉을 클릭하고 〈이메일 주소로 회원가입〉을 클릭합니다.
   ※ 회원가입은 소셜 계정으로도 가입할 수 있습니다.
2. 가입 약관 동의를 선택한 후 〈동의〉를 클릭합니다.
3. 회원 정보를 입력한 후 〈이메일 인증〉을 클릭합니다.

4. 회원 가입 시 입력한 이메일 계정으로 인증 메일이 발송됩니다. 수신한 인증 메일을 열어 이메일 계정을 인증하면 회원가입이 완료됩니다.

시험에 필요한 기본 기능, 완전 마스터 ─ 기본기 다지기 편

이 책은 기초를 탄탄히 다질 수 있는 기본기 다지기 편과 다양한 실전 유형을 익힐 수 있는 실전처럼 연습하기 편으로 구성되었습니다.
여러분은 기본기 다지기 편의 예제와 따라하기를 통해 시험에 필요한 포토샵의 기본 기능을 익힐 수 있습니다.

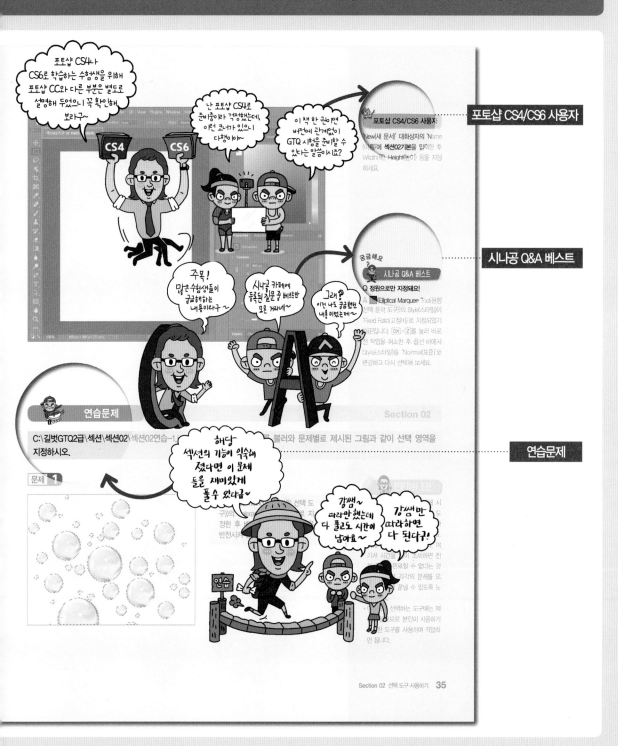

한눈에 살펴보는 시나공의 구성

IT 자격증 전문가의 합격요령

GTQ 2급 시험, 이렇게 준

GTQ는 Graphic Technology Qualifica 그래픽 자격을 뜻합니 요한 핵심 산업으로 자리 잡은 가운데, 전 민적 디지 공인도로 한국생산 시험입니다. 현재 1, 2, 3급이 시행되고 있으며 1

급수	시험방식	시험시간	합격점수	
1급		분	0점 만점에 70점 이	
2급	실무 작업형 실기시험		10점 만점에 60점	toshop CS4/CS6/CC
3급				

GTQ 2급은?

GTQ 2급은 그래픽 소프트웨어의 고급 기능을 사용하여 다양 제를 작성하게 함으로써 를 중 수준을 한 단계 높여 역량 있는 인재를 양성한다는 한국생산성본부의 시험 목적에 잘 부합합니다. 래픽 트웨어의 고급 기능을 다양하게 평가하기 때문에 수험생에게는 학습해야 할 내용이 많다는 어려움이 있지만 시험의 난이도가 높은 만큼 더욱 도전해 볼 가치가 있으며, 실무에서도 바로 써먹을 수 있으므로 합격하면 일석이조의 효과가 있습니다. 이미 언급한 바와 같이 다양한 고급 기능을 테스트하고 작업량이 많기 때문에 정해진 시간 90분 내에 모든 문제를 완벽하게 작성하기 위해서는 정확한 시간 배분과 배분된 시간 안에 끝낼 수 있도록 철저한 반복 연습이 필요합니다. GTQ 2급은 총 4 문제가 출제되며 각

실제 시험장을 옮겨 놓았다!

1 입실(시험 시작 20분 전)

GTQ 시험은 90분 동안 치러지는데 보통 20분 전에는 시험장에 입실하여 수험생 인적사항을 확인받습니다. 수험표와 자신을 증명할 수 있는 신분증을 반드시 지참해야 합니다. 주민 허증 등이 없는 초등학생은 건강보험카드나 주민등록등본을

시험장에 자리 번호가 표시된 컴퓨터에 앉아 기다리면 시험 감독

2 환경 설정 10분 전)

시험장에 장받은 후에는 지를 받을 때까지 컴퓨터를 점검할 수 있습니 꼭 필요한 간격 품 한글로 표시 등의 환 는 것이 좋습니

1. Ctrl + 를 e Pho 2022]를 클릭하여 포토샵 세 에 대한 는 대 가 표시될 때까지 Ctrl + Alt + 있어야 합

수험서의 핵심은 문제 풀이, '실제시험 따라하기 & 실전 모의고사' — 실전처럼 연습하기 편

기본기 다지기 편에서 배운 내용이 시험에서는 어떻게 적용되는지 다양한 실전 문제를 통해 반복 학습함으로써 어느새 GTQ 2급 시험에 고수가 되어 있는 자신을 발견할 수 있을 것입니다.

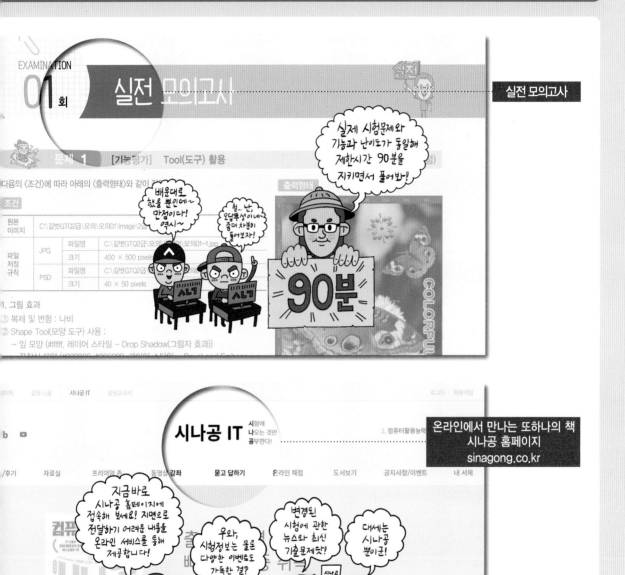

실전 모의고사

온라인에서 만나는 또하나의 책
시나공 홈페이지
sinagong.co.kr

실습용 데이터 파일을 사용하려면?

1. 시나공 홈페이지(sinagong.co.kr)에 접속하여 위쪽의 메인 메뉴에서 [자료실]을 클릭하세요.

2. '자료실'에서 [GTQ]를 클릭한 후 하위 항목에서 [GTQ 2급 포토샵]만 남기고 체크 표시를 해제하세요.

3. '실습예제'에서 '시나공 GTQ 포토샵 2급'을 클릭한 후 파일을 다운로드 하세요.

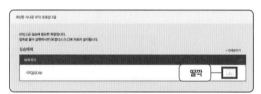

4. 압축 프로그램 창에서 〈압축풀기〉를 클릭하세요.

5. '압축풀기' 대화상자에서 압축파일을 풀어놓을 폴더를 '로컬 디스크 C:\'로 지정한 후 〈확인〉을 클릭하세요. '로컬 디스크 C:\'에 '길벗GTQ2급' 폴더가 생성됩니다.

6. 정상적으로 설치되었는지 '로컬 디스크 C:\길벗GTQ2급' 폴더를 확인하세요. 이 폴더에 저장된 파일은 책에 수록된 문제를 풀 때 사용됩니다.

폴더 및 파일의 용도

- **기출유형** : 최신 기출유형의 소스 이미지 파일
- **모의** : 실전 모의고사의 소스 이미지 파일
- **섹션** : 섹션의 소스 이미지 파일
- **시험장따라하기** : 기본기 다지기 2장 '실제 시험장을 옮겨 놓았다!'의 소스 이미지 파일
- **정답** : 책에 수록된 문제에 대한 정답 파일
- **AdbeRdr90_kor_full.exe** : PDF 파일을 읽고 인쇄할 수 있는 아크로벳 리더 프로그램의 설치용 파일로, 더블클릭하여 설치한 후 최신기출유형을 출력할 때 사용하세요.
- **최신기출유형.pdf** : 최신기출유형 5회분이 수록된 파일로, 아크로벳 리더 프로그램을 사용하여 출력하면 됩니다.

준비운동

GTQ 2급 시험, 이렇게 준비하세요.

GTQ는 Graphic Technology Qualification의 약어로 그래픽기술자격을 뜻하며, 전 세계적으로 그래픽 콘텐츠가 매우 중요한 핵심 산업으로 자리 잡은 가운데, 전 국민적 디자인 역량강화를 모토로 한국생산성본부에서 주관하는 국가공인자격시험입니다. 현재 1, 2, 3급이 시행되고 있으며 1, 2급은 국가공인자격으로 인증되었습니다.

급수	시험방식	시험시간	합격점수	사용 프로그램
1급	실무 작업형 실기시험	90분	100점 만점에 70점 이상	Adobe Photoshop CS4/CS6/CC(한글, 영문)
2급		90분	100점 만점에 60점 이상	
3급		60분		

GTQ 2급은?

GTQ 2급은 그래픽 소프트웨어의 고급 기능을 사용하여 다양한 문제를 작성하게 함으로써 디자인에 대한 대중적 이해와 수준을 한 단계 높여 역량 있는 인재를 양성한다는 한국생산성본부의 시험 목적에 잘 부합되는 시험입니다. 그래픽 소프트웨어의 고급 기능을 다양하게 평가하기 때문에 수험생에게는 학습해야 할 내용이 많다는 어려움이 있지만 시험의 난이도가 높은 만큼 더욱 도전해 볼 가치가 있으며, 실무에서도 바로 써먹을 수 있으므로 합격하면 일석이조의 효과가 있습니다. 이미 언급한 바와 같이 다양한 고급 기능을 테스트하고 작업량이 많기 때문에 정해진 시간 90분 내에 모든 문제를 완벽하게 작성하기 위해서는 정확한 시간 배분과 배분된 시간 안에 끝낼 수 있도록 철저한 반복 연습이 필요합니다. GTQ 2급은 총 4 문제가 출제되며 각 문제에 대한 세부적인 내용은 다음과 같습니다.

문제	사용 기능		배점	사용 이미지 (평균)	작업횟수 (평균)	권장 작업시간 (분)
[문제1] Tool(도구) 활용	• Selection Tool(선택 도구) • Layer Style(레이어 스타일) • Shape Tool(모양 도구)	• Type Tool(문자 도구) • Free Transform(자유 변형)	20	1	18	13
[문제2] 사진 편집 기초	• Hue(색조) • Layer Style(레이어 스타일) • Filter(필터)	• Stroke(선) • Type Tool(문자 도구) • Free Transform(자유 변형)	20	3	18	13
[문제3] 사진편집	• 배경색 지정 • Layer Style(레이어 스타일) • Shape Tool(모양 도구) • Type Tool(문자 도구) • Free Transform(자유 변형)	• Layer Mask(레이어 마스크) • Gradient(그라디언트) • Opacity(불투명도) • Filter(필터)	25	4	28	28
[문제4] 이벤트 페이지 제작	• Layer Style(레이어 스타일) • Shape Tool(모양 도구) • Gradient(그라디언트) • Opacity(불투명도)	• Filter(필터) • Type Tool(문자 도구) • Free Transform(자유 변형) • Clipping Mask(클리핑 마스크)	35	5	36	36

이렇게 공부하세요.

선택 도구를 지배하라!

GTQ 2급 문제를 풀면서 평균 7번의 선택 영역을 지정하게 됩니다. 여타 포토샵의 기능들은 사용법만 정확히 알고 있으면 한 번의 클릭이나 옵션 설정으로 끝나지만, 선택 영역을 지정하는 것은 수험생 여러분이 직접 이미지의 경계를 따라 필요한 부분만 선택하는 것이므로 충분히 연습하지 않고서는 절대 제한된 시간 안에 작업을 끝낼 수 없습니다. 포토샵을 전혀 모르면 Section 01을 먼저 공부하고 그렇지 않으면 바로 Section 02를 공부하세요. Section 02는 선택 도구 사용법과 다양한 예제를 수록했습니다. 연습 문제에 정해놓은 시간 안에 작업을 마칠 수 있도록 반복해서 연습하세요.

문제	선택 영역 지정 횟수(평균)	작업 제한시간(분)
[문제1]	1	3
[문제2]	2	6
[문제3]	3	9
[문제4]	3	9

레이어의 개념을 이해하고 시작하자!

포토샵은 레이어에서 시작해서 레이어로 끝난다고 해도 과언이 아닙니다. 캔버스에 보이는 이미지의 원리를 이해하고 레이어 마스크와 클리핑 마스크를 능숙하게 수행하려면 레이어의 개념을 이해하는 건 필수입니다. 절대 어려운 내용이 아니니 모의고사를 풀어 보기 전에 Section 04를 한 번만 제대로 따라해 보세요.

'2장 실제 시험장을 옮겨 놓았다!'를 세 번만 반복하라!!

문제별로 중복된 기능을 제거하면 전체 문제 풀이에 사용되는 기능은 15가지 정도이고, 15가지를 이용해서 4가지 유형의 작업을 평균 100여 번 반복합니다. 앞에서 언급한 선택 영역을 지정하는 것을 제외한 모든 기능은 메뉴를 선택하거나 마우스를 클릭하는 동작만으로 기능 구현이 완료되므로 손에 익숙하게만 만들면 됩니다. 두 말 말고 '2장 실제 시험장을 옮겨놓았다!'를 세 번만 반복하세요.

• 유형 1 → 이미지 전체나 일부를 작업 캔버스에 복사하고 필터, 테두리 서식 지정, 색상 보정, 레이어 스타일, 불투명도, 레이어 마스크 중 하나 이상의 기능을 적용합니다.
• 유형 2 → 사용자 정의 모양이나 모양 도구를 추가한 후 서식 지정, 불투명도, 레이어 스타일 중 하나 이상의 기능을 적용합니다.
• 유형 3 → 문자를 입력한 후 서식 지정, 레이어 스타일, 텍스트 변형 중 하나 이상의 기능을 적용합니다.
• 유형 4 → 배경색을 지정하거나 배경색 지정 후 불투명도를 적용합니다.

시간이 없습니다!!

4문제에 걸쳐 15가지 기능으로 100여 번의 작업을 90분 내에 완벽하게 처리하려면 시간이 턱없이 부족합니다. 문제 풀이에 항상 사용되는 기능은 고민하지 않고 바로 찾아 쓸 수 있도록 잘 기억해 둬야 합니다.

바로 가기 키

자주 사용하는 바로 가기 키는 몇 개 안 됩니다. 1초의 차이가 당락을 좌우한다는 것을 명심하고 꼭 외워서 사용하기 바랍니다.

분류	기능	바로 가기 키	분류	기능	바로 가기 키
기본 작업	포토샵 전체 초기화	Ctrl+Alt+Shift를 누른 채 포토샵 실행	도구 상자	표시/숨기기	Tab
	캔버스 만들기	Ctrl+N		이동 도구(⊕)	V
	저장	Ctrl+S		선택 윤곽 도구(▣, ◯)	M
	사본 저장	Ctrl+Alt+S		올가미 도구(◯, ▷, ▷)	L
	캔버스 크기	Ctrl+Alt+C		자동 선택 도구(✦)	W
	이미지 크기	Ctrl+Alt+I		그라디언트 도구(▣)	G
	파일 열기	Ctrl+O		펜 도구(✎)	P
	눈금자 표시/숨기기	Ctrl+R		문자 도구(T)	T
	안내선 표시/숨기기	Ctrl+;		패스 선택 도구(◣, ◥)	A
	안내선 지우기	Alt+V, D		모양 도구 (▣, △, ◯, ▣, ▣)	U
	격자 표시/숨기기	Ctrl+''			
	자유 변형	Ctrl+T	선택 작업	전체 선택	Ctrl+A
	복사	Ctrl+C		선택 영역 반전	Ctrl+Shift+I
	붙여넣기	Ctrl+V		선택 영역 추가	Shift를 누른 채 선택
	채우기	Shift+F5		선택 영역 제외	Alt를 누른 채 선택
	이전 작업 취소	Ctrl+Z		선택 영역 해제	Ctrl+D
화면 배율	창에 맞추기	Ctrl+⓪	펜 작업	이전 단계 취소	Delete, Backspace
	100%	Ctrl+Alt+⓪		패스 편집/선택 상태 해제	Esc 한 번/Esc 두 번
	단계별 확대	Ctrl++		패스를 선택 영역으로	Ctrl+Enter, Ctrl+패스 클릭
	단계별 축소	Ctrl+−			

사용자 정의 모양 도구

사용자 정의 모양 도구를 이용해 추가할 그림은 그림의 모양만 제시되기 때문에 제시된 그림이 어느 그룹에 속해 있는지 빨리 찾아낼 수 있도록 각 그룹의 요소들을 파악하고 있어야 합니다. 시간에 쫓겨 당황하면 눈에 뻔히 보이는 것도 못 찾는 경우가 있다는 것을 잊지 마세요(빨강색으로 표시된 모양은 시험에 자주 출제되는 모양입니다.).

Animals(동물)

Arrows(화살표)

Banners and Awards(배너 및 상장)

Frames(프레임)

Music(음악)

Nature(자연)

Objects(물건)

Ornaments(장식)

Shapes(모양)

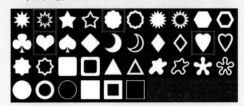

Symbols(기호)

Talk Bubbles(말 풍선)

Web(웹)

Tiles(타일)

필터

- 사용자 정의 모양 도구와 마찬가지로 필터도 필터의 이름만 제시되기 때문에 그 필터가 어느 그룹에 속해 있는지 빨리 찾아낼 수 있도록 각 그룹의 요소들을 파악하고 있어야 합니다(빨간색으로 표시된 필터는 시험에 자주 출제되는 필터입니다.).

- 필터는 종류에 따라 [필터 갤러리] 대화상자에서 선택하여 지정거나 [필터] 메뉴 목록에서 선택하여 지정할 수 있습니다.

필터 갤러리(Filter Gallry) 대화상자에서 선택하는 필터

Artistic(예술 효과)

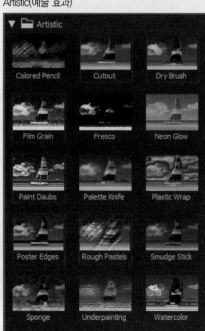

Brush Strokes(브러시 획)

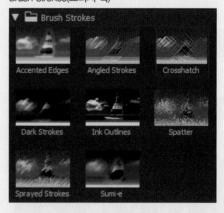

Distort(왜곡)

Sketch(스케치 효과)

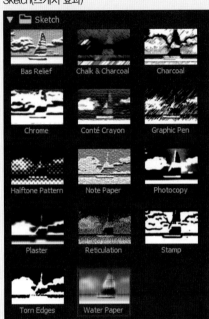

Stylize(스타일화)

Texture(텍스처화)

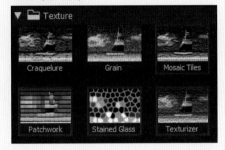

[필터] 메뉴에서 선택하는 필터

3D
- Generate Bump (Height) Map...
- Generate Normal Map...

Blur(흐림 효과)
- Average
- Blur
- Blur More
- Box Blur...
- Gaussian Blur...
- Lens Blur...
- Motion Blur...
- Radial Blur...
- Shape Blur...
- Smart Blur...
- Surface Blur...

Blur Gallery (흐림 효과 갤러리)
- Field Blur...
- Iris Blur...
- Tilt-Shift...
- Path Blur...
- Spin Blur...

Distort(왜곡)
- Displace...
- Pinch...
- Polar Coordinates...
- Ripple...
- Shear...
- Spherize...
- Twirl...
- Wave...
- ZigZag...

Noise(노이즈)
- Add Noise...
- Despeckle
- Dust & Scratches...
- Median...
- Reduce Noise...

Pixelate(픽셀화)
- Color Halftone...
- Crystallize...
- Facet
- Fragment
- Mezzotint...
- Mosaic...
- Pointillize...

Render(렌더)
- Flame...
- Picture Frame...
- Tree...
- Clouds
- Difference Clouds
- Fibers...
- Lens Flare...
- Lighting Effects...

Sharpen(선명 효과)
- Shake Reduction...
- Sharpen
- Sharpen Edges
- Sharpen More
- Smart Sharpen...
- Unsharp Mask...

Stylize(스타일화)
- Diffuse...
- Emboss...
- Extrude...
- Find Edges
- Oil Paint...
- Solarize
- Tiles...
- Trace Contour...
- Wind...

Vidoe(비디오)
- De-Interlace...
- NTSC Colors

Other(기타)
- Custom...
- High Pass...
- HSB/HSL
- Maximum...
- Minimum...
- Offset...

텍스트 뒤틀기

텍스트는 뒤틀린 모양만 제공되고 적용된 효과의 명칭이 제공되지 않으므로 확실하게 파악하고 있지 않을 경우 이것저것 다 눌러보다가 시험 시간이 끝나는 수가 있습니다.

GTQ SINAGONG	GTQ SINAGONG	GTQ SINAGONG	GTQ SINAGONG
기본	Arc(부채꼴)	Arc Lower(아래 부채꼴)	Arc Upper(위 부채꼴)
GTQ SINAGONG	GTQ SINAGONG	GTQ SINAGONG	GTQ SINAGONG
Arch(아치)	Bulge(돌출)	Shell Lower (아래가 넓은 조개)	Shell Upper (위가 넓은 조개)
GTQ SINAGONG	GTQ SINAGONG	GTQ SINAGONG	GTQ SINAGONG
Flag(깃발)	Wave(파형)	Fish(물고기)	Rise(상승)
GTQ SINAGONG	GTQ SINAGONG	GTQ SINAGONG	GTQ SINAGONG
Fisheye(어안)	Inflate(부풀리기)	Squeeze(양쪽 누르기)	Twist(비틀기)

시간이 턱없이 부족한 게 현실!

앞에서 언급한 4가지의 답안작성 유형을 채점 단위로 분류하면 9가지가 됩니다. 이 9가지 작업 유형을 전체적으로 30번 정도 수행해야 하는데, 한 가지 유형에 3~4번의 작업 공정이 필요하므로 전체적으로 100여 번의 포토샵 기능을 수행해야 합니다. 90분 안에 100여 번의 작업을 수행하려면 한 가지 기능을 50초 이내에 끝내야 합니다. 물론 충분히 연습하여 작업 유형과 관계없이 모든 작업을 제한된 시간안에 여유 있게 완성하면 좋겠지만 시험에 응시하는 수험생 대부분이 비전공자이므로 시간이 턱없이 부족한 게 현실입니다.

중요도에 따른 합격 전략을 세워야 합니다!

즉 비중을 높게 두고 수행해야 할 작업과 그렇지 않은 작업을 구분하지 않고 답안을 작성하면 열심히 하고도 합격 점수인 60점을 못 받는 경우가 발생할 수 있다는 거죠. 예를 들면, '유형 4'는 '이미지 선택 → 이미지 배치 → 색상 보정'의 작업을 해야 하며, 이미지 선택에 소요되는 시간이 월등히 많지만 각각에 대한 채점 비중은 동일합니다. 즉 이미지를 얼마나 정확하게 선택하였느냐에 관계없이 색상 보정을 하지 않으면 채점 기준 미달로 인해 0점이라는 거죠. 이제 답안 작성 전략이 왜 필요한지 알겠죠? 작업 유형별로 답안 작성 기준을 정리해 놓았으니 잘 읽어보고 자신의 강점과 약점을 고려한 자신만의 합격 전략을 세워 연습하기 바랍니다.

유형1   복사해온 이미지의 일부를 다시 복사하여 배치하기

- **평균 출제 개수** : 1개
- **배점** : 개당 2~3점이며, 부분 점수 없음. 즉 주어진 지시사항을 모두 수행하면 2~3점을 받고 하나라도 수행하지 않으면 0점임

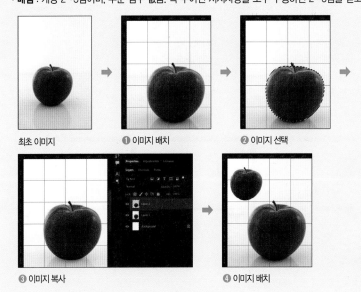

최초 이미지   ❶ 이미지 배치   ❷ 이미지 선택

❸ 이미지 복사   ❹ 이미지 배치

❶, ❹ **이미지 배치** : 수검자가 전송한 JPG 파일을 출력하여 채점하기 때문에 〈출력형태〉에 그려 놓은 기준선을 크게 벗어나지 않으면 채점 기준을 통과할 수 있습니다. 실제 채점할 때는 수검자의 출력물과 〈출력형태〉의 정답을 6등분 또는 9등분한 후 배치 위치를 비교하며 검사합니다.

❷ **이미지 선택** : 〈출력형태〉에 제시된 이미지만 선택해야 합니다. 수검자가 전송한 JPG 파일을 출력하여 채점하기 때문에 〈출력형태〉에 비해 눈에 띄게 다르게만 선택하지 않으면 채점 기준을 통과할 수 있습니다.

> **답안 작성 팁**
>
> 시간이 많이 소요되는 작업이지만 GTQ 2급 시험에서 가장 많이 사용하는 기능이므로 반드시 숙달해야 합니다. 〈출력형태〉와 비교하여 똑같이 선택하면 더할 나위 없이 좋지만 시간이 많이 소요되는 게 문제죠. 대체적으로 다음의 기준을 염두에 두고 신속히 작업하면 시간도 절약하고 채점 기준도 통과할 수 있습니다.
>
>
>
>
> ※ 시간이 부족할 경우 세 번째 그림처럼 일단 넉넉하게 선택하여 가져온 후 다른 모든 작업을 모두 마친 다음, 남는 시간을 이용해 이미지의 모양을 정리하는 것도 한 가지 방법입니다.

❸ **이미지 복사** : 수검자가 전송한 PSD 파일을 열어 채점하기 때문에 레이어 패널에 복사한 이미지의 레이어가 반드시 있어야 합니다. 기존 레이어에 복사한 이미지를 합쳐 1개의 레이어로 만들면 채점 기준 미달입니다.

유형2 사용자 정의 모양에 서식을 지정한 후 레이어 스타일 적용하기

- **평균 출제 개수** : 7개
- **배점** : 개당 2~3점이며, 부분 점수 없음

최초 이미지

➡

❶ 모양 그리기

➡

❷ 서식 지정

➡

❸ 레이어 스타일

❶ 모양 그리기

- 모양 : 모양의 종류에 대한 지시사항이 없지만 수검자가 전송한 PSD 파일을 열어 채점하기 때문에 〈출력형태〉를 보고 판단하여 정확한 모양을 선택해서 배치해야 합니다. 사용자 정의 모양은 17, 18쪽에 정리해 놓았으니 참고하세요.
- 위치 및 크기 : 수검자가 전송한 JPG 파일을 출력하여 채점하기 때문에 〈출력형태〉와 비교하여 크게 다르지 않으면 채점 기준을 통과할 수 있습니다.

❷ 서식 지정 : 수검자가 전송한 PSD 파일을 열어 채점하기 때문에 지시사항으로 주어진 색상을 정확하게 지정해야 합니다.

❸ 레이어 스타일

- 스타일 종류 : 수검자가 전송한 PSD 파일을 열어 레이어 스타일의 종류를 채점하기 때문에 반드시 지시사항으로 주어진 스타일만 정확하게 적용해야 합니다. 다른 스타일이 추가되어 있으면 채점 기준 미달입니다.
- 적용 방향, 색상, 번짐 정도 : 지시사항이 없으므로 〈출력형태〉를 보고 비슷하게 지정하면 됩니다.

유형3 이미지 테두리에 필터를 적용하고 서식 지정하기

- **평균 출제 개수** : 1개
- **배점** : 개당 3~4점이며, 부분 점수 없음

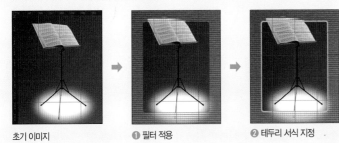

초기 이미지   ❶ 필터 적용   ❷ 테두리 서식 지정

❶ **필터 적용** : 수검자가 전송한 PSD 파일을 열어 채점하기 때문에 지시사항대로 정확하게 적용해야 하지만 필터의 적용 위치는 이미지 배치와 마찬가지로 수검자가 전송한 JPG 파일을 출력하여 채점하기 때문에 〈출력형태〉에 그려놓은 기준선을 크게 벗어나지 않으면 채점 기준을 통과할 수 있습니다.

❷ **테두리 서식 지정** : 수검자가 전송한 JPG 파일을 열어 채점하지만 지시사항이 제시되어 있으므로 주어진 대로 정확하게 처리해야 합니다. 하나라도 지시사항과 다르면 채점 기준 미달입니다.

작업 유형별 답안 작성 기준

유형4 **이미지의 일부를 가져온 후 색상 보정하기**

- **평균 출제 개수** : 1개
- **배점** : 개당 3~4점이며, 부분 점수 없음

초기 이미지

❶ 이미지 선택

❷ 이미지 배치

❸ 색상 보정

❶ **이미지 선택** : 〈출력형태〉에 제시된 이미지만 선택해야 합니다. 수검자가 전송한 JPG 파일을 출력하여 채점하기 때문에 〈출력형태〉에 비해 눈에 띄게 다르게 선택하지 않으면 채점 기준을 통과할 수 있습니다.

❷ **이미지 배치** : 수검자가 전송한 JPG 파일을 출력하여 채점하기 때문에 〈출력형태〉에 그려 놓은 기준선을 크게 벗어나지 않으면 채점 기준을 통과할 수 있습니다. 실제 채점할 때는 수검자의 출력물과 〈출력형태〉의 정답을 6등분 또는 9등분한 후 배치 위치를 비교하며 검사합니다.

❸ **색상 보정** : 수검자가 전송한 JPG 파일을 출력하여 채점하기 때문에 지시사항으로 제시된 색상 계열과 눈에 띄게 차이나는 색상이 아니라면 채점 기준을 통과할 수 있습니다.

유형5 **이미지의 일부를 가져온 후 레이어 스타일 적용하기**

- **평균 출제 개수** : 8개
- **배점** : 개당 2~3점이며, 부분 점수 없음

초기 이미지

❶ 이미지 선택

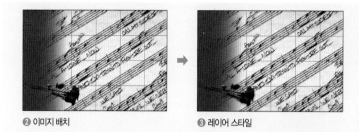

❷ 이미지 배치　　　　　　　❸ 레이어 스타일

❶ **이미지 선택** : 〈출력형태〉에 제시된 이미지만 선택해야 합니다. 수검자가 전송한 JPG 파일을 출력하여 채점하기 때문에 〈출력형태〉에 비해 눈에 띄게 다르게 선택하지 않으면 채점 기준을 통과할 수 있습니다. 자세한 내용은 '유형 1'을 참조하세요.

❷ **이미지 배치** : 수검자가 전송한 JPG 파일을 출력하여 채점하기 때문에 〈출력형태〉에 그려 놓은 기준선을 크게 벗어나지 않으면 채점 기준을 통과할 수 있습니다.

❸ **레이어 스타일**
- **스타일 종류** : 수검자가 전송한 PSD 파일을 열어 레이어 스타일의 종류를 채점하기 때문에 반드시 지시사항으로 주어진 스타일만 정확하게 적용해야 합니다. 다른 스타일이 추가되어 있으면 채점 기준 미달입니다.
- **적용 방향, 색상, 번짐 정도** : 지시사항이 없으므로 〈출력형태〉를 보고 비슷하게 지정하면 됩니다.

유형6　　이미지 전체를 복사한 후 레이어 마스크 수행하기

- **평균 출제 개수** : 1개
- **배점** : 개당 2~3점이며, 부분 점수 없음

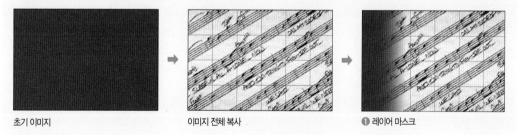

초기 이미지　　　　　　이미지 전체 복사　　　　　　❶ 레이어 마스크

❶ **레이어 마스크**
- **수행 방향** : 수검자가 전송한 PSD 파일을 열어 채점하기 때문에 반드시 지시된 방향으로 수행되어야 합니다.
- **흐릿한 정도** : 문제지에 지시사항이 없으므로 〈출력형태〉를 보고 판단해야하는데, 수검자가 전송한 JPG 파일을 출력하여 채점하기 때문에 〈출력형태〉와 크게 다르지 않으면 채점 기준을 통과할 수 있습니다.

유형7 입력한 텍스트에 서식을 지정하고 레이어 스타일을 적용한 후 텍스트 뒤틀기

- **평균 출제 개수** : 7개
- **배점** : 개당 3~4점이며, 부분 점수 없음

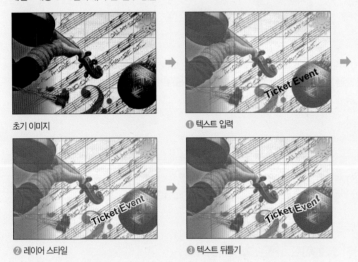

초기 이미지   ❶ 텍스트 입력

❷ 레이어 스타일   ❸ 텍스트 뒤틀기

❶ 텍스트 입력
- **내용, 글꼴(스타일, 크기, 색상)** : 수검자가 전송한 PSD 파일을 열어 채점하기 때문에 지시사항으로 주어진 대로 정확하게 처리해야 합니다. 하나라도 지시사항과 다르면 채점 기준 미달입니다.
- **위치 및 크기** : 수검자가 전송한 JPG 파일을 출력하여 채점하기 때문에 〈출력형태〉와 비교하여 크게 다르지 않으면 채점 기준을 통과할 수 있습니다.

❷ 레이어 스타일
- **스타일 종류** : 수검자가 전송한 PSD 파일을 열어 레이어 스타일의 종류를 채점하기 때문에 반드시 지시사항으로 주어진 스타일만 정확하게 적용해야 합니다. 다른 스타일이 추가되어 있으면 채점 기준 미달입니다.
- **적용 방향, 색상, 번짐 정도** : 지시사항이 없으므로 〈출력형태〉를 보고 비슷하게 지정하면 됩니다.

❸ 텍스트 뒤틀기
- **뒤틀기 모양** : 뒤틀기 모양의 종류에 대한 지시사항이 없지만 수검자가 전송한 PSD 파일을 열어 채점하기 때문에 〈출력형태〉를 보고 판단하여 정확하게 지정해야 합니다. 텍스트 뒤틀기의 종류는 구분이 어렵지 않으므로 조금만 연습해 두면 쉽게 파악할 수 있습니다. 20쪽에 정리해 놓았으니 참고하세요.
- **구부리기 정도** : 문제지에 지시사항이 없으므로 〈출력형태〉를 보고 판단해야하는데, 수검자가 전송한 JPG 파일을 출력하여 채점하므로 〈출력형태〉에 그려 놓은 기준선을 크게 벗어나지 않으면 채점 기준을 통과할 수 있습니다.

유형8 배경색 지정하기

- **평균 출제 개수** : 1개
- **배점** : 개당 1~2점이며, 부분 점수 없음

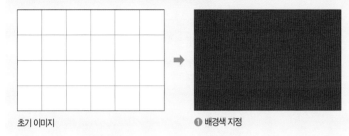

초기 이미지 　　　　　 ❶ 배경색 지정

❶ **배경색** : 수검자가 전송한 PSD 파일을 열어 채점하기 때문에 지시사항으로 주어진 색을 정확하게 지정해야 합니다.

유형9 사용자 정의 모양에 서식과 불투명도 지정하기

- **평균 출제 개수** : 2–3개
- **배점** : 개당 2~3점이며, 부분 점수 없음

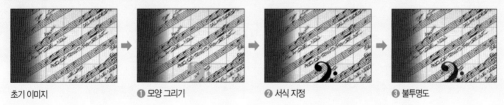

초기 이미지 　　 ❶ 모양 그리기 　　 ❷ 서식 지정 　　 ❸ 불투명도

❶ **모양 그리기**
- **모양** : 모양의 종류에 대한 지시사항이 없지만 수검자가 전송한 PSD 파일을 열어 채점하기 때문에 〈출력형태〉를 보고 판단하여 정확한 모양을 선택해서 배치해야 합니다. 사용자 정의 모양은 17, 18쪽에 정리해 놓았으니 참고하세요.
- **위치 및 크기** : 수검자가 전송한 JPG 파일을 출력하여 채점하기 때문에 〈출력형태〉와 비교하여 크게 다르지 않으면 채점 기준을 통과할 수 있습니다.

❷ **서식 지정** : 수검자가 전송한 PSD 파일을 열어 채점하기 때문에 지시사항으로 주어진 색상을 정확하게 지정해야 합니다.

❸ **불투명도** : 수검자가 전송한 PSD 파일을 열어 채점하기 때문에 반드시 지시사항대로 정확하게 처리해야 합니다.

응시 조건

→

GTQ 시험

1 원서 접수

GTQ시험은 남녀노소 누구나 응시할 수 있습니다!

함께 준비했어요~

오~키!

나만 빼고 언제…

GTQ는 필기 시험없이 실기 시험만 봅니다

GTQ 시험은 매월 시행됩니다.

◎ 포토샵 CS4/CS6/CC(한글.영문)
 ▶ 매 회차 응시 가능
◎ 검정 수수료
 ▶1급:31,000원 ▶2급:22,000원 ▶3급:15,000원

★ 자격증 신청 및 수령 ★

자격증 수령

←

신청방법
⇊
인터넷 신청만 가능!

수령 방법
⇊
등기 우편으로만 수령가능!

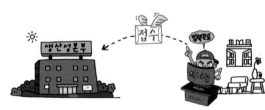

• 자격증 신청 비용 : 6,900원
• 결제 수수료 및 배송비 포함

2 시험

3 합격여부 확인

한눈에 보는 GTQ 2급 시험 절차

 시험 시작 20분 전

시험장 입실

수험표 또는 자리배치표에 지정된 PC에 앉으세요.

컴퓨터 이상 유무 확인

컴퓨터를 켠 후 이상 유무를 점검합니다. 컴퓨터 시스템에 이상이 있으면 감독위원에게 즉시 자리 변경을 요청하세요.

 시험 시작 5분 전

수험번호 입력

감독위원의 지시에 따라 바탕 화면에 있는 'KOAS 수험자용' 아이콘(📋)을 실행하여 자신의 수험번호를 입력하고 〈확인〉을 클릭하세요.

수험자 등록
수험자의 수험번호를 입력하세요.
등록된 정보는 수정이 불가능합니다.
고사실 PC 주소   192.1.50.33
수험번호   G1234
구분   ◉ 정상 ○ 재시험자/연기자
고사실 연결 테스트   확인   취소

 시험 시작 1시간 30분 후

시험 종료

• 감독위원이 시험 종료를 예고하면 최종적으로 작업한 내용을 저장하고, 수검용 프로그램을 이용하여 답안을 전송하세요.
• 시험이 종료되면 〈수험자 시험 종료〉 단추를 클릭하세요.

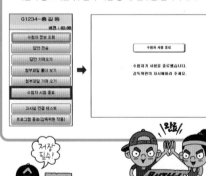

문제 풀이

시험 시간은 90분입니다. 문제가 완성될 때마다 작성한 jpg와 psd 파일은 감독관 PC로 전송해야 합니다. 그래야 컴퓨터 고장으로 인해 다른 컴퓨터로 자리를 옮겨도 감독관 PC에 저장된 파일을 받아서 다시 작업할 수 있습니다.

퇴실

시험 종료 메시지가 화면에 표시되면 감독위원에게 시험지를 제출한 후 퇴실하세요.
※ 자세한 내용은 '2장 실제시험장을 옮겨 놓았다!' 부분을 참고하세요.

프로그램 버전 선택

시험에서 사용할 프로그램을 선택한 다음 〈확인〉을 클릭하면 수험자 정보가 표시됩니다. 정보에 이상이 없으면 〈확인〉을 클릭하세요.

시험 대기

'시험 시작 전 준비 화면'이 표시되면 키보드나 마우스를 사용할 수 없도록 PC가 잠금 상태로 됩니다. 감독위원의 지시에 따르세요.

 시험 시작

포토샵 실행하기

시험이 시작되면 포토샵 프로그램을 시행시킵니다. 문제를 풀 때마다 먼저 '수험번호–성명–문제번호'로 캔버스를 만든 후 작업을 시작합니다.

문제지 수령

4면으로 된 시험지가 배부됩니다. 1면은 지시사항, 2∼4면은 완성할 문제입니다. 문제를 받으면 평소 연습하던 내용과 다른 부분이 있는지 지시사항을 자세히 읽어보세요.

GTQ 시험, 이것이 궁금하다!

Q GTQ 자격증 취득 시 독학사 취득을 위한 학점이 인정된다고 하던데, 학점 인정 현황은 어떻게 되나요?

A

종목	학점	종목	학점
정보처리기사	20	워드프로세서	4
정보처리산업기사	16	ITQ A급	6
사무자동화산업기사	16	ITQ B급	4
컴퓨터활용능력 1급	14	GTQ 1급	5
컴퓨터활용능력 2급	6	GTQ 2급	3

※ 자세한 내용은 평생교육진흥원 학점은행 홈페이지(https://cb.or.kr)를 참고하세요.
※ ITQ A급 : 5과목 중 3과목이 모두 A등급인 경우
※ ITQ B급 : 5과목 중 3과목이 모두 B등급 이상인 경우

Q GTQ 시험 응시 수수료는 얼마인가요?

A 1급은 31,000원, 2급은 22,000원, 3급은 15,000원입니다.

Q GTQ 시험에서 사용하는 프로그램과 버전을 알고 싶어요.

A Adobe Photoshop CS4/CS6/CC(한글, 영문)입니다.

Q GTQ 시험은 1, 2, 3급으로 구분되어 있는데, 3급부터 순서대로 응시해야 하나요?

A 급수에 상관없이 1급 취득 후 2, 3급 응시도 가능합니다.

Q 시험 신청 후 시험 시간은 어디서 확인하나요?

A 원서 접수가 마감되면 약 10일 후 수험표가 공고됩니다. license.kpc.or.kr에 접속하여 접수내역 및 수험표를 조회하면 시험 시간, 시험 과목 및 고사장 정보를 확인할 수 있습니다.

Q 시험을 접수한 후 시험 시간이나 시험 장소를 변경할 수 있나요?

A GTQ 시험 시간은 컴퓨터에 의해 자동 배정되며, 배정된 시험 시간은 변경이 불가능합니다. 시험 장소는 접수 시 수험생이 선택하는 것으로 접수 기간 이후에는 장소를 변경할 수 없습니다.

Q 시험 합격 후에는 자격증이 집으로 배달되나요?

A 아닙니다. 시험에 합격해도 자격증 발급을 신청하지 않으면 자격증을 받을 수 없습니다.

Q 자격증 발급을 신청한 후 몇 일만에 자격증을 받을 수 있나요?

A 자격증은 신청 후 14일 이후에 받을 수 있습니다.

Q GTQ 시험의 합격 기준은 어떻게 되나요?

A 1급은 70점 이상, 2급과 3급은 60점 이상 점수를 얻어야 합격입니다.

Q 접수한 시험을 취소하고 환불받을 수 있나요? 받을 수 있다면 환불 방법을 알려주세요.

A 네, 가능합니다. 하지만 신청 기간 및 사유에 따라 환불 비율에 차이가 있습니다.

검정수수료 반환 사유	검정수수료 반환 규정
검정수수료 반환 규정수수료를 과오 납입한 경우	과오 납입한 금액 반환
검정 시행기관의 귀책사유로 인해 시험에 응시하지 못한 경우	재시험(다음 회차) 또는 100% 환불
접수 시작일로부터 13일(18시 기준) 이내로 접수를 취소한 경우	100% 환불(단, 여러 과목을 접수한 경우는 부분 과목 취소 불가능)
접수 시작일로부터 14일(10시 기준) 이후부터 시험 3일(18시 기준) 전까지 접수를 취소한 경우	50% 환불(단, 여러 과목을 접수한 경우는 부분 과목 취소 불가능)

Q 시험 점수를 확인할 수 있나요?

A GTQ 시험은 합격 여부만 확인할 수 있으며, 점수는 비공개입니다.

Q 시험 후 합격자는 언제쯤 발표하나요?

A 합격자 발표는 시험일로부터 3주 후에 license.kpc.or.kr에서 확인할 수 있습니다.

기본기 다지기

1장

기본 작업

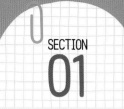

포토샵은 어도비 사에서 개발한 대표적인 이미지 편집 프로그램입니다. 이번 섹션에서는 포토샵의 화면 구성과 도구 상자 등 포토샵 사용에 있어 기본적인 내용을 배웁니다. GTQ 시험에서 자주 사용되는 도구와 패널은 비교적 자세히 설명했으니 잘 정리해 두세요.

 전문가의 조언

포토샵 구성 요소들에 대한 기능이나 명칭이 시험에 나오는 것은 아니지만 교재에서 지시하는 내용이 무엇인지 파악하고 따라하려면 명칭을 정확히 알고 있어야 합니다.

① Photoshop CC 프로그램의 화면 구성

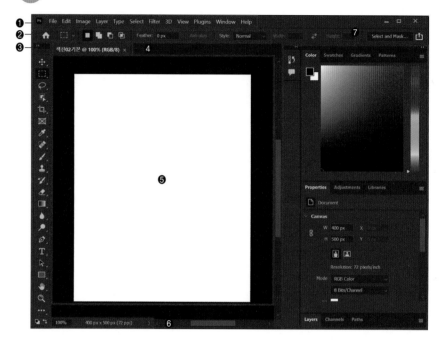

 전문가의 조언

GTQ 시험에서 사용할 수 있는 소프트웨어는 Adobe Photoshop CS4(한글/영문) 이상이며, 이 교재는 Adobe Photoshop CC 2022 버전을 기준으로 설명합니다.

❶ 메뉴 표시줄 : 포토샵에서 제공하는 다양한 기능을 실행하는 메뉴들을 모아 놓은 곳

❷ 옵션 바 : 도구 상자에서 선택한 도구에 대한 세부적인 기능을 설정하는 곳

❸ 도구 상자 : 이미지 편집 작업에 사용되는 다양한 기능들을 각각의 아이콘으로 만들어 모아 놓은 곳으로, 아이콘 오른쪽 아래에 삼각형이 있는 아이콘은 누르고 있으면 숨은 메뉴가 표시됨

❹ 파일 이름 탭 : 작업중인 파일의 이름과 화면 확대 비율, 그리고 색상 모드가 표시됨

❺ 캔버스 : 실제적으로 이미지를 편집하는 작업 공간

❻ 상태 표시줄 : 화면 확대 비율, 파일 크기 등 현재 작업 중인 파일에 대한 정보가 표시됨

❼ 패널(Panel) : 자주 사용하는 기능들을 그룹별로 모아 놓은 곳으로, [Window] 메뉴에서 선택하여 구성할 수 있음

2 도구 상자

숨은 도구가 있는 도구는 아이콘 오른쪽 아래에 삼각형이 표시되어 있고, 해당 도구를 잠시 클릭한 상태로 있거나 마우스 오른쪽 버튼을 클릭하면 숨은 도구가 표시됩니다.

Marquee Tool(선택 윤곽 도구 M) : 사각형, 원형, 가로선, 세로선으로 영역을 선택함

Object Selection/Quick Selection/Magic Wand Tool(개체/빠른/자동 선택 도구 W) : 개체의 일부/가장자리 따라/ 비슷한 색상을 자동으로 선택함

Frame Tool(프레임 도구 K) : 사각형 또는 타원 프레임을 그려 프레임 안에 이미지를 채울 때 사용함

Spot Healing Brush/Healing Brush/Patch/Content-Aware Move/Red Eye Tool(스팟 복구 브러시/복구 브러시/패치/내용 인식 이동/적목 현상 도구 J) : 이미지를 복원 및 수정하거나 자동으로 채우고 적목 현상을 제거함

Clone/Pattern Stamp Tool(복제/패턴 도장 도구 S) : 이미지나 패턴을 복제하여 다른 부분에 붙여넣음

Eraser/Background Eraser/Magic Eraser Tool(지우개/배경 지우개/자동 지우개 도구 E) : 이미지/샘플링된 색상과 비슷한 색상을 지움

Blur/Sharpen/Smudge Tool(흐림/선명 효과/손가락 도구) : 이미지를 흐릿하거나 선명하게 만듦

Dodge/Burn/Sponge Tool(닷지/번/스폰지 도구 O) : 이미지의 색상이나 채도를 조절함

Type Tool(문자 도구 T) : 글자를 입력하거나 편집함

Shape Tool(모양 도구 U) : 정형적인 형태의 모양을 그림

Zoom Tool(돋보기 도구 Z) : 이미지를 확대하거나 축소함

Default Foreground and Background Colors(기본 전경색과 배경색) : 전경색을 검정색, 배경색을 흰색으로 지정함

보기 모드 : 빠른 마스크 모드와 표준 모드로 전환함

Move/Artboard Tool(이동/대지 도구 V) : 선택 영역 또는 아트보드, Layer(레이어), 안내선 등을 드래그 하여 이동시킴

Lasso Tool(올가미 도구 L) : 자유롭게 이미지를 선택함

Crop/Perspective Crop/Slice/Slice Select Tool(자르기/원근 자르기/분할 영역/분할 영역 선택 도구 C) : 이미지를 원하는 크기로 자름

Eyedropper/3D Material Eyedropper/Color Sampler/Ruler/Note/Count Tool(스포이드/3D 재질 스포이드/색상 샘플러/눈금자/메모/카운트 도구 I) : 원하는 색상을 추출하거나 각도와 길이 등을 잴 때 사용함

Brush/Pencil/Color Replacement/Mixer Brush Tool(브러시/연필/색상 대체/혼합 브러시 도구 B) : 붓이나 연필로 그림을 그리거나 색을 입힘

History/Art History Brush Tool(작업 내역/미술 작업 내역 브러시 도구 Y) : 원본 이미지로 복구하거나 붓 터치를 적용함

Gradient/Paint Bucket/3D Material Drop Tool(그레이디언트/페인트 통/3D 재질 놓기 도구 G) : 두 가지 이상의 색상이나 재질을 자연스럽게 혼합하여 표현하거나 색을 채움

Pen Tool(펜 도구 P) : 패스(Path)를 만들거나 수정함

Selection Tool(선택 도구 A) : 패스(Path)나 모양(Shape)을 선택하거나 모양을 변경함

Hand/Rotate View Tool(손/회전 보기 도구 H/R) : 화면내의 이미지를 이동함

Switch Foreground and Background Colors(전경색과 배경색 전환) : 전경색과 배경색을 서로 바꿈

Set Foreground/Background Color(전경색/배경색 설정) : 전경색과 배경색을 지정함

Change Screen Mode(화면 모드 변경) : Standard Screen Mode/Full Screen Mode With Menu Bar/Full Screen Mode(표준 화면 모드/메뉴 막대가 있는 전체 화면 모드/전체 화면 모드 F) : 포토샵 화면 표시 방법으로 표준 화면과 메뉴 막대가 있거나 없는 전체 화면 모드로 전환함

③ 주요 도구의 기능 및 옵션

01. ⊕ (Move Tool(이동 도구, 바로 가기 키 : Ⓥ))

선택 영역, 레이어, 안내선 등 캔버스의 개체들을 원하는 위치로 이동할 때 사용합니다. Alt 를 누른 채 드래그 하면 복사됩니다.

옵션 바

❶ ⊕ (Tool Preset(도구 사전)) : 자주 사용하는 도구에 여러 가지 옵션들을 미리 설정하여 저장해 놓은 곳으로, 사용자는 일일이 옵션을 지정하지 않고도 필요한 옵션이 지정된 도구를 선택해 사용할 수 있음

❷ Auto-Select(자동 선택) : 체크 표시를 해 놓으면 캔버스의 이미지를 클릭했을 때 현재 작업 레이어에 관계없이 해당 이미지가 속해 있는 레이어가 선택됨

❸ Show Transform Controls(변형 컨트롤 표시) : 이미지를 크기, 방향, 회전 등을 변경할 수 있는 상태로 표시함

❹ Align(정렬) : 서로 다른 레이어에 있는 이미지들을 정해진 기준으로 정렬함

❺ Distribute(분포) : 서로 다른 레이어에 있는 이미지들의 간격을 조절함

02. Marquee Tool(선택 윤곽 도구, 바로 가기 키 : Ⓜ)

사각형, 원 등 정해진 모양으로 선택 영역을 지정할 때 사용합니다.

• ▥ (Rectangular Marquee Tool(사각형 선택 윤곽 도구))

• 🔘(Elliptical Marquee Tool(원형 선택 윤곽 도구))

옵션 바

❶ ■(New selection(새 선택 영역)) : 선택 영역을 지정할 때 마다 그 영역을 새로운 영역으로 선택함

❷ ■(Add to selection(선택 영역에 추가)) : 이미 선택된 영역에 새로 선택하는 영역을 추가함

❸ ■(Subtract from selection(선택 영역에서 빼기)) : 이미 선택된 영역에서 새로 선택하는 영역을 제외함

❹ ■(Intersect with selection(선택 영역과 교차)) : 이미 선택한 영역과 새로 선택하는 영역이 교차하는 부분만을 선택 영역으로 지정함

❺ Feather(페더) : 선택하는 영역의 경계에 대한 부드러운 정도로, 수치가 클수록 경계가 부드러워짐. 0~1,000 픽셀까지 지정할 수 있음

  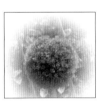

원본 이미지   Feather 0   Feather 50   Feather 100

❻ Anti-alias(앤티 앨리어스) : 체크하면 곡선의 계단 현상을 최대한 부드럽게 처리하는 것으로, 🔘(Elliptical Marquee Tool(원형 선택 윤곽 도구))에서만 선택할 수 있음

Anti-alias 선택   Anti-alias 해제

❼ Style(스타일)
- Normal(표준) : 마우스를 원하는 대로 드래그 하여 영역을 선택함
- Fixed Ratio(고정비) : 가로(Width, 폭)와 세로(Height, 높이)의 비율을 지정하여 지정된 비율대로 영역을 선택함
- Fixed Size(크기 고정) : 가로(Width, 폭) 픽셀 수와 세로(Height, 높이) 픽셀 수를 입력하여 영역을 선택함

❽ Select and Mask(선택 및 마스크) : Radius(반경), Contrast(대비), Smooth(매끄럽게), Feather(페더) 등을 이용하여 선택 영역의 가장자리(테두리)를 자연스럽게 다듬어줌

03. Lasso Tool(올가미 도구, 바로 가기 키 : ⌊L⌋)

자유 곡선, 다각형, 자석 효과 등을 이용하여 모양에 구애 받지 않는 영역을 선택 영역으로 지정할 때 사용합니다.

Lasso Tool(올가미 도구)

- (Lasso Tool(올가미 도구)) : 마우스를 자유롭게 드래그 하여 선택 영역을 지정함

- (Polygonal Lasso Tool(다각형 올가미 도구)) : 마우스로 클릭하는 지점들을 직선으로 연결하여 선택 영역을 지정함

- (Magnetic Lasso Tool(자석 올가미 도구)) : 자석에 붙는 것처럼 이미지간 색상 차가 나는 부분을 따라서 자동으로 선택 영역을 지정함

'올가미 도구/다각형 올가미 도구'의 옵션 바

'자석 올가미 도구'의 옵션 바

전문가의 조언

옵션 바의 구성 요소 중 앞에서 설
명한 요소는 설명을 생략했으니 생
각나지 않으면 앞 쪽을 참조하세요.

❶ Width(폭) : 경계 영역 색상 추출 정도를 지정하는 것으로 수치가 낮을수록 색상을 엄
격하게 구분하여 선택함(1~256 px)

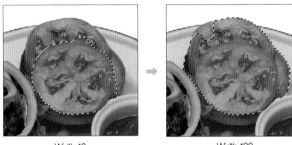

Width 10   Width 100

❷ Contrast(대비) : 경계 영역 간의 색상 대비 정도를 지정하는 것으로, 수치가 낮을수록
대비가 적은 색상의 차이를 감지하여 더 정밀하게 선택함(1~100%)

Contrast 10   Contrast 100

❸ Frequency(빈도 수) : 선택점의 개수로, 선택점이 많을수록 정밀하게 선택함(1~100)

Frequency 10   Frequency 100

04. ✨(Magic Wand Tool(자동 선택 도구, 바로 가기 키 : W))

비슷한 색상이 있는 영역을 한 번에 선택할 때 사용합니다. 보통 단색의 배경이 있는 이미지의 경우 배경을 먼저 선택한 다음 선택 영역을 반전시켜 원하는 이미지를 선택 영역으로 지정합니다.

옵션 바

✨ ~	■ ■ ■ ■	Sample Size:	Point Sample	~	Tolerance: 32	☑ Anti-alias	☑ Contiguous	☐ Sample All Layers	Select Subject
			❶		❷		❸	❹	❺

❶ Sample Size(샘플 크기) : 선택 영역을 기준으로 사용할 표본 샘플의 크기를 설정함
- Point Sample(포인트 샘플) : 클릭한 위치의 색상을 기준으로 삼음
- 숫자 by 숫자 Average(평균값) : 클릭한 위치의 범위 안 평균 색상 값을 기준으로 삼음

원본 이미지

Point Sample
(포인트 샘플)

3 by 3 Average
(3 × 3 평균값)

5 by 5 Average
(5 × 5 평균값)

11 by 11 Average
(11 × 11 평균값)

31 by 31 Average
(31 × 31 평균값)

51 by 51 Average
(51 × 51 평균값)

101 by 101 Average
(101 × 101 평균값)

❷ Tolerance(허용치) : 클릭하는 부위의 색상을 기준으로 선택 영역에 포함시킬 색상의 범위를 지정하는 것으로, 수치가 클수록 선택 영역으로 지정되는 색의 범위가 늘어남(0~255)

원본 이미지

Tolerance 10

Tolerance 50

Tolerance 100

❸ Contiguous(인접) : 같은 색이어도 클릭하는 부위와 연결되어 있어야만 선택 영역으로 지정함. 이 옵션을 해제하면 전체 이미지에서 클릭한 부위와 비슷한 색상을 모두 선택함

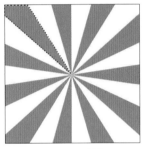

Contiguous 선택

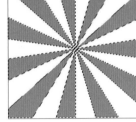

Contiguous 해제

❹ Sample All Layers(모든 레이어 샘플링) : 이 옵션을 선택하면 모든 레이어를 대상으로 클릭한 부분과 비슷한 색상을 선택 영역으로 지정함

레이어 1

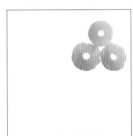

레이어 2

레이어 3

Sample All Layer 선택

Sample All Layer 해제

❺ Select Subject(피사체 선택) : 이미지에서 가장 눈에 띄는 개체(피사체)를 선택함

05. ■(Gradient Tool(그레이디언트 도구, 바로 가기 키 : Ⓖ))

이미지에 그라데이션 효과를 줄 때 사용합니다.

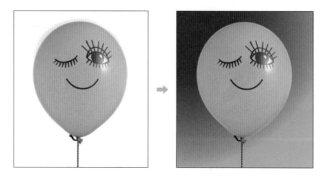

옵션 바

❶ ■■■■■▼(Click to edit to the gradient(클릭하여 그레이디언트 편집)) : 그레이디언트 효과에 사용할 색상과 모양 등을 편집할 수 있는 '그레이디언트 편집기' 대화상자가 나타남

❷ (Gradient(그레이디언트)) : 그레이디언트가 적용되는 모양

| 선형 | 방사형 | 각진형 | 반사형 | 다이아몬드형 |

❸ Mode(모드) : 그레이디언트를 적용할 때 함께 적용할 Blending Mode(혼합 모드)를 지정함

❹ Opacity(불투명도) : 불투명도를 지정함(0~100%). 불투명도가 낮을수록 투명해져서 배경이 드러남

❺ Reverse(반전) : 그레이디언트의 시작색과 끝색이 반대로 적용됨

❻ Dither(디더) : 색상이 연결되는 부분의 그레이디언트 색상을 매끄럽게 적용함

❼ Transparency(투명도) : 투명(불투명도 0%)한 그레이디언트를 적용하는 것으로, 투명 그레이디언트를 적용하려면 반드시 선택해야 함

❽ Method(방법) : 캔버스에서 그레이디언트가 표시되는 방식으로 Perceptual(가시 범위), Linear(선형), Classic(클래식)이 있음

- ▇▇ Perceptual(가시 범위) : 사람이 실제로 빛을 인식하여 혼합하는 방식과 가장 근접하게 표시(CC 버전의 기본 값)

- ▇▇ Linear(선형) : 자연광이 표시되는 방식에 가깝게 표시

- ▇▇ Classic(클래식) : CC 이전 버전의 기본 값

06. ✐(Pen Tool(펜 도구, 바로 가기 키 : P))

패스(Path)를 만들거나 수정할 때 사용합니다.

전문가의 조언

펜 도구 사용법은 '섹션 03'에서 자세하게 배우고 연습합니다.

❶ ✐(Pen Tool(펜 도구)) : 점과 점을 연결하여 패스를 그림

❷ ✎(Freeform Pen Tool(자유 형태 펜 도구)) : 자유로운 모양으로 패스를 그림

❸ ✐(Curvature Pen Tool(곡률 펜 도구)) : 점을 사용하여 경로 또는 모양을 생성하거나 변경함

❹ ✐(Add Anchor Point Tool(기준점 추가 도구)) : 완성된 패스에 기준점을 추가함

❺ ✐(Delete Anchor Point Tool(기준점 삭제 도구)) : 완성된 패스에서 기준점을 제거함

❻ ⊳(Convert Point Tool(기준점 변환 도구)) : 기준점의 속성을 변환함

옵션 바

❶ ❷ ❸ ❹

❶ Pick tool mode(선택 도구 모드)

　　– Shape (Shape(모양)) : 레이어가 추가되며, 펜으로 그린 그림이 추가된 레이어
　　에 Shape(모양)로 만들어짐. 레이어 패널에는 Shape(모양)가, 패스 패널에는
　　Shape Path(모양 패스)가 생성됨

모양 레이어　　　　　　레이어 패널　　　　　　패스 패널

　　– Path (Path(패스)) : 펜으로 그린 그림이 패스로 만들어지므로, 패스 패널에
　　Work Path(작업 패스)가 생성됨

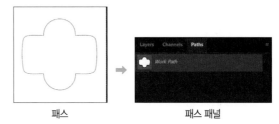

패스　　　　　　　　　패스 패널

　　– Pixels (pixels(픽셀)) : Shape Tool(모양 도구)을 클릭했을 때만 사용할 수 있는
　　도구로, 현재 레이어에 Shape(모양)를 그림

❷ Set shape fill type/stroke width/stroke type(모양 칠 유형/획 폭/획 유형 설정) : Pen
　Tool(펜 도구), Selection Tool(선택 도구), Shape Tool(모양 도구)을 선택했을 때
　만 활성화되며, Shape(모양)의 Fill(칠)과 Stroke(획)의 type(종류)과 width(폭)를
　지정함

❸ Set shape width/height(모양 폭/높이 설정) : Pen Tool(펜 도구), Selection Tool(선택
　도구), Shape Tool(모양 도구)을 선택했을 때만 활성화되며, Shape(모양)의
　width(폭)와 height(높이)를 지정함

❹ Auto Add/Delete(자동 추가/삭제) : 펜 도구 사용 중에 기준점을 추가하거나 삭제할
　수 있도록 함

07. T(Type Tool(문자 도구, 바로 가기 키 : T))

문자를 입력하거나 수정할 때 사용합니다. 문자는 가로 또는 세로 방향으로 입력할
수 있습니다.

옵션 바

❶ ⬚(Toggle text orientation(텍스트 방향 켜기/끄기)) : 문자의 방향을 변경함(가로, 세로)

❷ Set the font family(글꼴 모음 설정) : 문자의 서체를 지정함

❸ Set the font style(글꼴 스타일 설정) : 문자의 스타일을 지정함

❹ Set the font size(글꼴 크기 설정) : 문자의 크기를 지정함

❺ Set the anti-aliasing method(앤티 앨리어싱 방법 설정) : 문자의 경계 처리 방법을 지정함

❻ ⬚(Align Text(문단 정렬)) : 문자의 정렬 방식(왼쪽, 가운데, 오른쪽)을 지정함

❼ ⬚ Set the text color(텍스트 색상 설정) : 문자의 색상을 지정함

❽ ⬚(Create warped text(뒤틀어진 텍스트 만들기)) : 문자열의 모양에 효과를 줌

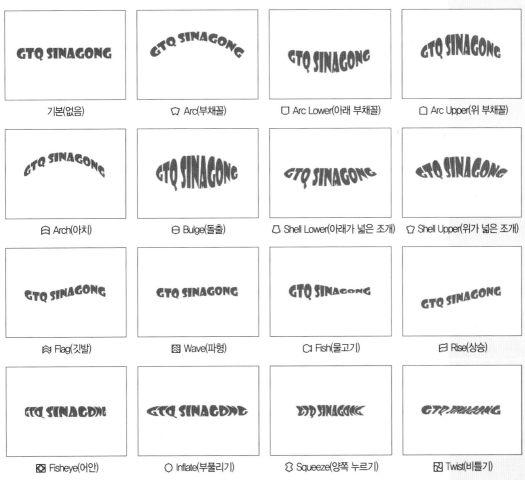

기본(없음)	Arc(부채꼴)	Arc Lower(아래 부채꼴)	Arc Upper(위 부채꼴)
Arch(아치)	Bulge(돌출)	Shell Lower(아래가 넓은 조개)	Shell Upper(위가 넓은 조개)
Flag(깃발)	Wave(파형)	Fish(물고기)	Rise(상승)
Fisheye(어안)	Inflate(부풀리기)	Squeeze(양쪽 누르기)	Twist(비틀기)

❾ ⬚(Toggle the Character and Paragraph panels(문자 및 단락 패널 켜기/끄기)) : 문자 및 단락 패널의 표시/숨기기

08. Selection Tool(선택 도구, 바로 가기 키 : Ⓐ)

패스나 Shape(모양)를 선택하거나 패스의 모양을 변경할 때 사용합니다.

- ▶(Path Selection Tool(패스 선택 도구)) : 패스를 선택하거나 이동함
- ▶(Direct Selection Tool(직접 선택 도구)) : 패스의 모양을 변경함

패스 선택 도구 옵션 바

❶ Select(선택)
- Active Layers(활성 레이어) : 레이어 패널에서 현재 선택된 레이어의 패스만 선택함
- All Layers(모든 레이어) : 현재 이미지에 포함된 모든 패스를 선택할 수 있도록 자동으로 레이어 패널의 선택된 레이어가 변경됨

09. Shape Tool(모양 도구, 바로 가기 키 : Ⓤ)

사각형, 타원, 삼각형, 다각형, 선, 사용자가 만들어 놓은 모양 등 다양하지만 형태가 정해진 그림을 추가할 때 사용합니다.

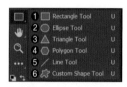

❶ ▢(Rectangle Tool(사각형 도구)) : 사각형 모양을 추가함
❷ ⬭(Ellipse Tool(타원 도구)) : 원이나 타원 모양을 추가함
❸ △(Triangle Tool(삼각형 도구)) : 삼각형 모양을 추가함
❹ ⬠(Polygon Tool(다각형 도구)) : 다각형 모양을 추가함
❺ ╱(Line Tool(선 도구)) : 선을 추가함
❻ ✿(Custom Shape Tool(사용자 정의 모양 도구)) : 다양한 형태의 Shape(모양)*를 선택하여 사용함

옵션 바

사용자 정의 모양

④ Layers(레이어) 패널

포토샵에서 현재 작업중인 파일의 모든 레이어를 순서대로 표시하며, 레이어의 추가/삭제/복사/그룹 지정 등 레이어를 관리하고 필요한 옵션을 설정할 수 있는 패널입니다. [Window(창)] → [Layers(레이어)]를 선택하거나 F7 을 누르면 표시됩니다.

레이어 패널 사용법은 94쪽에서 자세하게 배우고 연습합니다.

❶ Blending Mode(혼합 모드) : 선택된 레이어와 바로 아래쪽 레이어와의 합성 방법을 지정함

❷ Opacity(불투명도) : 선택된 레이어의 불투명도(0~100%)를 의미하는 것으로, 수치가 낮을수록 선택된 레이어가 투명해짐

❸ Lock(잠그기) : 선택된 레이어에서 작업을 할 수 없도록 레이어를 잠금
  • ▦(Lock transparent pixels(투명 픽셀 잠그기)) : 투명 영역에서 작업할 수 없도록 잠금
  • ◢(Lock image pixels(이미지 픽셀 잠그기)) : 채색 작업을 할 수 없도록 잠금
  • ✛(Lock position(위치 잠그기)) : 레이어가 이동되지 않도록 잠금
  • ▣(Prevent auto-nesting into and out of Artboards and Frames(대지와 프레임 내부 및 외부에 자동 중첩 방지) : 이미지의 잠금을 대지에 할당하여 자동 중첩을 허용하지 않도록 하거나 특정 레이어에 자동 중첩을 허용하지 않도록 함
  • 🔒(Lock all(모두 잠그기)) : 아무 작업도 할 수 없도록 잠금

❹ Fill(내부 불투명도) : 레이어의 실제 이미지에 대한 불투명도(0~100%)로 수치가 낮을수록 선택된 레이어의 이미지가 투명해짐

❺ Indicates layer visibility(레이어 가시성) : 해당 레이어의 표시 여부를 설정하는 것으로, 클릭하면 해당 레이어의 이미지가 캔버스에서 사라지고 다시 한 번 클릭하면 나타남

❻ ⊖(Link layers(레이어를 연결합니다.)) : 두 개 이상의 레이어를 서로 연결시킴

❼ fx.(Add a layer style(레이어 스타일을 추가합니다.)) : 레이어에 스타일을 지정함

❽ ◘(Add layer mask(레이어 마스크를 추가합니다.)) : 레이어에 레이어 마스크를 추가함

❾ ◐(Create new fill or adjustment layer(새 칠 또는 조정 레이어를 만듭니다.)) : 레이어의 색상, 명도, 채도 등을 보정할 수 있는 보정 레이어를 추가함

⓾ 🖿(Create a new group(새 그룹을 만듭니다.)) : 레이어들을 그룹으로 묶음

⓫ 🖿(Create a new layer(새 레이어를 만듭니다.)) : 새 레이어를 만듦

⓬ 🗑(Delete layer(레이어를 삭제합니다.)) : 레이어를 삭제함

⑤ Paths(패스) 패널

펜 도구나 모양 도구를 이용해 만든 패스를 관리하는 패널입니다. [Window(창)] → [Paths(패스)]를 선택하면 표시됩니다.

> 클릭하면 해당 패스가 선택되고 더블클릭하면 이름을 지정할 수 있는 대화상자가 표시됩니다.

❶ ⬤(Fill path with foreground color(전경색으로 패스를 칠합니다.)) : 선택된 패스 내부가 전경색으로 채워짐

❷ ⭕(Stroke path with brush(브러시로 획 패스를 만듭니다.)) : 선택된 패스의 외곽선이 전경색으로 그려짐. 선의 두께는 브러시 도구에서 지정한 두께가 적용됨

❸ ⬡(Load path as a selection(패스를 선택 영역으로 불러옵니다.)) : 선택된 패스를 현재 레이어의 선택 영역으로 지정함

❹ ◈(Make work path from selection(선택 영역으로부터 작업 패스를 만듭니다.)) : 현재 선택된 영역을 패스로 변환함

❺ ⊞(Create new path(새 패스를 만듭니다.)) : 새 패스를 만듦

❻ 🗑(Delete current path(현재 패스를 삭제합니다.)) : 선택된 패스를 삭제함

⑥ History(작업 내역) 패널

히스토리 패널은 말 그대로 작업 과정을 기록해 두는 패널로 필요시 원하는 단계로 되돌릴 수 있습니다. [Window(창)] → [History(작업 내역)]를 선택하면 표시됩니다.

작업 과정은 기본적으로 1,000단계가 기억되며, 1,000단계가 넘어가면 맨 앞 단계부터 지워집니다. 기억되는 단계를 늘리려면 [Edit(편집)] → [Preferences(환경 설정)] → [Performance(성능)]를 선택한 다음 History states(작업 내역 상태)를 변경하면 됩니다.

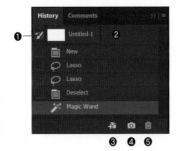

❶ Sets the source for the history brush(작업 내역 브러시의 소스를 설정합니다.) : History Brush Tool(작업 내역 브러시 도구)을 사용할 때 복구될 대상 이미지

❷ Snapshot(스냅숏) : 작업 내역 패널 하단의 📷 아이콘을 클릭하여 생성한 스냅숏을 표시함

❸ 🗐(Create new document from current state(현재 상태에서 새 문서를 만듭니다.)) : 현재 선택된 작업 내역만을 포함하는 새 문서를 생성함

❹ 📷(Create new snapshot(새 스냅숏을 만듭니다.)) : 현재 선택된 작업 내역까지의 작업 결과를 스냅숏으로 생성함

❺ 🗑(Delete current state(현재 상태를 삭제합니다.)) : 현재 선택된 작업 내역 이후의 작업 내역을 제거함

바로 전 상태로 되돌리기

작업 내역 패널에서 마지막 작업(6 입력)을 선택한 후 🗑(Delete current state(현재 상태를 삭제합니다.))를 클릭하면 바로 전 작업 상태(5 입력)로 돌아갑니다.

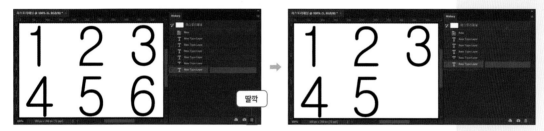

특정 작업 상태로 되돌리기

여섯 개의 레이어에 숫자 6까지 입력된 상태에서 3까지만 입력한 상태로 만들기 위해 작업 내역 패널에서 네 번째 작업(4 입력)을 클릭하면 화면에서 5와 6이 사라지며, 그 상태에서 🗑(Delete current state(현재 상태를 삭제합니다.))를 클릭하면 네 번째 작업 이후의 모든 작업이 제거되어 3까지만 입력한 상태로 돌아갑니다.

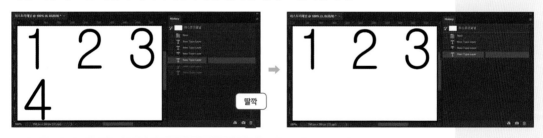

> ※ 작업 내역 패널에서 특정 작업 상태를 선택하면 이후 작업 상태는 비활성화가 되며, 캔버스와 레이어 패널에 표시되지 않습니다. 이 상태에서 🗑(Delete current state(현재 상태를 삭제합니다.))를 클릭하면 이후의 모든 작업 내역이 제거됩니다.

SECTION
02

선택 도구 사용하기

선택은 원하는 영역에만 작업 효과가 미치도록 그 부분만을 범위로 지정하는 것으로, GTQ 시험에서는 선택 도구를 이용하는 작업이 많은 비중을 차지합니다. 제한된 시간 안에 완벽하게 작업을 마치려면 선택 도구 사용에 익숙해 져야 합니다. 여러 종류의 선택 도구 중 해당 작업에 맞는 적절한 도구를 선택하여 사용하려면 각 선택 도구의 특징도 잘 알고 있어야 합니다.

 기본문제   원본 이미지에서 필요한 부분만 복사하여 다음과 같이 합성하시오.

 전문가의 조언

GTQ 시험은 작업량에 비해 시간이 부족하기 때문에 단순히 선택 도구 사용법에 국한하는 것이 아니라 적절한 도구를 조합하여 빠르게 선택하는 방법을 익혀둬야 한다는 것을 염두에 두고 학습하세요.

미리보기

⬇

조건

- 원본 이미지 : C:\길벗GTQ2급\섹션\섹션02\섹션02기본-1.jpg, 섹션02기본-2.jpg, 섹션02기본-3.jpg
- 파일 저장 규칙
  - 파일명 : C:\길벗GTQ2급\섹션\섹션02\섹션02기본.psd
  - 파일 크기 : 400 × 500

⓪ 준비 작업

1. 먼저 작업 공간으로 사용할 캔버스를 만들어야 합니다. [File(파일)] → [New(새로 만들기)]([Ctrl]+[N])를 선택하세요.

2. 'New Document(새로운 문서 만들기)' 대화상자에서 Width(폭), Height(높이)의 단위를 Pixels(픽셀)로 변경하고 Name(이름), Width(폭), Height(높이), Resolution(해상도), Color Mode(색상 모드)를 다음과 같이 지정한 후 〈Create(만들기)〉를 클릭하세요.

 전문가의 조언

GTQ 시험 형식대로 작업하기 위해 이름과 캔버스의 사이즈, 해상도 등을 지정했습니다. 실제 시험에서는 문제지에 제시된 대로 입력해야 합니다.

포토샵 CS4/CS6 사용자

'New(새 문서)' 대화상자의 'Name (이름)'에 **섹션02기본**을 입력한 후 Width(폭), Height(높이) 등을 지정하세요.

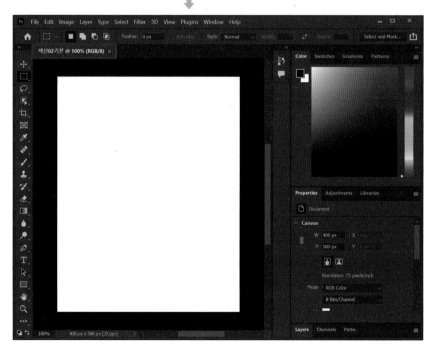

새로운 캔버스를 만들었으면 곧바로 이름을 지정해서 파일을 저장하는 것이 좋습니다. 저장되는 파일은 포토샵의 기본 저장 형식인 PSD 형식입니다.

포토샵 CS4/CS6 사용자
'Save on your computer or to Creative Cloud(내 컴퓨터 또는 Creative Cloud에 저장)' 창이 표시되지 않으므로 4번 과정 없이 바로 5번 과정을 수행하면 됩니다.

전문가의 조언
'Save on your computer or to Creative Cloud(내 컴퓨터 또는 Creative Cloud에 저장)' 창에서 〈Save to Creative Cloud(Creative Cloud에 저장)〉를 클릭하여 'Save to Creative Cloud(Creative Cloud 저장)' 창이 표시됐다면, 창 왼쪽 하단의 〈On your computer(내 컴퓨터에서)〉를 클릭하세요. 'Save As(다른 이름으로 저장)' 대화상자가 표시됩니다.

3. [File(파일)] → [Save As(다른 이름으로 저장)](Ctrl+Shift+S)를 선택하세요.

4. 문서의 저장 위치를 선택하는 'Save on your computer or to Creative Cloud(내 컴퓨터 또는 Creative Cloud에 저장)' 창이 나타납니다. 저장할 때마다 창이 표시되지 않도록 창 하단의 'Don't show again(다시 표시 안 함)'을 체크하고, 〈Save on your computer(내 컴퓨터에 저장)〉를 클릭하세요.

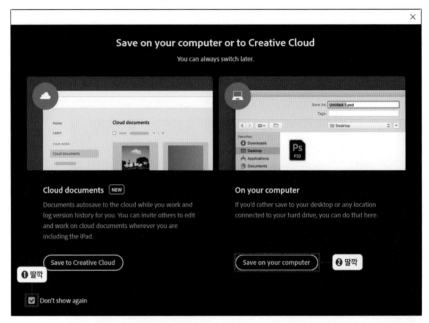

5. 이어서 'Save As(다른 이름으로 저장)' 대화상자가 표시되면, 저장 위치와 파일 이름을 다음과 같이 지정한 후 〈저장〉을 클릭하세요.

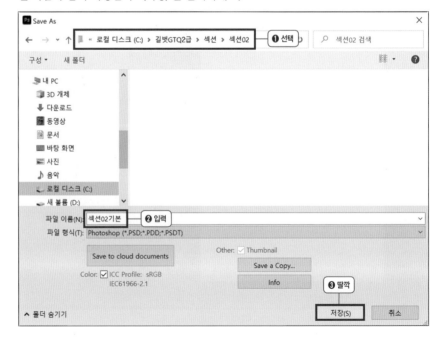

6. 작업할 이미지를 불러오기 위해 [File(파일)] → [Open(열기)]([Ctrl]+[O])을 선택합니다.

7. '열기' 대화상자에서 찾는 위치를 'C:\길벗GTQ2급\섹션\섹션02' 폴더로 지정한 다음 '섹션02기본-1.jpg', '섹션02기본-2.jpg', '섹션02기본-3.jpg' 파일을 선택하고 〈열기〉를 클릭하세요.

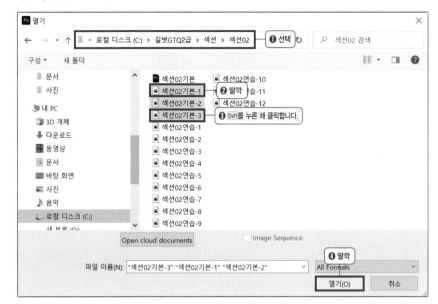

여러 개의 파일 선택

· 서로 떨어져 있는 여러 개의 파일을 선택할 때는 [Ctrl]을 누른 채 선택할 파일들을 하나씩 클릭합니다.

· 연속적으로 나열되어 있는 여러 개의 파일을 선택할 때는 첫 번째 파일을 클릭하고 [Shift]를 누른 채 마지막 파일을 클릭하면 됩니다.

① (Elliptical Marquee Tool(원형 선택 윤곽 도구))로 선택 영역 지정하기

1. 먼저 '섹션02기본-1.jpg'에서 파인애플을 선택하겠습니다. '섹션02기본-1.jpg' 탭을 클릭한 다음 도구 상자에서 (Elliptical Marquee Tool(원형 선택 윤곽 도구))([M])을 선택하세요.

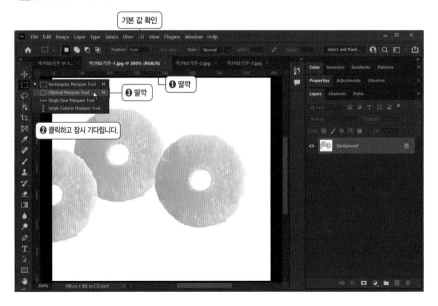

· 영역을 선택하는 도구에는 제한이 없으므로 사용하기 편리한 도구를 사용하면 됩니다. 여기서는 파인애플이 원형이므로 (Elliptical Marquee Tool(원형 선택 윤곽 도구))을 이용합니다.

· 도구 상자에서 사용할 도구를 선택할 때 마우스 왼쪽 버튼을 누르고 있거나 마우스 오른쪽 버튼으로 클릭하면 하위 메뉴가 표시됩니다.

궁금해요

시나공 Q&A 베스트

Q 정원으로만 지정돼요!

A (Elliptical Marquee Tool(원형 선택 윤곽 도구))의 Style(스타일)이 'Fixed Ratio(고정비)'로 지정되었기 때문입니다. Ctrl+Z를 눌러 바로 전 작업을 취소한 후 옵션 바에서 Style(스타일)을 'Normal(표준)'로 변경하고 다시 선택해 보세요.

Style(스타일)

- Normal(표준) : 드래그한 영역에 맞춰 선택 윤곽이 지정됩니다.
- Fixed Ratio(고정비) : 지정한 Width(폭)와 Height(높이)의 비율에 따라 선택 윤곽이 지정됩니다. Width(폭)를 2, Height(높이)를 1로 지정하면 Width(폭)가 Height(높이)의 두 배인 선택 윤곽이 그려집니다.
- Fixed Size(크기 고정) : 지정한 Width(폭)와 Height(높이)로 선택 윤곽이 지정됩니다.

전문가의 조언

화면에 눈금자가 표시되어 있지 않다면 [View(보기)] → [Rulers(눈금자)](Ctrl+R)를 선택하세요.

2. 선택 영역으로 지정할 부분을 마우스로 드래그 하여 선택하세요.

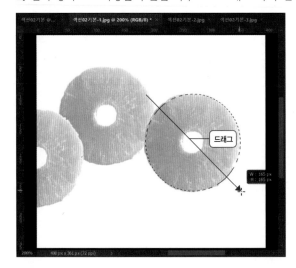

잠깐만요

원형 선택 도구의 기준점

원형 모양을 선택 영역으로 지정할 때는 이미지의 위와 왼쪽에 안내선을 그린 후 두 선이 교차하는 부분을 시작점으로 해서 드래그 하면 한 번에 정확하게 지정할 수 있습니다. 안내선은 마우스로 가로 또는 세로 눈금자를 클릭한 채 캔버스 영역으로 드래그 하면 표시됩니다.

1. 가로 눈금자를 클릭한 채 선택할 이미지의 위 부분까지 드래그 하세요.

2. 세로 눈금자를 클릭한 채 선택할 이미지의 왼쪽 부분까지 드래그 하세요.

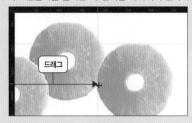

3. 가로 안내선과 세로 안내선이 교차하는 부분을 시작점으로 해서 드래그 하세요.

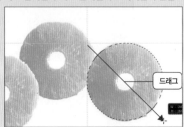

3. 선택된 영역을 '섹션02기본.psd' 파일로 복사하기 위해 Ctrl+C를 누른 후 탭 목록에서 '섹션02기본.psd' 탭을 클릭한 다음 Ctrl+V를 누릅니다.

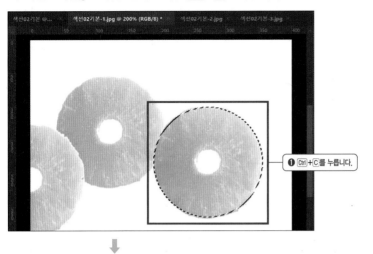

❶ Ctrl+C를 누릅니다.

❷ 딸깍

❸ Ctrl+V를 누릅니다.

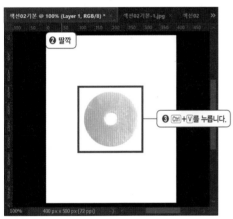

4. 도구 상자에서 ✛(Move Tool(이동 도구))을 클릭한 후 복사된 이미지를 드래그 하여 적당한 위치에 배치하세요.

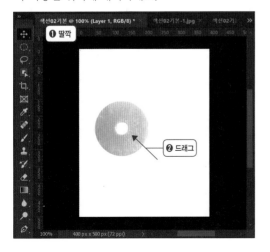

❶ 딸깍

❷ 드래그

② (Polygonal Lasso Tool(다각형 올가미 도구))로 선택 영역 지정하기

이번에는 '섹션02기본-2.jpg'에서 아이 모습만 선택하겠습니다. 그림처럼 선택할 이미지가 정형적인 모양이 아닌데다가 두 가지 이상의 색으로 구성된 경우는 사용자가 원하는 부분을 직접 클릭하여 선택 영역을 지정하는 (Polygonal Lasso Tool(다각형 올가미 도구))을 이용하면 편리합니다.

1. '섹션02기본-2.jpg' 탭을 클릭한 후 도구 상자에서 (Polygonal Lasso Tool(다각형 올가미 도구))(└)을 클릭하세요.

2. 이미지를 정교하게 선택하기 위해 Ctrl++를 눌러 화면을 확대한 다음 선택 영역으로 지정할 이미지의 경계선 부위를 클릭합니다. 처음 클릭한 곳이 선택 영역의 시작입니다.

3. (Polygonal Lasso Tool(다각형 올가미 도구))은 클릭하는 지점 사이를 직선으로 이어주기 때문에 선택하는 부위의 방향이 바뀔 때마다 마우스로 클릭하고 방향을 바꿔 다음 지점을 클릭하면 됩니다. 경계선 부위를 차례로 클릭하여 선택 영역을 넓혀 가세요.

 전문가의 조언

화면이 커져서 안 보이는 영역이 있을 때는 Spacebar 를 눌러 마우스 포인터가 ✋ 모양으로 변경된 상태에서 해당 영역으로 드래그 하면 됩니다.

4. 선택할 영역을 모두 지정하고 처음 클릭했던 위치에 마우스 포인터를 놓으면 모양이 ✎으로 변경됩니다. 이 상태에서 마우스를 클릭하면 선택 작업이 완료됩니다.

딸깍

5. 아이의 팔 안쪽처럼 선택 영역 안에 포함된 영역을 선택 영역에서 제외시킬 때는 Alt 를 누른 채 해당 영역을 범위로 지정하면 됩니다.

 전문가의 조언

- 선택된 영역에 새로운 선택 영역을 추가할 때는 Shift 를 누른 채 새로운 영역을 클릭하면 됩니다.
- 선택 영역에서 제외시키기 위한 Alt 나 추가하기 위한 Shift 는 처음 시작할 때 한 번만 누르면 됩니다.
- Esc 를 누르면 선택 작업이 모두 취소됩니다.
- Ctrl + D 를 누르면 선택 영역이 해제됩니다.

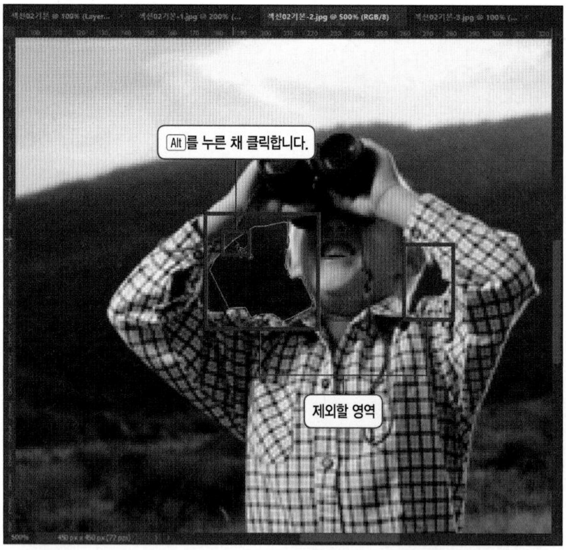

잠깐만요

선택 툴 옵션 바의 선택 모드

선택할 영역이 새로운 영역인지, 추가할 영역인지, 제거할 영역인지 등을 정하기 위해 사용합니다.

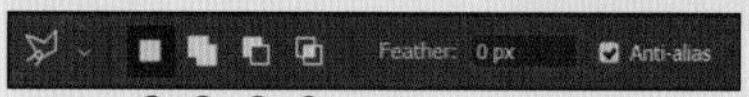

❶ ❷ ❸ ❹

❶ New selection(**새 선택 영역**) : 영역을 지정할 때마다 기존 선택 영역은 없어지고 새로운 영역이 만들어집니다.

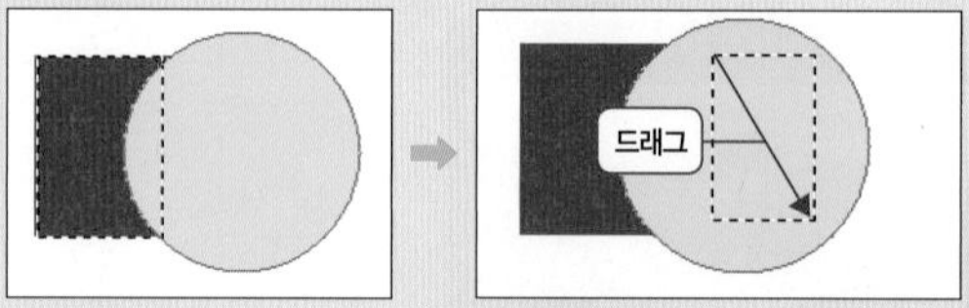

❷ Add to selection(**선택 영역에 추가**) : 선택 영역을 지정할 때마다 기존 영역에 새로운 선택 영역이 추가됩니다. Shift를 누르면 자동으로 (Add to selection(선택 영역에 추가)) 아이콘이 선택됩니다.

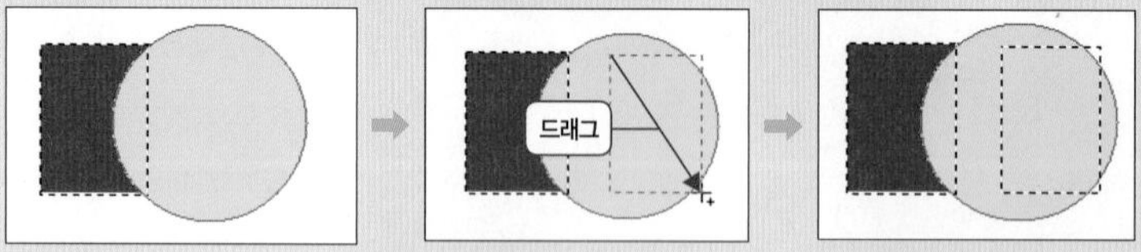

❸ Subtract from selection(**선택 영역에서 빼기**) : 이미 선택된 영역 안에 선택 영역을 지정해야 하며, 새롭게 지정하는 선택 영역이 기존 선택 영역에서 제외됩니다. Alt를 누르면 자동으로 (Subtract from selection(선택 영역에서 빼기)) 아이콘이 선택됩니다.

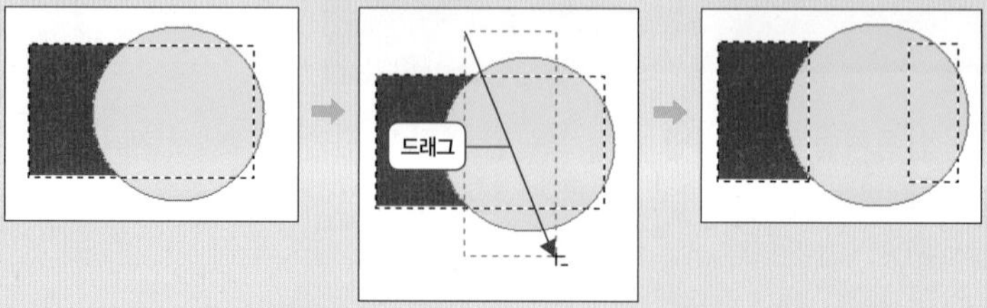

❹ Intersect with selection(선택 영역과 교차) : 기존의 선택 영역과 새로운 선택 영역의 겹치는 부분만 선택됩니다.

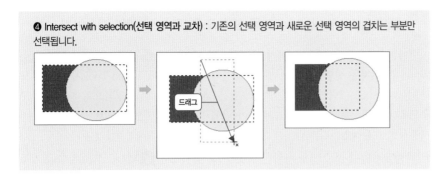

6. 선택된 영역을 '섹션02기본.psd' 파일로 복사하기 위해 `Ctrl`+`C`를 누른 후 탭 목록에서 '섹션02기본.psd' 탭을 클릭한 다음 `Ctrl`+`V`를 누릅니다.

7. 도구 상자에서 ⊕(Move Tool(이동 도구))을 클릭한 후 복사된 이미지를 드래그하여 적당한 위치에 배치하세요.

③ █(Magic Wand Tool(자동 선택 도구))로 선택 영역 지정하기

이번에는 '섹션02기본-3.jpg'에서 배경을 제외한 나머지를 선택하기 위해 █(Magic Wand Tool(자동 선택 도구))을 사용하겠습니다. █(Magic Wand Tool(자동 선택 도구))은 마우스로 클릭한 지점의 색상과 같은 색상을 모두 선택 영역으로 지정하는 도구로 그림처럼 선택할 이미지의 배경이 단색 또는 같은 계열 색으로 구성된 경우에 사용하면 효율적입니다.

1. '섹션02기본-3.jpg' 탭을 클릭한 다음 도구 상자에서 █(Magic Wand Tool(자동 선택 도구))을 선택하세요.

2. 옵션 바에서 Tolerance(허용치)를 32로 지정한 후 이미지의 배경 부분을 클릭하세요.

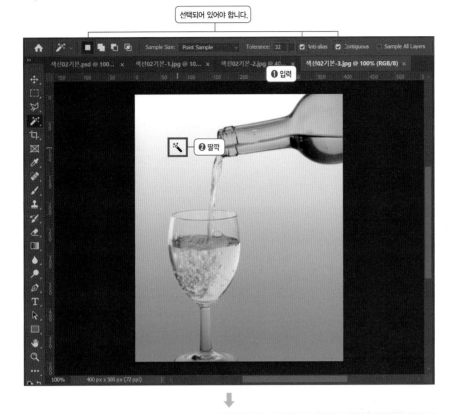

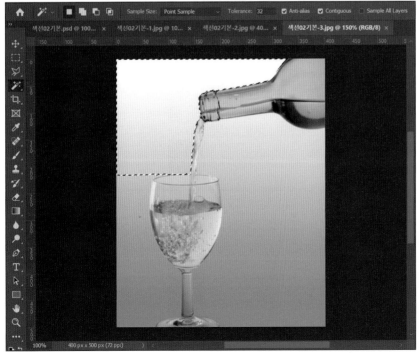

 **전문가의 조언**

Contiguous(인접)가 선택되어 있으면 같은 색상이어도 클릭하는 부위와 연결되어 있는 부분만 선택 영역으로 지정하므로 선택 영역을 조절하기 쉽습니다. 이 옵션이 해제되어 있으면 전체 이미지에서 클릭한 부위와 비슷한 색상을 모두 선택합니다.

(Magic Wand Tool(자동 선택 도구))은 Tolerance(허용치)에 따라 선택되는 영역의 범위가 달라집니다. Tolerance(허용치)를 낮출수록 클릭하는 부위의 색상과 일치하는 색상의 범위가 줄어들고, Tolerance(허용치)를 높일수록 클릭하는 부위의 색상과 일치하는 색상의 범위가 넓어집니다.

Tolerance(허용치) 10   Tolerance(허용치) 30   Tolerance(허용치) 50

3. 이어서 Shift 를 누른 채 다른 부분을 클릭하여 나머지 배경 부분을 모두 선택하세요.

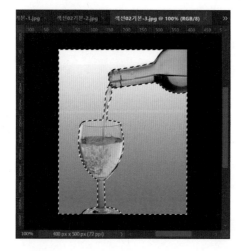

4. 선택 영역을 반전시키기 위해 [Select(선택)] → [Inverse(반전)](Ctrl+Shift+I)를 선택하세요. 이어서 '섹션02기본.psd' 파일로 복사하기 위해 Ctrl+C를 누릅니다.

전문가의 조언

• 이미 선택된 영역에 새로운 선택 영역을 추가할 때는 Shift를 누른 채 클릭하면 되고, 이미 선택된 영역에서 일부 영역을 해제할 때는 Alt 를 누른 채 해제할 영역을 클릭하면 됩니다.

• Ctrl+D를 누르면 선택 영역이 해제됩니다.

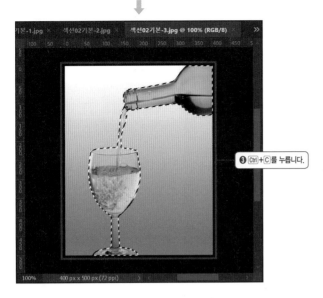

③ Ctrl+C 를 누릅니다.

5. '섹션02기본.psd' 탭을 클릭한 후 Ctrl+V 를 눌러 이미지를 붙여 넣은 다음, 도구
상자에서 ✛(Move Tool(이동 도구))을 클릭하여 적당하게 배치하세요.

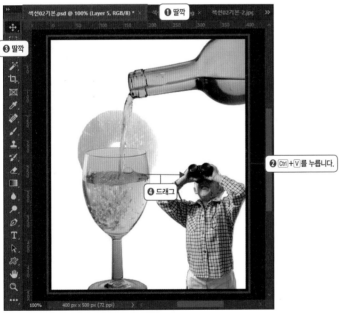

① 딸깍

③ 딸깍

② Ctrl+V 를 누릅니다.

④ 드래그

선택 도구

선택 윤곽 도구

- (Rectangular Maruquee Tool(사각형 선택 윤곽 도구) : 사각형 모양으로 선택 영역을 지정합니다.

- (Elliptical Marquee Tool(원형 선택 윤곽 도구)) : 원형 모양으로 선택 영역을 지정합니다.

- (Single Row Marquee Tool(단일 행 선택 윤곽 도구)) : 가로 방향으로 전체를 1픽셀 높이로 선택 영역을 지정합니다.

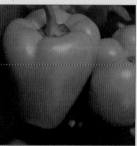

- (Single Column Marquee Tool(단일 열 선택 윤곽 도구)) : 세로 방향으로 전체를 1픽셀 너비로 선택 영역을 지정합니다.

올가미 도구

- (Lasso Tool(올가미 도구)) : 마우스를 자유롭게 드래그 하여 선택 영역을 지정합니다. 모양에 얽매이지 않고 자유롭게 선택 영역을 지정할 때 사용합니다.

- ▶ (Polygonal Lasso Tool(다각형 올가미 도구)) : 선택할 영역의 경계를 클릭하면, 클릭한 지점간을 직선으로 연결하여 선택 영역으로 지정합니다. 복잡한 모양을 정교하게 선택할 때 사용합니다.

- ▶ (Magnetic Lasso Tool(자석 올가미 도구)) : 이미지 경계 간의 색상차를 자동으로 인식해서 선택 영역을 지정합니다.

자동 선택

- ▦ (Object Selection Tool(개체 선택 도구)) : 이미지에 있는 개체를 인식하여 선택 영역으로 지정합니다.

- ▦ (Quick Selection Tool(빠른 선택 도구)) : 드래그 한 영역에 있는 색상들과 동일한 색상들을 한꺼번에 선택 영역으로 지정합니다.

- ▨ (Magic Wand Tool(자동 선택 도구)) : 클릭한 부분에 있는 색상과 동일한 색상을 한꺼번에 선택 영역으로 지정합니다.

C:\길벗GTQ2급\섹션\섹션02\섹션02연습-1.jpg ~ 섹션02연습-12.jpg를 불러와 문제별로 제시된 그림과 같이 선택 영역을 지정하시오.

 전문가의 조언

- GTQ 시험은 작업량에 비해 시간이 많이 부족합니다. 선택 도구를 이용하여 이미지를 선택하는 것은 가장 기초적이면서도 가장 많이 하는 작업입니다. 여기서 시간을 많이 소비하면 전체 작업을 완료할 수 없다는 것을 명심하고 각각의 문제를 모두 3분 안에 끝낼 수 있도록 노력하세요.
- 이미지를 선택하는 도구에는 제한이 없으므로 본인이 사용하기 편리한 도구를 사용하여 작업하면 됩니다.
- 선택 영역 작업에 자신이 있는 수험생은 문제를 풀지 않고 바로 다음 섹션으로 넘어가도 됩니다.

문제 1

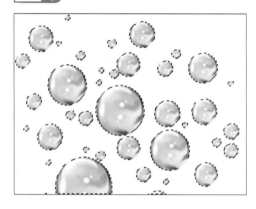

(Magic Wand Tool(자동 선택 도구))의 Tolerance(허용치)를 5로 지정한 후 배경 부분을 클릭한 다음 반전시켜 선택하면 쉽습니다.

문제 2

(Magic Wand Tool(자동 선택 도구))로 해바라기 꽃잎을 선택한 후 Shift를 누른 채 (Elliptical Marquee Tool(원형 선택 윤곽 도구))을 이용하여 꽃술을 선택하면 쉽습니다.

문제 3

문제 4

문제 5

(Magic Wand Tool(자동 선택 도구))을 이용하여
배경의 하늘 부분을 선택하고 반전시킨 다음 Alt 를
누른 채 (Polygonal Lasso Tool(다각형 올가미
도구))을 이용하여 자전거를 제외한 나머지 부분을
선택 영역에서 제외시키면 쉽습니다.

문제 6

(Magic Wand Tool(자동 선택 도구))을 이용
하여 모자와 옷을 선택한 후 Shift 를 누른 채
(Polygonal Lasso Tool(다각형 올가미 도
구))을 이용하여 나머지 부분을 추가로 선택하
면 쉽습니다.

(Quick Selection Tool(빠른 선택 도구))을
이용하여 선택하면 쉽습니다.

문제 8

문제 9

패스 그리기

패스는 기준점과 기준점을 잇는 하나 이상의 직선이나 곡선 또는 이것들로 이루어진 그림으로, 패스를 이용하면 다양한 모양의 그림을 자유자재로 그릴 수 있습니다. 이번 섹션에서는 패스의 개념을 이해하고 충분히 연습할 수 있도록 다양한 연습문제를 수록했으니 확실히 연습하고 넘어가세요.

 기본문제

 전문가의 조언

• 최근 GTQ 2급 시험에서는 패스 그리기가 출제되지 않고 있지만 시험 범위에 포함되어 있는 만큼 언제든지 출제될 수 있습니다. 펜 도구 사용이 익숙하지 않은 상태에서 패스를 그리는 것은 거의 불가능합니다. 펜 도구 사용에 익숙해지면 선택 영역 지정도 펜 도구로 손쉽게 지정할 수 있을 뿐만 아니라 향후 포토샵 사용에 있어 꼭 필요한 기능이니 이번 섹션에서 확실하게 숙달하고 넘어가세요.

• 패스를 그리는 것이 처음에는 어려워 보이지만 몇 번 따라 그리다 보면 어렵지 않게 그릴 수 있습니다. 90쪽 '연습문제 2'로 제공된 다양한 모양의 패스를 각각 5분 안에 그릴 수 있도록 반복해서 연습하세요.

문제 **1** 다음과 같은 패스를 그리시오.

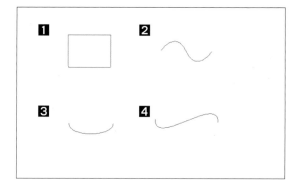

문제 **2** 'C:\길벗GTQ2급\섹션\섹션03' 폴더의 '섹션03기본-2.psd' 파일을 불러와 이미지에 맞게 패스를 그리시오.

'C:\길벗GTQ2급\섹션\섹션03' 폴더의 '섹션03기본-3.psd' 파일을 불러와
다음 그림처럼 패스를 수정하시오.

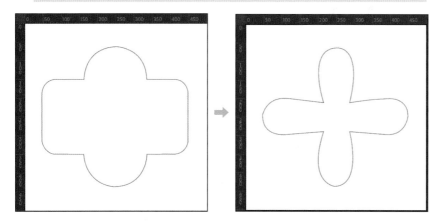

 따라하기

문제 1

① 준비 작업

1. 패스를 그리기 전에 작업 공간으로 사용할 캔버스를 만들어야 합니다. [File(파일)]
→ [New(새로 만들기)]((Ctrl)+(N))를 선택하세요. 'New Document(새로운 문서 만들
기)' 대화상자가 나타납니다.

2. 'New Document(새로운 문서 만들기)' 대화상자에서 Width(폭), Height(높이)의
단위를 Pixels(픽셀)로 변경하고 Name(이름), Width(폭), Height(높이)를 임의로 지
정한 후 〈Create(만들기)〉를 클릭하세요.

 전문가의 조언

캔버스의 이름과 사이즈는 임의로
지정하면 됩니다. 여기서는 캔버스
이름은 기본값, 캔버스 크기는 제시
된 패스를 그리기에 적당한
Width(폭) 500, Height(높이) 600 픽
셀로 지정했습니다.

전문가의 조언

문서의 저장 위치를 선택하는
'Save on your computer or to
Creative Cloud(내 컴퓨터 또는
Creative Cloud에 저장)' 창이 나타
나면, 저장할 때마다 창이 표시되지
않도록 창 하단의 'Don't show
again(다시 표시 안 함)'을 체크하
고, 〈Save on your computer(내
컴퓨터에 저장)〉를 클릭하세요.

3. [File(파일)] → [Save As(다른 이름으로 저장)]([Ctrl]+[Shift]+[S])를 선택한 다음 임의의 파일 이름을 지정해 저장하세요.

② 패스 그리기

도구 상자에서 🖋(Pen Tool(펜 도구))([P])을 클릭한 후 옵션 바에서 Pick tool mode(선택 도구 모드)를 Path(패스), Path operations(패스 작업)를 🔲(Combine Shapes(모양 결합))로 선택하세요.

포토샵 CS4 사용자

옵션 바에서 🔲(Paths(패스)), 🔲(Add to shape area(모양 영역에 추가))를 선택하세요.

펜 도구의 옵션 바에 대한 설명은 45쪽을 참조하세요.

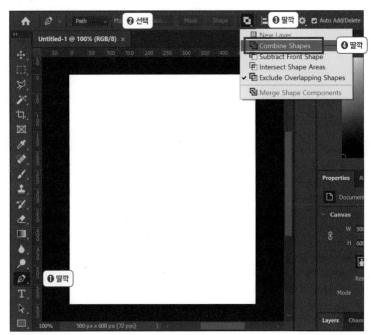

1️⃣번 그리기

직선 패스는 기준점을 클릭하고 다음 기준점을 클릭하면 됩니다.

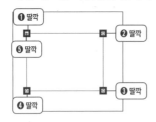

2️⃣번 그리기

곡선 패스는 기준점을 클릭하고 다음 기준점을 클릭한 채로 드래그 하여 방향선의 길이와 각도를 조절하면 됩니다.

① 기준점을 클릭하고 다음 기준점을 클릭한 채로 마우스를 드래그 하여 위쪽으로 굽어진 곡선 패스를 그립니다.

• 화면이 작을 경우 [Ctrl]+[+]를 눌러 화면을 확대해 놓고 작업하세요. [Ctrl]+[+]를 한 번 누를 때마다 100%씩 화면이 확대되고, [Ctrl]+[-]를 한 번 누를 때마다 100%씩 화면이 축소됩니다.

• [Delete]를 한 번 누르면 이전 패스가 하나 지워지고, 두 번 누르면 작업하던 패스가 모두 지워집니다.

• 처음 클릭했던 기준점에 마우스 포인터를 놓으면 모양이 🖋으로 변경됩니다. 이 상태에서 마우스를 클릭하면 닫힌 패스가 완성됩니다.

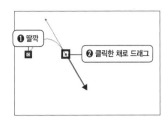

② 이어서 다음 기준점을 클릭한 채로 드래그 하여 아래쪽으로 굽어진 곡선 패스를
그립니다.

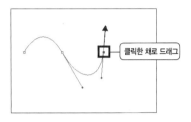

③ Esc 를 눌러 패스 작업을 마칩니다.

 잠깐만요

곡선 패스의 구성 요소

곡선 패스에는 곡선의 깊이와 기울기를 조절할 수 있는 방향선이 추가됩니다.

• **방향선의 각도** : 곡선의 기울기를 조절합니다. 아래 그림에서 보는 것처럼 방향선의 각이 커질수록 기
울기가 오른쪽으로 향합니다.

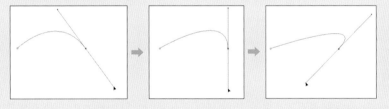

• **방향선의 길이** : 곡선의 깊이를 조절하는 것으로, 곡선의 깊이와 방향선의 길이는 비례합니다.

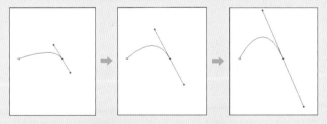

• **방향점** : 방향선의 양쪽 끝에 있는 점으로, 이 점을 이용하여 방향선의 길이와 각도를 조절합니다.
• **핸들** : 방향선과 방향점을 통틀어 핸들이라고 합니다.

 전문가의 조언

• 패스 작업을 마치려면 Esc 를 누
릅니다.
• 바로 전 작업을 취소하려면
Ctrl + Z 를 누릅니다.

 전문가의 조언

방향선의 각

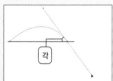

곡선의 깊이

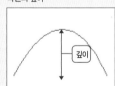

3번 그리기

C자 모양의 곡선을 그릴 때는 시작 기준점에 곡선의 깊이와 각도에 해당하는 핸들을 표시한 다음 곡선을 그려야 합니다. 시작 기준점을 클릭한 채로 드래그 하여 핸들을 표시한 후 다음 기준점을 클릭한 채로 드래그 하여 방향선의 길이와 각도를 조절하면 됩니다.

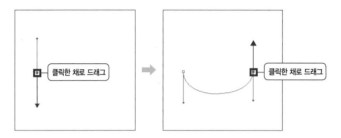

4번 그리기

S자 모양은 두 번째 기준점에서 C자 만들 때와 반대 방향으로 드래그 하면 됩니다. 시작 기준점을 클릭한 채로 드래그 하여 핸들을 표시한 후 다음 기준점을 클릭한 채로 드래그 하여 방향선의 길이와 각도를 조절하면 됩니다.

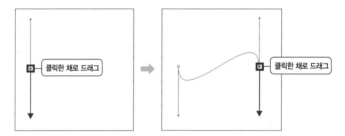

문제 2

1. 작업할 파일을 불러오기 위해 [File(파일)] → [Open(열기)]([Ctrl]+[O])을 선택합니다. '열기' 대화상자가 나타납니다.

2. '열기' 대화상자에서 찾는 위치를 'C:\길벗GTQ2급\섹션\섹션03'으로 지정하고, '섹션03기본-2.psd' 파일을 선택한 후 〈열기〉를 클릭하세요.

3. 패스를 정교하게 그리기 위해 [Ctrl]+[+]를 눌러 화면을 확대하고 패스로 만들 이미지의 경계선 부위를 클릭합니다. 처음 클릭한 곳이 패스의 시작입니다.

전문가의 조언

마우스를 드래그 하는 방향은 곡선을 그릴 때의 방향을 생각하면 됩니다. 즉 아래쪽 방향의 곡선을 그릴 때는 아래 그림과 같은 방향으로 그리므로 첫 번째 기준점에서는 아래쪽으로 드래그 하고 두 번째 기준점에서는 위쪽으로 드래그 하면 됩니다.

전문가의 조언

S자 모양을 그릴 때의 마우스 드래그 방향은 S자 곡선을 그릴 때의 방향을 생각하며 드래그 하면 됩니다. 두 번째 기준점에서 마우스를 아래쪽으로 드래그 하세요.

전문가의 조언

이번 문제는 밑 그림을 보며 패스를 그립니다. 이 문제를 따라하며 펜 사용에 대한 감각을 익히기 바랍니다.

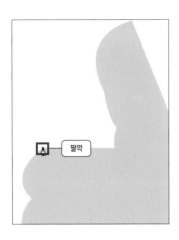

딸깍

현재 펜 도구가 선택되어 있지 않으면 도구 상자에서 Pen Tool(펜 도구)(P)을 클릭하여 선택하세요.

패스의 시작 위치는 직선이나 곡선이 시작되는 부분을 임의로 정해 클릭하면 됩니다.

4. 펜 도구는 기준점의 핸들을 제거하여 방향을 바꿀 경우가 아니라면 1번 문제의 패스를 그릴 때와 같은 방법으로 기준점을 클릭하고 방향선을 드래그 하여 패스를 그려 나가면 됩니다.

• 기준점의 위치나 곡선의 모양을 잘못 지정했을 경우에는 Ctrl+Z를 눌러 작업을 취소한 후 다시 작업하세요.
• 곡선이 만들어지면 기준점 양쪽으로 방향선이 추가됩니다.

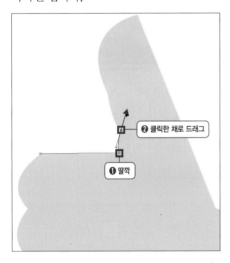

❷ 클릭한 채로 드래그

❶ 딸깍

5. 곡선 패스에서 곡선 패스로 이어질 때, 이전 패스의 방향에 영향을 받지 않고 그리려면 Alt를 누른 채 현재 선택된 기준점을 클릭하여 진행 방향의 방향선을 제거합니다.

Alt를 누른 채 기준점에 마우스 포인터를 이동시키면 마우스 포인터의 모양이 으로 변경됩니다.

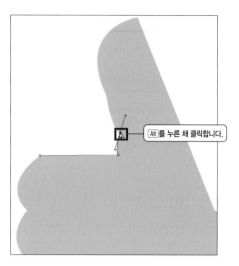

잠깐만요

곡선 패스의 한 쪽 방향선 제거하기

이전 패스의 기준점에 방향선이 있으면 다음 패스가 곡선으로 그려지는데, 곡선 중 둥글게 휘어진 부분이 그 방향선에 인접하게만 그려지므로 원하는 모양으로 그릴 수 없는 경우가 있습니다. 이럴 때는 Alt 를 누른 채 현재 선택된 기준점을 클릭하여 진행 방향의 방향선을 제거하고 그리면 됩니다.

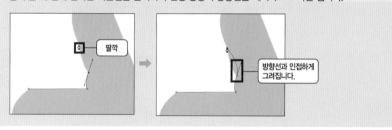

6. 이어서 다음 기준점을 클릭한 후 방향선의 길이와 각도를 조절하여 패스를 이미지의 경계선에 일치시킵니다.

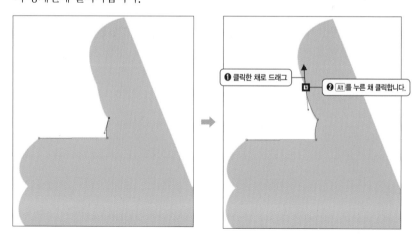

7. 곡선 패스에서 직선 패스로 이어질 때도 이전 패스의 방향에 영향을 받지 않고 그리려면 Alt 를 누른 채 현재 선택된 기준점을 클릭하여 진행 방향의 방향선을 제거하고 다음 번 기준점을 클릭합니다.

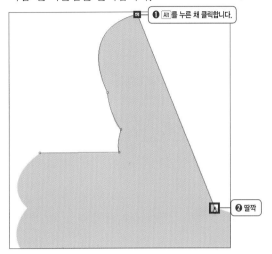

8. 패스를 모두 그린 다음 처음 클릭했던 위치에 마우스 포인터를 놓으면 마우스 포인터의 모양이 🔄로 변경됩니다. 이 상태에서 마우스를 클릭한 채 드래그 하여 패스 작업을 완료합니다.

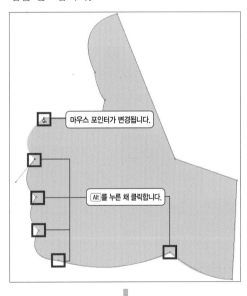

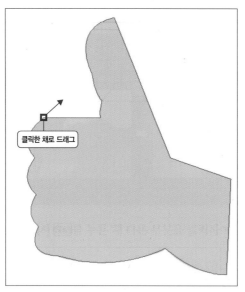

클릭한 채로 드래그

전문가의 조언

패스 선택 도구에 대한 자세한 설명
은 82쪽 '잠깐만요'를 참조하세요.

잠깐만요

패스 연결하기

패스가 완성되지 않은 상태에서 패스 작업이 해제되었을 경우에는 패스 선택 도구(🔍나 🔍)로 패스를
선택한 후 ✍(펜 도구)로 연결할 기준점을 클릭하고 패스를 그려 나가면 됩니다.

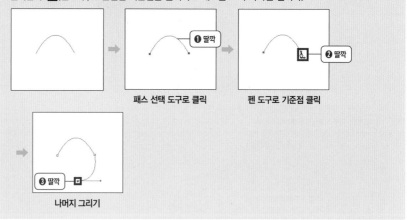

패스 선택 도구로 클릭   펜 도구로 기준점 클릭

나머지 그리기

전문가의 조언

기준점과 방향선을 이용한 패스 모
양 변경 방법 외의 기타 패스 수정
방법에 대해서는 85쪽 '잠깐만요'를
참조하세요.

문제 3

패스로 그림을 그리다 보면 기준점과 방향선을 조정하여 패스의 모양을 변경하는 경
우가 많이 생기므로 이번 문제에서는 기준점과 방향선만을 이용하여 패스의 모양을
변경하도록 하겠습니다.

1. 작업할 이미지를 불러오기 위해 [File(파일)] → [Open(열기)]((Ctrl)+(O))을 선택합니
다. '열기' 대화상자가 나타납니다.

2. '열기' 대화상자에서 찾는 위치를 'C:\길벗GTQ2급\섹션\섹션03'으로 지정한 후 '섹션03기본-3.psd' 파일을 선택하고 〈열기〉를 클릭하세요. 빈 캔버스가 표시됩니다.

3. 화면 오른쪽 하단의 패스 패널을 클릭한 후 '연습' 패스를 클릭하세요. 빈 캔버스에 패스가 표시됩니다.

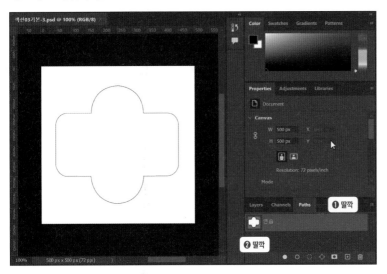

전문가의 조언

• 화면에 패스 패널이 보이지 않으면 [Window(창)] → [Paths (패스)]를 선택하세요.
• 패스를 표시하려면 패스 패널에서 패스를 선택해야 합니다. 패스를 선택하기 전에는 패스가 표시되지 않습니다.
• 패스 선택을 해제하려면 패스 패널 창의 빈 공간을 클릭하거나 Esc를 누르면 됩니다.

4. 도구 상자에서 ▶(Direct Selection Tool(직접 선택 도구))을 클릭한 후 패스의 임의의 위치를 클릭하세요. 패스가 선택되며, 패스를 구성하고 있는 모든 기준점들이 표시됩니다.

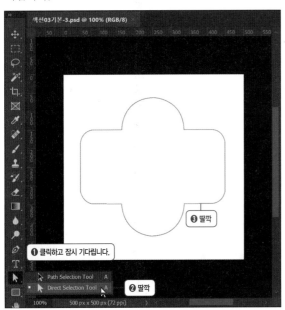

전문가의 조언

▶(Direct Selection Tool(직접 선택 도구))로 기준점을 클릭하면 기준점에 파랑색이 채워집니다. 색이 채워진 기준점이 현재 선택된 기준점입니다.

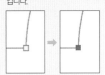

패스 선택 도구

- ▶(Paths Selection Tool(패스 선택 도구)) : 기준점들이 모두 파랑색으로 채워진 형태로 표시되며, 패스 전체를 대상으로 작업할 수 있습니다.
- ▶(Direct Selection Tool(직접 선택 도구)) : 패스를 구성하는 각각의 요소를 개별적으로 선택할 수 있으며, 각 구성 요소를 대상으로 작업할 수 있습니다.

5. 이동할 기준점을 클릭한 후 그림과 같이 드래그 하세요. 기준점이 이동되면서 패스의 모양이 변경됩니다.

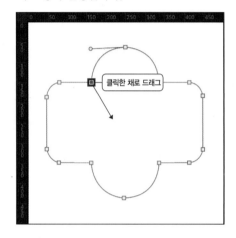

6. 이동할 기준점을 클릭한 후 그림과 같이 드래그 하세요. 기준점이 이동되면서 패스의 모양이 변경됩니다.

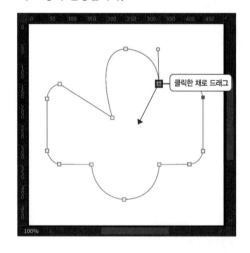

7. 현재 선택된 기준점의 방향점을 클릭한 후 그림과 같이 드래그 하세요. 곡선 패스로 변경됩니다.

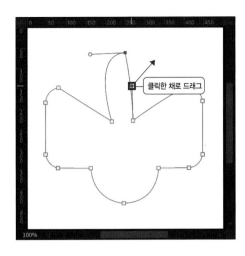

8. 위와 같은 방법으로 아래쪽 곡선 패스를 꽃잎 모양으로 변경하세요.

 **전문가의 조언**

먼저 기준점을 이동시킨 후 방향선의 길이 및 각도를 조절하여 곡선을 만들면 됩니다.

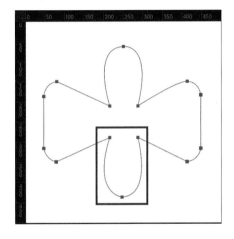

9. 이제 왼쪽과 오른쪽 꽃잎을 만들어야 합니다. 그림과 같이 왼쪽 패스의 기준점을 모두 이동시키세요. 기준점이 이동되면서 패스의 모양이 변경됩니다.

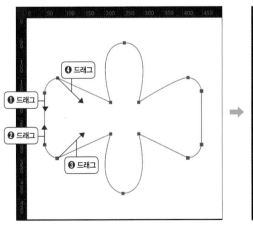
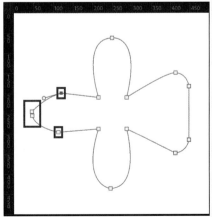

10. 곡선으로 만들 패스의 기준점을 클릭한 후 방향점을 그림과 같이 드래그 하세요.
곡선 패스로 변경됩니다.

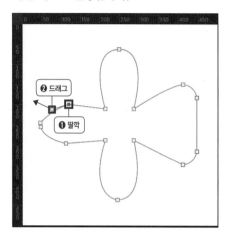

11. 곡선으로 만들 아래쪽 패스의 기준점을 클릭한 후 방향점을 그림과 같이 드래그 하
세요. 곡선 패스로 변경됩니다.

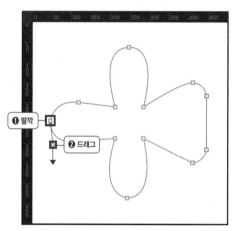

12. 위와 같은 방법으로 오른쪽 패스의 기준점들을 이동시킨 후 그림과 같이 곡선 패
스를 만드세요.

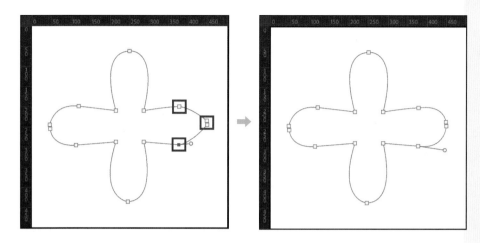

패스 변경

패스 구성 요소 선택

(Direct Selection Tool(직접 선택 도구))을 선택한 후 원하는 구성 요소를 클릭하거나 구성 요소들이 포함되도록 드래그 합니다.

• **선분 선택** : 선분을 클릭합니다. 곡선일 경우에는 선분과 연결된 핸들이 함께 선택됩니다.

• **기준점 선택** : 기준점을 클릭하면 기준점과 연결된 선분이 선택됩니다. 곡선일 경우에는 기준점, 선분, 핸들들이 함께 선택됩니다.

• **방향선 선택** : 기준점이나 선분을 선택하면 방향선이 표시됩니다.

기준점/선분 이동

![ ](Direct Selection Tool(직접 선택 도구))을 선택한 후 이동하려는 구성 요소를 마우스로 드래그 하면 됩니다.

• 기준점 이동

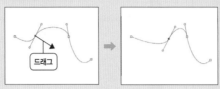

• 선분 이동 : 곡선 패스의 경우 선분과 연결된 방향선의 길이도 함께 변경됩니다.

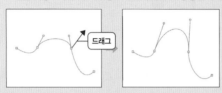

방향선 분리하기

두 개의 방향점 중 하나를 드래그 하면 기준점과 연결된 양쪽의 곡선 패스가 모두 변경됩니다. Alt 를 누른 채 방향점을 드래그 하면 한쪽 방향의 곡선 패스만 변경됩니다.

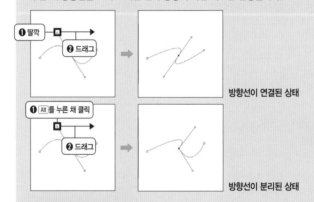

기준점 변경 도구

![ ]	Pen Tool	P
	Freeform Pen Tool	P
	Curvature Pen Tool	P
	Add Anchor Point Tool	1
	Delete Anchor Point Tool	2
	Convert Point Tool	3

❶ 기준점 추가 도구

![ ](Add Anchor Point Tool(기준점 추가 도구))을 선택한 후 추가할 위치를 클릭한 다음 모양을 변경합니다.

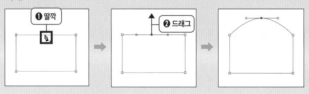

❷ 기준점 삭제 도구

(Delete Anchor Point Tool(기준점 삭제 도구))을 선택한 후 제거할 기준점을 클릭합니다.

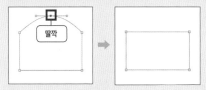

❸ 기준점 변환 도구

(Convert Point Tool(기준점 변환 도구))을 선택한 후 다음과 같이 수행합니다.

• **곡선 패스로 만들기** : 직선 패스의 기준점을 클릭한 후 드래그 하여 핸들을 표시합니다.

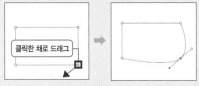

• **직선 패스로 만들기** : 곡선 패스의 기준점을 클릭합니다.

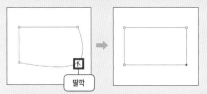

펜 도구/모양의 옵션 바

❶ (New Layer(새 레이어))를 선택한 후 모양을 추가하면 새로운 모양 레이어에 모양이 추가됩니다. Shape(모양)를 클릭한 상태에서만 표시됩니다.

❷ (Combine Shapes(모양 결합))를 선택한 후 모양을 추가하면 현재 레이어에 모양이 추가됩니다.

❸ (Subtract Front Shape(전면 모양 빼기))를 클릭한 후 모양을 추가하면 이미 삽입된 모양과 겹치는 부분을 제거합니다.

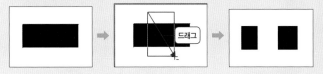

❹ (Intersect Shape Areas(모양 영역 교차))를 선택한 후 모양을 추가하면 이미 삽입된 모양과 새로 추가한 모양이 겹치는 부분을 제외한 나머지 영역을 제거합니다.

❺ (Exclude Overlapping Shapes(모양 오버랩 제외))를 선택한 후 이미 삽입된 모양과 새로 추가한 모양이 겹치는 부분을 제거하고 새로운 모양을 추가합니다.

 연습문제 1

C:\길벗GTQ2급\섹션\섹션03\섹션03연습1-1.psd ~ 섹션03연습1-6.psd 파일을 불러와 이미지에 맞게 패스를 그리시오.

 전문가의 조언

• 밑 그림을 놓고 그리는 작업이 쉽다고 판단되면 '연습문제 1'을 모두 그리지 말고 90쪽 '연습문제 2'로 이동하여 연습하세요.
• (Pen Tool(펜 도구))로 패스를 그리는 중에 패스의 모양을 변경하려면 Ctrl을 누른 채 변경할 패스의 기준점이나 방향점을 드래그 하면 됩니다. 펜 도구 사용 중에 Ctrl을 누르면 마우스 포인터가 (Direct Selection Tool(직접 선택 도구))로 변경됩니다.

문제 1

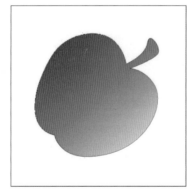

문제 2

문제 3

문제 4

문제 5

문제 6

문제 7

문제 8

문제 9

문제 10

전문가의 조언

먼저 병아리 모양의 패스를 만든 후 눈 모양의 패스를 만들어 제거하면 됩니다. 만들어 놓은 패스에서 일부분을 제거할 때는 제거할 패스를 만들기 전에 Pen Tool(펜 도구)의 옵션 바에서 '（패스 영역에서 빼기)' 단추를 클릭한 후 만들면 됩니다.

1

문제 2

문제 3

문제 4

문제 5

문제 6

문제 7

문제 8

연습문제2 따라하기

'연습문제 2'는 실제 시험처럼 밑 그림 없이 펜 도구를 이용하여 패스를 만드는 문제입니다. 크기와 위치를 문제와 동일하게 그리기 위해 문제에 기준선을 긋고 그 기준선과 같은 위치로 화면에 안내선을 그린 다음 기준선과 안내선을 비교하면서 패스를 만들어야 합니다.

1. [File(파일)] → [New(새로 만들기)](Ctrl+N)를 선택한 후 캔버스의 크기를 지정합니다.

문제로 제시된 그림의 왼쪽과 위쪽에 있는 눈금자를 통해 캔버스의 크기를 확인할 수 있습니다. 캔버스의 크기는 Width(폭) 300, Height(높이) 300으로 지정하면 됩니다.

2. 자와 연필을 이용하여 문제지의 그림에 필요한 기준선을 그립니다.

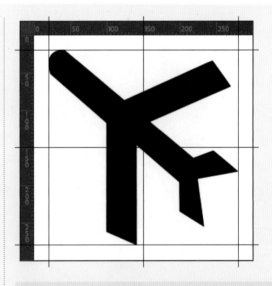

문제로 제시된 그림의 크기 및 위치를 가늠하기 위해 문제에 기준선을 그리는 것입니다. 크기를 측정할 수 있도록 그림의 외곽을 기준으로 기준선을 그리고 해당 영역을 4개로 분할하여 해당 위치에 기준선을 더 그려넣습니다. 물론 더 정밀하게 모양을 맞추기 위해 기준선을 더 그려도 되지만 실제 시험에서도 정확히 일치하는 그림을 원하는 것이 아니므로 4개 정도로만 분할하여 균형있게 그리면 됩니다.

3. 이제 캔버스에 기준선의 위치대로 안내선을 표시해야 합니다. 캔버스에 눈금자를 표시하기 위해 [View(보기)] → [Ruler(눈금자)]([Ctrl]+[R])를 선택합니다.

4. 마우스로 눈금자의 아무 곳이나 클릭한 채 캔버스 안으로 드래그 하면 안내선이 그려집니다. 다음과 같이 문제의 그림에 그려놓은 기준선과 동일하게 캔버스에 안내선을 그리세요.

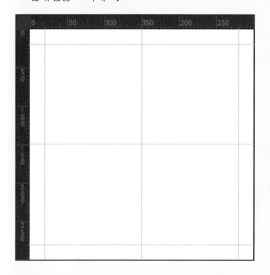

- 눈금자가 있어야만 안내선을 표시할 수 있으므로 눈금자를 먼저 표시해야 합니다.
- 가로 눈금자를 클릭한 채 캔버스 안으로 드래그 하면 가로 안내선이 그려지고 세로 눈금자를 클릭한 채 드래그 하면 세로 눈금자가 그려집니다.
- **안내선 이동** : 도구 상자에서 ⊕(Move Tool(이동 도구))을 선택한 후 안내선을 클릭한 채 드래그 합니다.
- **안내선 표시/숨기기** : [Ctrl]+[;]
- **안내선 완전히 지우기** : [Alt], [V], [D]

5. 도구 상자에서 ✐(Pen Tool(펜 도구))([P])을 클릭한 후 옵션 바에서 Pick tool mode(선택 도구 모드)로 Shape(모양)를 선택한 다음 문제의 그림대로 패스를 그리세요.

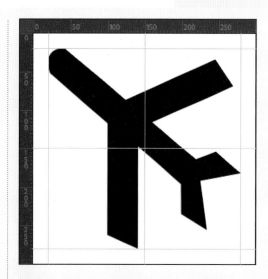

✐(Pen Tool(펜 도구))의 옵션 바에서 Shape(모양)를 선택하는 이유는 펜 도구로 그리는 패스가 레이어로 생성되도록 하기 위해서입니다.

6. 1~5와 같은 방법으로 나머지 문제도 풀어보세요.

궁금해요

시나공 Q&A 베스트

Q 기준점을 그리면 안내선에 붙어 그려져요!

A Snap(스냅) 기능이 설정되어 있으면 격자, 안내선, 레이어 등의 경계선 근처에 마우스 포인터를 위치시킬 경우 자동으로 경계선에 붙게 됩니다. 그러면 패스를 그릴 때 안내선에 붙어서 그려져 작업하기가 불편합니다. 안내선에 설정된 스냅 기능을 해제하려면 [View(보기)] → [Snap To(스냅 옵션)] → [Guides(안내선)]를 선택하면 됩니다. 스냅 기능을 해제하지 않고 기준점을 이동시키려면 기준점이 선택된 상태에서 키보드의 방향키([→], [←], [↑], [↓])를 누르면 됩니다.

SECTION 04

레이어

레이어는 매우 중요한 구성 요소로서 포토샵에서 모든 기능은 레이어를 통해 구현되고 표현됩니다. 이번 섹션에서는 레이어의 개념과, 레이어 마스크, 클리핑 마스크에 대해서 배웁니다. GTQ 시험 전반에 걸쳐 사용될 뿐만 아니라 포토샵 사용에 있어서 가장 기본이면서 중요한 개념이니 명확하게 정리하기 바랍니다.

 기본문제

전문가의 조언

포토샵을 처음 사용하는 사람이라면 레이어의 개념이 낯설 수 있지만 어렵지 않은 내용이니 따라하면서 잘 이해하기 바랍니다. 특히 레이어 마스크의 경우 개념을 명확히 익히면 간단하게 사용할 수 있지만 개념을 명확히 잡지 않으면 사용할 때 마다 혼동할 수 있습니다.

문제 1 'C:\길벗GTQ2급\섹션\섹션04' 폴더의 섹션04기본-1.psd 파일을 열어 작업하시오.

미리보기

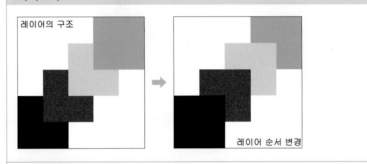

조건

- 레이어의 순서를 변경하여 도형의 순서를 재배열 하시오.
- "레이어의 구조"를 "레이어 순서 변경"으로 고치고 위치를 이동하시오.

문제 2 레이어 마스크 기능을 이용하여 다음과 같이 합성하시오.

미리보기

- 원본 이미지 : C:\길벗GTQ2급\섹션\섹션04\도시.jpg, 구름.jpg
- 파일 저장 규칙
  – 파일명 : C:\길벗GTQ2급\섹션\섹션04\섹션04기본-2.psd
  – 파일 크기 : 590 × 420

문제 **3** 클리핑 마스크 기능을 이용하여 다음과 같이 합성하시오.

미리보기

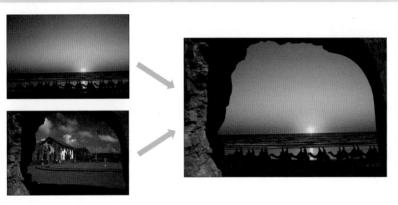

- 원본 이미지 : C:\길벗GTQ2급\섹션\섹션04\석양.jpg, 동굴.jpg
- 파일 저장 규칙
  – 파일명 : C:\길벗GTQ2급\섹션\섹션04\섹션04기본-3.psd
  – 파일 크기 : 600 × 400

 따라하기

문제 **1**

⓪ 준비 작업

1. 작업할 파일을 불러오기 위해 [File(파일)] → [Open(열기)]([Ctrl]+[O])을 선택합니다.

2. '열기' 대화상자에서 찾는 위치를 'C:\길벗GTQ2급\섹션\섹션04' 폴더로 지정한 다음 '섹션04기본-1.psd' 파일을 선택하고 〈열기〉를 클릭하세요.

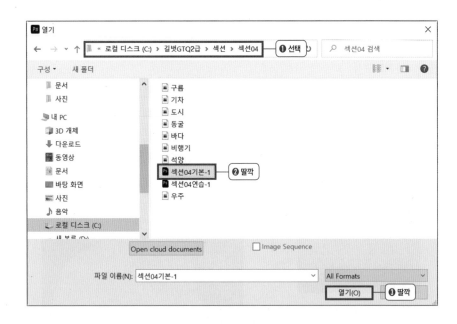

① 레이어의 순서 변경하기

포토샵의 파일은 여러 개의 레이어로 되어 있으며, 각각의 레이어를 투명 셀로판지라고 생각하면 이해하기 쉽습니다. 각각의 투명 셀로판지에 그려진 여러 개의 이미지들을 겹쳐 놓고 위에서 본다고 생각하는 거죠. 그러므로 셀로판지의 순서를 변경하면 그림의 모습도 달라집니다.

현재 불러온 파일은 총 6개의 레이어, 즉 일반 레이어 4개, 문자 레이어 1개, 배경 레이어 1개로 되어 있으며 구조는 다음과 같습니다.

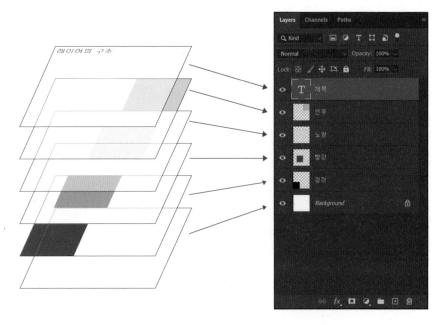

1. '연두' 레이어를 맨 아래쪽으로 보내기 위해 레이어 패널에서 '연두' 레이어를 '검정' 레이어 아래쪽으로 드래그 합니다.

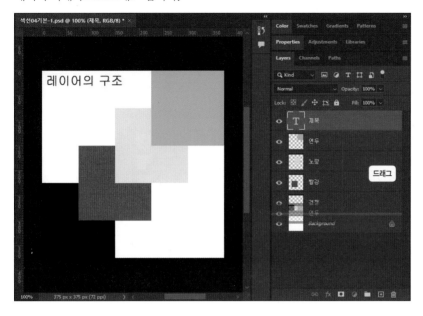

전문가의 조언

· 현재 레이어는 아래서부터 Background(배경), 검정, 빨강, 노랑, 연두, 문자 순으로 되어 있기 때문에 문제처럼 표시하려면 레이어의 순서를 아래서부터 Background(배경), 연두, 노랑, 빨강, 검정, 문자 순으로 변경하면 됩니다.

· 레이어를 이동하려면 레이어 패널에서 이동할 레이어를 선택하여 원하는 위치로 드래그 하면 됩니다.

2. 이번에는 '노랑' 레이어를 '검정' 레이어 아래쪽으로 드래그 하세요.

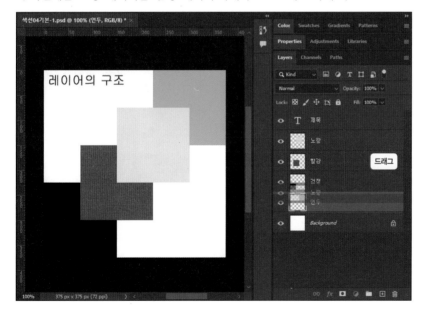

3. 같은 방법으로 '빨강' 레이어를 '검정' 레이어 아래쪽으로 드래그 하여 레이어의 순서를 Background(배경), 연두, 노랑, 빨강, 검정, 문자 레이어 순서가 되게 합니다.

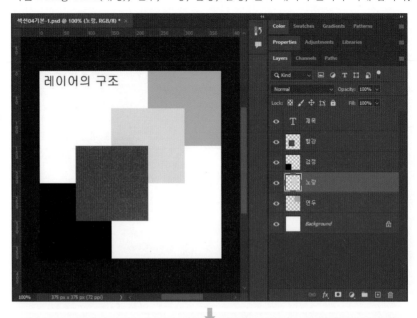

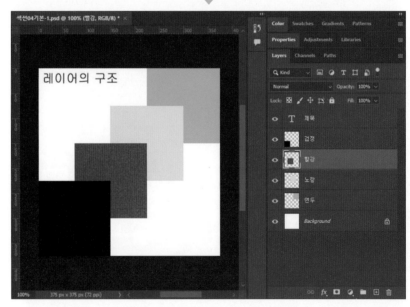

② 문자 레이어의 내용 및 위치 변경하기

문자 레이어는 썸네일 부분에 'T'자가 표시되어 일반 레이어와 구분되며, 입력된 내용을 수정하거나 글꼴, 색깔, 크기 등을 변경할 수 있습니다.

1. 레이어 패널에서 '제목' 레이어를 선택하고 도구 상자에서 **T**(Horizontal Type Tool(수평 문자 도구))(**T**)을 클릭한 다음 **레이어의 구조** 부분을 클릭하세요.

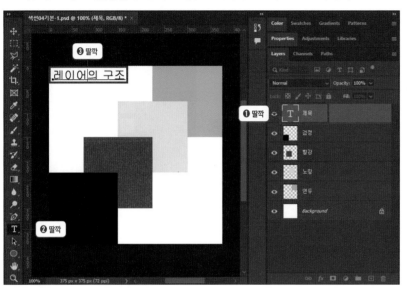

2. 의 구조를 지우고 **순서 변경**을 입력한 다음 Ctrl+Enter를 눌러 문자 수정을 완료하세요.

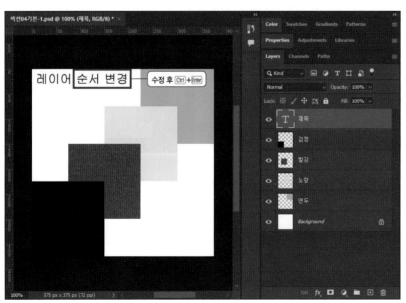

포토샵에서 작업을 할 때는 항상 해당 이미지가 있는 레이어를 먼저 선택해야 합니다.

문자를 입력하거나 입력된 문자를 수정했을 때는 항상 Ctrl+Enter를 눌러서 완료합니다.

3. 도구 상자에서 ✛(Move Tool(이동 도구))(V)을 클릭한 다음 '제목' 레이어를 드래그 하여 이동하세요.

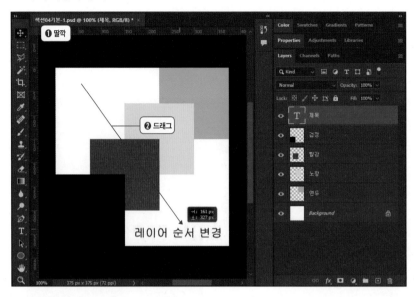

잠깐만요 레이어의 주요 기능

1. 레이어 추가

- 레이어 패널 하단의 🗔(Create a new layer(새 레이어를 만듭니다.))를 클릭하거나 메뉴에서 [Layer(레이어) → [New(새로 만들기)] → [Layer(레이어)](Ctrl+Shift+N)를 선택하면 현재 선택된 레이어 위쪽에 빈 레이어가 추가됩니다.
- 현재 선택된 레이어 아래쪽에 추가하려면 Ctrl을 누른 채 🗔(Create a new layer(새 레이어를 만듭니다.))를 클릭하면 됩니다.
- 투명한 빈 레이어가 추가되기 때문에 캔버스에는 변화가 없습니다.

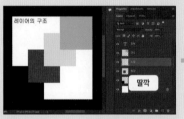 

현재 선택된 레이어 위쪽에 새로운 레이어가 추가됩니다.

- Ctrl+Delete를 눌러 새로 추가된 레이어에 배경색을 칠하면 현재 레이어의 모습을 확인할 수 있습니다.

새로 추가된 레이어에 흰색을 칠하면 아래쪽 레이어의 이미지는 가려서 보이지 않고 위쪽에 있는 '연두' 레이어와 '제목' 레이어만 표시됩니다.

2. 레이어 제거

- 삭제할 레이어를 선택하고 레이어 패널 하단의 📷(Delete layer(레이어를 삭제합니다.))를 클릭하거나 메뉴에서 [Layer(레이어)] → [Delete(삭제)] → [Layer(레이어)]를 선택합니다.
- 삭제할 레이어를 📷(Delete layer(레이어를 삭제합니다.))로 드래그 해도 삭제됩니다.
- 삭제된 레이어의 이미지가 화면에서 사라집니다.

3. 레이어 복사

- 복사할 레이어를 레이어 패널 하단의 📄(Create a new layer(새 레이어를 만듭니다.))로 드래그 하거나 메뉴에서 [Layer(레이어)] → [Duplicate Layer(레이어 복제)]를 선택하면 현재 선택된 레이어 위쪽에 그 레이어가 복사됩니다.
- 선택된 레이어와 동일한 레이어가 복사되기 때문에 캔버스에는 변화가 없는 것처럼 보입니다.

4. 레이어 이름 변경

이름을 변경할 레이어의 이름 부분을 더블클릭한 다음 원하는 이름으로 변경하면 됩니다.

5. 레이어 숨기기

해당 레이어의 👁(Indicates layer visibility(레이어 가시성))를 클릭하면 해당 레이어의 이미지가 캔버스에서 사라지고 다시 클릭하면 나타납니다.

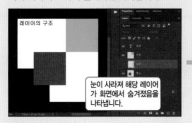

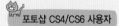

문제 **2**

① 파일 불러와 배치하기

1. 작업 공간으로 사용할 캔버스를 만들기 위해 [File(파일)] → [New(새로 만들기)]
([Ctrl]+[N])를 선택한 후 'New Document(새로운 문서 만들기)' 대화상자에서 다음과
같이 설정하고 〈Create(만들기)〉를 클릭합니다.

2. 작업할 파일을 불러오기 위해 [File(파일)] → [Open(열기)]([Ctrl]+[O])을 선택합니다.

3. '열기' 대화상자에서 찾는 위치를 'C:\길벗GTQ2급\섹션\섹션04' 폴더로 지정하고
'구름.jpg'와 '도시.jpg'를 선택한 다음 〈열기〉를 클릭하세요.

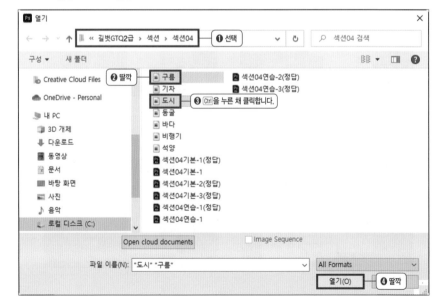

4. '구름.jpg' 탭을 클릭한 다음 도구 상자에서 ⊕(Move Tool(이동 도구))(V)을 클릭합니다.

• 불러온 파일 두 개를 새로 만든
  캔버스로 복사한 다음 레이어
  마스크를 이용해 두 개의 이미
  지를 합성합니다.
• 현재 선택된 도구에 관계없이
  Ctrl을 누르고 있는 동안은 ⊕
  (Move Tool(이동 도구))이 선택
  된 상태가 됩니다.

5. '구름.jpg' 파일을 '섹션04기본-2.psd' 탭으로 드래그 한 후 마우스에서 손을 떼지말고 잠시 기다리세요. '섹션04기본-2.psd' 파일이 화면에 표시됩니다.

6. 그 상태에서 마우스를 '섹션04기본-2.psd' 파일의 작업 영역으로 드래그 한 후 마우스에서 손을 떼면, '구름.jpg' 파일이 '섹션04기본-2.psd' 파일로 복사됩니다.

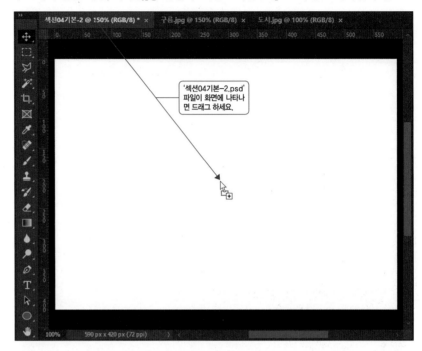

7. 복사된 구름 이미지를 드래그 하여 적당히 배치한 다음 '도시.jpg' 파일을 복사하기 위해 '도시.jpg' 탭을 클릭합니다.

8. 같은 방법으로 '도시.jpg' 파일을 '섹션04기본-2.psd' 파일로 복사한 다음 적당하게 배치하세요.

9. 레이어 패널에서 레이어의 이름 부분을 더블클릭한 다음 각각의 이름을 **도시**와 **구름** 으로 변경하세요.

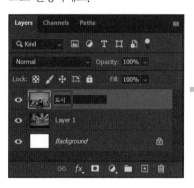 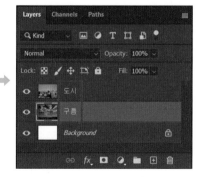

 전문가의 조언

· 합성을 위해 레이어의 이름을 변경할 필요는 없습니다. 여기서 는 레이어 패널을 설명할 때 이 해를 돕기 위해 레이어의 이름 을 변경하는 것입니다.

· 이름에서 벗어난 부분을 더블클 릭하면 'Layer Style(레이어 스타 일)' 대화상자가 표시됩니다.

② 레이어 마스크 수행하기

레이어 마스크는 레이어 전체에 마스크, 즉 레이어 아래쪽에 흰색의 불투명한 덮개를 씌워 놓은 것으로 마스크 부분을 오려내면 해당 레이어의 같은 부위가 오려져 아래쪽 레이어가 보이게 되는 원리를 이용합니다.

1. '도시' 레이어에 레이어 마스크를 추가하기 위해 '도시' 레이어를 클릭한 다음 레이 어 패널 하단의 ▢(Add layers mask(레이어 마스크를 추가합니다.))를 클릭합니다.

 **전문가의 조언**

이미지를 자연스럽게 합성하기 위 해 그레이디언트 도구를 이용합니 다.

2. 도구 상자에서 ■(Gradient Tool(그레이디언트 도구))(G)을 클릭하세요. 이어서 옵션 바에서 Gradient(그레이디언트) 항목을 클릭하세요.

3. 'Gradient Editor(그레이디언트 편집기)' 대화상자가 표시되면 Presets(사전 설정) 항목에서 Basics(기본 사항)의 확장 단추(▾)를 누르고 Black, White(검정, 흰색)를 클릭한 후 〈OK(확인)〉를 클릭하세요.

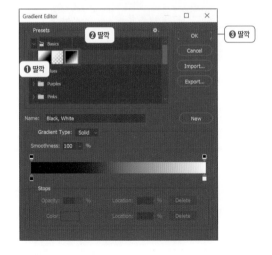

4. 자연스럽게 겹쳐질 부분을 클릭한 채로 위쪽에서 아래쪽 방향으로 드래그 하세요.

그레이디언트가 표시되어 아래쪽으로 갈수록 점차 옅게 잘라지다가 중간 이후로는 잘라지지 않은 것을 나타냅니다.

Q '도시' 레이어에 그레이디언트 현상이 나타나요!

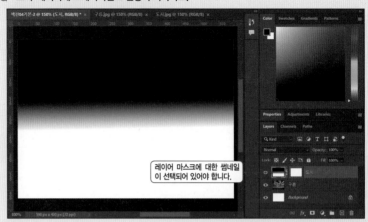

> 레이어 마스크에 대한 썸네일이 선택되어 있어야 합니다.

A 위와 같은 현상이 발생하는 이유는 레이어 패널에서 '도시'의 레이어 마스크 썸네일이 아닌 레이어의 썸네일이 선택되어 있기 때문입니다. Ctrl+Z를 눌러 실행을 취소하고 레이어 마스크의 썸네일을 클릭하여 선택한 다음 다시 시도해 보세요.

레이어 마스크된 레이어의 표현 원리

레이어 마스크는 레이어 뒤쪽을 흰색의 마스크로 덮어 레이어와 마스크가 한 몸처럼 움직이도록 만들어 놓았다고 생각하면 됩니다. 그래서 마스크 영역을 잘라내면 그 마스크에 붙어있는 레이어의 이미지도 같이 잘라지는 것이죠. 레이어가 잘라지면 그 잘라진 공간을 통해 아래쪽의 레이어가 표시됩니다. 여기서 마스크 영역을 잘라낸다는 것은 검정색과 흰색, 즉 색의 밝기(명도)로 적용됨을 이해해야 합니다. 마스크에 검정색을 칠하면 마스크에 붙어있는 레이어의 그 부분이 완전하게 잘라져 아래쪽 레이어의 이미지가 완전 뚜렷하게 보이고, 회색을 칠하면 그 부위의 레이어가 엷게 잘라져 아래쪽 레이어의 이미지가 희미하게 보이는 거죠. 그레이디언트 효과가 적용된 것은 불투명도의 정도에 따라 완전히 잘라낸 것에서 전혀 잘라내지 않은 것의 범위까지 점차적으로 엷게 잘라냈다고 생각하면 됩니다. 그리고 이렇게 마스크에 색이 칠해진 모양은 레이어 마스크의 썸네일에 표시되고 캔버스에는 결과만 나타납니다. 다음 예를 보면 좀 더 쉽게 이해할 수 있습니다.

원 모양의 검정색을 레이어 마스크에 적용했을 때

레이어 마스크에는 검정색 원이 표시되어 위쪽의 레이어가 원 모양으로 완전히 잘라졌음을 나타내고, 그 부분에는 아래쪽 레이어의 이미지가 뚜렷하게 표시됩니다.

> 아래쪽 레이어의 이미지가 뚜렷하게 보입니다.

> 검정색 원이 표시되어 '도시' 레이어의 해당 부분이 완전하게 잘라졌음을 나타냅니다.

레이어 패널의 이해

1.

'도시' 레이어의 마스크에 표시된 검정색 원은 '도시' 레이어의 해당 부분이 원형으로 완전하게 뚫려 있음을 나타냅니다.

'도시' 레이어   '도시' 레이어의 마스크

2.

1의 결과와 '구름' 레이어가 겹쳐지면 마스크로 인해 완전히 뚫린 '도시' 레이어의 구멍을 통해 '구름' 레이어의 해당 부분이 표시됩니다.

마스크가 적용된 '도시' 레이어   '구름' 레이어

원 모양의 회색 55%를 레이어 마스크에 적용했을 때

레이어 마스크에는 회색의 원이 표시되어 '도시' 레이어가 원 모양으로 엷게 잘라졌음을 나타내고, 그 부분에는 아래쪽 레이어의 이미지가 희미하게 표시됩니다.

아래쪽 레이어의 이미지가 희미하게 보입니다.

회색의 원이 표시되어 '도시' 레이어의 해당 부분이 엷게 잘라졌음을 나타냅니다.

레이어 패널의 이해

1.

'도시' 레이어의 마스크에 표시된 회색의 원은 '도시' 레이어의 해당 부분이 밝기 55% 정도로 불투명하게 뚫려 있음을 나타냅니다.

'도시' 레이어   '도시' 레이어의 마스크

2.

1의 결과와 '구름' 레이어가 겹쳐지면 마스크로 인해 엷게 뚫린 '도시' 레이어의 구멍을 통해 '구름' 레이어의 해당 부분이 희미하게 표시됩니다.

마스크가 적용된 '도시' 레이어   '구름' 레이어

그레이디언트 효과를 레이어 마스크에 적용했을 때의 결과

레이어 마스크에는 위에서 중간 부분까지 검정색에서 흰색으로 변화하는 그레이디언트 효과가 적용되어 위쪽의 레이어가 아래쪽으로 내려올수록 점차적으로 엷게 잘라졌음을 나타내며, 그 부분에는 아래쪽 레이어의 이미지가 뚜렷하게 표시되다가 점차적으로 희미하게 표시됩니다.

아래쪽 레이어의 이미지가 뚜렷하게 보이다가 점차 희미하게 보입니다.

그레이디언트가 표시되어 아래쪽으로 갈수록 점차적으로 엷게 잘라진 것을 나타냅니다.

레이어 패널의 이해

1.

'도시' 레이어의 마스크에 표시된 그레이디언트는 '도시' 레이어의 해당 부분을 위 부분은 완전하게 잘라지고 아래쪽으로 내려올수록 점차적으로 엷게 잘라졌음을 나타냅니다.

'도시' 레이어   '도시' 레이어의 마스크

2.

1의 결과와 '구름' 레이어가 겹쳐지면 그레이디언트 형식으로 잘라진 '도시' 레이어의 잘라진 영역을 통해 '구름' 레이어의 이미지가 뚜렷하게 보이다가 점차 희미하게 보입니다.

마스크가 적용된 '도시' 레이어   '구름' 레이어

문제 3

1 파일 불러와 배치하기

1. 작업 공간으로 사용할 캔버스를 만들기 위해 [File(파일)] → [New(새로 만들기)] ([Ctrl]+[N])를 선택한 후 'New Document(새로운 문서 만들기)' 대화상자에서 다음과 같이 설정하고 〈Create(만들기)〉를 클릭합니다.

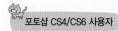
포토샵 CS4/CS6 사용자

'New(새 문서)' 대화상자의 'Name(이름)'에 **섹션04기본-3**을 입력한 후 Width(폭), Height(높이) 등을 지정하세요.

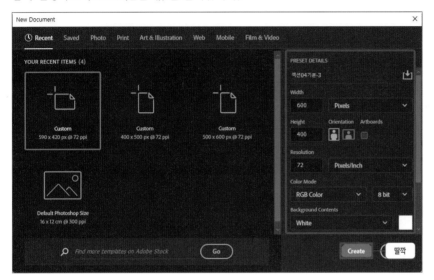

2. [File(파일)] → [Open(열기)]([Ctrl]+[O])을 선택한 다음 'C:\길벗GTQ2급\섹션\섹션 04' 폴더에서 '동굴.jpg'와 '석양.jpg'를 불러옵니다.

3. '동굴.jpg' 파일을 복사하기 위해 '동굴.jpg' 탭을 클릭한 다음 [Ctrl]+[A]와 [Ctrl]+[C]를 차례대로 누릅니다.

전문가의 조언

[Ctrl]+[A]는 현재 레이어의 전체 이미지를 선택하는 바로 가기 키이고, [Ctrl]+[C]는 선택된 영역을 복사하는 바로 가기 키입니다.

4. '섹션04기본-3.psd' 탭을 클릭한 다음 Ctrl+V를 눌러 복사한 이미지를 붙여 넣으세요.

② 클리핑 마스크 수행하기

클리핑 마스크는 위 아래로 놓여 있는 두 개의 레이어에서 위쪽 레이어의 이미지를 아래쪽 레이어에 지정된 마스크 부분 만큼만 남겨놓고 잘라버리는 기능입니다. 즉 클리핑 마스크를 적용하려면 위쪽에는 잘라버릴 원본 이미지가, 그리고 아래쪽에는 잘라낼 모양의 마스크가 있는 상태에서 위쪽 레이어의 바로 가기 메뉴에서 [Create Clipping Mask(클리핑 마스크 만들기)]를 선택하면 됩니다.

1. 도구 상자에서 ✐(Pen Tool(펜 도구))을 선택한 다음 옵션 바에서 Pick tool mode(선택 도구 모드)를 Shape(모양), Stroke(획)를 ✐(No Color(색상 없음)), Path operations(패스 작업)을 ■(New Layer(새 레이어)로 선택한 후 그림과 같이 입구 부분에 패스를 만드세요.

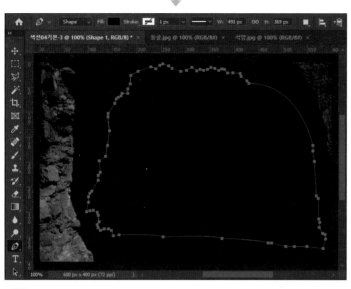

시나공 Q&A 베스트

Q '‍Shape 1(모양 1)'에 가려서 다음에 클릭할 기준점 위치를 찾을 수 없어요!

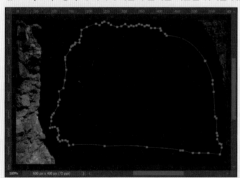

A 위의 그림처럼 추가되는 모양 레이어로 인해 클릭할 지점이 가려지는 경우에는 레이어 패널에서 Opacity(불투명도)를 50% 정도로 지정하면 됩니다. 'Shape 1(모양 1)'을 다 그리고 나서 다시 Opacity(불투명도)를 100%로 지정하면 됩니다.

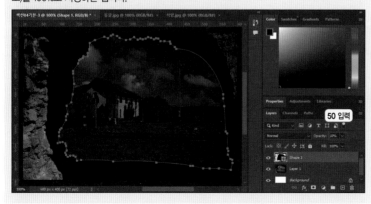

2. '석양.jpg' 파일을 복사하기 위해 '석양.jpg' 탭을 클릭한 다음 Ctrl+A와 Ctrl+C를 차례대로 누릅니다.

3. '섹션04기본-3.psd' 탭을 클릭한 다음 Ctrl+V를 눌러 복사한 이미지를 붙여 넣으세요.

4. 레이어 패널의 'Layer 2(레이어 2)' 레이어의 바로 가기 메뉴에서 [Create Clipping Mask(클리핑 마스크 만들기)]를 선택하여 클리핑 마스크를 수행합니다.

바로 가기 메뉴는 마우스 오른쪽 버튼을 눌렀을 때 나오는 메뉴를 말합니다.

문제 1 'C:\길벗GTQ2급\섹션\섹션04' 폴더의 '섹션04연습-1.psd' 파일을 열어 작업하시오.

미리보기

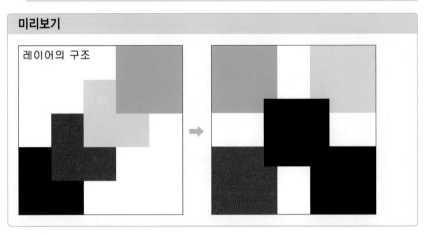

문제 2 레이어 마스크 기능을 이용하여 다음과 같이 합성하시오.

미리보기

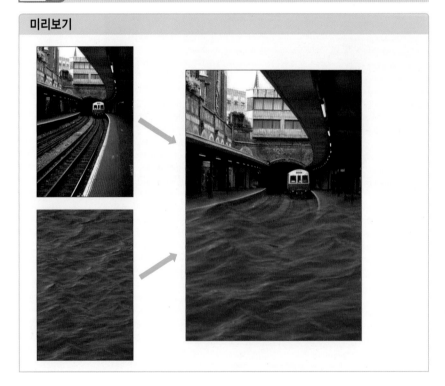

문제 **3** 클리핑 마스크 기능을 이용하여 다음과 같이 합성하시오.

미리보기

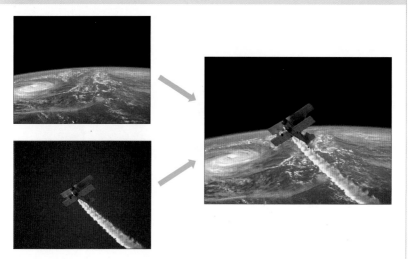

여기서는 우주 그림이 잘라질 위쪽 레이어이고 펜 도구로 그린 비행기 모양의 그림이 있는 'Shape 1 Vector Mask(모양 1 벡터 마스크)'가 아래쪽에 있는 레이어로서 마스크 역할을 합니다.

문제 1

결과

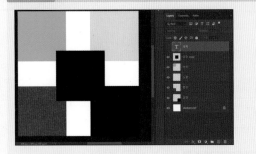

1 이미지 이동

도구 상자에서 (Move Tool(이동 도구))을 클릭하고 레이어 패널에서 해당 이미지가 있는 레이어를 선택한 다음 원하는 방향으로 드래그 합니다.

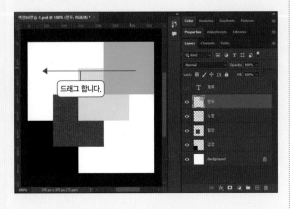

문제 3

1 클리핑 마스크 수행

1. 도구 상자에서 (Pen Tool(펜 도구))을 선택한 다음 옵션 바에서 Shape(모양), Stroke(획)를 (No Color(색상 없음)), (New Layer(새 레이어))를 선택한 후 그림과 같이 비행기를 제외한 나머지 부분에 패스를 그립니다.

2. '우주.jpg' 파일을 복사하여 '섹션04-연습.psd'에 붙여 넣습니다.

3. 레이어 패널의 'Layer 2(레이어 2)' 레이어의 바로 가기 메뉴에서 [Create Clipping Mask(클리핑 마스크 만들기)]를 선택하여 클리핑 마스크를 수행합니다.

2장

실제 시험장을
옮겨 놓았다!

실제 시험장

입실(시험 시작 20분 전)

GTQ 시험은 90분 동안 치러지는데 보통 20분 전에는 시험장에 입실하여 수험생 인적사항을 확인받습니다. 수험표와 자신을 증명할 수 있는 신분증을 반드시 지참해야 합니다. 주민등록증, 학생증, 운전면허증 등이 없는 초등학생은 건강보험카드나 주민등록등본을 지참하면 됩니다.

시험장에 입실하여 자신의 인적사항과 자리 번호가 표시된 컴퓨터에 앉아 기다리면 시험 감독 위원이 여러분의 인적사항을 확인합니다.

환경 설정(시험 시작 10분 전)

시험장에 입실하여 자리를 배정받은 후에는 문제지를 받을 때까지 컴퓨터를 점검할 수 있습니다. 이때 답안 작성에 꼭 필요한 눈금자, 격자 간격, 글꼴 이름 한글로 표시 등의 환경을 미리 설정해 놓는 것이 좋습니다.

1. Ctrl + Alt + Shift 를 누른 채 [■] → [A]에서 [Adobe Photoshop 2022]를 클릭하여 포토샵을 실행하세요. 설정값에 대한 삭제 여부를 묻는 대화상자가 표시될 때까지 Ctrl + Alt + Shift 를 누르고 있어야 합니다.

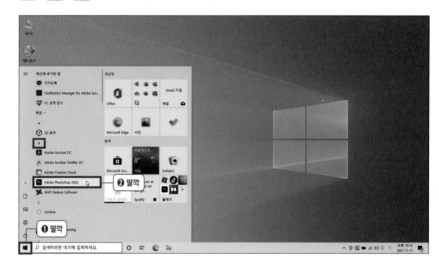

2. 이전 사용자가 설정해 놓은 설정값에 대한 삭제 여부를 묻는 대화상자가 나타납니다. 〈Yes(예)〉를 클릭하세요.

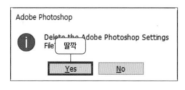

3. [Edit(편집)] → [Preferences(환경 설정)] → [General(일반)](Ctrl + K)을 선택한 다음 'Preferences(환경 설정)' 대화상자에서 Use Legacy Free Transform(레거시 자

유 변형 사용)을 클릭하여 체크하세요. Use Legacy Free Transform(레거시 자유 변형 사용)을 체크하면 자유 변형 상태에서 가로·세로 비율이 고정되지 않은 채로 자유롭게 이미지 크기를 조정할 수 있습니다.

4. 눈금자와 문자의 단위를 pixels(픽셀)과 points(포인트)로 변경해야 합니다. 환경 설정 목록에서 Units & Rulers(단위와 눈금자)를 클릭한 후 Rulers(눈금자)와 Type(문자)의 단위를 다음과 같이 지정하세요.

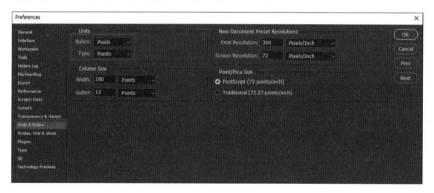

5. 화면에 격자 모양의 기준선을 표시하기 위해 격자를 설정해야 합니다. 환경 설정 목록에서 Guides, Grid & Slices(안내선, 격자 및 분할 영역)를 클릭한 후 다음과 같이 설정하세요.

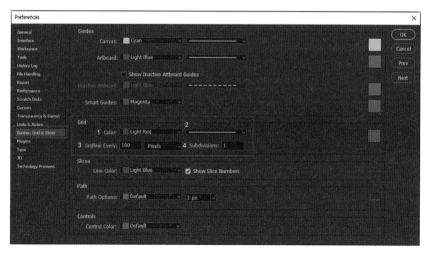

전문가의 조언

문제지에 제시되는 〈출력형태〉가 픽셀(Pixel)로 되어 있고, 문자에 대한 지시사항이 포인트(Point)로 제시되므로 눈금자와 문자의 단위를 픽셀과 포인트로 변경해야 합니다.

전문가의 조언

지금 설정하는 환경은 한 번만 지정하면 문제4까지 그대로 사용할 수 있으며, 변경 사항이 있을 경우 답안 작성 중이라도 변경하면 바로 적용됩니다. 예를 들어 문제지의 그림에 빨간색이 너무 많아 격자의 색상을 빨강의 보색인 청록으로 변경하면 격자의 색이 바로 청록으로 변경됩니다.

전문가의 조언

문제지에 특별한 지시사항이 없어도 작업 결과물들의 크기, 위치, 방향 등을 〈출력형태〉와 동일하게 지정해야 합니다. 이때 기준으로 삼을 선이 격자(Grid)입니다.

❶ Color(색상) : 격자의 색을 지정합니다. 빨강 같은 눈에 잘 띄는 색으로 지정했다가 문제를 받은 후 더 잘 보이는 색으로 변경하면 됩니다.

❷ Style(스타일) : 실선, 점선, 점 등으로 격자의 스타일을 지정합니다. Lines(선)을 선택하는 것이 작업하기 좋습니다.

❸ Gridline Every(격자 간격) : 격자의 간격을 지정합니다. 100 픽셀 정도면 이미지의 크기와 위치를 문제지와 동일하게 지정하는 데 어려움이 없습니다.

❹ Subdivisions(세분) : 보조 격자를 지정합니다. 2를 지정하면 격자 간격으로 지정된 100 픽셀을 2로 나눠 보조 격자를 지정하고 3으로 지정하면 100 픽셀을 3으로 나눠 보조 격자를 지정합니다.

6. 글꼴 이름이 한글로 표시되도록 해야 합니다. 환경 설정 목록에서 Type(문자)을 선택하고 Show Font Names in English(글꼴 이름을 영어로 표시)를 클릭하여 해제한 다음 〈OK(확인)〉를 클릭하세요.

전문가의 조언

포토샵 영문 버전에서만 설정하는 내용으로, 글꼴 이름이 '궁서'가 아닌 'Gungshe'와 같이 영문으로 표시되면 문제에 제시된 글꼴을 빨리 찾기가 어렵습니다.

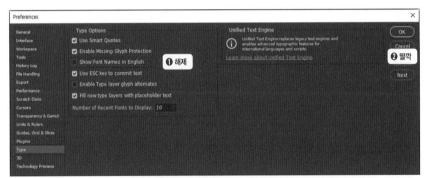

 3

수험자 등록(시험 시작 5분 전)

1. 환경 설정을 위해 실행했던 포토샵 프로그램을 종료한 다음 감독위원의 지시에 따라 바탕 화면에 있는 'KOAS 수험자용' 아이콘을 더블클릭하여 수험관리 프로그램을 실행하세요. 화면에 '수험자 등록' 창이 표시됩니다.

전문가의 조언

지금부터 123쪽까지의 과정은 실제 시험장에서 감독위원의 지시하에 수행해야 할 과정입니다. 수험생 여러분은 124쪽부터 따라하시면 됩니다.

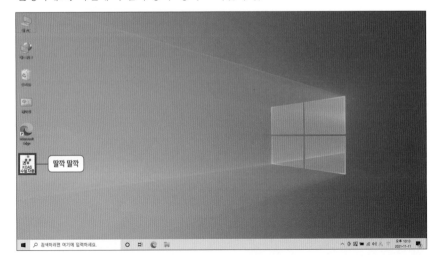

2. 감독위원의 지시에 따라 수험표에 적혀있는 자신의 수험번호를 수험번호 난에 입력한 후 〈확인〉을 클릭하세요. 입력한 수험번호가 올바르면 화면에 작업할 프로그램 선택 창이 표시됩니다.

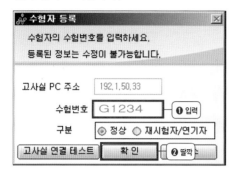

실제 시험장에서는 수험번호가 13자리입니다.
예 G100112345678

3. 작업할 프로그램을 '포토샵(Photoshop)'으로 선택한 후 〈확인〉을 클릭하세요. '수험자 정보' 창에 수험자 정보가 표시됩니다.

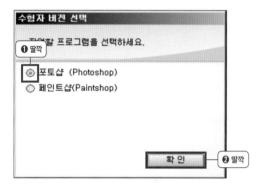

4. '수험자 정보' 창에 표시된 정보가 이상 없으면 〈확인〉을 클릭하세요.

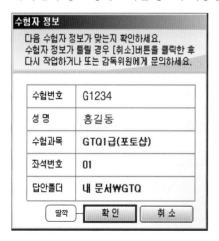

5. 이제 키보드나 마우스를 사용할 수 없도록 PC가 잠금 상태로 됩니다. 임의로 행동하면 실격될 수 있으니 감독위원이 잠금을 해제할 때까지 기다리세요.

지급받은 문제는 문제의 전체 지시사항 1면, 완성할 문서 3면 이렇게 총 4면으로 구성되어 있습니다. 문제지를 받았으면 평소 연습하던 내용과 다른 점이 있는지 주요 사항을 체크하고 문제별로 문제 풀이를 위한 작업 계획을 세워보세요. 다음 문제는 가장 일반적인 GTQ 2급 문제입니다. 풀이 과정을 세 번 이상 반복해서 따라하면서 전반적인 시험 방식과 문제 풀이 방법을 익히세요.

GTQ(그래픽기술자격)-(S/W:포토샵)

급 수	문제유형	시험시간	수험번호	성 명
2급	A	90 분		

〈수험자 유의사항〉

- 수험자는 문제지를 받는 즉시 응시하고자 하는 **과목 및 급수가 맞는지 확인**한 후 수험번호와 성명을 작성합니다.
- 파일명은 본인의 "수험번호–성명–문제번호"로 공백 없이 정확히 입력하고 답안폴더(내 PC₩문서₩GTQ)에 jpg 파일과 psd 파일의 2가지 포맷으로 저장해야 하며, jpg 파일과 psd 파일의 내용이 상이할 경우 0점 처리됩니다. 답안문서 파일명이 "수험번호–성명–문제번호"와 일치하지 않거나, 답안 파일을 전송하지 않아 미제출로 처리될 경우 불합격 처리됩니다.
- 문제의 세부조건은 '영문(한글)' 형식으로 표기되어 있으니 유의하시기 바랍니다.
- 수험자 정보와 저장한 파일명, 저장 위치가 다를 경우 전송이 되지 않으므로, 주의하시기 바랍니다.
- 답안 작성 중에도 **주기적으로 '저장'과 '답안 전송'**을 이용하여 감독위원 PC로 답안을 전송하셔야 합니다.
  (※ 작업한 내용을 **저장하지 않고 전송할 경우** 이전의 저장내용이 전송되오니 이점 반드시 유념하시기 바랍니다.)
- 답안문서는 지정된 경로 외의 다른 보조기억장치에 저장하는 행위, 지정된 시험 시간 외에 작성된 파일을 활용한 행위, 기타 통신수단(이메일, 메신저, 네트워크 등)을 이용하여 타인에게 전달 또는 외부 반출하는 행위는 부정으로 간주되어 자격기본법 제32조에 의거 본 시험 및 국가공인 자격시험을 2년간 응시할 수 없습니다.
- 시험 중 부주의 또는 고의로 시스템을 파손한 경우와 〈수험자 유의사항〉에 기재된 방법대로 이행하지 않아 생기는 불이익은 수험자의 책임임을 알려 드립니다.
- 시험을 완료한 수험자는 최종적으로 저장한 답안파일이 전송되었는지 확인한 후 감독위원의 지시에 따라 문제지를 제출하고 퇴실합니다.

〈답안 작성요령〉

- 온라인 답안 작성 절차
  수험자 등록 ⇒ 시험 시작 ⇒ 답안파일 저장 ⇒ 답안 전송 ⇒ 시험 종료
- 내 PC₩문서₩GTQ₩Image폴더에 있는 그림 원본파일을 사용하여 답안을 작성하고 최종답안을 답안폴더(내 PC₩문서₩GTQ)에 저장하여 답안을 전송하시고, 이미지의 크기가 다른 경우 감점 처리됩니다.
- 배점은 총 100점으로 이루어지며, 점수는 각 문제별로 차등 배분됩니다.
- 각 문제는 주어진 〈조건〉에 따라 작성하고, 언급하지 않은 조건은 《출력형태》와 같이 작성합니다.
- 배치 등의 편의를 위해 주어진 눈금자의 단위는 '픽셀'입니다.
  그 외는 출력 형태(효과, 이미지, 문자, 색상, 레이아웃, 규격 등)와 같게 작업하십시오.
- 문제 조건에 서체의 지정이 없을 경우 한글은 굴림이나 돋움, 영문은 Arial로 작업하십시오.
  (단, 그 외에 제시되지 않은 문자 속성을 기본값으로 작성하지 않은 경우는 감점 처리됩니다.)
- Image Mode(이미지 모드)는 별도의 처리조건이 없을 경우에는 RGB(8비트)로 작업하십시오.
- 모든 답안 파일은 해상도 72 pixels/inch 로 작업하십시오.
- Layer(레이어)는 각 기능별로 분할해야 하며, 임의로 합칠 경우나 각 기능에 대한 속성을 해지할 경우 해당 요소는 0점 처리됩니다.

01. 〈출력형태〉에 기준선 그리기

준비해 간 연필과 자를 이용하여 〈출력형태〉에 이미지 배치를 위한 기준선을 100 픽셀 단위로 그려 놓으세요. 기준선을 그릴 때는 가로 세로 눈금이 그려진 플라스틱 투명 방안자를 사용하는 것이 편리합니다.

| 문제 **1** | [기능평가] Tool(도구) 활용 | (20점) |

다음의 〈조건〉에 따라 아래의 〈출력형태〉와 같이 작업하시오.

출력형태

> 실제 문제지에는 그려져 있지 않습니다. 이미지 배치의 기준을 잡기 위해 수험생이 직접 그려야 할 선입니다.

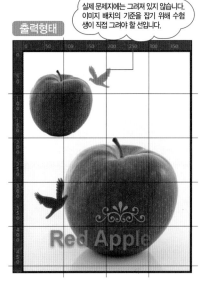

조건

원본 이미지		문서\GTQ\Image\2급-1.jpg	
파일 저장 규칙	JPG	파일명	문서\GTQ\수험번호-성명-1.jpg
		크기	400 × 500 pixels
	PSD	파일명	문서\GTQ\수험번호-성명-1.psd
		크기	40 × 50 pixels

1. 그림 효과
① 복제 및 변형 : 사과
② Shape Tool(모양 도구) 사용 :
  – 새 모양 (#663333, #ff6600, 레이어 스타일 – Inner Glow(내부 광선))
  – 장식 모양 (#669966, 레이어 스타일 – Drop Shadow(그림자 효과))

2. 문자 효과
① Red Apple (Arial, Bold, 50pt, 레이어 스타일 – 그라디언트 오버레이(#339999, #ff0000), Drop Shadow(그림자 효과))

| 문제 **2** | [기능평가] 사진편집 기초 | (20점) |

다음의 〈조건〉에 따라 아래의 〈출력형태〉와 같이 작업하시오.

조건

출력형태

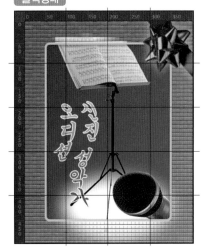

원본 이미지		문서\GTQ\Image\2급-2.jpg, 2급-3.jpg, 2급-4.jpg	
파일 저장 규칙	JPG	파일명	문서\GTQ\수험번호-성명-2.jpg
		크기	400 × 500 pixels
	PSD	파일명	문서\GTQ\수험번호-성명-2.psd
		크기	40 × 50 pixels

1. 그림 효과
① 색상 보정 : 2급-3.jpg – 녹색 계열로 보정,
  레이어 스타일 – Outer Glow(외부 광선)
② 액자 제작 :
  필터 – Patchwork(패치워크/이어붙이기),
  안쪽 테두리(5px, #00ffff),
  레이어 스타일 – Drop Shadow(그림자 효과)
③ 2급-4.jpg : 레이어 스타일 – Bevel and Emboss(경사와 엠보스)

2. 문자 효과
① 신진 성악가 오디션 (궁서, 45pt, 레이어 스타일 – 그라디언트 오버레이(#ff0000, #ffcc00), Stroke(선/획)(2px, #ffffff))

문제 **3** [기능평가] 사진편집 (25점)

다음의 〈조건〉에 따라 아래의 〈출력형태〉와 같이 작업하시오.

조건

원본 이미지	문서\GTQ\Image\2급-5.jpg, 2급-6.jpg, 2급-7.jpg, 2급-8.jpg			
파일 저장 규칙	JPG	파일명	문서\GTQ\수험번호-성명-3.jpg	
		크기	600 × 400 pixels	
	PSD	파일명	문서\GTQ\수험번호-성명-3.psd	
		크기	60 × 40 pixels	

1. 그림 효과

① 배경 : #ff33cc
② 2급-5.jpg : 필터 – Rough Pastels(거친 파스텔 효과), 레이어 마스크 – 가로 방향으로 흐릿하게
③ 2급-6.jpg : 레이어 스타일 – Outer Glow(외부 광선)
④ 2급-7.jpg : 레이어 스타일 – Drop Shadow(그림자 효과)
⑤ 2급-8.jpg : 레이어 스타일 – Bevel and Emboss(경사와 엠보스)
⑥ 그 외 〈출력형태〉 참조

2. 문자 효과

① 신년 해맞이 음악회 (돋움, 48pt, #666600, 레이어 스타일 – Stroke(선/획)(2px, #ffffff), Drop Shadow(그림자 효과))
② Ticket Event (Arial, Bold, 40pt, 그라디언트 오버레이(#330066, #ff6600), Stroke(선/획)(4px, #ffffff)

출력형태

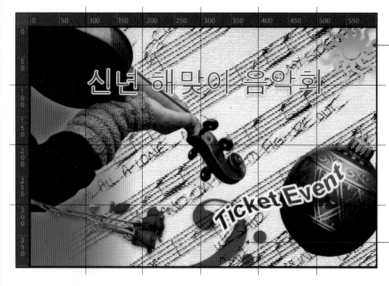

Shape Tool(모양 도구) 사용
레이어 스타일 – 그라디언트
오버레이(#ccff00, #009966),
Drop Shadow(그림자 효과)

Shape Tool(모양 도구) 사용
#000000, 레이어 스타일 –
Drop Shadow(그림자 효과),
Opacity(불투명도)(60%)

다음의 〈조건〉에 따라 아래의 〈출력형태〉와 같이 작업하시오.

조건

원본 이미지	문서\GTQ\Image\2급-9.jpg, 2급-10.jpg, 2급-11.jpg, 2급-12.jpg, 2급-13.jpg		
파일 저장 규칙	JPG	파일명	문서\GTQ\수험번호-성명-4.jpg
		크기	600 × 400 pixels
	PSD	파일명	문서\GTQ\수험번호-성명-4.psd
		크기	60 × 40 pixels

1. 그림 효과

① 2급-9.jpg : 필터 – Paint Daubs(페인트 덥스/페인트 바르기)
② 2급-10.jpg : 레이어 스타일 – Drop Shadow(그림자 효과)
③ 2급-11.jpg : 레이어 스타일 – Outer Glow(외부 광선), Bevel and Emboss(경사와 엠보스)
④ 2급-12.jpg : 레이어 스타일 – Drop Shadow(그림자 효과), Opacity(불투명도)(80%)
⑤ 2급-13.jpg : 필터 – Texturizer(텍스처화)
⑥ 그 외 〈출력형태〉 참조

2. 문자 효과

① Gala Concert (Arial, Black, 40pt, #ffffff, 레이어 스타일 – Stroke(선/획)(5px, 그라디언트(#ffffcc, #3399ff)), Inner Shadow(내부 그림자))
② 당신을 오페라 연주회에 초대합니다. (돋움, 20pt, #ccffff, 레이어 스타일 – Stroke(선/획)(2px, #ff66cc))
③ 영주아트홀 (궁서, 18pt, #ccccff, 레이어 스타일 – Stroke(선/획)(2px, #333399))

출력형태

Shape Tool(모양 도구) 사용
레이어 스타일 –
Stroke(선/획)(5px, 그라디언트(#6633ff, #66ff66)),
Drop Shadow(그림자 효과)

Shape Tool(모양 도구) 사용
#333399, 레이어 스타일 –
Outer Glow(외부 광선),
Opacity(불투명도)(70%)

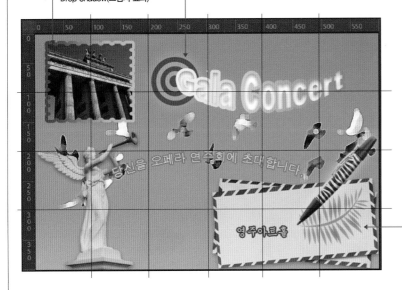

Shape Tool(모양 도구) 사용
#003300, 레이어 스타일 –
Inner Glow(내부 광선),
Opacity(불투명도)(50%)

5 시험 시작

시험이 시작되면 시험 관리 도구로 서버와 고사실간 연결을 확인하고, 포토샵을 실행시켜 본격적인 답안 작성을 시작합니다.

01. 시험 관리 도구

감독위원이 시험 시작을 알리면 시험 관리 도구가 화면 오른쪽 상단에 표시됩니다.

❶ **수험자 정보 조회** : '수험자 정보' 창이 화면에 표시됩니다.

❷ **답안 전송** : 작성된 답안 파일을 감독위원 PC로 전송합니다.

❸ **답안 가져오기** : 답안 파일의 이상 유무를 확인하거나, 다른 컴퓨터로 자리를 옮겨 작업할 때 그때까지 작업한 파일을 감독위원 PC에서 다시 가져오기 위해 사용합니다.

❹ **첨부파일 폴더 보기** : 문제에 사용할 그림 파일이 있는 폴더를 표시합니다.

❺ **첨부파일 가져 오기** : 시험중 돌발 상황으로 인해 첨부파일을 수험자 PC로 다시 가져와야 할 경우에 사용합니다.

❻ **수험자 시험 종료** : 화면에 시험 종료 메시지가 표시되고 수험자 PC는 잠금 상태가 됩니다.

※ 〈고사실 연결 테스트〉와 〈프로그램 종료〉 버튼은 감독위원이 확인합니다.

02. 포토샵 실행

[⊞] → [A]에서 [Adobe Photoshop 2022]를 클릭하여 포토샵을 실행하세요.

전문가의 조언

포토샵 실행 메뉴
컴퓨터에 따라 [⊞] → [최근에 추가한 앱] 목록에 보일 수도 있고, [⊞] → [A] 목록에 보이기도 합니다.

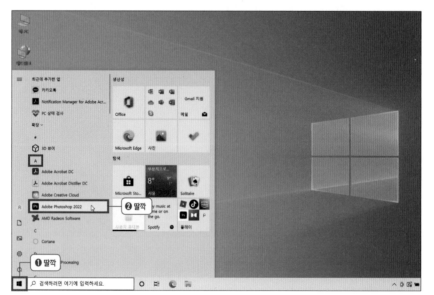

문제지를 받으면 어떤 순서로 작업을 해야할지 문제별로 전반적인 수행 계획을 세우고 시작하는 것이 좋습니다.
[문제1]은 문제에서 주어진 이미지들을 사용하여 다음과 같은 작업 과정을 거쳐 완성하면 됩니다.

미리보기

사용할 이미지

2급-1.jpg

모양 도구로 추가하기

작업 과정

❶  '2급-1.jpg'를 복사한 후 〈출력형태〉
와 동일하게 배치한다.

❷  사과를 복제한다.

❸  ⚓, ✿를 추가한 후 레이어 스타일
을 적용한다.

❹  Red Apple을 입력한 후 레이어 스
타일을 적용한다.

⓪ 준비 작업

1. 먼저 작업 공간으로 사용할 캔버스를 만들어야 합니다. [File(파일)] → [New(새로
만들기)]([Ctrl]+[N])를 선택하세요.

2. 'New Document(새로운 문서 만들기)' 대화상자에서 Name(이름), Width(폭),
Height(높이) 등을 다음과 같이 지정한 후 〈Create(만들기)〉를 클릭하세요.

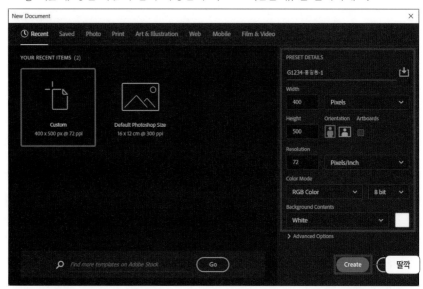

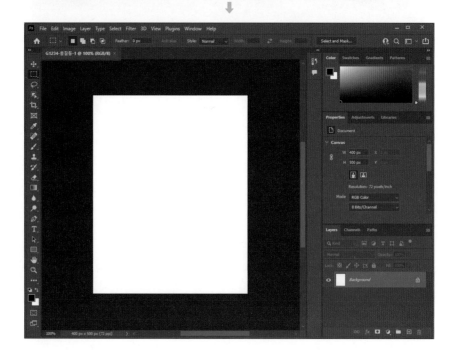

3. [File(파일)] → [Save As(다른 이름으로 저장)]([Ctrl]+[Shift]+[S])를 선택하세요.

4. 문서의 저장 위치를 선택하는 'Save on your computer or to Creative Cloud (내 컴퓨터 또는 Creative Cloud에 저장)' 창이 나타납니다. 저장할 때마다 창이 표시되지 않도록 창 하단의 'Don't show again(다시 표시 안 함)'을 체크하고, 〈Save on your computer(내 컴퓨터에 저장)〉를 클릭하세요.

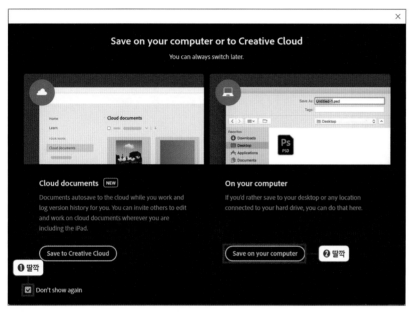

5. 이어서 'Save As(다른 이름으로 저장)' 대화상자가 표시되면, 저장 위치와 파일 이름을 다음과 같이 지정한 후 〈저장〉을 클릭하세요.

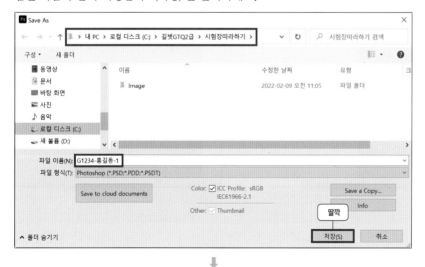

 전문가의 조언

• 새로운 캔버스를 만들었으면 바로 이름을 지정해서 파일을 저장하는 것이 좋습니다. 파일을 저장하면 Photoshop의 기본 저장 형식인 PSD로 저장됩니다.

• 파일 이름은 '수험번호–성명–문제번호'로 이름을 지정해야 합니다.
🔖 G100112345678–홍길동–1

 포토샵 CS4/CS6 사용자

4번 과정이 없이 바로 5번 과정을 수행하면 됩니다.

 전문가의 조언

'Save on your computer or to Creative Cloud(내 컴퓨터 또는 Creative Cloud에 저장)' 창에서 〈Save to Creative cloud(Creative Cloud에 저장)〉를 클릭하여 'Save to Creative Cloud(Creative Cloud 저장)' 창이 표시됐다면, 창 왼쪽 하단의 〈On your computer(내 컴퓨터에서)〉를 클릭하세요. 'Save As(다른 이름으로 저장)' 대화상자가 표시됩니다.

전문가의 조언

정답 파일은 PSD와 JPG 두 가지 형식으로 저장해서 제출해야 하는데, 먼저 PSD 형식으로 저장하여 작업한 후 작업이 완료되면 JPG 형식으로 변환하여 저장하면 됩니다.

• Photoshop(*.PSD;*.PDD;*. PSDT) : 포토샵의 기본 파일 형식으로 레이어, 채널, 패스를 작업된 상태 그대로 저장함

• JPEG(*.JPG;*.JPEG;*.JPE) : 표현할 수 있는 색상이 많고 압축률이 뛰어나지만 압축률을 높이면 이미지가 손상되는 특징이 있음. 파일 크기가 작아 웹에서 많이 사용함

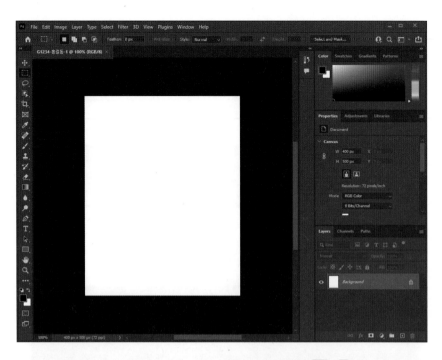

6. 눈금자를 표시하기 위해 [View(보기)] → [Rulers(눈금자)]($\boxed{\text{Ctrl}}$+$\boxed{\text{R}}$)를 선택합니다.

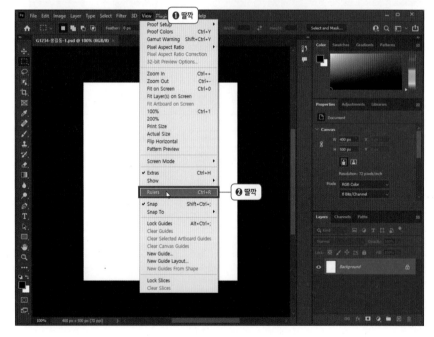

7. 격자를 표시하기 위해 [View(보기)] → [Show(표시)] → [Grid(격자)]([Ctrl]+[ʹ])를 선택합니다.

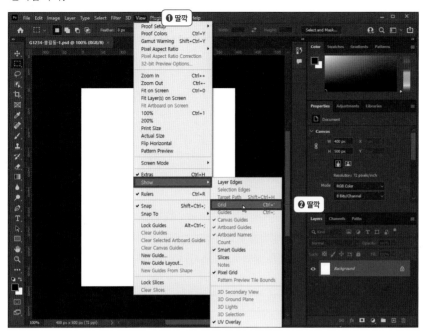

눈금자의 단위가 픽셀이 아니거나, 격자의 간격이 100 픽셀이 아닐 경우 121쪽을 참조하여 변경하세요.

8. 안내선, 격자, 레이어에는 스냅 기능이 적용되지 않도록 해야 합니다. [View(보기)] → [Snap to(스냅 옵션)]에서 [Guides(안내선)], [Grid(격자)], [Layers(레이어)]를 차례로 선택하여 해제하세요.

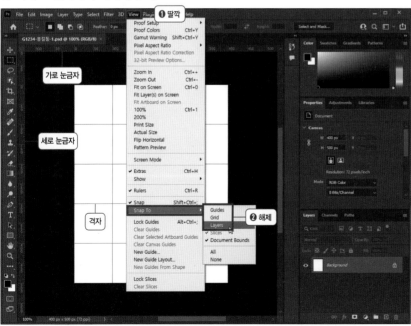

Snap(스냅) 기능은 개체를 안내선, 격자, 레이어 등의 경계선 근처에 근접시킬 경우 자동으로 경계선에 붙이는 기능입니다. 펜이나 올가미로 경계선 근처에 있는 이미지를 선택하거나 기준점을 설정할 때 자동으로 경계선에 붙어 작업하기 불편하기 때문에 해제하는 것입니다.

① 이미지를 복사한 후 배치하기

'2급-1.jpg'를 'G1234-홍길동-1.psd' 파일로 복사한 〈출력형태〉와 동일하게 배치합니다.

실제 시험장에서는 '문서\GTQ\Image' 폴더에서 문제별로 1~5개의 이미지를 불러오는데, 작업을 할 때마다 필요한 이미지를 불러오는 것보다 해당 문제에 필요한 이미지를 한 번에 모두 불러놓고 작업하는 것이 효율적입니다.

· Shift를 누른 채 다른 파일을 클릭하면 그 사이에 있는 파일이 모두 선택됩니다.
· Ctrl을 누른 채 파일을 클릭하면 클릭할 때마다 해당 파일이 선택됩니다.

1. 이미지를 불러오기 위해 [File(파일)] → [Open(열기)](Ctrl+O)을 선택합니다.

2. '열기' 대화상자에서 찾는 위치를 'C:\길벗GTQ2급\시험장따라하기\Image' 폴더로 지정한 다음 '2급-1.jpg' 파일을 선택하고 〈열기〉를 클릭하세요.

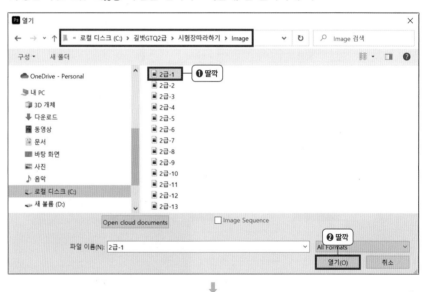

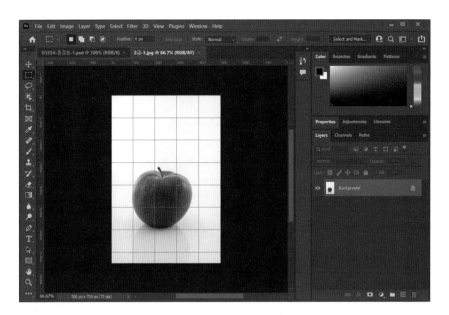

격자를 설정하면 모든 캔버스에 표시되는데, 작업에 방해가 될 경우 Ctrl + '를 이용해 간단하게 제거하거나 다시 표시할 수 있으니 바로 가기 키를 기억해 두세요. '는 Enter 바로 왼쪽에 있는 작은따옴표를 입력하는 키를 말합니다.

3. '2급-1.jpg' 이미지를 'G1234-홍길동-1.psd' 파일로 복사하기 위해 '2급-1.jpg' 탭을 클릭한 다음 [Select(선택)] → [All(모두)](Ctrl + A)을 선택합니다.

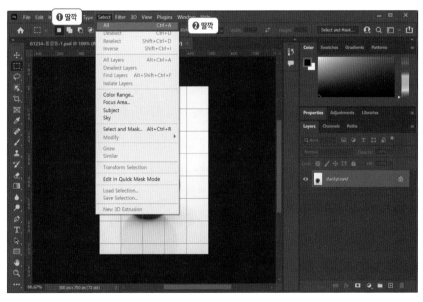

4. 선택된 영역을 복사하기 위해 [Edit(편집)] → [Copy(복사)]([Ctrl]+[C])를 선택합니다.

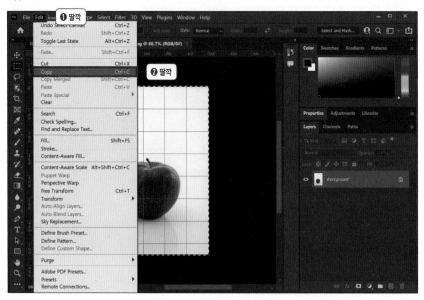

5. 복사된 이미지를 'G1234-홍길동-1.psd' 파일로 붙여넣기 위해 'G1234-홍길동-1.psd' 탭을 클릭한 다음 [Edit(편집)] → [Paste(붙여넣기)]([Ctrl]+[V])를 선택합니다.

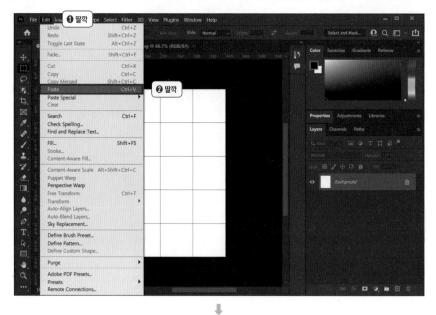

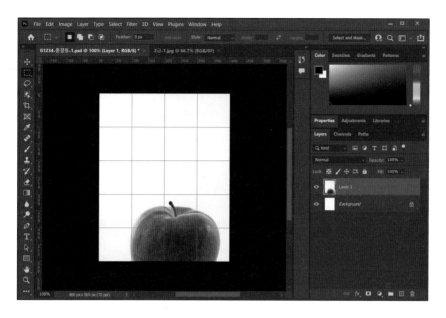

6. 이미지를 이동하기 위해 도구 상자에서 (Move Tool(이동 도구))([V])을 클릭합니다.

7. 이미지는 〈출력형태〉와 동일하게 배치해야 하는데, 〈출력형태〉에 그려놓은 기준선과 작업 영역의 격자를 기준으로 삼아 이미지를 옮기면 됩니다. 여기서는 사과의 왼쪽 면과 꼭지 부분을 기준선과 비교하면서 배치하면 됩니다.

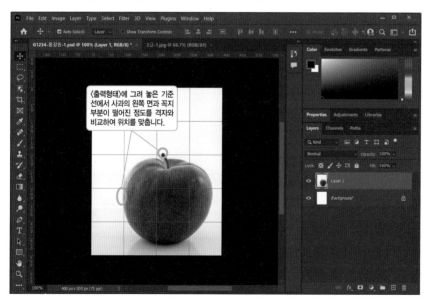

〈출력형태〉에 그려 놓은 기준선에서 사과의 왼쪽 면과 꼭지 부분이 떨어진 정도를 격자와 비교하여 위치를 맞춥니다.

전문가의 조언

· 키보드의 [V]를 눌러도 도구 상자에서 (Move Tool(이동 도구))이 선택됩니다. [V]를 눌렀을 때 (Move Tool(이동 도구))이 선택되지 않는다면 [한/영]을 눌러 입력 상태를 영문으로 변경한 후 [V]를 눌러보세요.

· 펜 도구, 모양 도구 등 몇 개의 도구가 선택되어 있을 때를 제외하고는 이동 도구를 선택하지 않아도 [Ctrl]을 누른 채 드래그하여 이미지를 이동할 수 있습니다.

궁금해요

시나공 Q&A 베스트

Q 이미지를 배치할 때 〈출력형태〉와 완전히 동일해야 하나요?

A 아닙니다. 수검자가 전송한 JPG 파일을 출력하여 채점하기 때문에 〈출력형태〉에 그려 놓은 기준선을 크게 벗어나지 않으면 채점 기준을 통과할 수 있습니다. 실제 채점할 때는 수검자의 출력물과 〈출력형태〉의 정답을 6등분 또는 9등분한 후 배치 위치를 비교하며 검사합니다.

② 이미지 복제하기

사과를 복제합니다.

전문가의 조언

· 선택에 사용할 도구는 선택할 이미지를 보고 판단하면 됩니다. 배경과 이미지가 확연히 구분되는 경우에는 ✎(Magic Wand Tool(자동 선택 도구))을 사용하고, 배경이 있으면서 정교한 선택이 필요한 작업에는 ▨(Polygonal Lasso Tool(다각형 올가미 도구))이나 ✐(Pen Tool(펜 도구))을 사용하세요.

· 도구 상자에서 사용할 도구를 선택할 때 마우스 왼쪽 버튼을 누르고 있거나 마우스 오른쪽 버튼으로 클릭하면 하위 메뉴가 표시됩니다.

· 선택 도구를 이용해 필요한 부분만 선택하는 작업은 많은 연습이 필요하여 별도의 섹션으로 구성하였으니 선택 도구 사용이 익숙하지 않은 수험생은 52쪽의 '섹션 02'를 먼저 공부하고 오세요.

1. 도구 상자에서 ▨(Object Selection Tool(개체 선택 도구))을 클릭하고 있으면 하위 메뉴가 표시됩니다. ✎(Magic Wand Tool(자동 선택 도구))(W)을 선택하세요.

2. 옵션 바에서 ▨(Add to selection(선택 영역에 추가))을 클릭한 후 Tolerance(허용치)를 40으로 지정하세요.

전문가의 조언

옵션 바에서 ▨(Add to selection(선택 영역에 추가))을 선택하는 이유는 마술봉으로 배경 부분을 클릭했을 때 배경이 한 번에 모두 선택되지 않으면 선택되지 않은 부분을 추가로 클릭하여 선택하기 위해서입니다.

3. 마우스로 배경 부분을 클릭하세요. 선택된 영역 중 특정 영역을 제외할 때는 Alt를 누른 채 제외할 영역을 클릭하면 됩니다.

4. 이어서 선택 영역을 반전시키기 위해 [Select(선택)] → [Inverse(반전)](Ctrl+Shift+I)를 선택하세요.

Q 작업에 사용할 이미지를 선택하는 데 시간이 너무 많이 걸립니다. 무슨 좋은 방법이 없나요?

A 시간이 많이 소요되는 작업이지만 GTQ 2급 시험에서 가장 많이 사용하는 기능이므로 반드시 숙달해야 합니다. 〈출력형태〉와 비교하여 똑같이 선택하면 더할 나위 없이 좋지만 시간이 많이 소요되는 게 문제죠. 대체적으로 다음의 기준을 염두에 두고 신속히 작업하면 시간도 절약하고 채점 기준도 통과할 수 있습니다.

이미지 바깥쪽에 배경이 포함되었으므로 채점 기준 미달입니다. 반드시 제거해야 합니다.

이미지 바깥쪽에 배경이 일부 포함되었지만 크게 눈에 띄지 않으므로 그대로 두어도 채점 기준을 통과할 수 있습니다.

※ 시간이 부족할 경우 일단 넉넉하게 선택하여 가져온 후 다른 모든 작업을 마친 다음, 남는 시간을 이용해 이미지의 모양을 정리하는 것도 한 가지 방법입니다.

5. 선택된 영역을 복제하기 위해 Ctrl+C를 누른 후 Ctrl+V를 누릅니다.

전문가의 조언

복사한 후 작업 창에는 변화가 없는 것처럼 보이지만 레이어 패널에 'Layer 2(레이어 2)'가 생성된 것을 알 수 있습니다.

전문가의 조언

레이어 패널이 화면에 표시되어 있지 않으면 [Window(창)] → [Layers(레이어)](F7)를 선택하세요. 또한 레이어 패널이 닫혀있다면 LAYER(레이어) 탭을 더블클릭하세요.

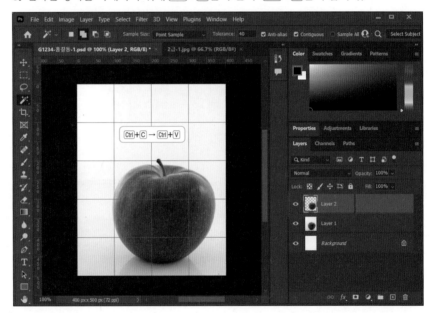

6. [Edit(편집)] → [Free Transform(자유 변형)](Ctrl+T)을 선택하여 자유 변형 상태로 만드세요.

7. 〈출력형태〉에 그려놓은 기준선과 작업 영역의 격자를 기준으로 삼아 크기를 조절한 후 배치하세요. 이어서 Enter를 눌러 자유 변형 상태를 해제하세요.

Q 지시사항과 〈출력형태〉에 맞게 이미지 복제를 수행하였는데도 0점 처리되는 경우가 있나요?

A 네, 있습니다. 이미지 복제는 수검자가 전송한 PSD 파일을 열어 채점하기 때문에 레이어 패널에 복사한 이미지의 레이어가 반드시 있어야 합니다. 기존 레이어에 복사한 이미지를 합쳐 1개의 레이어로 만들면 채점 기준 미달입니다.

③ 🖂, ✿를 추가한 후 레이어 스타일 적용하기

미리보기

• 새(🖂) 모양을 추가한 후 Inner Glow(내부 광선) 스타일을 적용하고 한 번 복사합니다.
• 장식(✿) 모양을 추가한 후 Drop Shadow(그림자 효과) 스타일을 적용합니다.

 전문가의 조언

• 새 모양에 내부 광선을 적용하면 테두리가 안쪽으로 빛나듯 표현됩니다.
• 장식 모양에 그림자 효과를 적용하면 장식 모양 테두리에 그림자가 표시됩니다.

01. 새 모양을 추가한 후 레이어 스타일 적용하기

1. 도구 상자에서 ▣(Rectangle Tool(사각형 도구))을 클릭하고 있으면 하위 메뉴가 표시됩니다. ✿(Custom Shape Tool(사용자 정의 모양 도구))([U])을 선택하세요.

2. 옵션 바에서 Pick tool mode(선택 도구 모드)로 Shape(모양)를 선택하세요. 그리고 Stroke(획)를 클릭하여 'No Color(색상 없음)'를 선택한 후 Stroke(획)를 다시 한번 클릭하세요.

전문가의 조언

- 새 모양은 포토샵에서 제공하는 모양을 사용해야 하므로  (Custom Shape Tool(사용자 정 의 모양 도구))를 클릭한 다음 목 록에서 선택합니다.
- Shape(모양)를 선택한 후 모양 을 추가해야 새로운 레이어가 생성되며, 새로운 레이어에 추가 되어야 문제의 지시사항대로 처 리할 수 있습니다.

포토샵 CS4/CS6 사용자

Stroke(획)가 Style(스타일)로 표시 되며, Style(스타일)의 기본 값이 Default Style(초기 스타일)입니다. 기본 값이 Default Style(초기 스타 일)이 아닌 경우에만 선택하세요.

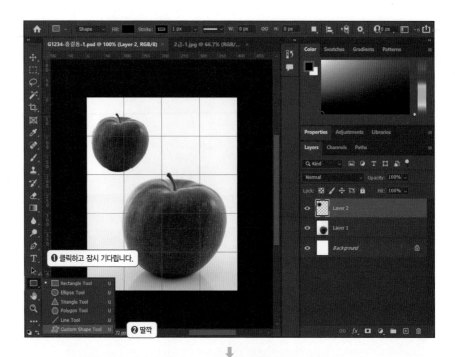

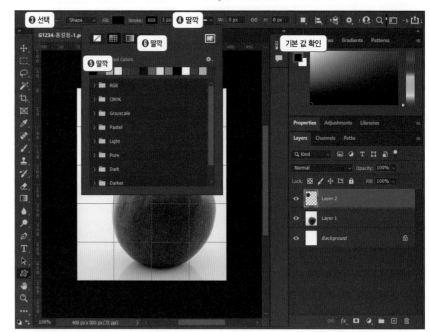

3. 시험에 출제되는 사용자 정의 모양은 대부분 'Legacy Shapes and More(레거시 모양 및 기타)' 항목에 속해 있습니다. Shape(모양) 목록에 'Legacy Shapes and More(레거시 모양 및 기타)' 항목을 추가하기 위해 [Window(창)] → [Shapes(모양)] 를 선택합니다.

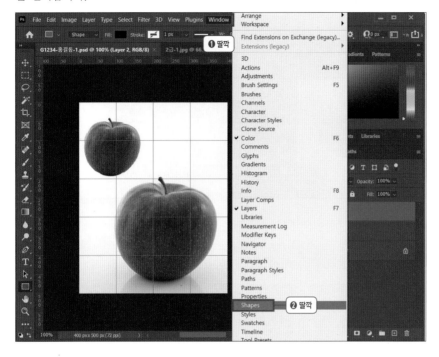

4. 'Shapes(모양)' 패널이 표시됩니다. 오른쪽 끝의 ▤를 클릭한 후 [Legacy Shapes and More(레거시 모양 및 기타)]를 선택하세요.

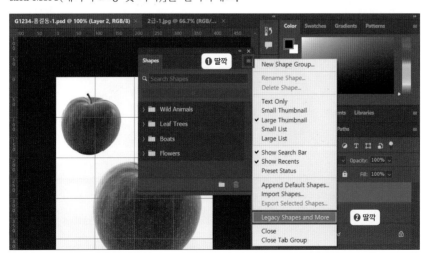

전문가의 조언

작업 화면이 작은 경우 'Shapes (모양)' 창이 불편할 수 있으니 이후 작업은 Custom Shape Tool(사용자 정의 모양 도구) 옵션 바의 Shape(모양) 항목을 이용하도록 하겠습니다.

5. 'Shapes(모양)' 패널에 'Legacy Shapes and More(레거시 모양 및 기타)' 항목이 표시되고 Custom Shape Tool(사용자 정의 모양 도구) 옵션 바의 Shape(모양) 항목에도 동일하게 'Legacy Shapes and More(레거시 모양 및 기타)' 항목이 표시됩니다. 'Shape(모양)' 패널의 ☒ 단추를 클릭하여 'Shapes(모양)' 창을 닫으세요.

6. 옵션 바에서 Shape(모양)의 목록 단추(█)를 클릭한 다음 [Legacy Shapes and More(레거시 모양 및 기타)] → [All Legacy Default Shapes(모든 레거시 기본 모양)]를 클릭하여 표시되는 메뉴에서 [Animals(동물)]을 클릭하세요.

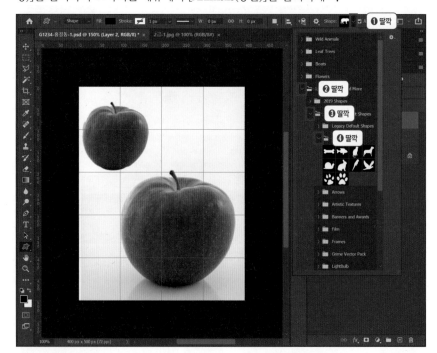

포토샵 CS4/CS6 사용자

포토샵 CS4/CS6에서는 시험에 출제되는 사용자 정의 모양을 Shape(모양) 목록에서 바로 선택할 수 있습니다.

1. 옵션 바에서 Shape(모양)의 목록 단추(▯)를 클릭한 다음 확장 단추(▶)를 클릭하여 표시되는 메뉴에서 [Animals(동물)]을 선택하세요.

2. 선택한 모양으로 대치할지를 묻는 대화상자가 나타나면 〈OK(확인)〉를 클릭하세요.

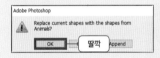

7. 모양 목록에서 ✔(Bird 2(새 2)) 모양을 더블클릭하여 선택한 다음 〈출력형태〉의 기준선을 참조하여 적당한 위치에 드래그 하여 새 모양을 추가하세요.

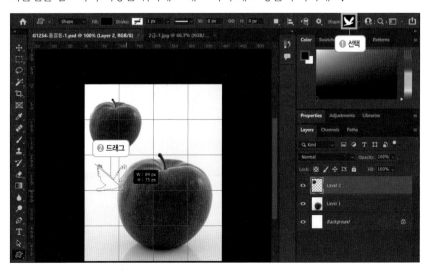

 전문가의 조언

새 모양은 Animals(동물)에 포함되어 있습니다. 사용할 모양이 어느 그룹에 속하는지 모를 경우에는 All(모두) 그룹을 선택한 후 찾아보세요.

8. 새 모양에 색상을 지정하기 위해 옵션 바에서 Fill(칠)을 클릭한 다음 Color Picker(색상 피커)를 클릭합니다.

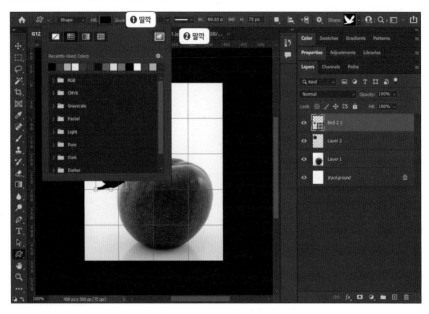

9. 'Color Picker(Fill Color)(색상 피커(칠 색상))' 대화상자에서 색상을 #663333으로 지정한 후 〈OK(확인)〉를 클릭하세요.

Q 사용자 정의 모양 도구를 이용하여 모양을 그릴 때 주의할 점은 무엇인가요?

A 다음과 같은 점에 신경을 써서 작업하면 됩니다.

• **모양** : 모양의 종류에 대한 지시사항이 없지만 수검자가 전송한 PSD 파일을 열어 채점하기 때문에 〈출력형태〉를 보고 판단하여 정확한 모양을 선택해서 배치해야 합니다.
• **색상** : 수검자가 전송한 PSD 파일을 열어 채점하기 때문에 지시사항에 주어진 색상을 정확하게 지정해야 합니다.
• **위치 및 크기** : 수검자의 JPG 파일을 출력하여 채점하기 때문에 〈출력형태〉와 비교하여 크게 다르지 않으면 채점 기준을 통과할 수 있습니다.

10. 새 모양에 레이어 스타일을 적용하기 위해 'Bird 2 1(새 2 1)'이 선택된 상태에서 레이어 패널 하단의 [fx](Add a layer style(레이어 스타일을 추가합니다.)) 아이콘을 클릭한 후 [Inner Glow(내부 광선)]를 선택합니다.

전문가의 조언

레이어 스타일은 문제에 제시된 대로 Inner Glow(내부 광선)를 적용하면 됩니다.

포토샵 CS4/CS6 사용자

'Shape 1(모양 1)'가 선택된 상태에서 'Inner Glow(내부 광선)' 효과를 지정하세요.

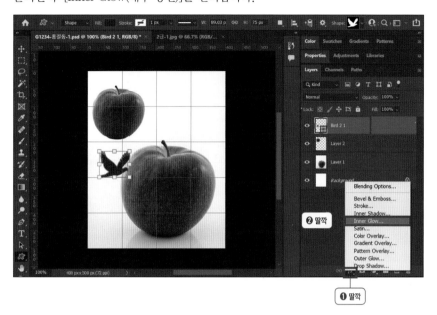

11. 'Layer Style(레이어 스타일)' 대화상자에서는 별도의 옵션 설정 없이 〈OK(확인)〉를 클릭합니다.

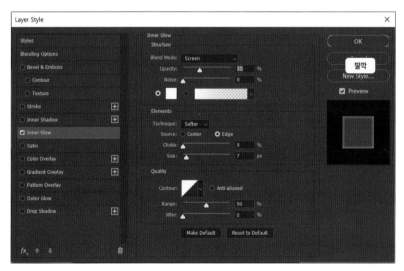

12. 캔버스에 추가한 개체는 크기, 위치, 방향을 문제지의 〈출력형태〉와 동일하게 해야 합니다. [Edit(편집)] → [Free Transform Path(패스 자유 변형)]([Ctrl]+[T])를 선택하여 패스 자유 변형 상태로 만든 후 다음의 5가지 방법을 이용하여 조절하세요.

❶ 위치 이동 : 키보드의 상하좌우 방향키를 눌러 위치를 조절합니다.

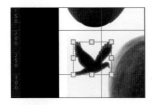

❷ 회전 : 오른쪽 상단의 회전 조절점을 좌우로 드래그 하여 조절합니다.

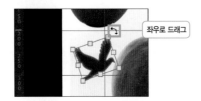

❸ 가로 크기 조절 : 좌우의 크기 조절점을 좌우로 드래그 하여 조절합니다.

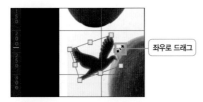

❹ 세로 크기 조절 : 상하의 크기 조절점을 상하로 드래그 하여 조절합니다.

❺ 전체 크기 조절 : [Shift]를 누른 채 모서리의 크기 조절점을 대각선 방향으로 드래그 하면 이미지의 가로와 세로 비율이 고정된 채로 조절됩니다.

13. 크기, 위치, 방향 등의 조절을 마쳤으면 [Enter]를 두 번 눌러 패스 자유 변형 상태를 해제하세요.

전문가의 조언

마우스로 드래그 하여 이동해도 되지만 키보드의 방향키를 이용하면 좀 더 세밀하게 이미지의 위치를 조절할 수 있습니다.

전문가의 조언

마우스 포인터를 조절점 밖에 놓아 포인터 모양이 회전 표시(↰)로 변경되었을 때 드래그 해야 이미지가 회전됩니다.

전문가의 조언

[Ctrl]+[T]는 개체를 자유 변형 상태로 만들 때 뿐만 아니라 개체를 이동할 때도 유용하게 사용되므로 꼭 기억해 두는 것이 좋습니다.

14. 도구 상자에서 (Move Tool(이동 도구))(V)을 클릭한 후 Alt 를 누른 채 새 모양을 오른쪽 상단 방향으로 드래그 하여 복사하세요.

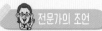 전문가의 조언

Alt 를 누른 채 마우스를 드래그 하여 복사하려면 개체를 이동할 수 있는 도구인 (Move Tool(이동 도구))이 선택되어 있어야 합니다.

전문가의 조언

• 새 모양을 복사하면 새로운 레이어가 생성되면서 복사됩니다.
• 복사된 새 모양의 위치를 조절할 때는 해당 레이어를 선택하고 좌우 방향 키를 이용하면 됩니다.
• Alt 는 복사 기능을 수행하는 키입니다.

궁금해요

시나공 Q&A 베스트

Q 새 모양을 드래그 했는데, 왜 배경 이미지가 이동되죠?

A Move Tool(이동 도구) 옵션 바의 Auto-Select(자동 선택) 옵션이 체크되어 있는지 확인해 보세요.

Auto-Select(자동 선택) 옵션이 체크되어 있으면 마우스를 클릭한 위치의 레이어가 자동으로 선택됩니다. 현재 레이어 패널에 'Bird 2 1(새 2 1)'이 선택되어 있지만 마우스 포인터는 'Layer 1(레이어 1)'에 포함된 배경 이미지 위치에 있습니다. 이 상태에서 마우스를 클릭하면 Auto-Select(자동 선택) 옵션에 의해 클릭한 위치인 'Layer 1(레이어 1)'이 자동으로 선택되며, 드래그하면 'Layer 1(레이어 1)'에 포함된 배경 이미지가 이동됩니다. 마우스 포인터의 위치에 관계없이 현재 레이어 패널에 선택된 레이어가 이동되게 하려면 Move Tool(이동 도구) 옵션 바의 Auto-Select(자동 선택) 옵션을 해제하면 됩니다.

15. 'Bird 2 1(새 2 1)'과 마찬가지로 'Bird 2 1 copy(새 2 1 복사)'의 서식을 지정하기 위해 (Custom Shape Tool(사용자 정의 모양 도구))(U)을 선택하고 옵션 바에서 Fill(칠)을 클릭한 다음 Color Picker(색상 피커)를 클릭합니다.

16. 'Color Picker(Fill Color)(색상 피커(칠 색상))' 대화상자에서 색상을 #ff6600으로 지정한 후 〈OK(확인)〉를 클릭하세요.

전문가의 조언

문제지에 특별히 언급한 지시사항이 없어도 캔버스에 추가한 개체는 〈출력형태〉와 동일하게 위치와 방향을 지정해야 합니다.

17. [Edit(편집)] → [Free Transform Path(패스 자유 변형)](Ctrl+T)을 선택하여 패스 자유 변형 상태로 만든 후 이미지의 바로 가기 메뉴에서 [Flip Horizontal(가로로 뒤집기)]을 선택하세요.

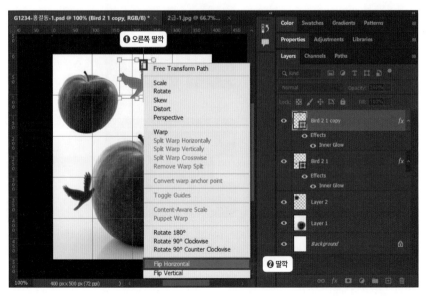

18. 〈출력형태〉에 그려놓은 기준선과 작업 영역의 격자를 참조하여 〈출력형태〉와 동일하게 새의 크기와 방향, 크기를 조절한 후 배치하세요. 이어서 [Enter]를 두 번 눌러 패스 자유 변형 상태를 해제하세요.

전문가의 조언

• 이미지를 이동할 때 부드럽게 움직이지 않는 것은 스냅 기능이 작용하기 때문입니다. 이럴 경우 [Ctrl]을 누른 채 드래그 하면 됩니다.

• 스냅 기능을 제거하는 방법은 133쪽을 참조하세요.

02. 장식 모양을 추가한 후 레이어 스타일 적용하기

1. 옵션 바에서 Shape(모양)의 목록 단추(▼)를 클릭한 다음 [Legacy Shapes and More(레거시 모양 및 기타)] → [All Legacy Default Shapes(모든 레거시 기본 모양)]를 클릭하여 표시되는 메뉴에서 [Ornaments(장식)]를 선택하세요.

전문가의 조언

장식 모양은 Ornaments(장식)에 포함되어 있습니다. 모양이 어느 그룹에 속하는지 알아두면 작업 시간을 단축할 수 있습니다.

포토샵 CS4/CS6 사용자

Shape(모양) 목록에서 [Ornaments(장식)]를 선택한 후 선택한 모양으로 대치할지를 묻는 대화상자가 나타나면 〈OK(확인)〉를 클릭하세요.

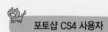
2. 모양 목록에서 ▨(Ornaments 5(장식 5)) 모양을 더블클릭하여 선택한 다음 〈출력 형태〉의 기준선을 참조하여 적당한 위치에 드래그 하여 장식 모양을 추가하세요.

3. 옵션 바에서 Fill(칠)을 클릭한 다음 Color Picker(색상 피커)를 클릭합니다. 이어서 'Color Picker(Fill Color(색상 피커(칠 색상)))' 대화상자에서 색상을 #669966으로 지정한 후 〈OK(확인)〉를 클릭하세요.

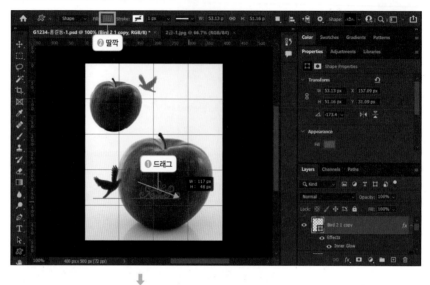

4. 'Ornaments 5 1(장식 5 1)'이 선택된 상태에서 레이어 패널 하단의 ☒(Add a layer style(레이어 스타일을 추가합니다.)) 아이콘을 클릭한 후 [Drop Shadow(그림자)]를 선택하세요.

포토샵 CS4/CS6 사용자

'Shape 2(모양 2)'이 선택된 상태에서 'Drop Shadow(그림자 효과)' 스타일을 지정하세요.

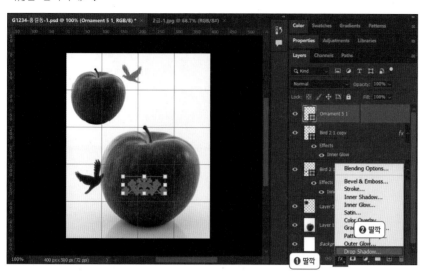

5. 'Layer Style(레이어 스타일)' 대화상자에서는 별도의 옵션 설정 없이 〈OK(확인)〉를 클릭합니다.

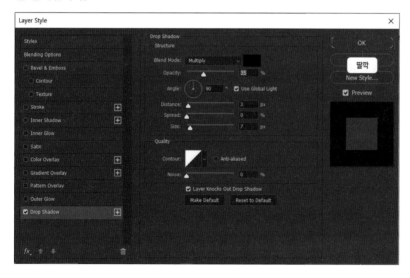

6. [Edit(편집)] → [Free Transform Path(패스 자유 변형)]([Ctrl]+[T])를 선택하여 패스 자유 변형 상태로 만든 후 방향키와 조절점을 이용하여 크기와 위치를 조절하세요.

7. 크기와 위치를 조절한 다음에는 [Enter]를 두 번 눌러 패스 자유 변형 상태를 해제하세요.

 Red Apple을 입력한 후 레이어 스타일 적용하기

Red Apple을 입력한 후 Gradient Overlay(그라디언트 오버레이)와 Drop Shadow(그림자 효과) 스타일을 적용합니다.

 →

 궁금해요

시나공 Q&A 베스트

Q 텍스트 입력 작업은 어떤 점에 신경을 써서 작업하면 되나요?

A 다음 내용을 참고하세요.

- **내용, 글꼴(스타일, 크기, 색상)** : 수검자가 전송한 PSD 파일을 열어 채점하기 때문에 지시사항으로 주어진 대로 정확하게 처리해야 합니다. 하나라도 지시사항과 다르면 채점 기준 미달입니다.
- **위치 및 크기** : 수검자가 전송한 JPG 파일을 출력하여 채점하기 때문에 〈출력형태〉와 비교하여 크게 다르지 않으면 채점 기준을 통과할 수 있습니다.

1. 도구 상자에서 ⊤(Horizontal Type Tool(수평 문자 도구))(⊤)을 클릭한 다음 〈출력형태〉의 기준선을 참조하여 적당한 위치를 클릭하고 **Red Apple**을 입력하세요.

2. Ctrl+Enter를 눌러 입력을 완료한 다음 옵션 바에서 Font(글꼴) 'Arial', Font Style(글꼴 스타일) 'Bold', Size(크기) 50으로 지정합니다.

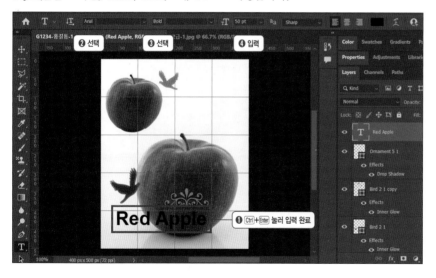

• 가로로 문자를 입력할 때는 ⊤ (Horizontal Type Tool(수평 문자 도구))을 이용합니다.
• 글자에 서식과 레이어 스타일을 지정한 다음 위치와 크기를 세밀하게 조정할 것이므로 지금은 위치에 신경 쓰지 말고 적당하게 입력하면 됩니다.

Photoshop CC버전 이상의 영문 버전에서는 ⊤(Horizontal Type Tool(수평 문자 도구))를 선택하고, 문자를 입력하기 위해 캔버스를 클릭하면 다음과 같이 블록이 지정된 샘플 텍스트가 표시됩니다. 블록이 지정된 상태이므로 바로 텍스트를 입력하면 샘플 텍스트가 지워진 후 텍스트가 입력됩니다. 한글 버전에서는 샘플 텍스트가 표시되지 않습니다.

Q1 텍스트 입력 후 서식을 지정하면 텍스트가 잘려서 표시돼요. 왜 그렇죠?

A1 문자 입력에 사용된 텍스트 상자의 너비가 충분하지 않아서 그렇습니다. 너비가 충분하지 않으므로 서식을 적용하여 텍스트의 크기가 커지면 일부 텍스트가 다음 줄로 이동하여 보이게 않게 되는 것이죠.

이런 경우 텍스트 상자의 너비를 넓혀주면 텍스트가 다시 나타나지만 번거로우므로, 처음부터 이런 문제가 발생하지 않게 하려면 텍스트 상자의 크기를 고정시키지 않으면 됩니다. **T**(Horiziontal Type Tool(수평 문자 도구)을 클릭한 다음 입력될 영역을 마우스로 드래그하여 텍스트가 입력될 영역을 지정하지 말고, 입력될 위치를 그냥 한 번 클릭한 다음 텍스트를 입력하면 입력되는 텍스트의 양에 맞게 너비가 자동으로 조절됩니다.

Q2 글꼴 크기를 지시사항대로 지정하였는데 문제지의 〈출력형태〉보다 크게 표시되는 이유는 뭐죠?

A2 해상도의 차이 때문입니다. 글꼴의 크기가 동일하더라도 캔버스의 해상도(Resolution)에 따라 화면에 표시되는 크기가 달라집니다. 캔버스의 해상도가 72 pixels이 아니라면 다음과 같은 방법으로 수정하세요.

❶ [Image(이미지)] → [Image Size(이미지 크기)](Ctrl+Alt+I)를 선택하세요.

❷ 'Image Size(이미지 크기)' 대화상자에서 'Resample(리샘플링)'을 클릭하여 선택을 해제하고 Resolution(해상도)에 72를 입력한 후 〈OK(확인)〉를 클릭하세요.

3. 'Red Apple'이 선택된 상태에서 레이어 스타일을 지정하기 위해 레이어 패널 하단의 ▧(Add a layer style(레이어 스타일을 추가합니다.)) 아이콘을 클릭한 후 [Gradient Overlay(그레이디언트 오버레이)]를 선택합니다.

4. 'Layer Style(레이어 스타일)' 대화상자에서 Gradient(그레이디언트) 항목을 클릭하세요.

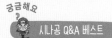

궁금해요

시나공 Q&A 베스트

Q ▧(Add a layer style(레이어 스타일을 추가합니다.)) 아이콘을 클릭할 수 없어요!

A Red Apple을 입력한 후 Ctrl+Enter를 누르지 않아 입력 상태가 유지되고 있기 때문입니다. Ctrl+Enter를 눌러 입력을 완료한 다음 다시 클릭해 보세요.

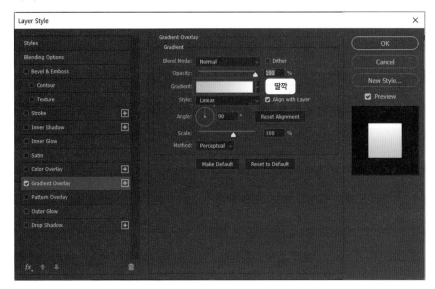

5. 'Gradient Editor(그레이디언트 편집기)' 대화상자의 왼쪽 아래 Color Stop(색상 정지점)을 더블클릭한 다음 색상을 #339999로 지정한 후 〈OK(확인)〉를 클릭하세요.

6. 이번에는 'Gradient Editor(그레이디언트 편집기)' 대화상자의 오른쪽 아래 Color Stop(색상 정지점)을 더블클릭한 다음 색상을 #ff0000으로 지정한 후 〈OK(확인)〉를 클릭하세요.

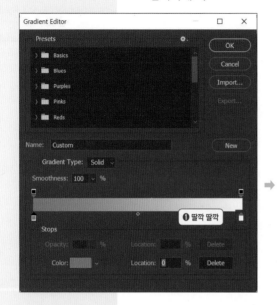

7. 'Gradient Editor(그레이디언트 편집기)' 대화상자에서 〈OK(확인)〉를 클릭하세요. 'Layer Style(레이어 스타일)' 대화상자로 돌아옵니다.

8. 'Layer Style(레이어 스타일)' 대화상자에서 Angle(각도)을 0으로 지정하세요. Drop Shadow(그림자) 스타일을 지정해야 하니 〈OK(확인)〉를 클릭하지 마세요.

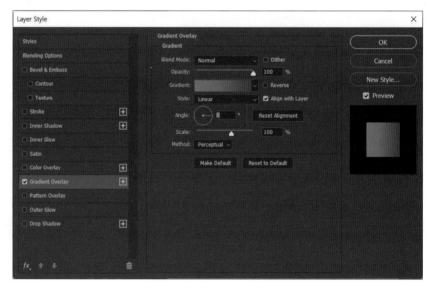

9. Style(스타일) 목록에서 [Drop Shadow(드롭 섀도)]를 클릭한 후 별도의 옵션 설정 없이 〈OK(확인)〉를 클릭합니다.

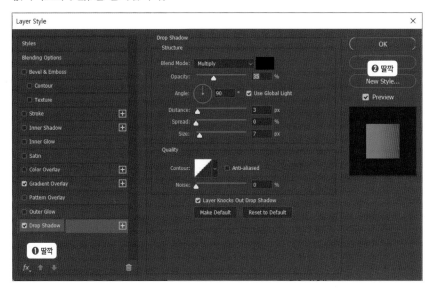

10. 도구 상자에서 (Move Tool(이동 도구))(Ⅴ)을 클릭한 다음 〈출력형태〉와 동일 하게 배치하세요.

⑤ 파일 저장 및 이미지 크기 조절하기

1. 문제의 조건으로 제시된 JPG 형식으로 저장하기 위해 [File(파일)] → [Save a Copy(사본 저장)]([Ctrl]+[Alt]+[S])를 선택합니다.

2. 'Save a Copy(사본 저장)' 대화상자에서 저장 위치 및 파일 이름과 형식을 다음과 같이 지정한 후 〈저장〉을 클릭하세요.

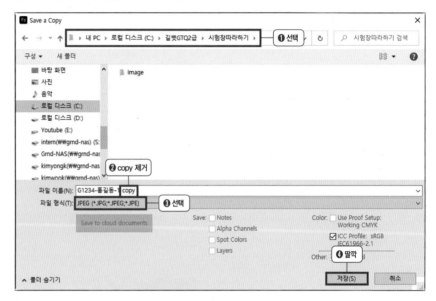

3. 'JPEG Options(JPEG 옵션)' 대화상자에서 Quality(품질)를 8로 지정한 후 〈OK(확인)〉를 클릭하세요.

4. 이제 이미지의 크기를 40 × 50 pixels로 변경한 후 PSD 형식으로 저장해야 합니다. [Image(이미지)] → [Image Size(이미지 크기)]([Ctrl]+[Alt]+[I])를 선택하세요.

5. 'Image Size(이미지 크기)' 대화상자에서 Width(폭)와 Height(높이)의 단위를 Pixels(픽셀)로 변경하고 입력되어 있는 값에서 0만 하나씩 제거한 후 〈OK(확인)〉를 클릭하세요.

6. 이미지 크기에 맞게 캔버스가 작아집니다. [File(파일)] → [Save(저장)]([Ctrl]+[S])를 선택하세요.

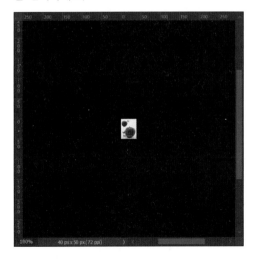

PSD 형식은 40×50으로 지정하도록 되어 있는데, 이는 JPG 형식의 크기에 맞게 설정된 캔버스 크기의 1/100이므로 설정된 크기에서 0만 하나씩 지우면 됩니다.

6 [문제 1] 답안 파일 전송하기

1. 완성한 답안 파일을 전송해야 합니다. 메뉴 표시줄의 최소화 단추를 클릭하여 포토샵 프로그램을 최소화하세요.

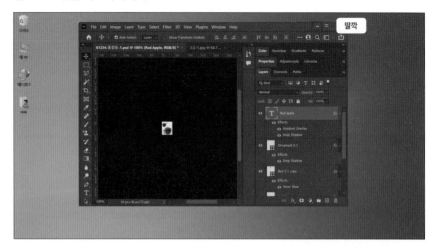

2. '시험 관리 도구'에서 〈답안 전송〉을 클릭한 다음 '고사실 PC로 답안 파일 보내기' 대화상자에서 'G1234-홍길동-1.jpg'와 'G1234-홍길동-1.psd' 파일을 선택하고 〈답안 전송〉을 클릭하세요.

전문가의 조언

파일을 전송한 후 잘못된 내용을 발견하여 내용을 수정했다면 수정한 파일을 다시 전송하면 됩니다. 그러면 이전에 전송했던 파일이 새로 전송한 파일로 대체됩니다.

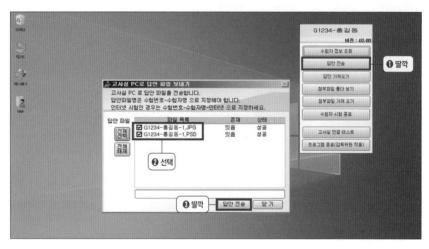

3. 전송을 마쳤으면 다음 작업을 위해 포토샵 창에 불러놓은 이미지들과 작업창을 모두 닫으세요.

미리보기

사용할 이미지

2급-2.jpg

2급-3.jpg

2급-4.jpg

작업 과정

①  '2급-2.jpg'를 복사한 후 액자를 만들고 액자틀 부분에 필터를, 안쪽 테두리에 서식과 레이어 스타일을 적용한다.

③  '2급-4.jpg'에서 마이크를 복사한 후 레이어 스타일을 적용한다.

②  '2급-3.jpg'에서 리본을 복사한 후 레이어 스타일을 적용하고 색상을 녹색 계열로 보정한다.

④  **신진 성악가 오디션**을 입력한 후 레이어 스타일을 적용한다.

⓪ 준비 작업

1. 먼저 작업 공간으로 사용할 캔버스를 만들어야 합니다. [File(파일)] → [New(새로 만들기)]([Ctrl]+[N])를 선택하세요.

2. 'New Document(새로운 문서 만들기)' 대화상자에서 Name(이름), Width(폭), Height(높이) 등을 다음과 같이 지정한 후 〈Create(만들기)〉를 클릭하세요.

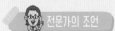
3. [File(파일)] → [Save As(다른 이름으로 저장)]([Ctrl]+[Shift]+[S])를 선택한 다음 'Save As(다른 이름으로 저장)' 대화상자에서 저장 위치를 '시험장따라하기', 파일 이름을 'G1234-홍길동-2'로 지정한 후 〈저장〉을 클릭하세요.

4. 작업 창에 눈금자와 격자가 표시되어 있지 않으면, [View(보기)] → [Rulers(눈금자)] ([Ctrl]+[R])와 [View(보기)] → [Show(표시)] → [Grid(격자)]([Ctrl]+["])를 선택하세요.

① 액자 만들기

미리보기

• '2급-2.jpg'를 'G1234-홍길동-2.psd' 파일로 복사합니다.
• 작업 캔버스에서 액자틀 모양으로 복사하여 별도의 레이어를 생성한 후 Patchwork(패치워크/이어붙이기) 필터를 적용합니다.
• 액자의 안쪽 테두리에 서식을 지정한 후 Drop Shadow(그림자 효과) 스타일을 적용합니다.

 ⇨

01. 이미지 배치하기

1. 작업할 이미지를 불러오기 위해 [File(파일)] → [Open(열기)]([Ctrl]+[O])을 선택합니다.

2. 'Open(열기)' 대화상자에서 찾는 위치를 'C:\길벗GTQ2급\시험장따라하기\Image' 폴더로 지정한 다음 '2급-2.jpg', '2급-3.jpg', '2급-4.jpg' 파일을 선택하고 〈열기〉를 클릭하세요.

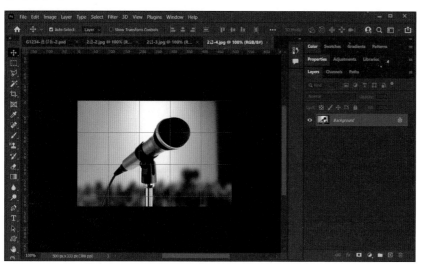

3. '2급-2.jpg' 이미지를 'G1234-홍길동-2.psd' 파일로 복사하기 위해 '2급-2.jpg' 탭을 클릭한 다음 [Ctrl]+[A]와 [Ctrl]+[C]를 차례로 누릅니다.

① 딸깍

② [Ctrl]+[A]와 [Ctrl]+[C]를 차례로 누릅니다.

 전문가의 조언

실제 시험에서는 '문서\GTQ\Image' 폴더에 문제별로 1~5개의 이미지가 들어있는데, 작업을 할 때마다 필요한 이미지를 불러오는 것보다 해당 문제에 필요한 이미지를 모두 불러놓고 작업하는 것이 효율적입니다.

 **전문가의 조언**

이미지를 복사하는 작업은 작업 과정 전반에 걸쳐 자주 사용되므로 바로 가기 키를 외워두는 것이 좋습니다.
- 전체 선택 : [Ctrl]+[A]
- 복사 : [Ctrl]+[C]
- 붙여넣기 : [Ctrl]+[V]

4. 'G1234-홍길동-2.psd' 탭을 클릭한 다음 Ctrl+V를 눌러 복사한 '2급-2.jpg' 이미지를 붙여 넣으세요.

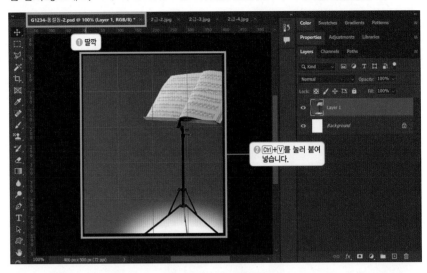

5. [Edit(편집)] → [Free Transform(자유 변형)](Ctrl+T)을 선택하여 자유 변형 상태로 만든 후 이미지의 바로 가기 메뉴에서 [Flip Horizontal(가로로 뒤집기)]을 선택하세요.

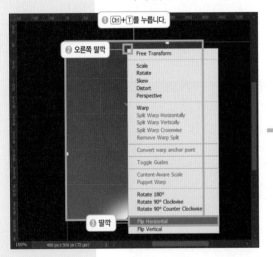
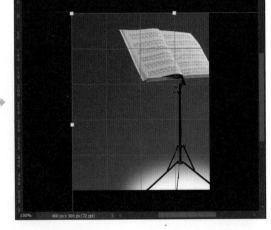

6. 〈출력형태〉에 그려놓은 기준선과 작업 영역의 격자를 기준으로 삼아 〈출력형태〉와 동일하게 이미지의 크기 및 위치를 조절하세요. 이어서 Enter를 눌러 자유 변형 상태를 해제하세요.

전문가의 조언

문제지에 특별한 지시사항이 없어도 캔버스에 추가한 개체의 위치, 방향, 크기는 〈출력형태〉와 동일하게 해야 합니다.

전문가의 조언

• 이미지를 이동할 때 부드럽게 움직이지 않는 것은 스냅 기능이 작용하기 때문입니다. 이럴 경우 Ctrl을 누른 채 드래그 하면 됩니다.
• 스냅 기능을 제거하는 방법은 133쪽을 참조하세요.

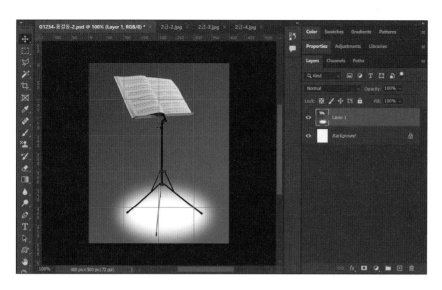

02. 액자틀 만든 후 필터 적용하기

1. 액자의 안쪽 테두리를 그리기 위해 도구 상자에서 ▢(Rectangle Tool(사각형 도구))(U)을 클릭합니다.

2. 옵션 바에서 Pick tool mode(선택 도구 모드)를 Path(패스)로 선택하고 Set radius of rounded corners(둥근 모퉁이 반경 설정)를 10px으로 지정합니다.

전문가의 조언

• 옵션 바에서 Path(패스)를 선택하는 이유는 추가되는 '사각형'으로 패스가 만들어지도록 하기 위해서 입니다.

• '사각형'의 둥근 모퉁이 반경은 문제의 조건으로 제시되지 않습니다. 〈출력형태〉를 보고 Set radius of rounded corners(둥근 모퉁이 반경 설정) 값을 조절해야 합니다.

포토샵 CS4/CS6 사용자

도구 상자에서 ▢(Rounded Rectangle Tool(모서리가 둥근 직사각형 도구))을 클릭하고, 옵션 바에서 옵션 모드로 ▢(Paths(패스))를 선택한 후 Radius(반경)를 10으로 지정하세요.

3. 〈출력형태〉의 기준선과 작업 영역의 격자를 기준으로 삼아 액자 모양에 맞게 '사각형'을 추가하세요.

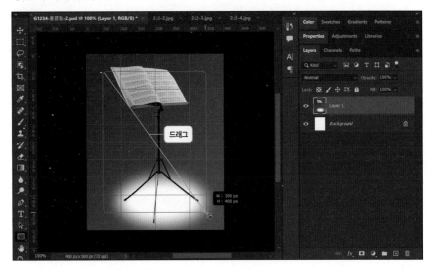

전문가의 조언

'사각형'을 추가한 다음 ' 사각형'의 바깥쪽 부분을 복사하여 액자의 틀로 사용할 것입니다.

4. 패스 패널에서 Ctrl 을 누른 채 Work Path(작업 패스)의 썸네일을 클릭하여 '사각형' 모양으로 선택 영역을 지정합니다.

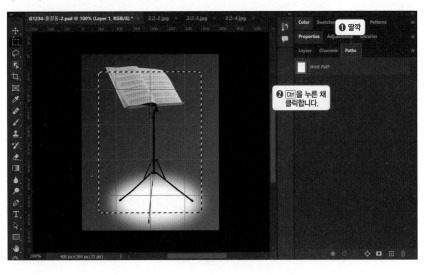

5. 선택 영역을 반전시키기 위해 [Select(선택)] → [Inverse(반전)]($\boxed{\text{Ctrl}}$+$\boxed{\text{Shift}}$+$\boxed{\text{I}}$)를 선택합니다.

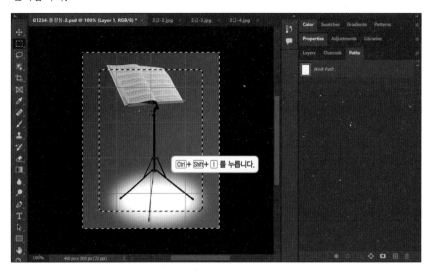

6. 현재 액자틀 모양으로 선택된 영역을 새로운 레이어에 복사하기 위해 $\boxed{\text{Ctrl}}$+$\boxed{\text{C}}$를 눌러 복사한 다음 $\boxed{\text{Ctrl}}$+$\boxed{\text{V}}$를 눌러 붙여넣기 합니다.

 전문가의 조언

선택 영역을 지정하여 현재 캔버스에 복사하면 새로운 레이어가 생성되면서 복사한 내용이 표시됩니다.

7. 복사한 'Layer 2(레이어 2)'에 Patchwork(패치워크/이어붙이기) 필터를 적용하기 위해 [Filter(필터)] → [Filter Gallery(필터 갤러리)]를 선택합니다.

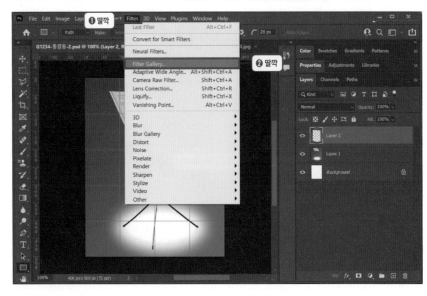

8. 'Filter Gallery(필터 갤러리)' 창에서 [Texture(텍스처)] → [Patchwork(이어붙이기)]를 클릭한 후 〈OK(확인)〉를 클릭하세요.

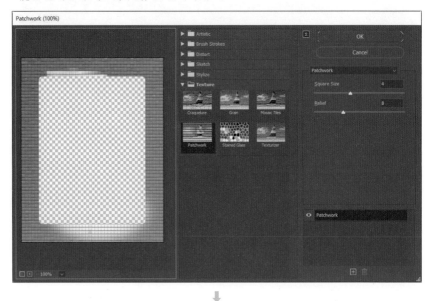

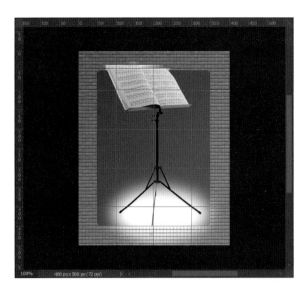

03. 액자의 안쪽 테두리에 서식과 레이어 스타일 적용하기

1. 패스 패널에서 Ctrl 을 누른 채 Work Paht(작업 패스)의 썸네일을 클릭하여 '사각형' 모양으로 선택 영역을 지정합니다.

2. 안쪽 테두리에 서식을 지정하기 위해 [Edit(편집)] → [Stroke(획)]를 선택합니다.

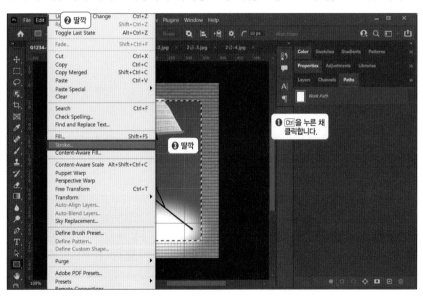

액자의 안쪽 테두리에 서식을 지정하고 필터를 적용했을 때와 필터를 적용하고 안쪽 테두리에 서식을 지정했을 때의 결과가 다릅니다. 문제지의 〈출력형태〉는 필터를 적용한 후 액자의 안쪽 테두리에 서식을 지정한 것입니다.

안쪽 테두리에 서식 지정 후 필터 적용

필터 적용 후 안쪽 테두리에 서식 지정

3. 'Stroke(획)' 대화상자에서 Width(폭)에 5를 입력한 후 색상을 지정하기 위해 Color(색상)를 클릭합니다.

문제지에 안쪽 테두리의 폭을 5px, 색상을 #00ffff로 지정하도록 되어 있습니다.

4. 'Color Picker(Stroke Color)(색상 피커(획 색상))' 대화상자에서 색상을 #00ffff로 지정한 후 〈OK(확인)〉를 클릭하세요.

5. 'Stroke(획)' 대화상자에서 〈OK(확인)〉를 클릭한 후 [Ctrl]+[D]를 눌러 선택을 해제하세요.

6. 액자에 레이어 스타일을 적용하기 위해 'Layer 2(레이어 2)'가 선택된 상태에서 레이어 패널 하단의 [fx](Add a layer style(레이어 스타일을 추가합니다.)) 아이콘을 클릭한 후 [Drop Shadow(그림자)]를 선택합니다.

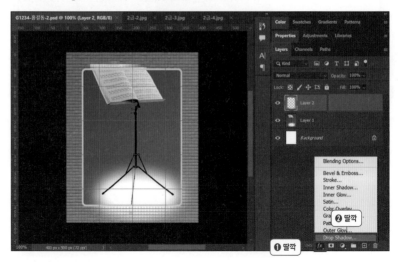

7. 'Layer Style(레이어 스타일)' 대화상자에서 별도의 옵션 설정 없이 〈OK(확인)〉를 클릭합니다.

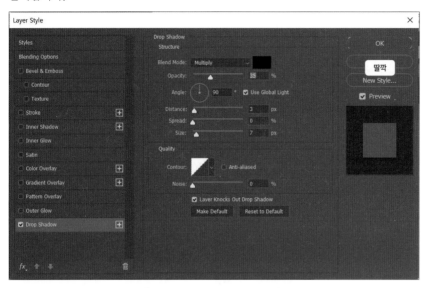

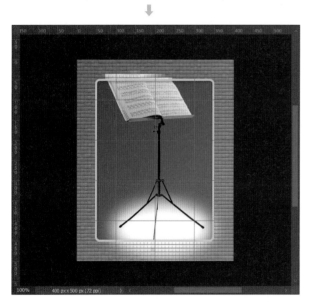

② 리본을 복사한 후 레이어 스타일을 적용하고 색상 보정하기

> **미리보기**
>
> '2급-3.jpg'에서 리본을 복사한 후 Outer Glow(외부 광선) 스타일을 적용하고 녹색 계열로 색상을 보정합니다.

 →

01. 이미지를 복사한 후 레이어 스타일 적용하기

1. '2급-3.jpg' 탭을 선택한 다음 도구 상자에서 ▨(Lasso Tool(올가미 도구))을 클릭하고 있으면 하위 메뉴가 표시됩니다. ▨(Polygonal Lasso Tool(다각형 올가미 도구))(L)을 선택하세요.

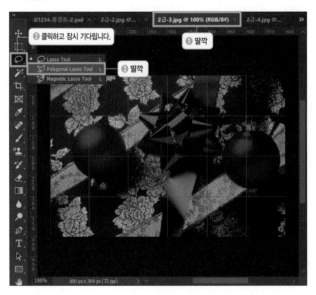

2. (Polygonal Lasso Tool(다각형 올가미 도구))을 이용하여 리본 모양을 선택 영역으로 지정하세요. [Ctrl]+[+]를 눌러 화면 배율을 확대한 다음 정교하게 작업하세요.

3. 선택 작업을 마쳤으면, 선택된 리본을 복사([Ctrl]+[C])한 후 'G1234-홍길동-2.psd' 탭을 클릭하고 붙여넣기([Ctrl]+[V]) 하세요.

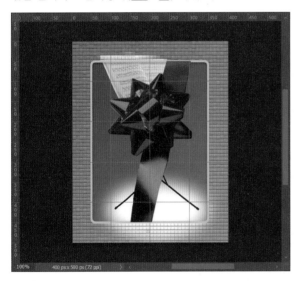

• 문제지에 특별히 언급한 지시사
  항이 없어도 이미지는 〈출력형
  태〉와 같은 모양으로 선택해야
  합니다.
• 격자가 작업에 방해되면 [Ctrl]+
  [']을 눌러 격자를 제거하세요.
  [Ctrl]+[']을 다시 누르면 격자가
  표시됩니다.

• [Delete]나 [Backspace]를 누를 때마다
  이전 작업이 한 단계씩 취소됩
  니다.
• [Esc]를 누르면 선택 작업이 모두
  최소됩니다.

4. 리본에 레이어 스타일을 적용하기 위해 'Layer 3(레이어 3)'이 선택된 상태에서 레이어 패널 하단의 ▣(Add a layer style(레이어 스타일을 추가합니다.)) 아이콘을 클릭한 다음 [Outer Glow(외부 광선)]를 선택하세요.

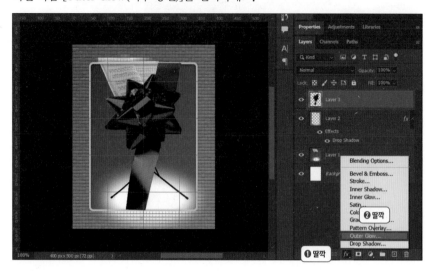

5. 'Layer Style(레이어 스타일)' 대화상자에서 Size(크기)를 20으로 지정한 후 〈OK(확인)〉를 클릭하세요.

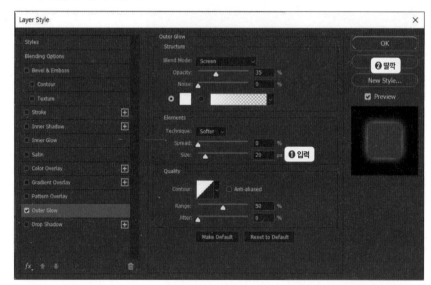

• 문제지에 제시된 값이 없어서 기본 값을 그대로 사용하여 레이어 스타일을 적용했는데 결과가 〈출력형태〉와 눈에 띄게 차이가 날 때는 옵션 값들을 조정하여 〈출력형태〉와 비슷하게 만들어야 합니다. 그러므로 평소 연습할 때 주요 옵션 값을 변경했을 때 결과가 어떻게 달라지는지 파악해 두는 것이 좋습니다.
• 레이어 스타일이 적용되면 적용된 레이어 아래쪽에 적용된 효과가 표시됩니다.

6. [Edit(편집)] → [Free Transform(자유 변형)]([Ctrl]+[T])을 선택하여 자유 변형 상태로 만드세요.

7. 〈출력형태〉에 그려놓은 기준선과 작업 영역의 격자를 기준으로 삼아 크기와 방향을 조절한 후 배치하세요. 이어서 [Enter]를 눌러 자유 변형 상태를 해제하세요.

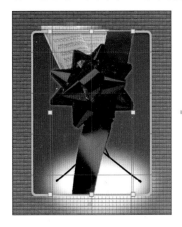 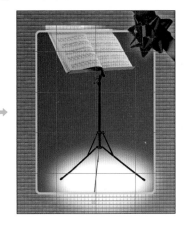

02. 색상 보정하기

1. 복사한 리본을 선택 영역으로 지정하기 위해 도구 상자에서 (Magic Wand Tool(자동 선택 도구))([W])을 클릭합니다.

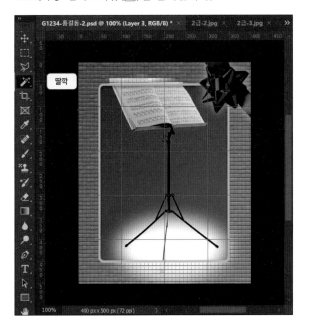

2. 리본이 아닌 배경 부분을 클릭한 다음 Shift를 누른 채 위쪽 배경 부분을 클릭하세요. 이어서 선택 영역을 반전시키기 위해 [Select(선택)] → [Inverse(반전)]([Ctrl]+Shift]+[I])를 선택하세요.

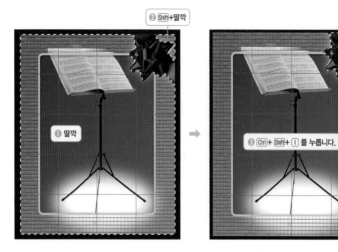

3. 레이어 패널 하단의 🔘(Create new fill or adjustment layer(새 칠 또는 조정 레이어를 만듭니다.)) 아이콘을 클릭한 다음 [Hue/Saturation(색조/채도)]을 선택하세요.

4. 조정 패널이 표시되면 Hue(색조)를 조절하여 녹색 계열로 보정하세요.

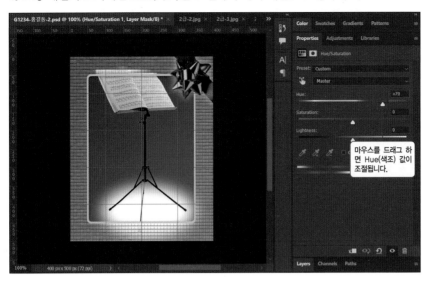

전문가의 조언

대상 이미지의 색상에 따라 조절해
야 하는 Hue(색조) 값이 달라지므
로 Hue(색조)의 값을 직접 조절하
여 이미지의 색상 변화를 확인하면
서 색상 값을 조절해야 합니다.

③ 마이크를 복사한 후 레이어 스타일 적용하기

미리보기

'2급-4.jpg'에서 마이크를 복사한 후 Bevel and Emboss(경사와 엠보스) 스타일을 적용합니다.

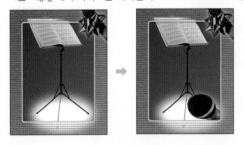

1. '2급-4.jpg' 탭을 선택한 다음 도구 상자에서 ✏️(Pen Tool(펜 도구))(P))을 클릭하세요.

2. '옵션 바에서 Pick tool mode(선택 도구 모드)를 Path(패스)로 선택하세요.

3. (Pen Tool(펜 도구))를 이용하여 마이크를 선택 영역으로 지정하세요. Ctrl + +
를 눌러 화면 배율을 확대한 다음 선택 영역을 정교하게 지정하세요.

4. 펜으로 만든 패스를 선택 영역으로 지정하기 위해 패스 패널을 클릭한 다음 Ctrl 을
누른 채 Work Path(작업 패스)의 썸네일을 클릭합니다.

5. 선택된 마이크를 복사(Ctrl+C)한 후 'G1234-홍길동-2.psd' 탭을 클릭한 다음 붙여넣기(Ctrl+V) 하세요.

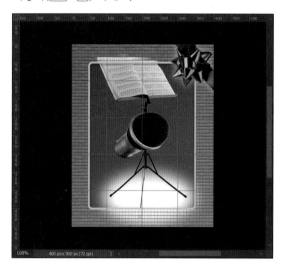

6. 마이크에 레이어 스타일을 적용하기 위해 'Layer 4(레이어 4)'가 선택된 상태에서 레이어 패널 하단의 ■(Add a layer style(레이어 스타일을 추가합니다.)) 아이콘을 클릭한 후 [Bevel & Emboss(경사와 엠보스)]를 선택하세요.

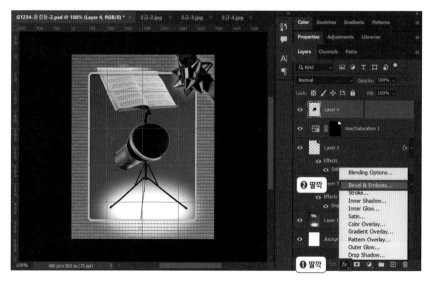

7. 'Layer Style(레이어 스타일)' 대화상자에서 별도의 세부 설정없이 〈OK(확인)〉를 클릭하세요.

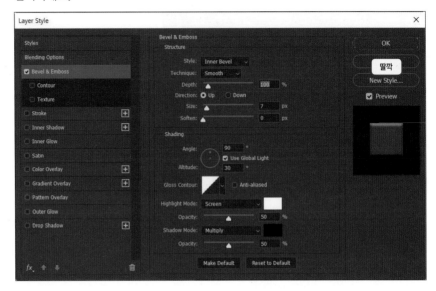

8. [Edit(편집)] → [Free Transform(자유 변형)]((Ctrl)+(T))을 선택하여 자유 변형 상태로 만든 후 마이크의 바로 가기 메뉴에서 [Flip Horizontal(가로로 뒤집기)]을 선택하세요.

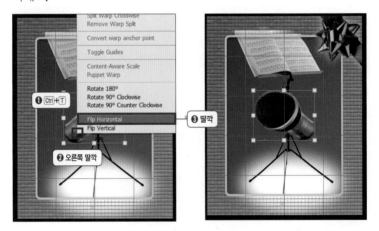

9. 〈출력형태〉에 그려놓은 기준선과 작업 영역의 격자를 기준으로 삼아 마이크를 배치하고 Enter를 눌러 자유 변형 상태를 해제하세요.

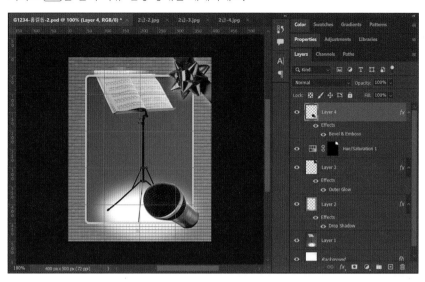

10. 이어서 〈출력형태〉와 같이 마이크를 액자 뒤쪽으로 배치하기 위해 레이어 패널에서 마이크가 있는 'Layer 4(레이어 4)'를 'Layer 2(레이어 2)' 아래쪽으로 드래그 합니다.

④ 신진 성악가 오디션을 입력한 후 레이어 스타일 적용하기

신진 성악가 오디션을 입력한 후 Gradient Overlay(그라디언트 오버레이)와 Stroke(선/획) 스타일을 적용합니다.

전문가의 조언

세로로 문자를 입력할 때는 (Vertical Type Tool(세로 문자 도구))을 이용합니다.

1. 도구 상자에서 T(Horizontal Type Tool(수평 문자 도구))을 클릭하고 있으면 하위 메뉴가 표시됩니다. T(Vertical Type Tool(세로 문자 도구))(T)을 선택하세요.

❶ 클릭하고 잠시 기다립니다.

❷ 딸깍

전문가의 조언

문자에 서식과 레이어 스타일을 지정한 다음 위치를 세밀하게 조정할 것이므로 위치에 신경 쓰지 말고 적당하게 입력하면 됩니다.

2. 적당한 위치를 클릭하여 **신진 성악가**를 입력하고 Enter를 누른 후 **오디션**을 입력하세요. 그리고 Ctrl + Enter를 눌러 입력을 완료하세요.

Ctrl + Enter 를 눌러 입력 완료

3. 옵션 바에서 Font(글꼴)를 '궁서', Size(크기)를 45로 지정합니다. 이어서 Create warped text(뒤틀어진 텍스트 만들기)를 클릭하세요.

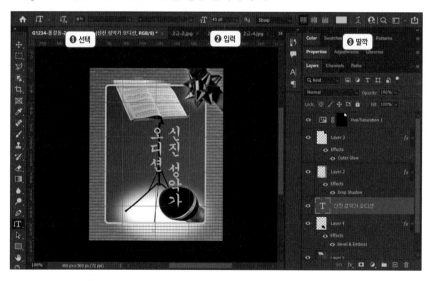

① 선택　② 입력　③ 딸깍

4. 'Warp Text(텍스트 뒤틀기)' 대화상자에서 Style(스타일)을 'Flag(깃발)'로 지정하고 〈출력형태〉와 모양이 비슷하도록 'Bend(구부리기)' 값을 조절한 후 〈OK(확인)〉를 클릭하세요.

딸깍

 전문가의 조언

· 글꼴을 입력할 때는 **궁서**의 **궁**만 입력해도 **궁**으로 시작하는 글꼴 목록이 자동으로 표시됩니다.
· 글꼴이 영문으로 표기되면 122쪽을 참조하여 변경하세요.

 **포토샵 CS4/CS6 사용자**

Wrap Text(텍스트 변형/뒤틀기) 대화상자에서 'Bend(구부리기)' 값을 +33으로 조절하세요.

Q 텍스트 뒤틀기에 대해서는 별도의 지시사항이 없는데, 어떤 기준으로 작업을 해야 하나요?

A 다음의 두 가지를 신경 써서 작업하세요.
- **뒤틀기 모양** : 변형 모양의 종류에 대한 지시사항이 없지만 수검자가 전송한 PSD 파일을 열어 채점하기 때문에 〈출력형태〉를 보고 판단하여 정확하게 지정해야 합니다. 텍스트 뒤틀기의 종류는 구분이 어렵지 않으므로 조금만 연습해 두면 쉽게 파악할 수 있습니다. 교재의 맨 앞에 붙어있는 별지에 정리해 놓았으니 참고하세요.
- **구부리기 정도** : 문제지에 지시사항이 없으므로 〈출력형태〉를 보고 판단해야하는데, 수검자가 전송한 JPG 파일을 출력하여 채점하므로 〈출력형태〉에 그려놓은 기준선을 크게 벗어나지 않으면 채점 기준을 통과할 수 있습니다.

입력한 **신진 성악가 오디션**에는 레이어 스디일로 Gradient Overlay(그라디언트 오버레이)와 Stroke(선/획)를 적용해야 합니다.

5. '신진 성악가 오디션' 레이어가 선택된 상태에서 레이어 패널 하단의 fx(Add a layer style(레이어 스타일을 추가합니다.)) 아이콘을 클릭한 후 [Gradient Overlay(그레이디언트 오버레이)]를 선택하세요.

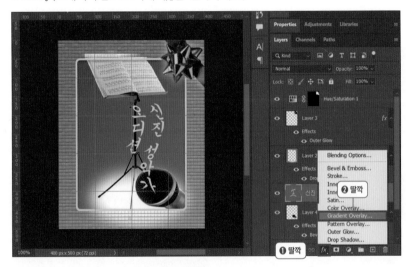

6. 'Layer Style(레이어 스타일)' 대화상자에서 Gradient(그레이디언트) 항목을 클릭하세요.

Q fx 아이콘을 클릭할 수 없어요!
A 신진 성악가 오디션을 입력한 후 Ctrl+Enter를 누르지 않아 입력 상태가 유지되고 있기 때문입니다. Ctrl+Enter를 눌러 입력을 완료한 다음 다시 클릭해 보세요.

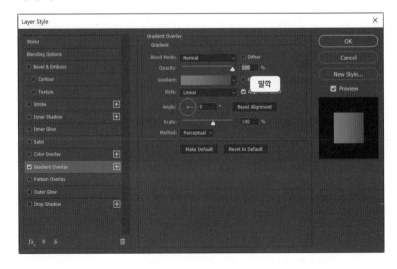

7. 'Gradient Editor(그레이디언트 편집기)' 대화상자의 왼쪽 아래 Color Stop(색상 정지점)을 더블클릭한 다음 색상을 #ff0000으로 지정한 후 〈OK(확인)〉를 클릭하세요.

8. 이번에는 오른쪽 아래 Color Stop(색상 정지점)을 더블클릭한 다음 색상을 #ffcc00으로 지정한 후 〈OK(확인)〉를 클릭하세요.

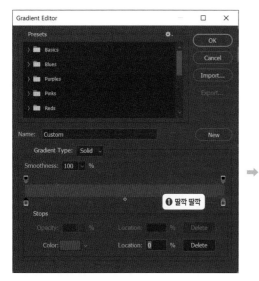 

9. 'Gradient Editor(그레이디언트 편집기)' 대화상자에서 〈OK(확인)〉를 클릭하세요. 이어서 Layer Style(레이어 스타일)' 대화상자에서 Angle(각도)을 90으로 지정하고, Stroke(획) 스타일을 지정해야 하니 〈OK(확인)〉를 클릭하지 마세요.

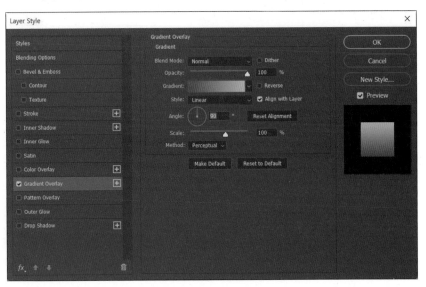

10. Style(스타일) 목록에서 [Stroke(획)]를 클릭하고 Size(크기)를 2로 지정한 다음 Position(위치)을 Outside(바깥쪽)로 지정하세요.

11. 이어서 Color(색상)를 클릭하여 색상을 #ffffff로 지정한 후 〈OK(확인)〉를 클릭하고, 'Layer Style(레이어 스타일)' 대화상자에서도 〈OK(확인)〉를 클릭하세요.

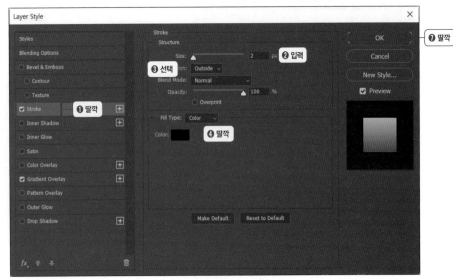

12. 도구 상자에서 (Move Tool(이동 도구))(V)을 클릭한 다음 〈출력형태〉와 동일하게 배치하세요.

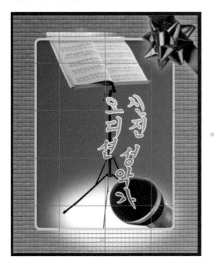 

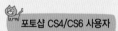

⑤ 파일 저장 및 이미지 크기 조절하기

1. 문제의 조건으로 제시된 JPG 형식으로 저장하기 위해 [File(파일)] → [Save a Copy(사본 저장)]([Ctrl]+[Alt]+[S])를 선택합니다.

2. 'Save a Copy(사본 저장)' 대화상자에서 저장 위치 및 파일 형식을 다음과 같이 지정한 후 〈저장〉을 클릭하세요.

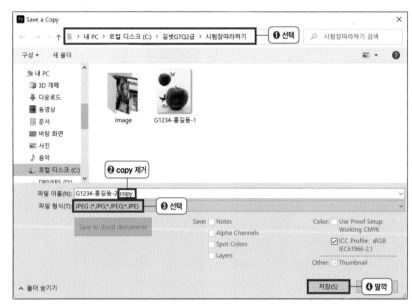

3. 'JPEG Options(JPEG 옵션)' 대화상자에서 Quality(품질)를 8로 지정한 후 〈OK(확인)〉를 클릭하세요.

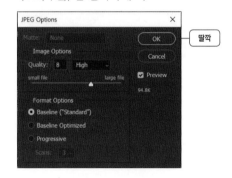

4. 이제 캔버스의 크기를 40 × 50 pixels로 변경한 후 PSD 형식으로 저장해야 합니다. [Image(이미지)] → [Image Size(이미지 크기)]([Ctrl]+[Alt]+[I])를 선택하세요.

5. 'Image Size(이미지 크기)' 대화상자에서 Width(폭)와 Height(높이)에 입력되어 있는 값에서 0 하나씩만 제거한 후 〈OK(확인)〉를 클릭하세요.

6. 이미지 크기에 맞게 캔버스가 작아집니다. [File(파일)] → [Save(저장)]([Ctrl]+[S])를 선택하세요.

6 [문제 2] 답안 파일 전송하기

1. 완성한 답안 파일을 전송해야 합니다. 메뉴 표시줄의 최소화 단추를 클릭하여 포토샵 프로그램을 최소화한 후 '시험 관리 도구'에서 〈답안 전송〉을 클릭하세요.

2. '고사실 PC로 답안 파일 보내기' 대화상자에서 'G1234-홍길동-2.jpg'와 'G1234-홍길동-2.psd' 파일을 선택한 후 〈답안 전송〉을 클릭하세요.

전문가의 조언

파일을 전송한 후 잘못된 내용을 발견하여 내용을 수정했다면 수정한 파일을 다시 전송하면 됩니다. 그러면 이전에 전송했던 파일이 새로 전송한 파일로 대체됩니다.

3. 전송을 마쳤으면 다음 작업을 위해 포토샵 창에 불러놓은 이미지들과 작업창을 모두 닫으세요.

미리보기

사용할 이미지

2급−5.jpg

2급−6.jpg

2급−7.jpg

2급−8.jpg

모양 도구로 추가하기

작업 과정

①  빈 캔버스에 배경색을 지정한다.

②  '2급−5.jpg'를 복사한 후 필터를 적용하고 레이어 마스크를 수행한다.

③  '2급−6.jpg'에서 음악가를 복사한 후 레이어 스타일을 적용한다.

④  '2급−7.jpg'에서 꽃을 복사한 후 레이어 스타일을 적용한다.

⑤  '2급−8.jpg'에서 구슬을 복사한 후 레이어 스타일을 적용한다.

⑥  **☀**, **𝄢**를 추가한 후 레이어 스타일을 적용하고 불투명도를 지정한다.

⑦  **신년 해맞이 음악회**, Ticket Event를 입력한 후 레이어 스타일을 적용한다.

⓿ 준비 작업

1. 캔버스를 만들기 위해 [File(파일)] → [New(새로 만들기)]((Ctrl)+(N))를 선택합니다.

2. 'New Document(새로운 문서 만들기)' 대화상자에서 Name(이름), Width(폭), Height(높이) 등을 다음과 같이 지정한 후 〈Create(만들기)〉를 클릭하세요.

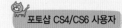
포토샵 CS4/CS6 사용자

'New(새 문서)' 대화상자의 'Name (이름)'에 **G1234-홍길동-3**을 입력한 후 Width(폭), Height(높이) 등을 지정하세요.

3. [File(파일)] → [Save As(다른 이름으로 저장)]((Ctrl)+(Shift)+(S))를 선택한 다음 'Save As(다른 이름으로 저장)' 대화상자에서 저장 위치를 '시험장따라하기', 파일 이름을 'G1234-홍길동-3'으로 지정한 후 〈저장〉을 클릭하세요.

4. 작업 창에 눈금자와 격자가 표시되어 있지 않으면, [View(보기)] → [Rulers(눈금자)] ((Ctrl)+(R))와 [View(보기)] → [Show(표시)] → [Grid(격자)]((Ctrl)+(ʼ))를 선택하세요.

전문가의 조언

실제 시험장에서는 답안 파일을 '문서\GTQ' 폴더에 저장해야 합니다.

❶ 배경색 지정하기

미리보기

빈 캔버스에 배경색을 지정한다.

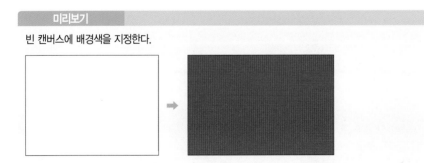

전문가의 조언

배경색은 문제지에 지시된 대로 지정하면 됩니다.

1. 배경색을 지정하기 위해 [Edit(편집)] → [Fill(칠)]([Shift]+[F5])을 선택합니다.

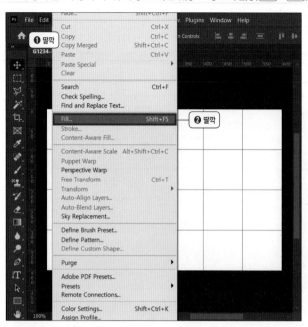

2. 'Fill(칠)' 대화상자가 표시되면 Contents(내용) 항목을 클릭한 후 [Color(색상)]를 선택하세요.

3. 'Color Picker(Fill Color)(색상 피커(칠 색상))' 대화상자에서 색상을 #ff33cc로 지정하고 〈OK(확인)〉를 클릭하세요.

4. 이어서 'Fill(칠)' 대화상자에서도 〈OK(확인)〉를 클릭하세요.

② 이미지를 복사한 후 필터를 적용하고 레이어 마스크 수행하기

미리보기

'2급-5.jpg'를 'G1234-홍길동-3.psd' 파일로 복사한 다음 Rough Pastels(거친 파스텔 효과) 필터를 적용한 후 가로 방향으로 흐릿하게 레이어 마스크를 수행합니다.

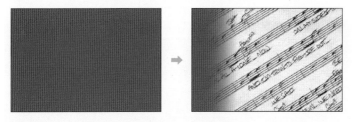

전문가의 조언

Rough Pastels(거친 파스텔 효과) 필터는 거친 파스텔로 그린 것처럼 이미지를 표현합니다.

1. 작업할 이미지를 불러오기 위해 [File(파일)] → [Open(열기)](Ctrl+O)을 선택합니다.

2. 'Open(열기)' 대화상자에서 찾는 위치를 'C:\길벗GTQ2급\시험장따라하기\Image' 폴더로 지정한 다음 '2급-5.jpg', '2급-6.jpg', '2급-7.jpg', '2급-8.jpg' 파일을 선택하고 〈열기〉를 클릭하세요.

3. '2급-5.jpg' 이미지를 복사한 후 'G1234-홍길동-3.psd' 파일에 붙여넣기 하세요.

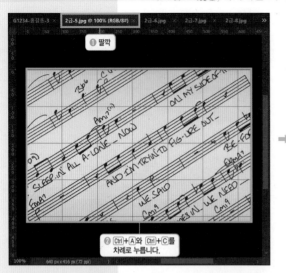 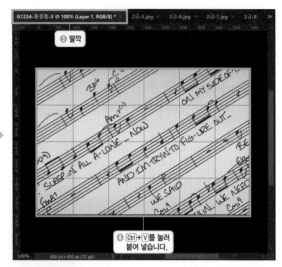

4. Rough Pastels(거친 파스텔 효과) 필터를 적용하기 위해 [Filter(필터)] → [Filter Gallery(필터 갤러리)]를 선택합니다.

5. 'Filter Gallery(필터 갤러리)' 대화상자에서 [Artistic(예술 효과)] → [Rough Pastels(거친 파스텔 효과)]을 선택하고 별도의 옵션 설정 없이 ⟨OK(확인)⟩를 클릭합니다

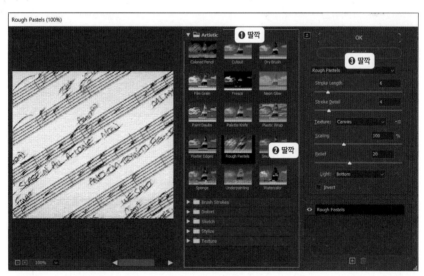

6. 'Layer 1(레이어 1)'에 레이어 마스크를 지정하기 위해 'Layer 1(레이어 1)'가 선택된 상태에서 레이어 패널 하단의 ■(Add layer mask(레이어 마스크를 추가합니다.)) 아이콘을 클릭합니다.

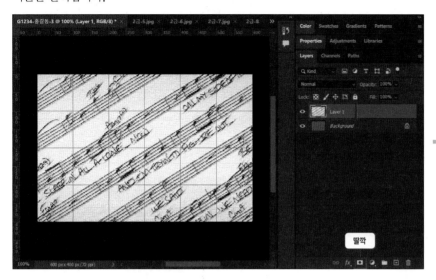 

7. 가로 방향으로 흐릿하게 이미지를 표현하기 위해 도구 상자에서 ■(Gradient Tool(그레이디언트 도구))(ⓖ)을 클릭한 후 옵션 바에서 Gradient(그레이디언트) 항목을 클릭하세요.

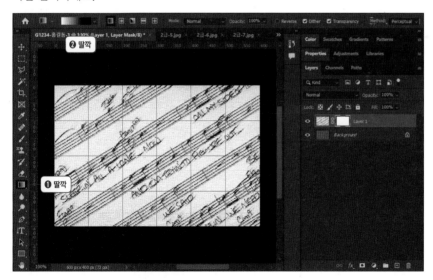

전문가의 조언

Presets(사전 설정) 항목을 이용하지 않고 'Gradient Editor(그레이디언트 편집기)' 대화상자의 왼쪽 아래와 오른쪽 아래 Color Stop(색상 정지점)을 직접 검정색과 흰색으로 지정해도 됩니다.

전문가의 조언

• 가로 방향으로 얼마나 드래그 해야 하는지는 조건으로 제시되어 있지 않으므로 〈출력형태〉를 보고 직접 판단해야 합니다. 〈출력형태〉가 어디까지 흐리게 표시되었는지를 보고 〈출력형태〉와 비슷해 지도록 드래그 하면 됩니다.

• 적용된 그레이디언트가 〈출력형태〉와 다르면 Ctrl+Z를 눌러 실행을 취소한 후 다시 드래그 하세요.

전문가의 조언

레이어 마스크가 적용된 'Layer 1(레이어 1)'의 지워진 부분(썸네일에 검게 표시된 부분)은 그 아래쪽 레이어인 Background(배경)와 겹쳐서 표시됩니다. Background(배경) 레이어가 없다면 지워진 부분은 투명하게 표시됩니다.

8. 'Gradient Editor(그레이디언트 편집기)' 대화상자가 표시되면 Presets(사전 설정) 항목에서 Basic(기본 사항)의 확장 단추(▶)를 클릭한 후 Black, White(검정, 흰색)를 선택하고 〈OK(확인)〉를 클릭하세요.

9. 이제 다음과 같이 마우스를 왼쪽에서 오른쪽 방향으로 드래그 하세요.

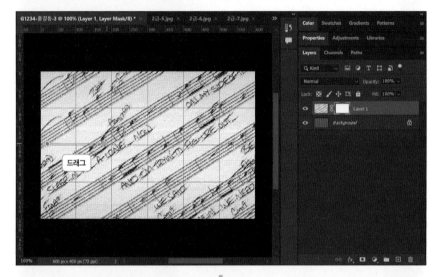

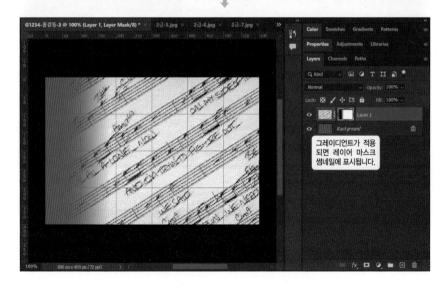

그레이디언트가 적용되면 레이어 마스크 썸네일에 표시됩니다.

시나공 Q&A 베스트

Q 레이어 마스크에서 '흐릿한 정도'는 지시사항이 없습니다. 어떻게 작업해야 하나요?

A 레이어 마스크는 다음의 두 가지를 신경 써서 작업하세요.
- **수행 방향** : 수검자가 전송한 PSD 파일을 열어 채점하기 때문에 반드시 지시된 방향으로 수행되어야 합니다.
- **흐릿한 정도** : 문제지에 지시사항이 없으므로 〈출력형태〉를 보고 수검자가 파악해야 하는데, 이 부분도 수검자가 전송한 JPG 파일을 출력하여 채점하기 때문에 〈출력형태〉와 크게 다르지 않으면 채점 기준을 통과할 수 있습니다.

③ 음악가를 복사한 후 레이어 스타일 적용하기

미리보기

'2급-6.jpg'에서 음악가를 복사한 후 Outer Glow(외부 광선) 스타일을 적용합니다.

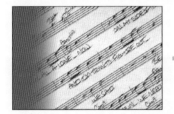 

1. 선택 영역을 지정하기 위해 탭 목록에서 '2급-6.jpg' 탭을 클릭한 다음 도구 상자에서 ▧(Polygonal Lasso Tool(다각형 올가미 도구))(L))을 선택합니다.

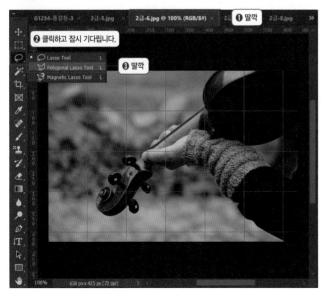

2. (Polygonal Lasso Tool(다각형 올가미 도구))을 이용하여 음악가만 선택 영역으로 지정하세요. Ctrl + + 를 눌러 화면 배율을 확대한 다음 정교하게 작업하세요. 선택된 영역 중 특정 영역을 제외할 때는 Alt 를 누른 채 제외할 영역을 범위로 지정하면됩니다.

3. 선택 작업을 마쳤으면, 선택된 영역을 복사한 후 'G1234-홍길동-3.psd' 파일에 붙려넣기 하세요.

4. 음악가에 레이어 스타일을 적용하기 위해 'Layer 2(레이어 2)'가 선택된 상태에서 레이어 패널 하단의 (Add a layer style(레이어 스타일을 추가합니다.)) 아이콘을 클릭한 후 [Outer Glow(외부 광선)]를 선택하세요.

5. 'Layer Style(레이어 스타일)' 대화상자에서 별도의 옵션 설정 없이 〈OK(확인)〉를 클릭하세요.

6. 이미지의 크기를 조절하기 위해 [Edit(편집)] → [Free Transform(자유 변형)] (Ctrl+T)을 선택하여 자유 변형 상태로 만듭니다.

7. 〈출력형태〉에 그려놓은 기준선과 작업 영역의 격자를 기준으로 삼아 크기와 방향을 조절한 후 배치하세요. 이어서 Enter를 눌러 자유 변형 상태를 해제하세요.

자유 변형 상태에서 Flip Horizontal (가로로 뒤집기)을 적용하여 방향을 맞추세요.

④ 꽃을 복사한 후 레이어 스타일 적용하기

미리보기

'2급-7.jpg'에서 꽃을 복사한 후 Drop Shadow(그림자 효과) 스타일을 적용합니다.

1. 탭 목록에서 '2급-7.jpg' 탭을 클릭한 후 도구 상자에서 (Magic Wand Tool(자동 선택 도구))(W)을 클릭합니다.

2. 옵션 바에서 Tolerance(허용치) 값을 30으로 지정하세요.

입력

선택되어 있어야 합니다.

전문가의 조언

옵션 바에서 ▣(Add to selection (선택 영역에 추가))을 선택하는 이유는 자동 선택 도구로 배경 부분을 클릭했을 때 배경이 한 번에 모두 선택되지 않으면 선택되지 않은 부분을 추가로 클릭하여 선택하기 위해서입니다.

3. 꽃을 제외한 배경 부분과 꽃 안쪽 흰 부분을 클릭한 다음 선택 영역을 반전시키기 위해 [Select(선택)] → [Inverse(반전)](Ctrl+Shift+I)를 선택하세요.

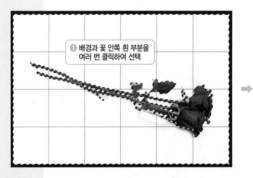

❶ 배경과 꽃 안쪽 흰 부분을 여러 번 클릭하여 선택

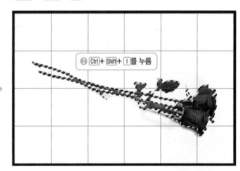

❷ Ctrl+Shift+I를 누름

전문가의 조언

· 복사 : Ctrl+C
· 붙여넣기 : Ctrl+V

4. 선택 작업을 마쳤으면, 선택한 영역을 복사한 후 'G1234-홍길동-3.psd' 파일에 붙여넣기 하세요.

5. 꽃에 레이어 스타일을 적용하기 위해 'Layer 3(레이어 3)'이 선택된 상태에서 레이어 패널 하단의 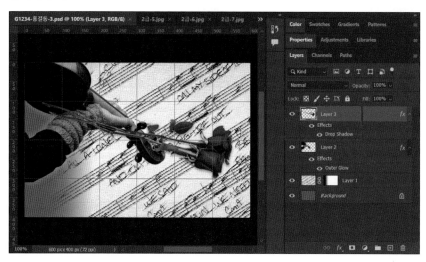(Add a layer style(레이어 스타일을 추가합니다.)) 아이콘을 클릭한 후 [Drop Shadow(그림자)]를 선택하세요.

6. 'Layer Style(레이어 스타일)' 대화상자에서 별도의 옵션 설정 없이 〈OK(확인)〉를 클릭하세요.

7. 이미지의 크기와 위치를 조절하기 위해 [Edit(편집)] → [Free Transform(자유 변형)](Ctrl+T)을 선택하여 자유 변형 상태로 만듭니다.

8. 〈출력형태〉에 그려놓은 기준선과 작업 영역의 격자를 기준으로 삼아 〈출력형태〉와 같이 크기를 조절한 후 배치하세요. 이어서 Enter를 눌러 자유 변형 상태를 해제하세요.

전문가의 조언

구슬에 경사와 엠보스 스타일을
적용하면, 입체적으로 볼록 튀어
나오게 표현됩니다.

5 구슬을 복사한 후 레이어 스타일 적용하기

미리보기

'2급-8.jpg'에서 구슬을 복사한 후 Bevel and Emboss(경사와 엠보스) 스타일을 적용합니다.

1. 탭 목록에서 '2급-8.jpg' 탭을 클릭한 다음 도구 상자에서 ◢(Pen Tool(펜 도구))
(P)을 선택합니다.

2. 옵션 바에서 Pick tool mode(선택 도구 모드)를 Path(패스)로 선택하세요.

3. ◢(Pen Tool(펜 도구))을 이용하여 구슬을 선택 영역으로 지정하세요. Ctrl+﹢를
눌러 화면 배율을 확대한 다음 선택 영역을 정교하게 지정하세요.

전문가의 조언

문제지에 특별히 언급한 지시사항
이 없어도 이미지는 〈출력형태〉와
같은 모양으로 선택해야 합니다.

4. 펜으로 만든 패스를 선택 영역으로 지정하기 위해 패스 패널을 클릭한 다음 Ctrl을
누른 채 Work Path(작업 패스)의 썸네일을 클릭합니다.

5. 선택된 구슬을 복사한 후 'G1234-홍길동-3.psd' 파일에 붙여넣기 하세요.

전문가의 조언

· Pen Tool(펜 도구)로 이미지에
  패스를 만든 후 Ctrl+Enter를 누
  르면 생성된 패스가 선택 영역
  으로 지정됩니다.
· 복사 : Ctrl+C
· 붙여넣기 : Ctrl+V

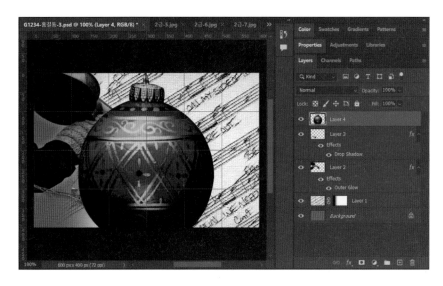

6. 구슬에 레이어 스타일을 적용하기 위해 'Layer 4(레이어 4)'가 선택된 상태에서 레이어 패널 하단의 ■(Add a layer style(레이어 스타일을 추가합니다.)) 아이콘을 클릭한 후 [Bevel & Emboss(경사와 엠보스)]를 선택하세요.

7. 'Layer Style(레이어 스타일)' 대화상자에서 별도의 옵션 설정 없이 ⟨OK(확인)⟩를 클릭하세요.

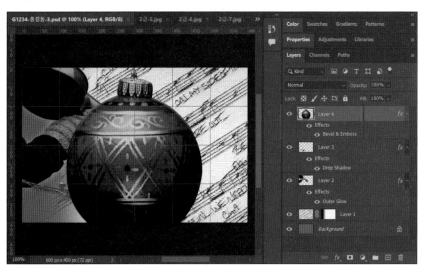

8. 이미지의 크기와 위치를 조절하기 위해 [Edit(편집)] → [Free Transform(자유 변형)](Ctrl+T)을 선택하여 자유 변형 상태로 만듭니다.

9. ⟨출력형태⟩에 그려놓은 기준선과 작업 영역의 격자를 기준으로 삼아 ⟨출력형태⟩와 동일하게 방향과 크기를 조절한 후 배치하세요. 이어서 Enter를 눌러 자유 변형 상태를 해제하세요.

6 ⚹, 𝅘𝅥를 추가한 후 레이어 스타일 적용하기

미리보기

- 해(⚹) 모양을 추가한 후 Gradient Overlay(그라디언트 오버레이)와 Drop Shadow(그림자 효과) 스타일을 적용합니다.
- 음표(𝅘𝅥) 모양을 추가한 후 Drop Shadow(그림자 효과) 스타일을 적용하고 Opacity(불투명도)를 60%로 지정합니다.

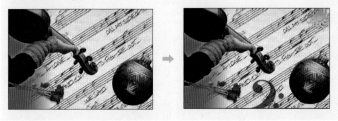

01. ⚹를 추가한 후 레이어 스타일 적용하기

1. 도구 상자에서 ▨(Custom Shape Tool(사용자 정의 모양 도구))((U))을 선택하고 옵션 바에서 Pick tool mode(선택 도구 모드)로 Shape(모양)를 선택하세요.

2. 옵션 바에서 Shape(모양)의 목록 단추(▾)를 클릭한 다음 [Legacy Shapes and More(레거시 모양 및 기타)] → [All Legacy Default Shapes(모든 레거시 기본 모양)]를 클릭하여 표시되는 메뉴에서 [Nature(자연)]를 선택하세요.

🐾 **포토샵 CS4/CS6 사용자**

Shape(모양) 목록에서 [Nature(자연)]를 선택한 후 선택한 모양으로 대치할지를 묻는 대화상자가 나타나면 〈OK(확인)〉를 클릭하세요.

3. 자연 목록에서 (Sun 1(해 1)) 모양을 더블클릭하여 선택한 다음 〈출력형태〉의 기준선을 참조하여 적당한 위치에 드래그 하여 해 모양을 추가하세요. 이어서 Enter를 눌러 자유 변형 상태를 해제하세요.

4. 해 모양에 레이어 스타일을 지정하기 위해 레이어 패널 하단의 *fx*(Add a layer style(레이어 스타일을 추가합니다.)) 아이콘을 클릭한 다음 [Gradient Overlay(그레이디언트 오버레이)]를 선택하세요.

5. 'Layer Style(레이어 스타일)' 대화상자에서 Gradient(그레이디언트) 항목을 클릭하세요.

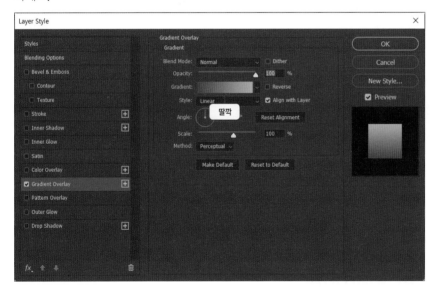

전문가의 조언

해 모양에 색상과 레이어 스타일을 지정한 다음 크기와 위치를 세밀하게 조정할 것이므로 크기와 위치에 신경 쓰지 말고 적당하게 추가하면 됩니다.

6. 'Gradient Editor(그레이디언트 편집기)' 대화상자의 왼쪽 아래 Color Stop(색상 정지점)을 더블클릭한 다음 색상을 #ccff00으로 지정하고 〈OK(확인)〉를 클릭하세요.

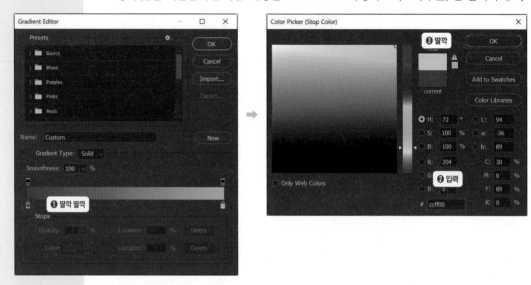

7. 이번에는 'Gradient Editor(그레이디언트 편집기)' 대화상자의 오른쪽 아래 Color Stop(색상 정지점)을 더블클릭한 다음 색상을 #009966으로 지정하고 〈OK(확인)〉를 클릭하세요.

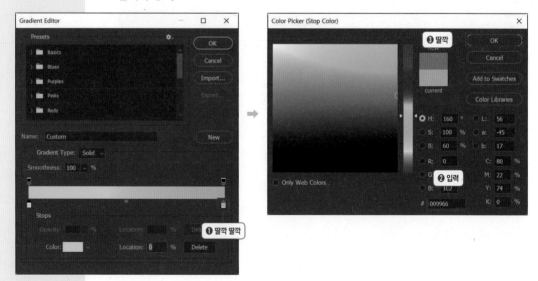

8. 이어서 'Gradient Editor(그레이디언트 편집기)' 대화상자에서도 〈OK(확인)〉를 클릭하세요.

9. Drop Shadow(그림자) 스타일을 적용하기 위해 'Layer Style(레이어 스타일)' 대화
상자의 스타일 목록에서 [Drop Shadow(드롭 섀도)]를 클릭한 후 〈OK(확인)〉를 클릭
합니다.

10. [Edit(편집)] → [Free Transform(자유 변형)](Ctrl+T)을 선택하여 자유 변형 상
태로 만들고, 기준선과 작업 영역의 격자를 참조하여 〈출력형태〉와 동일하게 크기를
조절한 후 배치하세요. 이어서 Enter를 눌러 자유 변형 상태를 해제하세요.

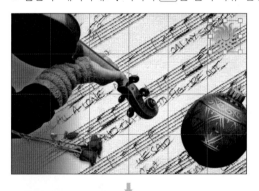

02. 9️를 추가한 후 레이어 스타일 적용하기

1. 도구 상자에서 (Custom Shape Tool(사용자 정의 모양 도구))(U)을 선택하세요.

2. 옵션 바에서 Shape(모양)의 목록 단추()를 클릭한 다음 [Legacy Shapes and More(레거시 모양 및 기타)] → [All Legacy Default Shapes(모든 레거시 기본 모양)]를 클릭하여 표시되는 메뉴에서 [Music(음악)]을 선택하세요.

3. 음악 목록에서 (Bass Clef(낮은음자리표)) 모양을 더블클릭하여 선택한 다음 〈출력형태〉의 기준선을 참조하여 적당한 위치에 드래그 하여 음표 모양을 추가하세요. 이어서 Enter를 눌러 자유 변형 상태를 해제하세요.

4. 옵션 바에서 Fill(칠)을 클릭한 다음 Color Picker(색상 피커)를 클릭합니다.

5. 'Color Picker(Stroke Color)(색상 피커(획 색상))' 대화상자에서 색상을 #000000 으로 지정한 후 〈OK(확인)〉를 클릭하세요.

6. 낮은음자리표 모양에 레이어 스타일을 지정하기 위해 레이어 패널 하단의 (Add a layer style(레이어 스타일을 추가합니다.)) 아이콘을 클릭한 후 [Drop Shadow(그림자)]를 선택하세요.

7. 'Layer Style(레이어 스타일)' 대화상자에서 별도의 옵션 설정 없이 〈OK(확인)〉를 클릭하세요.

8. 레이어 패널 상단의 Opacity(불투명도)를 60%로 지정하세요.

9. [Edit(편집)] → [Free Transform(자유 변형)]([Ctrl]+[T])을 선택하여 자유 변형 상태로 만든 후 방향키와 조절점을 이용하여 크기와 위치를 조절한 다음 [Enter]를 눌러 자유 변형 상태를 해제하세요.

7 문자를 입력한 후 레이어 스타일 적용하기

미리보기

- 신년 해맞이 음악회, Ticket Event를 입력합니다.
- 문자열 각각에 서식과 레이어 스타일을 지정합니다.
- 각각의 문자열을 〈출력형태〉와 동일하게 배치합니다.

 →

01. 문자 입력하기

1. 문자를 입력하기 위해 도구 상자에서 (Horizontal Type Tool(수평 문자 도구))([T])을 클릭합니다.

2. 옵션 바에서 문자를 입력하기 좋은 크기와 색상을 지정합니다. 여기서는 글꼴을 '굴림', 크기를 12, 색상을 검정(#000000)으로 지정합니다.

전문가의 조언

레이어 스타일이 같을 경우 복사해서 사용해도 되지만, 촌각을 다투는 시험장에서는 여러 개의 문자 레이어를 분석하여 어떤 것과 어떤 것이, 무엇이 같고 무엇이 다른지를 파악하여 복사하고 새로 만들고 분석하고 판단할 마음의 여유가 없습니다. 이런 경우 레이어별로 모든 글자들을 다 입력해 놓고 차례대로 서식과 레이어 스타일을 적용하는 것이 효율적입니다.

전문가의 조언

문자 도구의 옵션 바에는 이전 작업에 사용했던 속성들이 남아 있어 그대로 글자를 입력할 경우 글씨가 커져 화면을 벗어나거나 색상이 겹쳐, 보이지 않는 등의 문제가 발생할 수 있습니다. 여기서는 글꼴을 '굴림', 크기를 12, 색상을 검정색으로 했지만 시험장에서는 여러분이 눈에 잘 띄는 색으로 아무 색이나 지정하면 됩니다.

3. 입력되는 문자의 색상과 구분이 잘되는 배경을 클릭하고 다음과 같이 〈출력형태〉
에 제시된 각각의 문자열을 입력하고 Ctrl + Enter 를 눌러 입력을 마칩니다.

02. 서식 및 레이어 스타일 적용하기

위에서부터 차례로 서식과 레이어 스타일을 적용하면 됩니다.

1. '신년 해맞이 음악회'에 서식 지정 및 레이어 스타일 적용

① 레이어 패널에서 '신년 해맞이 음악회' 레이어를 선택하고 옵션 바에서 Font(글
꼴)를 '돋움', Size(크기)를 48, Color(색상)를 #666600으로 지정합니다.

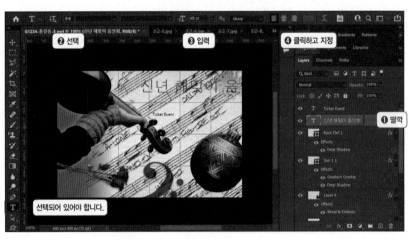

② 레이어 패널 하단의 _fx_(Add a Layer style(레이어 스타일을 추가합니다.)) 아이
콘을 클릭한 후 [Stroke(획)]를 선택합니다.

③ 'Layer Style(레이어 스타일)' 대화상자에서 Size(크기)를 2, Color(색상)를 #ffffff로 지정합니다.

④ 이어서 'Layer Style(레이어 스타일)' 대화상자의 스타일 목록에서 [Drop Shadow(드롭 섀도)]를 선택하고 〈OK(확인)〉를 클릭하세요.

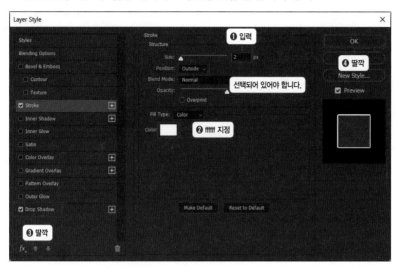

2. 'Ticket Event'에 서식 지정 및 레이어 스타일 적용

① 레이어 패널에서 'Ticket Event' 레이어를 선택하고 옵션 바에서 Font(글꼴)를 'Arial', Font Style(글꼴 스타일)을 'Bold', Size(크기)를 40으로 지정합니다. 이어서 Create warped text(뒤틀어진 텍스트 만들기)를 클릭하세요.

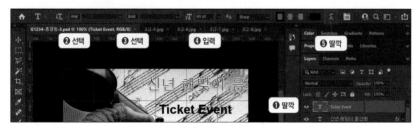

② 'Warp Text(텍스트 뒤틀기)' 대화상자에서 Style(스타일)을 'Flag(깃발)'로 지정하고 〈출력형태〉와 모양이 비슷하도록 'Bend(구부리기)' 값을 조절한 후 〈OK(확인)〉를 클릭하세요.

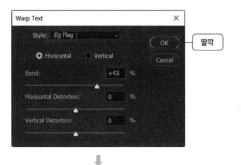

포토샵 CS4/CS6 사용자

'Wrap Text(텍스트 변형/뒤틀기)' 대화상자에서 'Bend(구부리기)' 값을 −43으로 조절하세요.

회전이 적용된 글자는 적당한 구
부리기 값을 한 번에 지정하기 어
렵습니다. 우선 〈출력형태〉와 유사
하게 지정한 다음 방향과 위치를
조절한 뒤에 최종적으로 다시 한번
확인해야 합니다.

③ 레이어 패널 하단의 fx(Add a layer style(레이어 스타일을 추가합니다.)) 아이
콘을 클릭한 후 [Gradient Overlay(그레이디언트 오버레이)]를 선택합니다.

④ 'Layer Style(레이어 스타일)' 대화상자에서 Gradient(그레이디언트) 항목을 클릭하세요.

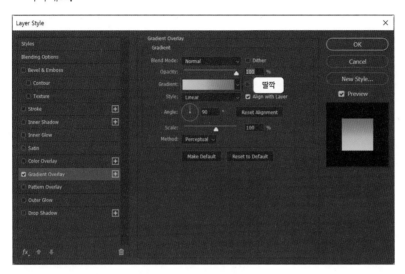

⑤ 'Gradient Editor(그레이디언트 편집기)' 대화상자의 왼쪽 아래 Color Stop(색상 정지점)을 더블클릭한 다음 색상을 #330066으로 지정한 후 〈OK(확인)〉를 클릭하세요.

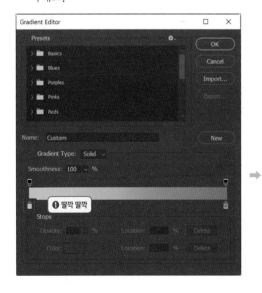

⑥ 이번에는 오른쪽 아래 Color Stop(색상 정지점)을 더블클릭한 다음 색상을 #ff6600으로 지정한 후 〈OK(확인)〉를 클릭하세요.

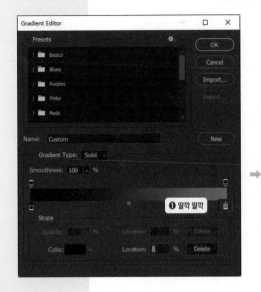 

전문가의 조언

이어서 획 효과를 적용해야 하므로 아직 〈OK(확인)〉를 클릭하면 안됩니다. 〈OK(확인)〉를 이미 클릭했다면 레이어 패널 하단의 *fx.* (Add a layer style(레이어 스타일을 추가합니다.)) 아이콘을 클릭한 후 [Stroke(획)]를 선택하세요.

⑦ 'Gradient Editor(그레이디언트 편집기)' 대화상자에서 〈OK(확인)〉를 클릭하세요.

⑧ 이어서 'Layer Style(레이어 스타일)' 대화상자의 스타일 목록에서 [Stroke (획)]를 선택하고 Size(크기)를 4, Color(색상)를 #ffffff로 지정한 후 〈OK(확인)〉를 클릭하세요.

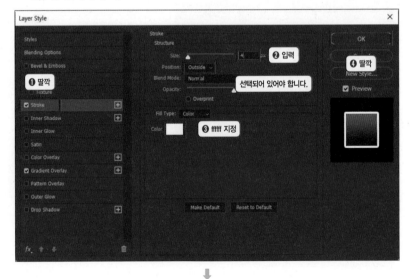

03. 〈출력형태〉와 동일하게 배치하기

위에서부터 차례로 〈출력형태〉에 그려 놓은 기준선과 작업 영역의 격자를 비교하여 〈출력형태〉와 동일하게 배치하면 됩니다.

1. 레이어 패널에서 '신년 해맞이 음악회' 레이어를 선택한 다음 [Edit(편집)] → [Free Transform(자유 변형)]([Ctrl]+[T])을 선택하여 자유 변형 상태로 만드세요.

2. 위치를 조절한 다음 [Enter]를 눌러 자유 변형 상태를 해제하세요.

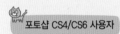
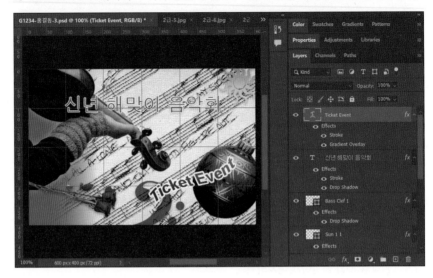

⑧ 파일 저장 및 이미지 크기 조절하기

1. 문제의 조건으로 제시된 JPG 형식으로 저장하기 위해 [File(파일)] → [Save a Copy(사본 저장)]([Ctrl]+[Alt]+[S])를 선택합니다.

2. 'Save a Copy(사본 저장)' 대화상자에서 저장 위치를 '시험장따라하기', 파일 이름을 'G1234-홍길동-3', Format(형식)을 'JPEG(*.JPG;*.JPEG;*.JPE)'로 지정한 후 〈저장〉을 클릭하세요.

3. 'JPEG Options(JPEG 옵션)' 대화상자에서 Quality(품질)를 8로 지정한 후 〈OK(확인)〉를 클릭하세요.

4. 이미지의 사이즈를 줄인 후 PSD 형식으로 저장하기 위해 [Image(이미지)] → [Image Size(이미지 크기)]([Ctrl]+[Alt]+[I])를 선택합니다.

5. 'Image Size(이미지 크기)' 대화상자에서 Width(폭)와 Height(높이)를 다음과 같이 지정하고 〈OK(확인)〉를 클릭하세요.

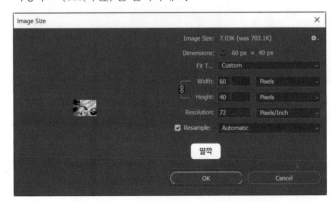

6. 이미지 크기에 맞게 캔버스가 작아집니다. [File(파일)] → [Save(저장)]($\boxed{Ctrl}$+$\boxed{S}$)를 선택하세요.

⑨ [문제 3] 답안 파일 전송하기

1. 완성한 답안 파일을 전송해야 합니다. 포토샵 프로그램을 최소화한 후 '시험 관리 도구'에서 〈답안 전송〉을 클릭하세요.

2. '고사실 PC로 답안 파일 보내기' 대화상자에서 'G1234-홍길동-3.jpg'와 'G1234-홍길동-3.psd' 파일을 선택한 후 〈답안 전송〉을 클릭하세요.

전문가의 조언

파일을 전송한 후 잘못된 내용을 발견하여 내용을 수정했다면 수정한 파일을 다시 전송하면 됩니다. 그러면 이전에 전송했던 파일이 새로 전송한 파일로 대체됩니다.

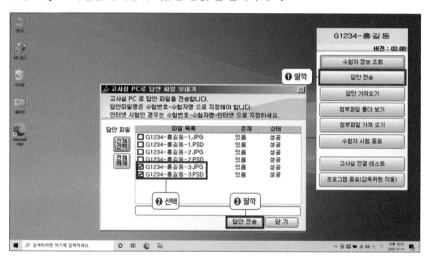

3. 전송을 마쳤으면 다음 작업을 위해 포토샵 창에 불러놓은 이미지들과 작업창을 모두 닫으세요.

미리보기

사용할 이미지

2급-9.jpg

2급-10.jpg

2급-11.jpg

2급-12.jpg

2급-13.jpg

모양 도구로 추가하기

작업 과정

❶

'2급-9.jpg'를 복사한 후 필터를 적용한다.

❷

'2급-10.jpg'에서 동상을 복사한 후 레이어 스타일을 적용한다.

❸

'2급-11.jpg'에서 펜을 복사한 후 레이어 스타일을 적용한다.

❹

'2급-12.jpg'에서 편지봉투를 복사한 후 레이어 스타일을 적용하고 불투명도를 지정한다.

❺

▢를 추가한 후 레이어 스타일을 적용하고, '2급-13.jpg'를 복사한 다음 필터를 적용한 후 클리핑 마스크를 수행한다.

❻

▨, ◎를 추가한 후 레이어 스타일을 적용하고 불투명도를 지정한다.

❼

Gala Concert, 당신을 오페라 연주회에 초대합니다, 영주아트홀을 입력한 후 레이어 스타일을 적용한다.

⓪ 준비 작업

1. 캔버스를 만들기 위해 [File(파일)] → [New(새로 만들기)]([Ctrl]+[N])를 선택합니다.

2. 'New Document(새로운 문서 만들기)' 대화상자에서 Name(이름), Width(폭), Height(높이) 등을 다음과 같이 지정한 후 〈Create(만들기)〉를 클릭하세요.

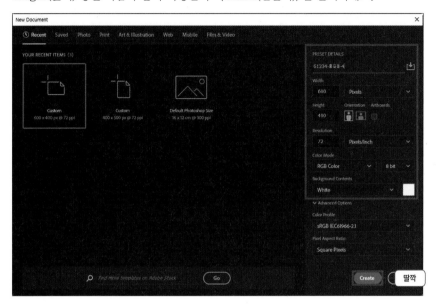

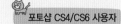

포토샵 CS4/CS6 사용자

'New(새 문서)' 대화상자의 'Name(이름)'에 **G1234-홍길동-4**를 입력한 후 Witdth(폭), Height(높이) 등을 지정하세요.

3. [File(파일)] → [Save As(다른 이름으로 저장)]([Ctrl]+[Shift]+[S])를 선택한 다음 'Save As(다른 이름으로 저장)' 대화상자에서 저장 위치를 '시험장따라하기', 파일 이름을 'G1234-홍길동-4'로 지정한 후 〈저장〉을 클릭하세요.

4. 작업 창에 눈금자와 격자가 표시되어 있지 않으면, [View(보기)] → [Rulers(눈금자)]([Ctrl]+[R])와 [View(보기)] → [Show(표시)] → [Grid(격자)]([Ctrl]+["])를 선택하세요.

① 이미지를 복사한 후 필터 적용하기

미리보기

'2급-9.jpg'를 'G1234-홍길동-4.psd'파일로 복사한 후 Paint Daubs(페인트 덥스/페인트 바르기) 필터를 적용합니다.

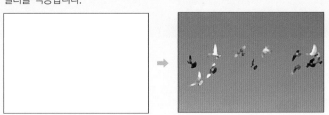

전문가의 조언

페인트 바르기 필터를 적용하면 페인트 붓을 이용하여 이미지에 덧칠한 것 같이 표현됩니다.

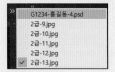

1. 작업할 이미지를 불러오기 위해 [File(파일)] → [Open(열기)](Ctrl + O)을 선택합니다.

2. 'Open(열기)' 대화상자에서 찾는 위치를 'C:\길벗GTQ2급\시험장따라하기\Image' 폴더로 지정한 다음 '2급-9.jpg', '2급-10.jpg', '2급-11.jpg', '2급-12.jpg', '2급-13.jpg' 파일을 선택하고 〈열기〉를 클릭하세요.

3. '2급-9.jpg' 이미지를 복사한 후 'G1234-홍길동-4.psd' 파일에 붙여넣기 하세요.

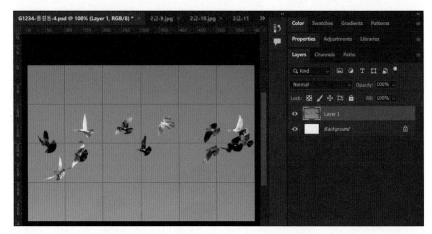

4. Paint Daubs(페인트 바르기) 필터를 적용하기 위해 [Filter(필터)] → [Filter Gallery(필터 갤러리)]를 선택합니다.

5. 'Filter Gallery(필터 갤러리)' 창에서 [Artistic(예술 효과)] → [Paint Daubs(페인트 바르기)]를 선택한 후 〈OK(확인)〉를 클릭하세요.

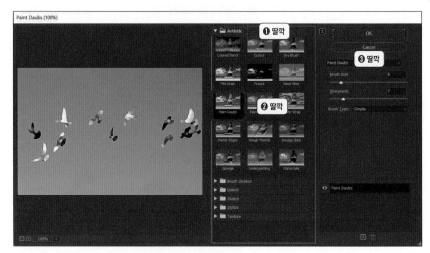

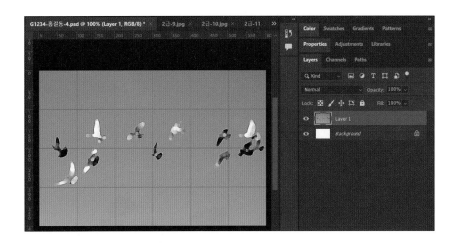

② 동상을 복사한 후 레이어 스타일 적용하기

'2급-10.jpg'을 복사한 후 Drop Shadow(그림자 효과) 스타일을 적용합니다.

1. '2급-10.jpg' 탭을 선택한 다음 도구 상자에서 ▼(Polygonal Lasso Tool(다각형 올가미 도구))(ⓛ)을 클릭하세요.

2. ▼(Polygonal Lasso Tool(다각형 올가미 도구))을 이용하여 동상을 선택 영역으로 지정하세요. Ctrl+⊕를 눌러 화면 배율을 확대한 다음 정교하게 작업하세요.

Alt 를 누르고 제외할 영역 선택

 전문가의 조언

이미 선택된 영역에 추가할 영역은 Shift 를, 제외할 영역은 Alt 를 누른 채 범위를 지정하면 됩니다.

3. 선택 작업을 마쳤으면, 선택된 영역을 복사한 후 'G1234−홍길동−4.psd' 파일에 붙여넣기 하세요.

4. 동상에 레이어 스타일을 적용하기 위해 'Layer 2(레이어 2)'가 선택된 상태에서 레이어 패널 하단의 [fx](Add a layer style(레이어 스타일을 추가합니다.)) 아이콘을 클릭한 후 [Drop Shadow(그림자)]를 선택하세요.

5. 'Layer Style(레이어 스타일)' 대화상자에서 별도의 옵션 설정 없이 〈OK(확인)〉를 클릭하세요.

6. [Edit(편집)] → [Free Transform(자유 변형)]((Ctrl)+(T))을 선택하여 자유 변형 상태로 만드세요.

7. 〈출력형태〉에 그려놓은 기준선과 작업 영역의 격자를 기준으로 삼아 크기를 조절한 후 배치하고 (Enter)를 눌러 자유 변형 상태를 해제하세요.

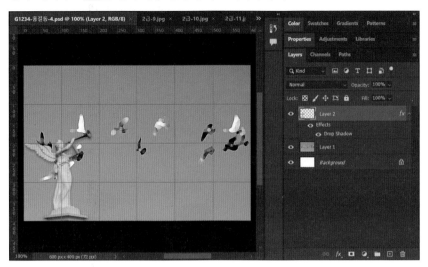

③ 펜을 복사한 후 레이어 스타일 적용하기

미리보기

'2급-11.jpg'에서 펜을 복사한 후 Outer Glow(외부 광선)와 Bevel and Emboss(경사와 엠보스) 스타일을 적용합니다.

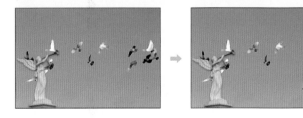

1. 탭 목록에서 '2급-11.jpg' 탭을 클릭한 다음 도구 상자에서 ⚡(Magic Wand Tool(자동 선택 도구))((W))을 클릭하세요.

2. 옵션 바에서 Tolerance(허용치)를 5로 지정하세요.

이미 선택된 영역에 추가할 영역
은 Shift를, 제외할 영역은 Alt를
누른 채 범위를 지정하면 됩니다.

 전문가의 조언

· 복사 : Ctrl+C
· 붙여넣기 : Ctrl+V

3. 펜을 제외한 배경 부분을 여러 번 선택한 다음 선택 영역을 반전시키기 위해
[Select(선택)] → [Inverse(반전)]([Ctrl]+[Shift]+[I])를 선택하세요.

4. 선택된 영역을 복사한 후 'G1234-홍길동-4.psd' 파일에 붙여넣기 하세요.

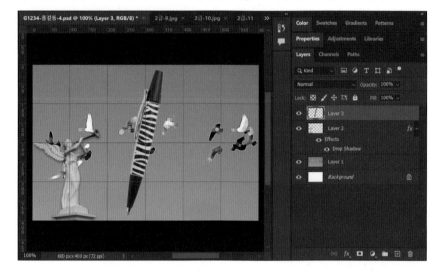

5. 펜에 레이어 스타일을 적용하기 위해 'Layer 3(레이어 3)'이 선택된 상태에서 레이
어 패널 하단의 █fx█(Add a layer style(레이어 스타일을 추가합니다.)) 아이콘을 클릭
한 후 [Outer Glow(외부 광선)]를 선택하세요.

6. 'Layer Style(레이어 스타일)' 대화상자의 스타일 목록에서 [Bevel & Emboss(경사와 엠보스)]를 클릭하고 〈OK(확인)〉를 클릭하세요.

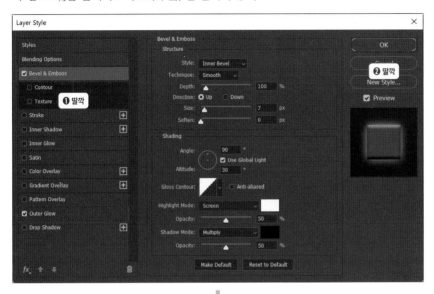

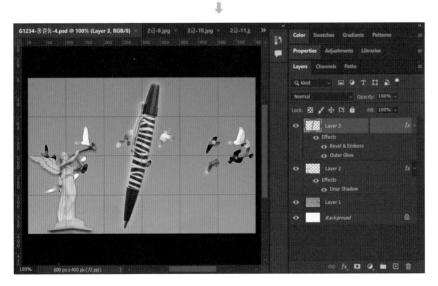

7. [Edit(편집)] → [Free Transform(자유 변형)](Ctrl+T)을 선택하여 자유 변형 상태로 만드세요.

8. 〈출력형태〉에 그려놓은 기준선과 작업 영역의 격자를 기준으로 삼아 방향과 크기를 조절한 후 배치하고 Enter를 눌러 자유 변형 상태를 해제하세요.

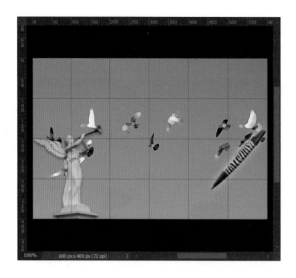

4 편지봉투를 복사한 후 레이어 스타일 적용하고 불투명도 지정하기

미리보기

'2급-12.jpg'에서 편지봉투를 복사한 후 Drop Shadow(그림자 효과) 스타일을 적용하고 Opacity(불투명도)를 80%로 지정합니다.

 →

전문가의 조언

- 자동 선택 도구를 이용하여 배경을 클릭한 다음 선택 영역을 반전한 후 편지봉투의 아래쪽 그림자 부분을 선택에서 제외해도 됩니다. 하지만 그림자 부분을 제외할 때 허용치 값을 다양하게 조절하는 데 시간이 많이 소요됩니다.

- 작업 화면을 축소한 경우에는 목록 탭에 목록이 모두 표시되지 않아 'G1234-홍길동-4.psd' 탭이 보이지 않을 수 있습니다. 목록 탭 가장 오른쪽의 █를 클릭한 후 [G1234-홍길동-4.psd]를 선택하세요.

1. '2급-12.jpg' 탭을 선택한 다음 도구 상자에서 🖾(Polygonal Lasso Tool(다각형 올가미 도구))(Ⓛ)을 클릭하세요.

2. 🖾(Polygonal Lasso Tool(다각형 올가미 도구))을 이용하여 편지봉투를 선택 영역으로 지정하세요. Ctrl+➕를 눌러 화면 배율을 확대한 다음 정교하게 작업하세요.

3. 선택 작업을 마쳤으면, 선택된 영역을 복사한 후 'G1234-홍길동-4.psd' 파일에 붙여넣기 하세요.

전문가의 조언

・복사 : Ctrl + C
・붙여넣기 : Ctrl + V

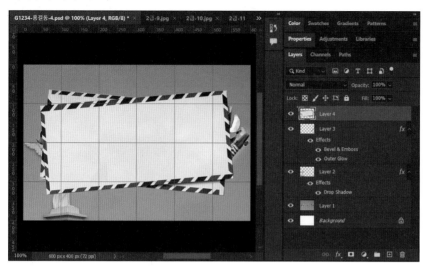

4. 편지봉투에 레이어 스타일을 적용하기 위해 'Layer 4(레이어 4)'가 선택된 상태에서 [fx](Add a layer style(레이어 스타일을 추가합니다.)) 아이콘을 클릭한 후 [Drop Shadow(그림자)]를 선택하세요.

5. 'Layer Style(레이어 스타일)' 대화상자에서 별도의 옵션 설정 없이 〈OK(확인)〉를 클릭하세요.

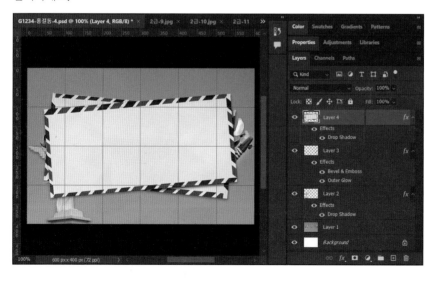

6. 레이어 패널 상단의 Opacity(불투명도)를 80%로 지정하세요.

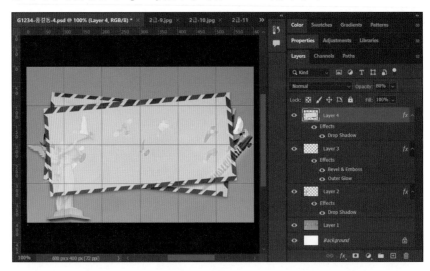

7. 〈출력형태〉를 보면 편지봉투가 펜 뒤쪽으로 배치되어 있습니다. 이와 같게 배치하려면 편지봉투가 담긴 레이어를 펜이 있는 레이어 아래쪽으로 이동해야 합니다. 레이어 패널에서 'Layer 4(레이어 4)'를 'Layer 3(레이어 3)' 아래쪽으로 드래그 하세요.

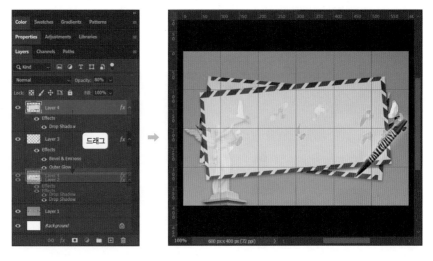

8. [Edit(편집)] → [Free Transform(자유 변형)](Ctrl+T)을 선택하여 자유 변형 상태로 만드세요.

9. 〈출력형태〉에 그려놓은 기준선과 작업 영역의 격자를 기준으로 삼아 크기를 조절한 후 배치하고 Enter를 눌러 자유 변형 상태를 해제하세요.

⑤ **□를 추가한 후 레이어 스타일을 적용하고 클리핑 마스크를 수행한 다음 필터 적용하기**

미리보기

• 도장(□) 모양을 추가하고 Stroke(선/획)와 Drop Shadow(그림자 효과) 스타일을 적용합니다.
• '2급-13.jpg'를 복사하여 Texturizer(텍스처화) 필터를 적용하고, 도장 모양에 클리핑 마스크를 수행합니다.

 →

01. 도장 모양을 추가한 후 레이어 스타일 적용하기

1. 도구 상자에서 ⬚(Custom Shape Tool(사용자 정의 모양 도구))(U)을 선택하세요.

2. 옵션 바에서 Shape(모양)의 목록 단추(⬚)를 클릭한 다음 [Legacy Shapes and More(레거시 모양 및 기타)] → [All Legacy Default Shapes(모든 레거시 기본 모양)]를 클릭하여 표시되는 메뉴에서 [Objects(물건)]를 선택하세요.

포토샵 CS4/CS6 사용자

Shape(모양) 목록에서 [Objects(물건)]를 선택한 후 선택한 모양으로 대치할지를 묻는 대화상자가 나타나면 〈OK(확인)〉를 클릭하세요.

3. 물건 목록에서 ☐(Stamp1(도장 1)) 모양을 더블클릭하여 선택한 다음 〈출력형태〉의 기준선을 참조하여 적당한 위치에 드래그 하여 도장 모양을 추가하세요.

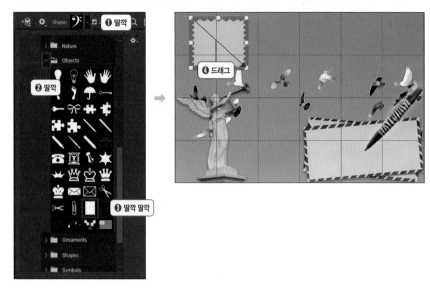

4. 도장 모양에 레이어 스타일을 지정하기 위해 레이어 패널 하단의 ▨(Add a layer style(레이어 스타일을 추가합니다.)) 아이콘을 클릭한 후 [Stroke(획)]를 선택하세요.

5. 'Layer Style(레이어 스타일)' 대화상자에서 Size(크기)를 5로 지정하고, Fill Type(칠 유형)에서 Gradient(그레이디언트) 항목을 선택한 다음 Gradient(그레이디언트)를 클릭하세요.

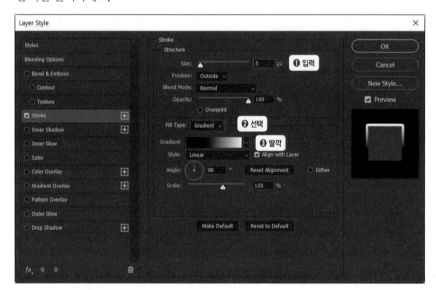

6. 'Gradient Editor(그레이디언트 편집기)' 대화상자의 왼쪽 아래 Color Stop(색상 정지점)을 더블클릭한 다음 색상을 #6633ff로 지정한 후 〈OK(확인)〉를 클릭하세요.

7. 이번에는 'Gradient Editor(그레이디언트 편집기)' 대화상자의 오른쪽 아래 Color Stop(색상 정지점)을 더블클릭한 다음 색상을 #66ff66으로 지정한 후 〈OK(확인)〉를 클릭하세요. 이어서 'Gradient Editor(그레이디언트 편집기)'에서도 〈OK(확인)〉를 클릭하세요.

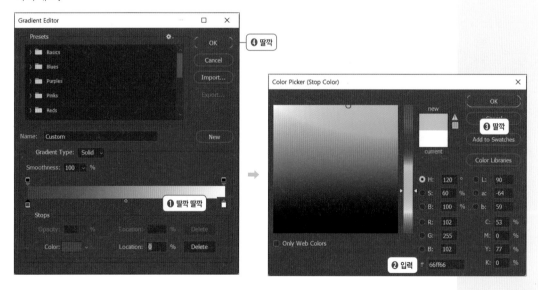

8. 'Layer Style(레이어 스타일)' 대화상자에서 Angle(각도)을 0으로 지정합니다. 이어서 스타일 목록의 [Drop Shadow(드롭 섀도)]를 클릭하고 〈OK(확인)〉를 클릭하세요.

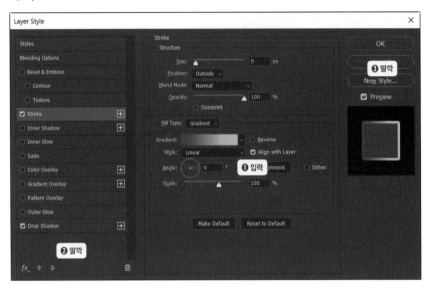

9. [Edit(편집)] → [Free Transform Path(패스 자유 변형)]([Ctrl]+[T])를 선택하여 패스 자유 변형 상태로 만드세요.

10. 〈출력형태〉와 같이 크기를 조절한 후 배치하세요. 이어서 [Enter]를 두 번 눌러 패스 자유 변형 상태를 해제하세요.

02. 필터를 적용하고 클리핑 마스크 수행하기

1. '2급-13.jpg' 이미지를 복사한 후 'G1234-홍길동-4.psd' 파일에 붙여넣기 하세요.

・모두 선택 : Ctrl+A
・복사 : Ctrl+C
・붙여넣기 : Ctrl+V

2. Texturizer(텍스처화) 필터를 적용하기 위해 [Filter(필터)] → [Filter Gallery(필터 갤러리)]를 선택합니다.

3. 'Filter Gallery(필터 갤러리)' 대화상자에서 [Texture(텍스처)] → [Texturizer(텍스처화)]를 선택하고 별도의 옵션 설정 없이 〈OK(확인)〉를 클릭합니다.

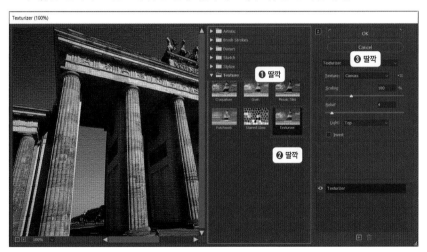

4. 클리핑 마스크를 수행하기 위해 레이어 패널에서 'Layer 5(레이어 5)'의 바로 가기 메뉴를 호출한 후 [Create Clipping Mask(클리핑 마스크 만들기)]를 선택합니다.

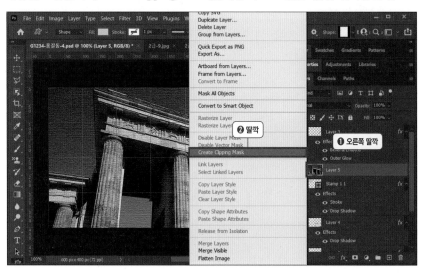

5. [Edit(편집)] → [Free Transform(자유 변형)]((Ctrl)+(T))을 선택한 다음 〈출력형태〉와 같이 크기를 조절한 후 배치합니다. 이어서 (Enter)를 눌러 자유 변형 상태를 해제하세요.

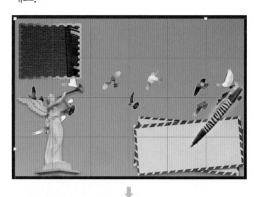

⑥ , ◎를 추가한 후 레이어 스타일 적용하기

미리보기

- 고사리() 모양을 추가한 후 Inner Glow(내부 광선) 스타일을 적용하고, Opacity(불투명도)를 50%로 지정합니다.
- 과녁(◎) 모양을 추가한 후 Outer Glow(외부 광선) 스타일을 적용하고, Opacity(불투명도)를 70%로 지정합니다.

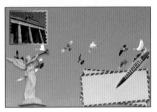 →

01. 를 추가한 후 레이어 스타일 적용하고 불투명도 지정하기

1. 도구 상자에서 ✺(Custom Shape Tool(사용자 정의 모양 도구))(U)을 선택하세요.

2. 옵션 바에서 Shape(모양)의 목록 단추(▮)를 클릭한 다음 [Legacy Shapes and More(레거시 모양 및 기타)] → [All Legacy Default Shapes(모든 레거시 기본 모양)]를 클릭하여 표시되는 메뉴에서 [Nature(자연)]를 선택하세요.

3. 자연 목록에서 ✺(Fern(고사리)) 모양을 더블클릭하여 선택한 다음 〈출력형태〉의 기준선을 참조하여 적당한 위치에 드래그 하여 고사리 모양을 추가하세요.

드래그

4. 이어서 옵션 바에서 Fill(칠)을 클릭한 다음 Color Picker(색상 피커)를 클릭하고 색상을 #003300으로 지정한 후 〈OK(확인)〉를 클릭하세요.

5. 고사리 모양에 레이어 스타일을 지정하기 위해 레이어 패널 하단의 ✦(Add a layer style(레이어 스타일을 추가합니다.)) 아이콘을 클릭한 후 [Inner Glow(내부 광선)]를 선택하세요.

6. 'Layer Style(레이어 스타일)' 대화상자에서 별도의 옵션 설정 없이 〈OK(확인)〉를 클릭하세요.

포토샵 CS4/CS6 사용자

Shape(모양) 목록에서 [Nature(자연)]를 선택한 후 선택한 모양으로 대치할지를 묻는 대화상자가 나타나면 〈OK(확인)〉를 클릭하세요.

포토샵 CS4 사용자

옵션 바에서 Color(색상)를 클릭한 다음 'Pick a solid color: (단색 선택:)' 대화상자에서 색상을 지정한 후 〈OK(확인)〉를 클릭하세요.

7. 레이어 패널 상단에서 Opacity(불투명도)를 50%로 지정하세요.

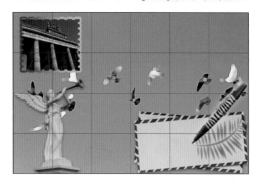

8. [Edit(편집)] → [Free Transform Path(패스 자유 변형)]([Ctrl]+[T])를 선택하여 패스 자유 변형 상태로 만든 후 방향키와 조절점을 이용하여 크기와 위치를 조절한 다음 [Enter]를 두 번 눌러 패스 자유 변형 상태를 해제하세요.

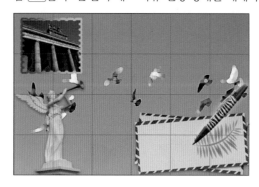

02. ◎를 추가한 후 레이어 스타일 적용하고 불투명도 지정하기

1. 도구 상자에서 ✲(Custom Shape Tool(사용자 정의 모양 도구))([U])을 선택하세요.

2. 옵션 바에서 Shape(모양)의 목록 단추(∨)를 클릭한 다음 [Legacy Shapes and More(레거시 모양 및 기타)] → [All Legacy Default Shapes(모든 레거시 기본 모양)]를 클릭하여 표시되는 메뉴에서 [Symbols(기호)]를 선택하세요.

3. 기호 목록에서 ◎(Bull's Eye(과녁)) 모양을 더블클릭하여 선택한 다음 〈출력형태〉의 기준선을 참조하여 적당한 위치에 드래그 하여 과녁 모양을 추가하세요.

포토샵 CS4/CS6 사용자

Shape(모양) 목록에서 [Symbols (기호)]를 선택한 후 선택한 모양으로 대치할지를 묻는 대화상자가 나타나면 〈OK(확인)〉를 클릭하세요.

4. 이어서 옵션 바에서 Fill(칠)을 클릭한 다음 Color Picker(색상 피커)를 클릭하고 색상을 #333399로 지정한 후 〈OK(확인)〉를 클릭하세요.

5. 과녁 모양에 레이어 스타일을 지정하기 위해 레이어 패널 하단의 [fx](Add a layer style(레이어 스타일을 추가합니다.)) 아이콘을 클릭한 후 [Outer Glow(외부 광선)]를 선택하세요.

6. 'Layer Style(레이어 스타일)' 대화상자에서 별도의 옵션 설정 없이 〈OK(확인)〉를 클릭하세요.

7. 레이어 패널 상단의 Opacity(불투명도)를 70%로 지정하세요.

포토샵 CS4 사용자

옵션 바에서 Color(색상)를 클릭한 다음 'Pick a solid color: (단색 선택)' 대화상자에서 색상을 지정한 후 〈OK(확인)〉를 클릭하세요.

8. [Edit(편집)] → [Free Transform Path(패스 자유 변형)]([Ctrl]+[T])를 선택하여 패스 자유 변형 상태로 만든 후 방향키와 조절점을 이용하여 크기와 위치를 조절한 다음 [Enter]를 두 번 눌러 패스 자유 변형 상태를 해제하세요.

7 문자를 입력한 후 레이어 스타일 적용하기

미리보기

- Gala Concert, 당신을 오페라 연주회에 초대합니다., 영주아트홀을 입력합니다.
- 문자열 각각에 서식을 지정하고 레이어 스타일을 적용합니다.
- 각각의 문자열을 〈출력형태〉와 동일하게 배치합니다.

01. 문자 입력하기

1. 문자를 입력하면 새로운 레이어가 생성되면서 입력됩니다. 새로 생성된 레이어가 가장 위쪽에 배치되도록 레이어 패널에서 'Layer 3(레이어 3)'을 클릭합니다.

2. 문자를 입력하기 위해 도구 상자에서 🅣(Horizontal Type Tool(수평 문자 도구)) (T)을 클릭합니다.

3. 옵션 바에서 문자를 입력하기 좋은 크기와 색상을 지정합니다. 여기서는 크기를 12, 색상을 검정(#000000)으로 지정합니다.

4. 입력되는 문자의 색상과 구분이 잘되는 배경을 클릭하고 다음과 같이 〈출력형태〉 에 제시된 모든 문자를 입력한 후 Ctrl+Enter를 눌러 입력을 마칩니다.

전문가의 조언

문자 도구의 옵션 바에는 이전 작업에 사용했던 속성들이 남아 있어 그대로 글자를 입력할 경우 글씨가 커져 화면을 벗어나거나 색상이 겹쳐 보이지 않는 등의 문제가 발생할 수 있습니다. 여기서는 크기를 12, 색상을 검정색으로 했지만 시험장에서는 여러분이 눈에 잘 띄는 색으로 아무 색이나 지정하면 됩니다.

02. 서식 지정 및 레이어 스타일 적용하기

위에서부터 차례로 서식을 지정하고 레이어 스타일을 적용하면 됩니다.

1. 'Gala Concert'에 서식 지정 및 레이어 스타일 적용

① 레이어 패널에서 'Gala Concert' 레이어를 선택하고 옵션 바에서 Font(글꼴)를 'Arial', Font Style(글꼴 스타일)을 'Black', Size(크기)를 40, Color(색상)를 #ffffff로 지정합니다. 이어서 Create warped text(뒤틀어진 텍스트 만들기)를 클릭하세요.

② 'Warp Text(텍스트 뒤틀기)' 대화상자에서 Style(스타일)을 'Arc Lower(아래 부채꼴)'로 지정하고 〈출제형태〉와 모양이 비슷하도록 'Bend(구부리기)' 값을 조절한 후 〈OK(확인)〉를 클릭하세요.

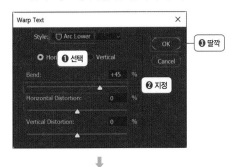

③ 레이어 패널 하단의 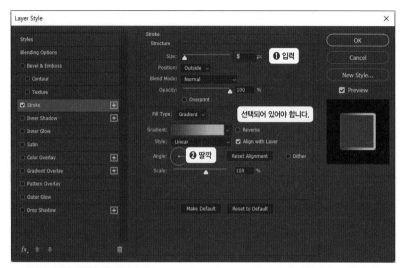(Add a layer style(레이어 스타일을 추가합니다.)) 아이콘을 클릭한 후 [Stroke(획)]를 선택합니다.

④ 'Layer Style(레이어 스타일)' 대화상자에서 Size(크기)를 5로 지정하고, Gradient(그레이디언트)를 클릭하세요.

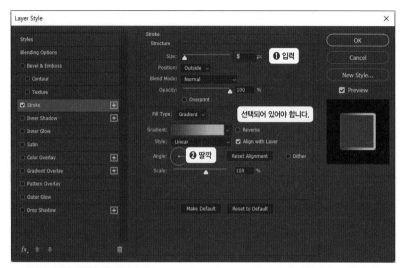

⑤ 'Gradient Editor(그레이디언트 편집기)' 대화상자의 왼쪽 아래 Color Stop(색상 정지점)을 더블클릭한 다음 색상을 #ffffcc로 지정하고 〈OK(확인)〉를 클릭하세요.

⑥ 이번에는 오른쪽 아래 Color Stop(색상 정지점)을 더블클릭한 다음 색상을 #3399ff로 지정하고 〈OK(확인)〉를 클릭하세요.

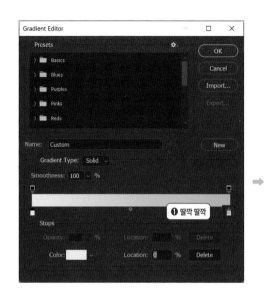

⑦ 'Gradient Editor(그레이디언트 편집기)' 대화상자에서 〈OK(확인)〉를 클릭하세요.

⑧ 이어서 'Layer Style(레이어 스타일)' 대화상자의 스타일 목록에서 [Inner Shadow(내부 그림자)]를 클릭하고 〈OK(확인)〉를 클릭하세요.

2. '당신을 ~'에 서식 지정 및 레이어 스타일 적용

① 레이어 패널에서 '당신을 ~' 레이어를 선택하고 옵션 바에서 Font(글꼴)를 '돋움', Size(크기)를 20, Color(색상)를 #ccffff로 지정합니다. 이어서 Create warped text(뒤틀어진 텍스트 만들기)를 클릭하세요.

② 'Warp Text(텍스트 뒤틀기)' 대화상자에서 Style(스타일)을 'Arc(부채꼴)'로 지정하고 〈출제형태〉와 모양이 비슷하도록 'Bend(구부리기)' 값을 조절한 후 〈OK(확인)〉를 클릭하세요.

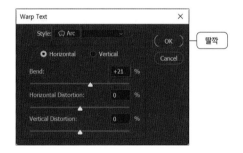

③ 레이어 패널 하단의 🔯(Add a layer style(레이어 스타일을 추가합니다.)) 아이콘을 클릭한 후 [Stroke(획)]를 선택합니다.

④ 'Layer Style(레이어 스타일)' 대화상자에서 Size(크기)를 2, Fill Type(칠 유형)에서 Color(색상) 항목을 선택한 다음 Color(색상)를 #ff66cc로 지정한 후 〈OK(확인)〉를 클릭합니다.

3. '영주아트홀'에 서식 지정 및 레이어 스타일 적용

① 레이어 패널에서 '영주아트홀' 레이어를 선택하고 옵션 바에서 Font(글꼴)를 '궁서', Size(크기)를 18, Color(색상)를 #ccccff로 지정합니다.

② 레이어 패널 하단의 ▣(Add a layer style(레이어 스타일을 추가합니다.)) 아이콘을 클릭한 후 [Stroke(획)]를 선택합니다.

③ 'Layer Style(레이어 스타일)' 대화상자에서 Size(크기)를 2, Color(색상)를 #333399로 지정한 후 〈OK(확인)〉를 클릭합니다.

03. 〈출력형태〉와 동일하게 배치하기

위에서부터 차례로 〈출력형태〉에 그려 놓은 기준선과 작업 영역의 격자를 기준으로 삼아 배치합니다.

1. 레이어 패널에서 'Gala Concert' 레이어를 선택한 다음 [Edit(편집)] → [Free Transform(자유 변형)(Ctrl+T)]을 선택하여 자유 변형 상태로 만든 후 위치를 조절하고 Enter를 눌러 자유 변형 상태를 해제하세요.

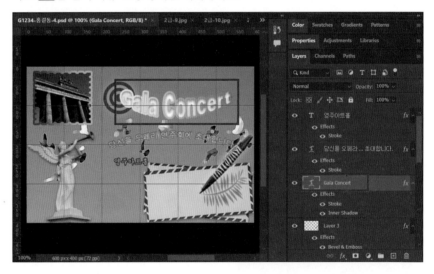

2. 나머지 글자도 위와 같은 방법으로 〈출력형태〉와 동일하게 위치를 조절하여 배치하세요.

⑧ 파일 저장 및 이미지 크기 조절하기

1. 문제의 조건으로 제시된 JPG 형식으로 저장하기 위해 [File(파일)] → [Save a Copy(사본 저장)]([Ctrl]+[Alt]+[S])를 선택하세요.

2. 'Save a Copy(사본 저장)' 대화상자에서 저장 위치를 '시험장따라하기', 파일 이름을 'G1234-홍길동-4', Format(형식)을 'JPEG(*.JPG;*.JPEG;*.JPE)'로 지정한 후 〈저장〉을 클릭하세요.

3. 'JPEG Options(JPEG 옵션)' 대화상자에서 Quality(품질)를 8로 지정한 후 〈OK(확인)〉를 클릭하세요.

4. 이미지의 사이즈를 줄인 후 PSD 형식으로 저장하기 위해 [Image(이미지)] → [Image Size(이미지 크기)]([Ctrl]+[Alt]+[I])를 선택합니다.

5. 'Image Size(이미지 크기)' 대화상자에서 Width(폭)와 Height(높이)를 다음과 같이 지정하고 〈OK(확인)〉를 클릭하세요.

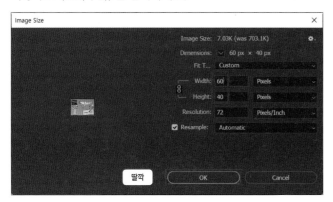

6. [File(파일)] → [Save(저장)]([Ctrl]+[S])를 선택하세요.

포토샵 CS4/CS6 사용자

JPG 형식으로 저장하기 위해 [File (파일)] → [Save As(다른 이름으로 저장)]([Ctrl]+[Shift]+[S])를 선택하세요.

9 **[문제 4] 답안 파일 전송하기**

1. 완성한 답안 파일을 전송해야 합니다. 포토샵 프로그램을 최소화한 후 '시험 관리 도구'에서 〈답안 전송〉을 클릭하세요.

2. '고사실 PC로 답안 파일 보내기' 대화상자에서 'G1234-홍길동-4.jpg', 'G1234-홍 길동-4.psd' 파일을 선택한 후 〈답안 전송〉을 클릭하세요.

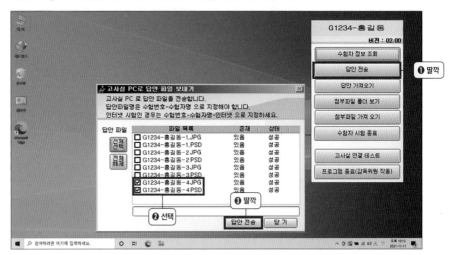

10 **GTQ 2급 시험 마무리**

'시험 관리 도구'에서 〈수험자 시험 종료〉를 클릭한 후 감독위원의 지시에 따라 문제 지를 제출하고 퇴실하세요.

시험 준비를 철저히 하지 않아 중도에 포기할 경우 감독위원에게 문의한 후 문제지를 제출하고 퇴실해야 합니다. 실수로 문제지를 가지고 퇴실하면 부정행위로 간주되어 2 년간 국가 자격 시험에 응시할 수 없는 불행한 사태가 발생할 수도 있습니다.

시나공 동영상 강좌

언제 어디서든
P L A Y
나만의 강의실

▶ 동영상 강좌 특징

선택 수강	기기 무제한	장소 불문	평균 10분
섹션별 강의 구성으로 듣고 싶은 강의만 빠르게 골라서 이용	PC와 모바일 기기의 기종, 개수에 제약 없이 편하게 수강	교재가 없어도 인터넷만 연결된다면 그곳이 내 강의실!	멀티태스킹이 가능한 세대를 위해 강의 시간은 평균 10분

▶ 강좌 종류 ※가격은 변동될 수 있으니, 사이트에서 확인하세요.

유료	컴퓨터활용능력 (필/실기, 1/2급 선택)	시험 적중률, 가격과 수강일 모두 시나공이 이상적 · 합리적 
	정보처리 기사/산업기사/기능사 (필/실기 선택)	
	사무자동화산업기사 (필/실기 선택)	
	워드프로세서 (필/실기 선택)	
	GTQ (1/2급 선택)	
무료	<실제 시험장을 옮겨 놓았다> 실기 특강 • ITQ (엑셀/한글/파워포인트) • 엑셀 기본함수 특강 • GTQ (1/2급)	

▶ 이용 방법

1. 시나공 홈페이지(sinagong.co.kr)에 접속하여 로그인 하세요.
2. 상단 메뉴 중 [동영상 강좌]를 클릭하세요.
3. 원하는 강좌를 선택하고 [수강 신청하기]를 클릭하세요.
4. 우측 상단의 [마이길벗] → [나의 동영상 강좌]로 이동하여 강좌를 수강하세요.

*동영상 강좌 이용 문의 : 독자지원 (02-332-0931) 또는 이메일 (content@gilbut.co.kr)

2 부

실전처럼 연습하기

1장 실전 모의고사

1 장

실전 모의고사

EXAMINATION
01회 실전 모의고사

문제 1 [기능평가] **Tool(도구) 활용** (20점)

다음의 〈조건〉에 따라 아래의 〈출력형태〉와 같이 작업하시오.

조건

원본 이미지	C:\길벗GTQ2급\모의\모의01\Image\2급-1.jpg		
파일 저장 규칙	JPG	파일명	C:\길벗GTQ2급\모의\모의01\모의01-1.jpg
		크기	400 × 500 pixels
	PSD	파일명	C:\길벗GTQ2급\모의\모의01\모의01-1.psd
		크기	40 × 50 pixels

출력형태

1. 그림 효과

① 복제 및 변형 : 나비
② Shape Tool(모양 도구) 사용 :
　　– 잎 모양 (#ffffff, 레이어 스타일 – Drop Shadow(그림자 효과))
　　– 꽃장식 모양 (#333366, #006699, 레이어 스타일 – Bevel and Emboss
　　　(경사와 엠보스))

2. 문자 효과

① COLORFUL BUGS (Arial, Bold, 35pt, 레이어 스타일 – 그라디언트 오버레이
　(#ff3300, #003366), Stroke(선/획)(2px, #ffffff))

문제 2 [기능평가] **사진편집 기초** (20점)

다음의 〈조건〉에 따라 아래의 〈출력형태〉와 같이 작업하시오.

조건

원본 이미지	C:\길벗GTQ2급\모의\모의01\Image\2급-2.jpg, 2급-3.jpg, 2급-4.jpg		
파일 저장 규칙	JPG	파일명	C:\길벗GTQ2급\모의\모의01\모의01-2.jpg
		크기	400 × 500 pixels
	PSD	파일명	C:\길벗GTQ2급\모의\모의01\모의01-2.psd
		크기	40 × 50 pixels

출력형태

1. 그림 효과

① 색상 보정 : 2급-3.jpg – 보라색 계열로 보정,
　레이어 스타일 – Inner Shadow(내부 그림자)
② 액자 제작 :
　필터 – Patchwork(패치워크/이어붙이기),
　안쪽 테두리(5px, #ffff00),
　레이어 스타일 – Drop Shadow(그림자 효과)
③ 2급-4.jpg : 레이어 스타일 – Outer Glow(외부 광선)

---

2. 문자 효과

① Dream of Butterfly (궁서, 44pt, #ff6633, 레이어 스타일 – Stroke(선/획)(3px, #ffffff))

다음의 〈조건〉에 따라 아래의 〈출력형태〉와 같이 작업하시오.

조건

원본 이미지			C:\길벗GTQ2급\모의\모의01\Image\2급-5.jpg, 2급-6.jpg, 2급-7.jpg, 2급-8.jpg
파일 저장 규칙	JPG	파일명	C:\길벗GTQ2급\모의\모의01\모의01-3.jpg
		크기	600 × 400 pixels
	PSD	파일명	C:\길벗GTQ2급\모의\모의01\모의01-3.psd
		크기	60 × 40 pixels

1. 그림 효과

① 배경 : #d2d2ff
② 2급-5.jpg : 필터 – Dry Brush(드라이 브러시), 레이어 마스크 – 세로 방향으로 흐릿하게
③ 2급-6.jpg : 레이어 스타일 – Outer Glow(외부 광선)
④ 2급-7.jpg : 레이어 스타일 – Drop Shadow(그림자 효과)
⑤ 2급-8.jpg : 레이어 스타일 – Inner Shadow(내부 그림자)
⑥ 그 외 《출력형태》 참조

2. 문자 효과

① Butterfly Festival (Times New Roman, Bold, 40pt, 레이어 스타일 – 그라디언트 오버레이(#ff6699, #6666ff), Stroke(선/획)(2px, #ffffff))
② 나비=희망 (바탕, 30pt, #ff3333, #003366, 레이어 스타일 – Drop Shadow(그림자 효과), Stroke(선/획)(2px, #ffffff))

출력형태

Shape Tool(모양 도구) 사용
레이어 스타일 –
그라디언트 오버레이
(#ffccff, #00ffff),
Bevel and Emboss(경사와
엠보스)

Shape Tool(모양 도구) 사용
#ccff33, 레이어 스타일 –
Inner Shadow(내부 그림자)

다음의 〈조건〉에 따라 아래의 〈출력형태〉와 같이 작업하시오.

조건

원본 이미지			C:\길벗GTQ2급\모의\모의01\Image\2급-9.jpg, 2급-10.jpg, 2급-11.jpg, 2급-12.jpg, 2급-13.jpg	
파일 저장 규칙	JPG	파일명	C:\길벗GTQ2급\모의\모의01\모의01-4.jpg	
		크기	600 × 400 pixels	
	PSD	파일명	C:\길벗GTQ2급\모의\모의01\모의01-4.psd	
		크기	60 × 40 pixels	

1. 그림 효과

① 2급-9.jpg : 필터 – Facet(단면화)

② 2급-10.jpg : 레이어 스타일 – Drop Shadow(그림자 효과), Bevel and Emboss(경사와 엠보스)

③ 2급-11.jpg : 레이어 스타일 – Inner Glow(내부 광선)

④ 2급-12.jpg : 필터 – Rough Pastels(거친 파스텔 효과)

⑤ 2급-13.jpg : 레이어 스타일 – Inner Glow(내부 광선), Opacity(불투명도)(70%)

⑥ 그 외 《출력형태》 참조

2. 문자 효과

① 나비축제 사진/영상 공모전 (돋움, 35pt, 레이어 스타일 – 그라디언트 오버레이(#ff0066, #0000ff), Stroke(선/획)(3px, #ffffff))

② Dream & Hope (Times New Roman, Regular, 45pt, #ffffff, #ffff99, 레이어 스타일 – Drop Shadow(그림자 효과), Stroke(선/획)(3px, #ff6600))

③ 아름다움을 렌즈에 담기 (궁서, 20pt, #ffff99, 레이어 스타일 – Stroke(선/획)(2px, #333366))

출력형태

Shape Tool(모양 도구) 사용
레이어 스타일 –
Stroke(선/획)(4px, #ff9900),
Inner Shadow(내부 그림자)

Shape Tool(모양 도구) 사용
#ffffff, 레이어 스타일 –
Drop Shadow(그림자 효과),
Opacity(불투명도)(60%)

Shape Tool(모양 도구) 사용
레이어 스타일 – Stroke(선/획)
(3px, #ffffff),
그라디언트 오버레이(#3333cc,
#ff3333),

문제 1　　[기능평가]　Tool(도구) 활용

미리보기

사용할 이미지

2급-1.jpg

모양 도구로 추가하기

작업 과정

① 　'2급-1.jpg'를 복사한 후 나비를 한 번 복제한다.

③ 　COLORFUL BUGS를 입력한 후 레이어 스타일을 적용한다.

② 　, 를 추가한 후 레이어 스타일을 적용한다.

문제 1　　[기능평가]　Tool(도구) 활용　　　　따라 하기

ⓞ 준비 작업

1. [File(파일)] → [New(새로 만들기)]((Ctrl)+(N))를 선택한다.

2. 'New Document(새로운 문서 만들기)' 대화상자에서 Name(이름)을 '모의01-1', Width(폭)를 400, Height(높이)를 500, Resolution(해상도)을 72,

Color Mode(색상 모드)를 'RGB Color(RGB 색상)', '8 bit', Background Contents(배경 내용)를 White(흰색)로 지정한 후 〈Create(만들기)〉를 클릭한다.

포토샵 CS4/CS6 사용자

'New(새 문서)' 대화상자에서 Name(이름), Width(폭), Height(높이) 등을 지정하세요.

3. [File(파일)] → [Save As(다른 이름으로 저장)]
([Ctrl]+[Shift]+[S])를 선택한 후 'Save As(다른 이름으
로 저장)' 대화상자에서 저장 위치를 '모의01', 파일
이름을 '모의01-1'로 지정한 다음 〈저장〉을 클릭한다.

> 문서의 저장 위치를 선택하는 'Save on your computer or to
> Creative Cloud(내 컴퓨터 또는 Creative Cloud에 저장)' 창이
> 표시되면, 저장할 때마다 창이 표시 되지 않도록 창 하단의
> 'Don't show again(다시 표시 안 함)'을 체크하고, 〈Save on
> your computer(내 컴퓨터에 저장)〉를 클릭하세요.

❶ 이미지를 복사한 후 나비 복제하기

작업 결과

'2급-1.jpg'를 복사한 후 나비를 한 번 복제한다.

1. [File(파일)] → [Open(열기)]([Ctrl]+[O])을 선택한다.
2. '열기' 대화상자에서 찾는 위치를 'C:\길벗GTQ2
급\모의\모의01\Image' 폴더로 지정한 다음 '2
급-1.jpg' 파일을 선택하고 〈열기〉를 클릭한다.
3. '2급-1.jpg'를 '모의01-1.psd' 파일로 복사한다.
4. 선택 도구를 이용하여 다음과 같이 선택한 후
[Ctrl]+[C]를 눌러 복사한 다음 [Ctrl]+[V]를 눌러 붙여
넣는다.

5. [Edit(편집)] → [Free Transform(자유 변형)]
([Ctrl]+[T])를 선택한 후 바로 가기 메뉴에서 [Flip
Horizontal(가로로 뒤집기)]을 선택한다.
6. 〈출력형태〉와 같이 크기를 조절한 후 배치한다. 이
어서 [Enter]를 눌러 자유 변형 상태를 해제한다.

❷ ◩, ❀를 추가한 후 레이어 스타일 적용하기

작업 결과

- 잎(◩) 모양을 추가한 후 Drop Shadow(그림자 효과) 스타일
  을 적용한다.
- 꽃장식(❀) 모양을 추가한 후 Bevel and Emboss(경사와 엠
  보스) 스타일을 적용한 후 한 번 복사한다.

01. ◩를 추가한 후 레이어 스타일 적용하기

1. 도구 상자에서 ▨(Custom Shape Tool(사용자 정
의 모양 도구))([U])을 선택한 후 옵션 바의 Pick
tool mode(선택 도구 모드)를 Shape(모양)로 선택
하고 Stroke(획)를 클릭하여 No Color(색상 없음)
로 지정한다.

> **포토샵 CS4/CS6 사용자**
> Stroke(선/획)가 Style(스타일)로 표시되며, Style(스타일)의 기
> 본 값이 Default Style(초기 스타일)입니다. 기본 값이 Default
> Style(초기 스타일)이 아닌 경우에만 선택하세요.

2. 옵션 바에서 Shape(모양)의 목록 단추(⬇)를 클릭한 다음 [Legacy Shapes and More(레거시 모양 및 기타)] → [All Legacy Default Shapes(모든 레거시 기본 모양)] → [Nature(자연)]를 선택한다.

3. 모양 목록에서 ◢(Leaf 1(나뭇잎 1))을 선택하고 드래그하여 추가한 다음 옵션 바에서 Fill(칠)을 클릭한 후 색상을 #ffffff로 지정한다.

4. 레이어 패널 하단의 ƒx(Add a layer style(레이어 스타일을 추가합니다.)) 아이콘을 클릭한 후 [Drop Shadow(그림자)]를 선택한다.

5. 'Layer Style(레이어 스타일)' 대화상자에서 〈OK(확인)〉를 클릭한다.

6. [Edit(편집)] → [Free Transform Path(패스 자유 변형)]([Ctrl]+[T])를 선택한 다음 〈출력형태〉와 같이 크기와 방향을 조절한 후 배치한다. 이어서 [Enter]를 두 번 눌러 패스 자유 변형 상태를 해제한다.

02. ❄를 추가한 후 레이어 스타일 적용하기

1. 도구 상자에서 ⬠(Custom Shape Tool(사용자 정의 모양 도구))([U])이 선택된 상태로 옵션 바에서 Shape(모양)의 목록 단추(⬇)를 클릭한 다음 [Legacy Shapes and More(레거시 모양 및 기타)] → [All Legacy Default Shapes(모든 레거시 기본 모양)] → [Ornaments(장식)]를 선택한다.

2. 모양 목록에서 ❄(Floral Ornament 2(꽃장식 2))를 선택한 후 드래그 하여 추가한 다음 옵션 바에서 Fill(칠)을 클릭하고 색상을 #333366으로 지정한다.

3. 레이어 패널 하단의 ƒx(Add a layer style(레이어 스타일을 추가합니다.)) 아이콘을 클릭한 후 [Bevel & Emboss(경사와 엠보스)]를 선택한다.

4. 'Layer Style(레이어 스타일)' 대화상자에서 〈OK(확인)〉를 클릭한다.

5. [Edit(편집)] → [Free Transform Path(패스 자유 변형)]([Ctrl]+[T])를 선택한 다음 〈출력형태〉와 같이 크기를 조절한 후 배치한다. 이어서 [Enter]를 두 번 눌러 패스 자유 변형 상태를 해제한다.

6. 도구 상자에서 ✚(Move Tool(이동 도구))([V])을 클릭한 후 [Alt]를 누른 채 꽃장식 모양을 오른쪽 상단 방향으로 드래그 하여 복사한다.

7. 도구 상자에서 ⬠(Custom Shape Tool(사용자 정의 모양 도구))([U])을 클릭한 다음 옵션 바에서 Fill(칠)을 클릭하고 색상을 #006699로 지정한다.

8. [Edit(편집)] → [Free Transform Path(패스 자유 변형)]([Ctrl]+[T])를 선택한 다음 〈출력형태〉와 같이 크기와 방향을 조절한 후 배치한다. 이어서 [Enter]를 두 번 눌러 패스 자유 변형 상태를 해제한다.

❸ 문자를 입력한 후 레이어 스타일 적용하기

COLORFUL BUGS를 입력한 후 Gradient Overlay(그라디언트 오버레이)와 Stroke(선/획) 스타일을 적용한다.

1. 도구 상자에서 ▮T▮(Vertical Type Tool(세로 문자 도구))(T)을 클릭한 다음 적당한 위치를 클릭하고 **COLORFUL BUGS**를 입력한다.

2. Ctrl+Enter를 눌러 입력을 완료하고 옵션 바에서 Font(글꼴)를 'Arial', Font Style(글꼴 스타일)을 Bold, Size(크기)를 35로 지정한다.

3. 레이어 패널 하단의 ▮fx▮(Add a layer style(레이어 스타일을 추가합니다.)) 아이콘을 클릭한 후 [Gradient Overlay(그레이디언트 오버레이)]를 선택한다.

4. 'Layer Style(레이어 스타일)' 대화상자에서 Gradient(그레이디언트) 항목을 클릭한다.

Gradient:		딸깍

5. 'Gradient Editor(그레이디언트 편집기)' 대화상자의 왼쪽 아래 ▮(Color Stop(색상 정지점))을 더블 클릭한 다음 색상을 #ff3300으로 지정한다.

6. 'Gradient Editor(그레이디언트 편집기)' 대화상자의 오른쪽 아래 ▮(Color Stop(색상 정지점))을 더블클릭한 다음 색상을 #003366으로 지정한다.

7. 'Gradient Editor(그레이디언트 편집기)' 대화상자에서 〈OK(확인)〉를 클릭한다.

8. 'Layer Style(레이어 스타일)' 대화상자에서 Angle(각도)을 0으로 지정한 다음 스타일 목록에서 [Stroke(획)]를 클릭한다.

Angle(각도)은 스타일이 적용되는 방향을 지정하는 옵션입니다. 그레이디언트 오버레이에서는 Angle에 따라 지정한 색상의 표시 방향이 변경됩니다.

그레이디언트 오버레이가 빨강, 흰색, 파랑으로 지정된 경우

9. 이어서 Size(크기)를 2, Position(위치)을 Outside (바깥쪽)로 선택하고, Color(색상)를 #ffffff로 지정한 다음 〈OK(확인)〉를 클릭한다.

10. [Edit(편집)] → [Free Transform(자유 변형)] ((Ctrl)+(T))을 선택한 후 〈출력형태〉와 같이 배치한다. 이어서 (Enter)를 눌러 자유 변형 상태를 해제한다.

❹ 파일 저장 및 이미지 크기 조절

1. [File(파일)] → [Save a Copy(사본 저장)] ((Ctrl)+(Alt)+(S))를 선택하고 'Save a Copy(사본 저장)' 대화상자에서 저장 위치를 '모의01', 파일 이름을 '모의01-1'로, Format(형식)을 'JPEG (*.JPG;*.JPEG;*.JPE)'로 지정한 후 〈저장〉을 클릭한다.

포토샵 CS4/CS6 사용자
JPG 형식으로 저장하기 위해 [File(파일)] → [Save As(다른 이름으로 저장)]((Ctrl)+(Shift)+(S))를 선택하세요.

2. 'JPEG Options(JPEG 옵션)' 대화상자에서 Quality(품질)를 8로 지정한 후 〈OK(확인)〉를 클릭한다.

3. [Image(이미지)] → [Image Size(이미지 크기)] (Ctrl + Alt + I)를 선택하고 'Image Size(이미지 크기)' 대화상자에서 단위를 Pixels(픽셀)로 변경한 다음 Width(폭)와 Height(높이)에 입력되어 있는 값에서 0 하나씩만 제거한 후 〈OK(확인)〉를 클릭한다.

4. [File(파일)] → [Save(저장)](Ctrl + S)를 선택한다.

⑤ [문제 1] 답안 파일 전송

1. 포토샵 프로그램을 최소화한 후 '시험 관리 도구'에서 〈답안 전송〉을 클릭한다.

2. '고사실 PC로 답안 파일 보내기' 대화상자에서 전송할 '모의01-1.jpg'와 '모의01-1.psd' 파일을 선택한 후 〈답안 전송〉을 클릭한다.

 문제 2   [기능평가] 사진편집 기초

미리보기

사용할 이미지

2급-2.jpg

2급-3.jpg

2급-4.jpg

작업 과정

❶ '2급-2.jpg'를 복사한 후 액자를 만들고 액자틀 부분에 필터를, 안쪽 테두리에 서식과 레이어 스타일을 적용한다.

❷ '2급-3.jpg'에서 나비를 복사한 후 레이어 스타일을 적용하고 색상을 보정한다.

❸ '2급-4.jpg'에서 돌을 복사한 후 레이어 스타일을 적용한다.

❹ Dream of Butterfly를 입력한 후 레이어 스타일을 적용한다.

ⓞ 준비 작업

1. [File(파일)] → [New(새로 만들기)]([Ctrl]+[N])를 선택한다.

2. 'New Document(새로운 문서 만들기)' 대화상자에서 Name(이름)을 '모의01-2', Width(폭)를 400, Height(높이)를 500, Resolution(해상도)을 72, Color Mode(색상 모드)를 'RGB Color', '8Bit', Background Contents(배경 내용)를 'White(흰색)'로 지정한 후 〈Create(만들기)〉를 클릭한다.

> **포토샵 CS4/CS6 사용자**
> 'New(새 문서)' 대화상자에서 Name(이름), Witdth(폭), Height(높이) 등을 지정하세요.

3. [File(파일)] → [Save As(다른 이름으로 저장)]([Ctrl]+[Shift]+[S])를 선택한 후 'Save As(다른 이름으로 저장)' 대화상자에서 저장 위치를 '모의01', 파일 이름을 '모의01-2'로 지정한 다음 〈저장〉을 클릭한다.

① 액자 만들기

> **작업 결과**
> • '2급-2.jpg'를 복사한 후 바깥 테두리가 될 부분을 복사하여 새 레이어를 생성한 다음 Patchwork(패치워크/이어붙이기) 필터를 적용한다.
> • 안쪽 테두리에 서식을 지정한 후 Drop Shadow(그림자 효과) 스타일을 적용한다.

 →

1. [File(파일)] → [Open(열기)]([Ctrl]+[O])을 선택한다.

2. 'Open(열기)' 대화상자에서 찾는 위치를 'C:\길벗 GTQ2급\모의\모의01\Image' 폴더로 지정한 다음 '2급-2.jpg', '2급-3.jpg', '2급-4.jpg' 파일을 선택하고 〈열기〉를 클릭한다.

3. '2급-2.jpg'를 '모의01-2.psd' 파일로 복사한다.

4. [Edit(편집)] → [Free Transform(자유 변형)]([Ctrl]+[T])을 선택한 다음 〈출력형태〉와 같이 배치한다. 이어서 [Enter]를 눌러 자유 변형 상태를 해제한다.

5. 도구 상자에서 ▭(Rectangle Tool(사각형 도구))([U])을 선택하고, 옵션 바에서 Pick tool mode(선택 도구 모드)를 Path(패스)로 선택한 다음 Set radius of rounded corners(둥근 모퉁이 반경 설정)를 10px로 지정한 후 다음과 같이 추가한다.

6. 패스 패널에서 Ctrl을 누른 채 Work Path(작업 패스)의 썸네일을 클릭하여 사각형을 선택 영역으로 지정한다.

7. [Select(선택)] → [Inverse(반전)](Ctrl+Shift+I)를 선택한 후 Ctrl+C를 눌러 복사한 다음 Ctrl+V를 눌러 붙여넣는다.

8. [Filter(필터)] → [Filter Gallery(필터 갤러리)] → [Texture(텍스처)] → [Patchwork(이어붙이기)]를 선택한 후 〈OK(확인)〉를 클릭한다.

9. 패스 패널에서 Ctrl을 누른 채 Work Path(작업 패스)의 썸네일을 클릭하여 사각형을 선택 영역으로 지정한다.

10. [Edit(편집)] → [Stroke(획)]를 선택한 후 'Stroke(획)' 대화상자에서 Width(폭)를 5, Color(색상)를 #ffff00으로 지정한 후 〈OK(확인)〉를 클릭한다.

11. Ctrl+D를 눌러 선택 영역을 해제한다.

12. 레이어 패널 하단의 ▣(Add a layer style(레이어 스타일을 추가합니다.)) 아이콘을 클릭한 후 [Drop Shadow(그림자)]를 선택한다.

13. 'Layer Style(레이어 스타일)' 대화상자에서 〈OK(확인)〉를 클릭한다.

❷ 나비를 복사한 후 레이어 스타일을 적용하고 색상 보정하기

작업 결과

• '2급-3.jpg'에서 나비를 복사한 후 Inner Shadow(내부 그림자) 스타일을 적용한다.
• 보라색 계열로 색상을 보정한다.

1. '2급-3.jpg' 탭을 클릭하고 선택 도구를 이용하여 다음과 같이 선택한다.

2. 선택한 영역을 '모의01-2.psd' 파일로 복사한다.

3. 레이어 패널 하단의 *fx*(Add a layer style(레이어 스타일을 추가합니다.)) 아이콘을 클릭한 후 [Inner Shadow(내부 그림자)]를 선택한다.

4. 'Layer Style(레이어 스타일)' 대화상자에서 〈OK(확인)〉를 클릭한다.

5. [Edit(편집)] → [Free Transform(자유 변형)] ((Ctrl)+(T))을 선택한 다음 〈출력형태〉와 같이 크기와 방향을 조절한 후 배치한다. 이어서 (Enter)를 눌러 자유 변형 상태를 해제한다.

6. 선택 도구를 이용하여 그림과 같이 선택한다.

7. 레이어 패널 하단의 ◐(Create new fill or adjustment layer(새 칠 또는 조정 레이어를 만듭니다.)) 아이콘을 클릭한 후 [Hue/Saturation(색조/채도)]을 선택한다.

8. 조정 패널에서 'Hue(색조)'를 −130으로 조절하여 보라색 계열로 보정한다.

❸ 돌을 복사한 후 레이어 스타일 적용하기

작업 결과

'2급-4.jpg'에서 돌을 복사한 후 Outer Glow(외부 광선) 스타일을 적용한다.

1. '2급-4.jpg' 탭을 클릭한 후 선택 도구를 이용하여 다음과 같이 선택한다.

2. 선택한 영역을 '모의01-2.psd' 파일로 복사한다.

3. 레이어 패널 하단의 *fx*(Add a layer style(레이어 스타일을 추가합니다.)) 아이콘을 클릭한 후 [Outer Glow(외부 광선)]를 선택한다.

4. 'Layer Style(레이어 스타일)' 대화상자에서 〈OK(확인)〉를 클릭한다.

5. [Edit(편집)] → [Free Transform(자유 변형)] ((Ctrl)+(T))을 선택한 다음 〈출력형태〉와 같이 크기를 조절한 후 배치한다. 이어서 (Enter)를 눌러 자유 변형 상태를 해제한다.

④ 문자를 입력한 후 레이어 스타일 적용하기

Dream of Butterfly를 입력한 후 Stroke(선/획) 스타일을 적용한다.

1. 도구 상자에서 **T**(Horizontal Type Tool(수평 문자 도구))(**T**)을 선택한 다음 적당한 위치를 클릭하고 **Dream of**를 입력한 후 **Enter**를 누르고 **Butterfly**를 입력한다.

2. **Ctrl**+**Enter**를 눌러 입력을 완료한 다음 옵션 바에서 Font(글꼴)를 '궁서', Size(크기)를 44, Color(색상)를 #ff6633으로 지정한 다음 **工**(Create warped text(뒤틀어진 텍스트 만들기))를 클릭한다.

3. 'Warp Text(텍스트 뒤틀기)' 대화상자에서 Style(스타일)을 'Rise(상승)'로 지정하고, 〈출력형태〉와 모양이 비슷해지도록 'Bend(구부리기)' 값을 조절한 후 〈OK(확인)〉를 클릭한다.

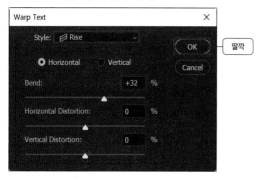

4. 레이어 패널 하단의 **fx**(Add a layer style(레이어 스타일을 추가합니다.)) 아이콘을 클릭한 후 [Stroke(획)]를 선택한다.

5. 'Layer Style(레이어 스타일)' 대화상자에서 Size(크기)를 3, Color(색상)를 #ffffff로 지정한 후 〈OK(확인)〉를 클릭한다.

6. [Edit(편집)] → [Free Transform(자유 변형)] (**Ctrl**+**T**)을 선택한 다음 〈출력형태〉와 같이 배치한다. 이어서 **Enter**를 눌러 자유 변형 상태를 해제한다.

⑤ 파일 저장 및 이미지 크기 조절

1. [File(파일)] → [Save a Copy(사본 저장)](**Ctrl**+**Alt**+**S**)를 선택하고 'Save a Copy(사본 저장)' 대화상자에서 저장 위치를 '모의01', 파일 이름을 '모의01-2'로, Format(형식)을 'JPEG(*.JPG;*.JPEG;*.JPE)'로 지정한 후 〈저장〉을 클릭한다.

포토샵 CS4/CS6 사용자
JPG 형식으로 저장하기 위해 [File(파일)] → [Save As(다른 이름으로 저장)](**Ctrl**+**Shift**+**S**)를 선택하세요.

2. 'JPEG Options(JPEG 옵션)' 대화상자에서 Quality(품질)를 8로 지정한 후 〈OK(확인)〉를 클릭한다.

3. [Image(이미지)] → [Image Size(이미지 크기)] (**Ctrl**+**Alt**+**I**)를 선택하고 'Image Size(이미지 크기)' 대화상자에서 Width(폭)와 Height(높이)에 입력되어 있는 값에서 0 하나씩만 제거한 후 〈OK(확인)〉를 클릭한다.

4. [File(파일)] → [Save(저장)](**Ctrl**+**S**)를 선택한다.

⑥ [문제 2] 답안 파일 전송

1. 포토샵 프로그램을 최소화한 후 '시험 관리 도구'에서 〈답안 전송〉을 클릭한다.

2. '고사실 PC로 답안 파일 보내기' 대화상자에서 전송할 '모의01-2.jpg'와 '모의01-2.psd' 파일을 선택한 후 〈답안 전송〉을 클릭한다.

미리보기

사용할 이미지

2급-5.jpg 2급-6.jpg 2급-7.jpg 2급-8.jpg 모양 도구로 추가하기

작업 과정

❶

빈 캔버스에 배경색을 지정한다.

❷

'2급-5.jpg'를 복사한 후 필터를 적용하고 레이어 마스크를 수행한다.

❸

'2급-6.jpg'에서 나뭇잎을 복사한 후 레이어 스타일을 적용한다.

❹

'2급-7.jpg'에서 나비를 복사한 후 레이어 스타일을 적용한다.

❺

'2급-8.jpg'에서 풍선을 복사한 후 레이어 스타일을 적용한다.

❻

🦋, ■를 추가한 후 레이어 스타일을 적용한다.

❼

Butterfly Festival, 나비 =희망을 입력한 후 레이어 스타일을 적용한다.

⓪ 준비 작업

1. [File(파일)] → [New(새로 만들기)]([Ctrl]+[N])를 선택한다.

2. 'New Document(새로운 문서 만들기)' 대화상자에서 Name(이름)을 '모의01-3', Width(폭)를 600, Height(높이)를 400, Resolution(해상도)을 72, Color Mode(색상 모드)를 'RGB Color', '8Bit', Background Contents(배경 내용)를 'White(흰색)'로 지정한 후 〈Create(만들기)〉를 클릭한다.

포토샵 CS4/CS6 사용자
'New(새 문서)' 대화상자에서 Name(이름), Witdth(폭), Height (높이) 등을 지정하세요.

3. [File(파일)] → [Save As(다른 이름으로 저장)]([Ctrl]+[Shift]+[S])를 선택한 후 'Save As(다른 이름으로 저장)' 대화상자에서 저장 위치를 '모의01', 파일 이름을 '모의01-3'으로 지정한 다음 〈저장〉을 클릭한다.

① 배경색 지정하기

작업 결과
빈 캔버스에 배경색을 지정한다.

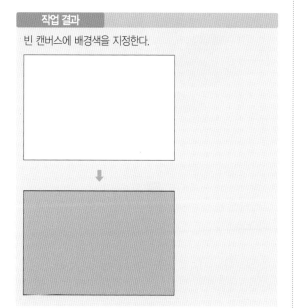

1. [Edit(편집)] → [Fill(칠)]([Shift]+[F5])을 선택한다.

2. 'Fill(칠)' 대화상자에서 Contents(내용) 항목을 클릭한 후 [Color(색상)]를 선택한다.

3. 'Color Picker(Fill Color)(색상 피커(칠 색상))' 대화상자에서 색상을 #d2d2ff로 지정한 후 〈OK(확인)〉를 클릭한다. 이어서 'Fill(칠)' 대화상자에서도 〈OK(확인)〉를 클릭한다.

포토샵 CS4/CS6 사용자
'Fill(칠)' 대화상자가 표시되면 Use(사용)의 목록 단추를 클릭하여 [Color(색상)]를 선택하고 'Choose a color(색상 선택)' 대화상자에서 색상을 지정한 후 〈OK(확인)〉를 클릭하세요.

② 이미지를 복사한 후 필터를 적용하고 레이어 마스크 수행하기

작업 결과
· '2급-5.jpg'를 복사한 후 Dry Brush(드라이 브러시) 필터를 적용한다.
· 세로 방향으로 흐릿하게 레이어 마스크를 수행한다.

01. 필터 적용하기

1. [File(파일)] → [Open(열기)]([Ctrl]+[O])을 선택한다.

2. 'Open(열기)' 대화상자에서 찾는 위치를 'C:\길벗 GTQ2급\모의\모의01\Image' 폴더로 지정한 다음 '2급-5.jpg', '2급-6.jpg', '2급-7.jpg', '2급-8.jpg' 파일을 선택하고 〈열기〉를 클릭한다.

3. '2급-5.jpg'를 '모의01-3.psd' 파일로 복사한다.

4. [Filter(필터)] → [Filter Gallery(필터 갤러리)] → [Artistic(예술 효과)] → [Dry Brush(드라이 브러시)]를 선택한 후 〈OK(확인)〉를 클릭한다.

02. 레이어 마스크 수행하기

1. 레이어 패널 하단의 ▣(Add layer mask(레이어 마스크를 추가합니다.)) 아이콘을 클릭한다.
2. 도구 상자에서 ▣(Gradient Tool(그레이디언트 도구))(G)을 클릭한 후 옵션 바에서 Gradient(그레이디언트) 항목을 클릭한다.

3. 'Gradient Editor(그레이디언트 편집기)' 대화상자의 Presets(사전 설정) 항목에서 Basics(기본 사항)의 확장 단추(▶)를 클릭한 다음 Black, White(검정, 흰색)를 클릭하고 〈OK(확인)〉를 클릭한다.

포토샵 CS4/CS6 사용자
'Gradient Editor(그라디언트 편집기)' 대화상자가 표시되면 Presets(사전 설정) 항목에서 Black, White(검정, 흰색)를 클릭하고 〈OK(확인)〉를 클릭하세요.

4. 마우스를 위쪽에서 아래쪽 방향으로 다음과 같이 드래그 한다.

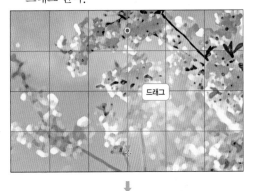

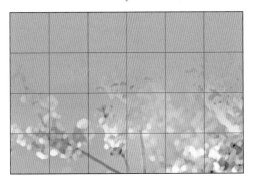

❸ 나뭇잎을 복사한 후 레이어 스타일 적용하기

작업 결과

'2급-6.jpg'에서 나뭇잎을 복사한 후 Outer Glow(외부 광선) 스타일을 적용한다.

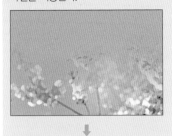

1. '2급-6.jpg' 탭을 클릭한 후 선택 도구를 이용하여 다음과 같이 선택한다.

2. 선택한 영역을 '모의01-3.psd' 파일로 복사한다.
3. 레이어 패널 하단의 ▣(Add a layer style(레이어 스타일을 추가합니다.)) 아이콘을 클릭한 후 [Outer Glow(외부 광선)]를 선택한다.
4. 'Layer Style(레이어 스타일)' 대화상자에서 〈OK(확인)〉를 클릭한다.
5. [Edit(편집)] → [Free Transform(자유 변형)]([Ctrl]+[T])을 선택한 다음 〈출력형태〉와 같이 크기를 조절한 후 배치한다. 이어서 [Enter]를 눌러 자유 변형 상태를 해제한다.

④ 나비를 복사한 후 레이어 스타일 적용하기

'2급-7.jpg'에서 나비를 복사한 후 Drop Shadow(그림자 효과) 스타일을 적용한다.

1. '2급-7.jpg' 탭을 클릭한 후 선택 도구를 이용하여 다음과 같이 선택한다.

2. 선택한 영역을 '모의01-3.psd' 파일로 복사한다.

3. 레이어 패널 하단의 fx.(Add a layer style(레이어 스타일을 추가합니다.)) 아이콘을 클릭한 후 [Drop Shadow(그림자)]를 선택한다.

4. 'Layer Style(레이어 스타일)' 대화상자에서 〈OK(확인)〉를 클릭한다.

5. [Edit(편집)] → [Free Transform(자유 변형)] ([Ctrl]+[T])을 선택한 다음 〈출력형태〉와 같이 크기와 방향을 조절한 후 배치한다. 이어서 [Enter]를 눌러 자유 변형 상태를 해제한다.

⑤ 풍선을 복사한 후 레이어 스타일 적용하기

'2급-8.jpg'에서 풍선을 복사한 후 Inner Shadow(내부 그림자) 스타일을 적용한다.

1. '2급-8.jpg' 탭을 클릭한 후 선택 도구를 이용하여 다음과 같이 선택한다.

2. 선택한 영역을 '모의01-3.psd' 파일로 복사한다.
3. 레이어 패널 하단의 🌼(Add a layer style(레이어 스타일을 추가합니다.)) 아이콘을 클릭한 후 [Inner Shadow(내부 그림자)]를 선택한다.
4. 'Layer Style(레이어 스타일)' 대화상자에서 〈OK(확인)〉를 클릭한다.
5. [Edit(편집)] → [Free Transform(자유 변형)] (Ctrl+T)을 선택한 다음 〈출력형태〉와 같이 크기를 조절한 후 배치한다. 이어서 Enter를 눌러 자유 변형 상태를 해제한다.

⑥ 🦋, ▪를 추가한 후 레이어 스타일 적용하기

작업 결과
- 나비(🦋) 모양을 추가한 후 Inner Shadow(내부 그림자) 스타일을 적용한다.
- 색종이 조각(▪) 모양을 추가한 후 Gradient Overlay(그라디언트 오버레이)와 Bevel and Emboss(경사와 엠보스) 스타일을 적용한다.

01. 🦋를 추가한 후 레이어 스타일 적용하기

1. 도구 상자에서 🔷(Custom Shape Tool(사용자 정의 모양 도구))(U)을 선택한 후 옵션 바의 Pick tool mode(선택 도구 모드)를 Shape(모양)로 선택한다.
2. 옵션 바에서 Shape(모양)의 목록 단추(▪)를 클릭한다음 [Legacy Shapes and More(레거시 모양 및 기타)] → [All Legacy Default Shapes(모든 레거시 기본 모양)] → [Nature(자연)]를 선택한다.

포토샵 CS4/CS6 사용자
Shape(모양) 목록에서 [Nature(자연)]를 선택한 후 선택한 모양으로 대치할지를 묻는 대화상자가 나타나면 〈OK(확인)〉를 클릭하세요.

3. 모양 목록에서 🦋(Butterfly(나비))를 선택하고 드래그하여 추가한 다음 옵션 바에서 Fill(칠)을 클릭한 후 색상을 #ccff33으로 지정한다.

포토샵 CS4 사용자
옵션 바에서 Color(색상)를 클릭한 다음 'Pick a solid color(단색 선택:)' 대화상자에서 색상을 지정한 후 〈OK(확인)〉를 클릭하세요.

4. 레이어 패널 하단의 🌼(Add a layer style(레이어 스타일을 추가합니다.)) 아이콘을 클릭한 후 [Inner Shadow(내부 그림자)]를 선택한다.

5. 'Layer Style(레이어 스타일)' 대화상자에서 〈OK(확인)〉를 클릭한다.

6. [Edit(편집)] → [Free Transform Path(패스 자유 변형)]([Ctrl]+[T])를 선택한 다음 〈출력형태〉와 같이 크기와 방향을 조절한 후 배치한다. 이어서 [Enter]를 두 번 눌러 패스 자유 변형 상태를 해제한다.

02. ■를 추가한 후 레이어 스타일 적용하기

1. 도구 상자에서 🟦(Custom Shape Tool(사용자 정의 모양 도구))([U])이 선택된 상태로 옵션 바에서 Shape(모양)의 목록 단추(▮)를 클릭한 다음 [Legacy Shapes and More(레거시 모양 및 기타)] → [All Legacy Default Shapes(모든 레거시 기본 모양)] → [Objects(물건)]를 선택한다.

2. 모양 목록에서 ▮(Confetti(색종이 조각))을 선택한 후 드래그 하여 추가한다.

3. 레이어 패널 하단의 🟦(Add a layer style(레이어 스타일을 추가합니다.)) 아이콘을 클릭한 후 [Gradient Overlay(그레이디언트 오버레이)]를 선택한다.

4. 'Layer Style(레이어 스타일)' 대화상자에서 Gradient(그레이디언트) 항목을 클릭한다.

5. 'Gradient Editor(그레이디언트 편집기)' 대화상자의 왼쪽 아래 Color Stop(색상 정지점)을 더블클릭한 다음 색상을 #ffccff로 지정한다.

6. 'Gradient Editor(그레이디언트 편집기)' 대화상자의 오른쪽 아래 Color Stop(색상 정지점)을 더블클릭한 다음 색상을 #00ffff로 지정한다.

7. 'Gradient Editor(그레이디언트 편집기)' 대화상자에서 〈OK(확인)〉를 클릭한다.

8. 'Layer Style(레이어 스타일)' 대화상자의 스타일 목록에서 [Bevel & Emboss(경사와 엠보스)]를 선택하고 〈OK(확인)〉를 클릭한다.

9. [Edit(편집)] → [Free Transform Path(패스 자유 변형)]([Ctrl]+[T])를 선택한 다음 〈출력형태〉와 같이 크기를 조절한 후 배치한다. 이어서 [Enter]를 두 번 눌러 패스 자유 변형 상태를 해제한다.

❼ 문자를 입력한 후 레이어 스타일 적용하기

작업 결과

- **Butterfly Festival**을 입력한 후 Gradient Overlay(그라디언트 오버레이)와 Stroke(선/획) 스타일을 적용한다.
- **나비=희망**을 입력한 후 Drop Shadow(그림자 효과)와 Stroke(선/획) 스타일을 적용한다.

01. Butterfly Festival을 입력한 후 레이어 스타일 적용하기

1. 도구 상자에서 🟦(Horizontal Type Tool(수평 문자 도구))([T])을 클릭한 다음 적당한 위치를 클릭하고 **Butterfly Festival**을 입력한다.

2. Ctrl+Enter를 눌러 입력을 완료한 다음 옵션 바에서 Font(글꼴)를 'Times New Roman', Font Style(글꼴 스타일) 'Bold', Size(크기)를 40으로 지정한 다음 ![](Create warped text(뒤틀어진 텍스트 만들기))를 클릭한다.

3. Warp Text(텍스트 뒤틀기)' 대화상자에서 'Style(스타일)'을 'Arc Upper(위 부채꼴)'로 지정하고 〈출력형태〉와 모양이 비슷해지도록 'Bend(구부리기)' 값을 조절한 후 〈OK(확인)〉를 클릭한다.

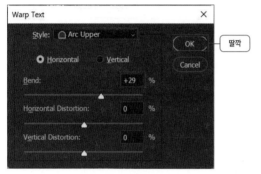

4. 레이어 패널 하단의 ![](Add a layer style(레이어 스타일을 추가합니다.)) 아이콘을 클릭한 후 [Gradient Overlay(그레이디언트 오버레이)]를 선택한다.

5. 'Layer Style(레이어 스타일)' 대화상자에서 Gradient(그레이디언트) 항목을 클릭한다.

6. 'Gradient Editor(그레이디언트 편집기)' 대화상자의 왼쪽 아래 Color Stop(색상 정지점)을 더블클릭한 다음 색상을 #ff6699로 지정한다.

7. 'Gradient Editor(그레이디언트 편집기)' 대화상자의 오른쪽 아래 Color Stop(색상 정지점)을 더블클릭한 다음 색상을 #6666ff로 지정한다.

8. 'Gradient Editor(그레이디언트 편집기)' 대화상자에서 〈OK(확인)〉를 클릭한다.

9. 'Layer Style(레이어 스타일)' 대화상자에서 Angle(각도)를 90으로 지정한다.

10. 이어서 스타일 목록에서 [Stroke(획)]를 선택하고, Size(크기)를 2, Color(색상)를 #ffffff로 지정한 후 〈OK(확인)〉를 클릭한다.

11. [Edit(편집)] → [Free Transform(자유 변형)] (Ctrl+T)을 선택한 다음 〈출력형태〉와 같이 배치한다. 이어서 Enter를 눌러 자유 변형 상태를 해제한다.

02. 나비=희망을 입력한 후 레이어 스타일 적용하기

1. 도구 상자에서 ![](Horizontal Type Tool(수평 문자 도구))(T)을 클릭한 다음 적당한 위치를 클릭하고 **나비=희망**을 입력한다.

2. Ctrl+Enter를 눌러 입력을 완료한 다음 옵션 바에서 Font(글꼴)를 '바탕', Size(크기)를 30, Color(색상)를 #ff3333으로 지정한다.

3. '희망'을 블록으로 지정하고 옵션 바에서 Color(색상)를 #003366으로 지정한 후 Ctrl+Enter를 누른다.

4. 레이어 패널 하단의 ![](Add a layer style(레이어 스타일을 추가합니다.)) 아이콘을 클릭한 후 [Drop Shadow(그림자)]를 선택한다.

5. 'Layer Style(레이어 스타일)' 대화상자의 스타일 목록에서 [Stroke(획)]를 클릭하고 Size(크기)를 2, Color(색상)를 #ffffff로 지정한 후 〈OK(확인)〉를 클릭한다.

6. [Edit(편집)] → [Free Transform(자유 변형)] ((Ctrl)+(T))을 선택한 다음 〈출력형태〉와 같이 배치한다. 이어서 Enter를 눌러 자유 변형 상태를 해제한다.

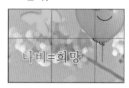

⑧ 파일 저장 및 이미지 크기 조절

1. [File(파일)] → [Save a Copy(사본 저장)]((Ctrl)+(Alt)+(S))를 선택하고 'Save a Copy(사본 저장)' 대화상자에서 저장 위치를 '모의01', 파일 이름을 '모의01-3'으로, Format(형식)을 'JPEG(*.JPG;*.JPEG;*.JPE)'로 지정한 후 〈저장〉을 클릭한다.

포토샵 CS4/CS6 사용자
JPG 형식으로 저장하기 위해 [File(파일)] → [Save As(다른 이름으로 저장)]((Ctrl)+(Shift)+(S))를 선택하세요.

2. 'JPEG Options(JPEG 옵션)' 대화상자에서 Quality(품질)를 8로 지정한 후 〈OK(확인)〉를 클릭한다.

3. [Image(이미지)] → [Image Size(이미지 크기)]([Ctrl]+[Alt]+[I])를 선택하고 'Image Size(이미지 크기)' 대화상자에서 Width(폭)와 Height(높이)에 입력되어 있는 값에서 0 하나씩만 제거한 후 〈OK(확인)〉를 클릭한다.

4. [File(파일)] → [Save(저장)]([Ctrl]+[S])를 선택한다.

⑨ [문제 3] 답안 파일 전송

1. 포토샵 프로그램을 최소화한 후 '시험 관리 도구'에서 〈답안 전송〉을 클릭한다.

2. '고사실 PC로 답안 파일 보내기' 대화상자에서 전송할 '모의01-3.jpg'와 '모의01-3.psd' 파일을 선택한 후 〈답안 전송〉을 클릭한다.

 문제 4 **[실무응용]** **이벤트 페이지 제작**

미리보기

사용할 이미지

2급-9.jpg

2급-10.jpg

2급-11.jpg

2급-12.jpg

2급-13.jpg

모양 도구로 추가하기

작업 과정

❶
'2급-9.jpg'를 복사한 후 필터를 적용한다.

❷
'2급-10.jpg'에서 카메라를 복사한 후 레이어 스타일을 적용한다.

❸
'2급-11.jpg'에서 즉석 사진기를 복사한 후 레이어 스타일을 적용한다.

❹
꽃 모양을 추가한 후 레이어 스타일을 적용하고, '2급-12.jpg'를 복사한 다음 필터를 적용하고 클리핑 마스크를 수행한다.

⑤ '2급-13.jpg'에서 나비를 복사한 후 레이어 스타일을 적용하고 불투명도를 지정한다.

⑦ 문자를 입력한 후 레이어 스타일을 적용한다.

⑥ ✳, ◼를 추가한 후 레이어 스타일을 적용하고 불투명도를 지정한다.

 문제 **4**　[실무응용]　이벤트 페이지 제작　따라하기

⓪ 준비 작업

1. [File(파일)] → [New(새로 만들기)]([Ctrl]+[N])를 선택한다.
2. 'New Document(새로운 문서 만들기)' 대화상자에서 Name(이름)을 '모의01-4', Width(폭)를 600, Height(높이)를 400, Resolution(해상도)을 72, Color Mode(색상 모드)를 'RGB Color', '8Bit', Background Contents(배경 내용)를 'White(흰색)'로 지정한 후 〈Create(만들기)〉를 클릭한다.

포토샵 CS4/CS6 사용자
'New(새 문서)' 대화상자에서 Name(이름), Width(폭), Height(높이) 등을 지정하세요.

3. [File(파일)] → [Save As(다른 이름으로 저장)]([Ctrl]+[Shift]+[S])를 선택한 후 'Save As(다른 이름으로 저장)' 대화상자에서 저장 위치를 '모의01', 파일 이름을 '모의01-4'로 지정한 다음 〈저장〉을 클릭한다.

① 이미지를 복사한 후 필터 적용하기

작업 결과

'2급-9.jpg'를 복사한 후 Facet(단면화) 필터를 적용한다.

1. [File(파일)] → [Open(열기)]([Ctrl]+[O])을 선택한다.
2. 'Open(열기)' 대화상자에서 찾는 위치를 'C:\길벗 GTQ2급\모의\모의01\Image' 폴더로 지정한 다음 '2급-9.jpg', '2급-10.jpg', '2급-11.jpg', '2급-12.jpg', '2급-13.jpg' 파일을 선택하고 〈열기〉를 클릭한다.

3. '2급-9.jpg'를 '모의01-4.psd' 파일로 복사한다.

4. [Filter(필터)] → [Pixelate(픽셀화)] → [Facet(단면화)]를 선택한다.

5. [Edit(편집)] → [Free Transform(자유 변형)] ([Ctrl]+[T])을 선택한 다음 〈출력형태〉와 같이 배치한다. 이어서 [Enter]를 눌러 자유 변형 상태를 해제한다.

② 카메라를 복사한 후 레이어 스타일 적용하기

작업 결과

'2급-10.jpg'에서 카메라를 복사한 후 Drop Shadow(그림자 효과)와 Bevel and Emboss(경사와 엠보스) 스타일을 적용한다.

1. '2급-10.jpg' 탭을 클릭한 후 선택 도구를 이용하여 다음과 같이 선택한다.

2. 선택한 영역을 '모의01-4.psd' 파일로 복사한다.

3. 레이어 패널 하단의 fx(Add a layer style(레이어 스타일을 추가합니다.)) 아이콘을 클릭한 후 [Drop Shadow(그림자)]를 선택한다.

4. 'Layer Style(레이어 스타일)' 대화상자의 스타일 목록에서 [Bevel & Emboss(경사와 엠보스)]를 클릭하고 〈OK(확인)〉를 클릭한다.

5. [Edit(편집)] → [Free Transform(자유 변형)] ([Ctrl]+[T])를 선택한 후 바로 가기 메뉴에서 [Flip Horizontal(가로로 뒤집기)]을 선택한다.

6. 〈출력형태〉와 같이 크기를 조절한 후 배치한다. 이어서 [Enter]를 눌러 자유 변형 상태를 해제한다.

③ 즉석 사진기를 복사한 후 레이어 스타일 적용하기

작업 결과

'2급-11.jpg'에서 즉석 사진기를 복사한 후 Inner Glow(내부 광선) 스타일을 적용한다.

1. '2급-11.jpg' 탭을 클릭한 후 선택 도구를 이용하여 다음과 같이 선택한다.

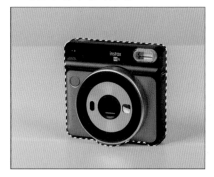

2. 선택한 영역을 '모의01-4.psd' 파일로 복사한다.

3. 레이어 패널 하단의 ⓕⅹ(Add a layer style(레이어 스타일을 추가합니다.)) 아이콘을 클릭한 후 [Inner Glow(내부 광선)]를 선택한다.

4. 'Layer Style(레이어 스타일)' 대화상자에서 OK(확인)〉를 클릭한다.

5. [Edit(편집)] → [Free Transform(자유 변형)] (Ctrl+T)을 선택한 다음 〈출력형태〉와 같이 크기를 조절한 후 배치한다. 이어서 Enter를 눌러 자유 변형 상태를 해제한다.

④ ❀를 추가한 후 레이어 스타일과 필터를 적용하고 클리핑 마스크 수행하기

작업 결과

• 꽃(❀) 모양을 추가한 후 Stroke(선/획)와 Inner Shadow(내부 그림자) 스타일을 적용한다.
• '2급-12.jpg'를 복사한 후 Rough Pastels(거친 파스텔 효과) 필터를 적용한 다음 클리핑 마스크를 수행한다.

01. ❀를 추가한 후 레이어 스타일 적용하기

1. 도구 상자에서 ❀(Custom Shape Tool(사용자 정의 모양 도구))(U)을 선택한 후 옵션 바의 Pick tool mode(선택 도구 모드)를 Shape(모양)로 선택한다.

2. 옵션 바에서 Shape(모양)의 목록 단추(▮) → [Legacy Shapes and More(레거시 모양 및 기타)] → [All Legacy Default Shapes(모든 레거시 기본 모양)] → [Shapes(모양)]를 선택한다.

포토샵 CS4/CS6 사용자
Shape(모양) 목록에서 [Shapes(모양)]를 선택한 후 선택한 모양으로 대치할지를 묻는 대화상자가 나타나면 〈OK(확인)〉를 클릭하세요.

3. 모양 목록에서 ❀(Flower 1(꽃 1))를 선택한 후 드래그 하여 추가한다.

4. 레이어 패널 하단의 ⓕⅹ(Add a layer style(레이어 스타일을 추가합니다.)) 아이콘을 클릭한 후 [Stroke(획)]를 선택한다.

5. 'Layer Style(레이어 스타일)' 대화상자에서 Size(크기)를 4, Color(색상)을 #ff9900으로 지정하고, 스타일 목록에서 [Inner Shadow(내부 그림자)]를 선택한 후 〈OK(확인)〉를 클릭한다.

6. [Edit(편집)] → [Free Transform Path(패스 자유 변형)]([Ctrl]+[T])를 선택한 다음 〈출력형태〉와 같이 크기를 조절한 후 배치한다. 이어서 [Enter]를 두 번 눌러 패스 자유 변형 상태를 해제한다.

02. 필터를 적용하고 클리핑 마스크 수행하기

1. '2급-12.jpg'를 '모의01-4.psd' 파일로 복사한다.

2. [Filter(필터)] → [Filter Gallery(필터 갤러리)] → [Artistic(예술 효과)] → [Rough Pastels(거친 파스텔 효과)]을 선택한 후 〈OK(확인)〉를 클릭한다.

3. 레이어 패널에서 'Layer 4(레이어 4)'의 바로 가기 메뉴를 불러 [Create Clipping Mask(클리핑 마스크 만들기)]를 선택한다.

4. [Edit(편집)] → [Free Transform(자유 변형)]([Ctrl]+[T])을 선택한 다음 〈출력형태〉와 같이 크기를 조절한 후 배치한다. 이어서 [Enter]를 눌러 자유 변형 상태를 해제한다.

⑤ 나비를 복사한 후 레이어 스타일을 적용하고 불투명도 지정하기

'2급-13.jpg'에서 나비를 복사한 후 Inner Glow(내부 광선) 스타일을 적용하고, Opacity(불투명도)를 70%로 지정한다.

1. '2급-13.jpg' 탭을 클릭하고 선택 도구를 이용하여 다음과 같이 선택한다.

2. 선택한 영역을 '모의01-4.psd' 파일로 복사한다.

3. 레이어 패널 하단의 🔅(Add a layer style(레이어 스타일을 추가합니다.)) 아이콘을 클릭한 후 [Inner Glow(내부 광선)]를 선택한다.

4. 'Layer Style(레이어 스타일)' 대화상자에서 〈OK(확인)〉를 클릭한다.

5. 레이어 패널 상단의 Opacity(불투명도)를 70%로 지정한다.

6. [Edit(편집)] → [Free Transform(자유 변형)]
([Ctrl]+[T])을 선택한 다음 〈출력형태〉와 같이 크기
와 방향을 조절한 후 배치한다. 이어서 [Enter]를 눌러
자유 변형 상태를 해제한다.

⑥ ✿, ▨를 추가한 후 레이어 스타일 적용하기

> **작업 결과**
>
> • 꽃(✿) 모양을 추가한 후 Stroke(선/획)와 Gradient Overlay
> (그라디언트 오버레이) 스타일을 적용한다.
> • 나선형(▨) 모양을 추가한 후 Drop Shadow(그림자 효과) 스
> 타일을 적용하고, Opacity(불투명도)를 60%로 지정한다.

01. ✿를 추가하고 레이어 스타일 적용하기

1. 도구 상자에서 ▨(Custom Shape Tool(사용자 정
의 모양 도구))([U])을 선택한 후 옵션 바에서
Shape(모양)의 목록 단추(▮) → [Legacy Shapes
and More(레거시 모양 및 기타)] → [All Legacy
Default Shapes(모든 레거시 기본 모양)] →
[Nature(자연)]를 선택한다.

포토샵 CS4/CS6 사용자
Shape(모양) 목록에서 [Nature(자연)]를 선택한 후 선택한 모
양으로 대치할지를 묻는 대화상자가 나타나면 〈OK(확인)〉를
클릭하세요.

2. 모양 목록에서 ✿(Flower 1(꽃 1))을 선택한 후 드
래그 하여 추가한다.

3. 레이어 패널 하단의 ƒx(Add a layer style(레이어
스타일을 추가합니다.)) 아이콘을 클릭한 후
[Stroke(획)]를 선택한다.

4. 'Layer Style(레이어 스타일)' 대화상자에서 Size(크
기)를 3, Color(색상)를 선택하고 #ffffff로 지정한
다.

5. 'Layer Style(레이어 스타일)' 대화상자에서
[Gradient Overlay(그레이디언트 오버레이)]를 클
릭한 후 레이어 스타일 대화상자에서 Gradient(그
레이디언트) 항목을 클릭한다.

6. 'Gradient Editor(그레이디언트 편집기)' 대화상자
의 왼쪽 아래 Color Stop(색상 정지점)을 더블클릭
한 다음 색상을 #3333cc로 지정한다.

7. 'Gradient Editor(그레이디언트 편집기)' 대화상자
의 오른쪽 아래 Color Stop(색상 정지점)을 더블클
릭한 다음 색상을 #ff3333으로 지정한 후 〈OK(확
인)〉를 클릭한다.

8. 'Layer Style(레이어 스타일)' 대화상자에서
Angle(각도)을 0으로 지정한 후 〈OK(확인)〉를 클
릭한다.

9. [Edit(편집)] → [Free Transform Path(패스 자유
변형)]([Ctrl]+[T])를 선택한 다음 〈출력형태〉와 같이
크기를 조절한 후 배치한다. 이어서 [Enter]를 두 번 눌
러 패스 자유 변형 상태를 해제한다.

02. ■를 추가하고 레이어 스타일 적용하기

1. ✿(Custom Shape Tool(사용자 정의 모양 도구)) (U)이 선택된 상태로 옵션 바에서 Shape(모양)의 목록 단추(■) → [Legacy Shapes and More(레거시 모양 및 기타)] → [All Legacy Default Shapes (모든 레거시 기본 모양)] → [Ornaments(장식)]를 선택한다.

> **포토샵 CS4/CS6 사용자**
> Shape(모양) 목록에서 [Ornaments(장식)]를 선택한 후 선택한 모양으로 대치할지를 묻는 대화상자가 나타나면 〈OK(확인)〉를 클릭하세요.

2. 모양 목록에서 ●(Spiral(나선형))을 선택한 후 드래그 하여 추가한 다음 옵션 바에서 Fill(칠)을 클릭하고 색상을 #ffffff로 지정한다.

> **포토샵 CS4 사용자**
> 옵션 바에서 Color(색상)를 클릭한 다음 'Pick a solid color:(단색 선택:)' 대화상자에서 색상을 지정한 후 〈OK(확인)〉를 클릭하세요.

3. 레이어 패널 하단의 ⓕ(Add a layer style(레이어 스타일을 추가합니다.)) 아이콘을 클릭한 후 [Drop Shadow(그림자)]를 선택한다.

4. 'Layer Style(레이어 스타일)' 대화상자에서 〈OK(확인)〉를 클릭한다.

5. 레이어 패널 상단의 Opacity(불투명도)를 60%로 지정한다.

6. [Edit(편집)] → [Free Transform Path(패스 자유 변형)]((Ctrl)+(T))를 선택한 다음 〈출력형태〉와 같이 크기와 방향을 조절한 후 배치한다. 이어서 (Enter)를 두 번 눌러 패스 자유 변형 상태를 해제한다.

❼ 문자를 입력한 후 레이어 스타일 적용하기

- 나비축제 사진/영상 공모전, Dream & Hope, 아름다움을 렌즈에 담기를 입력한다.
- 입력한 문자열 각각에 서식을 지정하고 레이어 스타일을 적용한다.
- 각각의 문자열을 〈출력형태〉와 같이 배치한다.

01. 문자 입력하기

1. 도구 상자에서 Ⓣ(Horizontal Type Tool(수평 문자 도구))((T))을 클릭한다.

2. 옵션 바에서 문자를 입력하기 좋은 크기와 색상을 지정한다. 여기서는 크기를 12, 색상을 검정(#000000)으로 지정한다.

3. 입력되는 문자의 색상과 구분이 잘되는 배경을 클릭하고 다음과 같이 〈출력형태〉에 제시된 모든 문자를 입력한다.

02. 서식 지정 및 레이어 스타일 적용하기

1. '나비축제 ~'에 서식 지정 및 레이어 스타일 적용

① 레이어 패널에서 '나비축제 ~' 레이어를 선택하고 옵션 바에서 Font(글꼴)를 '돋움', Size(크기)를 35로 지정한 후 [fx](Create warped text(뒤틀어진 텍스트 만들기))를 클릭한다.

② 'Warp Text(텍스트 뒤틀기)' 대화상자에서 'Style(스타일)'을 'Fish(물고기)'로 지정하고 〈출력형태〉와 모양이 비슷해지도록 'Bend(구부리기)' 값을 조절한 후 〈OK(확인)〉를 클릭한다.

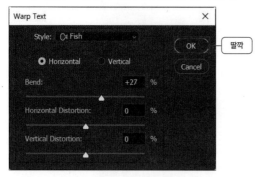
딸깍

③ 레이어 패널 하단의 [fx](Add a layer style(레이어 스타일을 추가합니다.)) 아이콘을 클릭한 후 [Gradient Overlay(그레이디언트 오버레이)]를 선택한다.

④ 'Layer Style(레이어 스타일)' 대화상자에서 Gradient(그레이디언트) 항목을 클릭한다.

⑤ 'Gradient Editor(그레이디언트 편집기)' 대화상자의 왼쪽 아래 Color Stop(색상 정지점)을 더블 클릭한 다음 색상을 #ff0066으로 지정한다.

⑥ 'Gradient Editor(그레이디언트 편집기)' 대화상자의 오른쪽 아래 Color Stop(색상 정지점)을 더블클릭한 다음 색상을 #0000ff로 지정한다.

⑦ 'Gradient Editor(그레이디언트 편집기)' 대화상자에서 〈OK(확인)〉를 클릭한다

⑧ 'Layer Style(레이어 스타일)' 대화상자의 스타일 목록에서 [Stroke(획)]를 선택하고, Size(크기)를 3, Color(색상)를 #ffffff로 지정한 후 〈OK(확인)〉를 클릭한다.

2. 'Dream ~'에 서식 지정 및 레이어 스타일 적용

① 레이어 패널에서 'Dream ~' 레이어를 선택하고 옵션 바에서 Font(글꼴)를 'Times New Roman', Font Style(글꼴 스타일)을 'Regular', Size(크기)를 45, Color(색상)를 #ffffff로 지정한 후 [T](Create warped text(뒤틀어진 텍스트 만들기))를 클릭한다.

② 'Warp Text(텍스트 뒤틀기)' 대화상자에서 'Style(스타일)'을 'Flag(깃발)'로 지정하고 〈출력형태〉와 모양이 비슷해지도록 'Bend(구부리기)' 값을 조절한 후 〈OK(확인)〉를 클릭한다.

딸깍

> **포토샵 CS4/CS6 사용자**
> 'Wrap Text(텍스트 변형/뒤틀기)' 대화상자에서 'Bend(구부리기)' 값을 −41로 조절하세요.

③ 'Hope'를 블록으로 지정하고 옵션 바에서 Color(색상)를 #ffff99로 지정한 후 Ctrl + Enter를 누른다.

④ 레이어 패널 하단의 [fx](Add a layer style(레이어 스타일을 추가합니다.)) 아이콘을 클릭한 후 [Drop Shadow(그림자)]를 선택한다.

⑤ 'Layer Style(레이어 스타일)' 대화상자의 스타일 목록에서 [Stroke(획)]를 클릭하고 Size(크기)를 3, Color(색상)를 #ff6600으로 지정한 후 〈OK(확인)〉를 클릭한다.

3. '아름다움을 ~'에 서식 지정 및 레이어 스타일 적용

① 레이어 패널에서 '아름다움을 ~' 레이어를 선택하고 옵션 바에서 Font(글꼴)를 '궁서', Size(크기)를 20, Color(색상)를 #ffff99로 지정한다.

② 레이어 패널 하단의 [fx](Add a layer style(레이어 스타일을 추가합니다.)) 아이콘을 클릭한 후 [Stroke(획)]를 선택한다.

③ 'Layer Style(레이어 스타일)' 대화상자에서 Size(크기)를 2, Color(색상)를 #333366으로 지정한 후 〈OK(확인)〉를 클릭한다.

03. 〈출력형태〉와 같이 배치하기

1. 레이어 패널에서 '나비축제 ~'를 선택한다.
2. [Edit(편집)] → [Free Transform(자유 변형)]([Ctrl]+[T])을 선택한 후 〈출력형태〉와 같이 배치한다. 이어서 [Enter]를 눌러 자유 변형 상태를 해제한다.
3. 나머지 글자도 위와 같은 방법으로 〈출력형태〉와 같이 배치한다.

8 파일 저장 및 이미지 크기 조절

1. [File(파일)] → [Save a Copy(사본 저장)]([Ctrl]+[Alt]+[S])를 선택하고 'Save a Copy(사본 저장)' 대화상자에서 저장 위치를 '모의01', 파일 이름을 '모의01-4'로, Format (형식)을 'JPEG(*.JPG;*.JPEG;*.JPE)'로 지정한 후 〈저장〉을 클릭한다.

> **포토샵 CS4/CS6 사용자**
> JPG 형식으로 저장하기 위해 [File(파일)] → [Save As(다른 이름으로 저장)]([Ctrl]+[Shift]+[S])를 선택하세요.

2. 'JPEG Options(JPEG 옵션)' 대화상자에서 Quality(품질)를 8로 지정한 후 〈OK(확인)〉를 클릭한다.
3. [Image(이미지)] → [Image Size(이미지 크기)]([Ctrl]+[Alt]+[I])를 선택하고 'Image Size(이미지 크기)' 대화상자에서 Width(폭)와 Height(높이)에 입력되어 있는 값에서 0 하나씩만 제거한 후 〈OK(확인)〉를 클릭한다.
4. [File(파일)] → [Save(저장)]([Ctrl]+[S])를 선택한다.

9 [문제 4] 답안 파일 전송

1. 포토샵 프로그램을 최소화한 후 '시험 관리 도구'에서 〈답안 전송〉을 클릭한다.
2. '고사실 PC로 답안 파일 보내기' 대화상자에서 전송할 '모의01-4.jpg'와 '모의01-4.psd' 파일을 선택한 후 〈답안 전송〉을 클릭한다.

실전 모의고사

 문제 1 [기능평가] **Tool(도구) 활용** (20점)

다음의 〈조건〉에 따라 아래의 〈출력형태〉와 같이 작업하시오.

출력형태

조건

원본 이미지		C:\길벗GTQ2급\모의\모의02\Image\2급-1.jpg	
파일 저장 규칙	JPG	파일명	C:\길벗GTQ2급\모의\모의02\모의02-1.jpg
		크기	400 × 500 pixels
	PSD	파일명	C:\길벗GTQ2급\모의\모의02\모의02-1.psd
		크기	40 × 50 pixels

1. 그림 효과

① 복제 및 변형 : 피자
② Shape Tool(모양 도구) 사용 :
 – 화살표 모양 (#66cc00, #336633, 레이어 스타일 – Drop Shadow (그림자 효과))
 – 장식 모양 (#ffcc00, 레이어 스타일 – Stroke(선/획)(1px, #996633))

2. 문자 효과

① Pizza (Arial, Bold, 70pt, 레이어 스타일 – 그라디언트 오버레이(#ffcc33, #ff0000), Drop Shadow(그림자 효과))

문제 2 [기능평가] **사진편집 기초** (20점)

다음의 〈조건〉에 따라 아래의 〈출력형태〉와 같이 작업하시오.

출력형태

조건

원본 이미지		C:\길벗GTQ2급\모의\모의02\Image\2급-2.jpg, 2급-3.jpg, 2급-4.jpg	
파일 저장 규칙	JPG	파일명	C:\길벗GTQ2급\모의\모의02\모의02-2.jpg
		크기	400 × 500 pixels
	PSD	파일명	C:\길벗GTQ2급\모의\모의02\모의02-2.psd
		크기	40 × 50 pixels

1. 그림 효과

① 색상 보정 : 2급-3.jpg – 파란색 계열로 보정,
 레이어 스타일 – Outer Glow(외부 광선)
② 액자 제작 :
 필터 – Stained Glass(스테인드 글라스/채색 유리), 안쪽 테두리 (4px, #000000),
 레이어 스타일 – Drop Shadow(그림자 효과)
③ 2급-4.jpg : 레이어 스타일 – Drop Shadow(그림자 효과)

2. 문자 효과

① 수확의 기쁨 밤 따기 (돋움, 32pt, 40pt, 레이어 스타일 – 그라디언트 오버레이
 (#993399, #ffffff), Stroke(선/획)(2px, #000033))

다음의 〈조건〉에 따라 아래의 〈출력형태〉와 같이 작업하시오.

조건

원본 이미지			C:\길벗GTQ2급\모의\모의02\Image\2급-5.jpg, 2급-6.jpg, 2급-7.jpg, 2급-8.jpg
파일 저장 규칙	JPG	파일명	C:\길벗GTQ2급\모의\모의02\모의02-3.jpg
		크기	600 × 400 pixels
	PSD	파일명	C:\길벗GTQ2급\모의\모의02\모의02-3.psd
		크기	60 × 40 pixels

1. 그림 효과

① 배경 : #ffffcc
② 2급-5.jpg : 필터 – Film Grain(필름 그레인), 레이어 마스크 – 가로 방향으로 흐릿하게
③ 2급-6.jpg : 레이어 스타일 – Bevel and Emboss(경사와 엠보스)
④ 2급-7.jpg : 레이어 스타일 – Drop Shadow(그림자 효과)
⑤ 2급-8.jpg : 레이어 스타일 – Outer Glow(외부 광선)
⑥ 그 외 《출력형태》 참조

2. 문자 효과

① 느림의 미학 (돋움, 18pt, #ffff33, #990033, 레이어 스타일 – Stroke(선/획)(2px, #333333))
② Slow Food (Arial, Bold, 36pt, 레이어 스타일 – 그라디언트 오버레이(#990000, #ffff66), Stroke(선/획)(3px, #333333))

출력형태

Shape Tool(모양 도구) 사용
레이어 스타일 –
그라디언트 오버레이
(#cc0000, #ffffff),
Outer Glow(외부 광선)

Shape Tool(모양 도구) 사용
#ffffff, 레이어 스타일 –
Bevel and Emboss(경사와
엠보스)

![문제 4 아이콘] **문제 4** **[실무응용]** 이벤트 페이지 제작 (35점)

다음의 〈조건〉에 따라 아래의 〈출력형태〉와 같이 작업하시오.

조건

원본 이미지			C:\길벗GTQ2급\모의\모의02\Image\2급-9.jpg, 2급-10.jpg, 2급-11.jpg, 2급-12.jpg, 2급-13.jpg
파일 저장 규칙	JPG	파일명	C:\길벗GTQ2급\모의\모의02\모의02-4.jpg
		크기	600 × 400 pixels
	PSD	파일명	C:\길벗GTQ2급\모의\모의02\모의02-4.psd
		크기	60 × 40 pixels

1. 그림 효과

① 2급-9.jpg : 필터 – Paint Daubs(페인트 덥스/페인트 바르기)
② 2급-10.jpg : 레이어 스타일 – Outer Glow(외부 광선)
③ 2급-11.jpg : 레이어 스타일 – Outer Glow(외부 광선), Bevel and Emboss(경사와 엠보스)
④ 2급-12.jpg : 필터 – Crosshatch(그물눈)
⑤ 2급-13.jpg : 레이어 스타일 – Bevel and Emboss(경사와 엠보스), Opacity(불투명도)(60%)
⑥ 그 외 《출력형태》 참조

2. 문자 효과

① FOOD EXPO (Arial, Bold, 50pt, #ffffff, 레이어 스타일 – Bevel and Emboss(경사와 엠보스), Stroke(선/획)(2px, #993300))
② 체험관 무료이벤트 (돋움, 27pt, 레이어 스타일 – 그라디언트 오버레이(#6666ff, #ffff66), Stroke(선/획)(2px, #000000))
③ 주최 : 푸드 연구회(궁서, 15pt, #ffffff, 레이어 스타일 – Stroke(선/획)(2px, #666600))

출력형태

Shape Tool(모양 도구) 사용
레이어 스타일 – Inner Shadow
(내부 그림자),
Stroke(선/획)(3px, #ff9999)

Shape Tool(모양 도구) 사용
#ffff99, 레이어 스타일 –
Inner Shadow(내부 그림자),
Opacity(불투명도)(70%)

Shape Tool(모양 도구) 사용
레이어 스타일 –
그라디언트 오버레이
(#cc0000, #006633),
Outer Glow(외부 광선)

실전 모의고사 풀이

[기능평가] Tool(도구) 활용

미리보기

사용할 이미지

2급-1.jpg

모양 도구로 추가하기

작업 과정

 ❶

'2급-1.jpg'를 복사한 후 피자를 한 번 복제한다.

❸

문자를 입력한 후 레이어 스타일을 적용한다.

❷

▶, ⫷를 추가한 후 레이어 스타일을 적용한다.

⓪ 준비 작업

1. [File(파일)] → [New(새로 만들기)]([Ctrl]+[N])를 선택한다.

2. 'New Document(새로운 문서 만들기)' 대화상자에서 Name(이름)을 '모의02-1', Width(폭)를 400, Height(높이)를 500, Resolution(해상도)을 72, Color Mode(색상 모드)를 'RGB Color', '8Bit', Background Contents(배경 내용)를 'White(흰색)'로 지정한 후 〈Create(만들기)〉를 클릭한다.

> **포토샵 CS4/CS6 사용자**
> 'New(새 문서)' 대화상자에서 Name(이름), Width(폭), Height(높이) 등을 지정하세요.

3. [File(파일)] → [Save As(다른 이름으로 저장)]를 선택([Ctrl]+[Shift]+[S])한 다음 'Save As(다른 이름으로 저장)' 대화상자에서 저장 위치를 '모의02', 파일 이름을 '모의02-1'로 지정한 후 〈저장〉을 클릭한다.

① 이미지를 복사한 후 피자 복제하기

작업 결과

'2급-1.jpg'를 복사한 후 피자를 한 번 복제한다.

1. [File(파일)] → [Open(열기)]([Ctrl]+[O])을 선택한다.

2. '열기' 대화상자에서 찾는 위치를 'C:\길벗GTQ2급\모의\모의02\Image' 폴더로 지정한 다음 '2급-1.jpg' 파일을 선택하고 〈열기〉를 클릭한다.

3. '2급-1.jpg'를 '모의02-1.psd' 파일로 복사한다.

4. [Edit(편집)] → [Free Transform(자유 변형)]([Ctrl]+[T])을 선택한 다음 〈출력형태〉와 같이 크기를 조절한 후 배치한다. 이어서 [Enter]를 눌러 자유 변형 상태를 해제한다.

5. 선택 도구를 이용하여 다음과 같이 선택한다.

6. [Ctrl]+[C]를 눌러 복사한 후 [Ctrl]+[V]를 눌러 붙여넣기 한다.

7. [Edit(편집)] → [Free Transform(자유 변형)]([Ctrl]+[T])를 선택한 후 바로 가기 메뉴에서 [Flip Horizontal(가로로 뒤집기)]을 선택한다.

8. 〈출력형태〉와 같이 크기와 방향을 조절한 후 배치한다. 이어서 [Enter]를 눌러 자유 변형 상태를 해제한다.

❷ ▶, ✦를 추가한 후 레이어 스타일 적용하기

• 화살표(▶) 모양을 추가한 후 Drop Shadow(그림자 효과) 스타일을 적용하고 한 번 복사한다.
• 장식(✦) 모양을 추가한 후 Stroke(선/획) 스타일을 적용한다.

 →

01. ▶를 추가한 후 레이어 스타일 적용하기

1. 도구 상자에서 ◈(Custom Shape Tool(사용자 정의 모양 도구))(U)을 선택한 후 옵션 바의 Pick tool mode(선택 도구 모드)를 Shape(모양)로 선택하고 Stroke(획)를 클릭하여 No Color(색상 없음)를 선택한다.

2. 옵션 바에서 Shape(모양)의 목록 단추(▪)를 클릭한 다음 [Legacy Shapes and More(레거시 모양 및 기타)] → [All Legacy Default Shapes(모든 레거시 기본 모양)] → [Arrows(화살표)]를 선택한다.

3. 모양 목록에서 ▶(Arrow 2(화살표 2)를 선택하고 드래그하여 추가한 다음 옵션 바에서 Fill(칠)을 클릭한 후 색상을 #66cc00으로 지정한다.

4. 레이어 패널 하단의 ▪(Add a layer style(레이어 스타일을 추가합니다.)) 아이콘을 클릭한 후 [Drop Shadow(그림자)]를 선택한다.
5. 'Layer Style(레이어 스타일)' 대화상자에서 〈OK(확인)〉를 클릭한다.
6. [Edit(편집)] → [Free Transform Path(패스 자유 변형)](Ctrl+T)를 선택한 다음 〈출력형태〉와 같이 크기를 조절한 후 배치한다. 이어서 Enter를 두 번 눌러 패스 자유 변형 상태를 해제한다.

7. 도구 상자에서 ✛(Move Tool(이동 도구))(V)을 클릭한 후 Alt+Shift를 누른 채 화살표 모양을 오른쪽 방향으로 드래그 하여 복사한다.
8. 도구 상자에서 ◈(Custom Shape Tool(사용자 정의 모양 도구))(U)을 클릭하고, 옵션 바에서 Fill(칠)을 클릭한 후 색상을 #336633으로 지정한다.
9. [Edit(편집)] → [Free Transform Path(패스 자유 변형)](Ctrl+T)를 선택한 다음 〈출력형태〉와 같이 배치한다. 이어서 Enter를 두 번 눌러 패스 자유 변형 상태를 해제한다.

02. ✦를 추가한 후 레이어 스타일 적용하기

1. 도구 상자에서 ◈(Custom Shape Tool(사용자 정의 모양 도구))(U)이 선택된 상태로 옵션 바에서 Shape(모양)의 목록 단추(▪)를 클릭한 다음 [Legacy Shapes and More(레거시 모양 및 기타)] → [All Legacy Default Shapes(모든 레거시 기본 모양)] → [Ornaments(장식)]를 선택한다.

2. 모양 목록에서 (Ornament 7(장식 7))을 선택한 후 드래그 하여 추가한 다음 옵션 바에서 Fill(칠)을 클릭하고 색상을 #ffcc00으로 지정한다.

3. 레이어 패널 하단의 **fx**(Add a layer style(레이어 스타일을 추가합니다.)) 아이콘을 클릭한 후 [Stroke(획)]를 선택한다.

4. 'Layer Style(레이어 스타일)' 대화상자에서 Size(크기)를 1, Position(위치)을 Outside(바깥쪽)로 선택하고, Color(색상)를 #996633으로 지정한 후 〈OK(확인)〉를 클릭한다.

5. [Edit(편집)] → [Free Transform Path(패스 자유 변형)]([Ctrl]+[T])를 선택한 다음 〈출력형태〉와 같이 크기와 방향을 조절한 후 배치한다. 이어서 [Enter]를 두 번 눌러 패스 자유 변형 상태를 해제한다.

③ 문자를 입력한 후 레이어 스타일 적용하기

Pizza를 입력한 후 Gradient Overlay(그라디언트 오버레이)와 Drop Shadow(그림자 효과) 스타일을 적용한다.

1. 도구 상자에서 **IT**((Vertical Type Tool(세로 문자 도구))([T])을 클릭한 다음 적당한 위치를 클릭하고 Pizza를 입력한다.

2. [Ctrl]+[Enter]를 눌러 입력을 완료하고 옵션 바에서 Font(글꼴)를 'Arial', Font Style(글꼴 스타일)을 Bold, Size(크기)를 70으로 지정한다.

3. 레이어 패널 하단의 **fx**(Add a layer style(레이어 스타일을 추가합니다.)) 아이콘을 클릭한 후 [Gradient Overlay(그레이디언트 오버레이)]를 선택한다.

4. 'Layer Style(레이어 스타일)' 대화상자에서 Gradient(그레이디언트) 항목을 클릭한다.

5. 'Gradient Editor(그레이디언트 편집기)' 대화상자의 왼쪽 아래 **▥**(Color Stop(색상 정지점))을 더블 클릭한 다음 색상을 #ffcc33으로 지정한다.

6. 'Gradient Editor(그레이디언트 편집기)' 대화상자의 오른쪽 아래 **▥**(Color Stop(색상 정지점))을 더블클릭한 다음 색상을 #ff0000으로 지정한다.

7. 'Gradient Editor(그레이디언트 편집기)' 대화상자에서 〈OK(확인)〉를 클릭한다.

8. 'Layer Style(레이어 스타일)' 대화상자의 스타일 목록에서 [Drop Shadow(드롭 섀도)]를 선택하고 〈OK(확인)〉를 클릭한다.

9. [Edit(편집)] → [Free Transform(자유 변형)] ([Ctrl]+[T])을 선택한 후 〈출력형태〉와 같이 배치한다. 이어서 [Enter]를 눌러 자유 변형 상태를 해제한다.

④ 파일 저장 및 이미지 크기 조절

1. [File(파일)] → [Save a Copy(사본 저장)] ([Ctrl]+[Alt]+[S])를 선택하고 'Save a Copy(사본 저장)' 대화상자에서 저장 위치를 '모의02', 파일 이름을 '모의02-1'로, Format(형식)을 'JPEG(*.JPG;*.JPEG;*.JPE)'로 지정한 후 〈저장〉을 클릭한다.

2. 'JPEG Options(JPEG 옵션)' 대화상자에서
　　Quality(품질)를 8로 지정한 후 〈OK(확인)〉를 클릭
　　한다.

3. [Image(이미지)] → [Image Size(이미지 크기)]
　　(Ctrl+Alt+I)를 선택하고 'Image Size(이미지 크
　　기)' 대화상자에서 단위를 Pixel(픽셀)로 변경한 다
　　음 Width(폭)와 Height(높이)에 입력되어 있는 값에
　　서 0 하나씩만 제거한 후 〈OK(확인)〉를 클릭한다.

4. [File(파일)] → [Save(저장)](Ctrl+S)를 선택한다.

⑤ [문제 1] 답안 파일 전송

1. 포토샵 프로그램을 최소화 한 후 '시험 관리 도구'에
　　서 〈답안 전송〉을 클릭한다.

2. '고사실 PC로 답안 파일 보내기' 대화상자에서 전송
　　할 '모의02-1.jpg'와 '모의02-1.psd' 파일을 선택한
　　후 〈답안 전송〉을 클릭한다.

 문제 2　　**[기능평가]　사진편집 기초**

미리보기

사용할 이미지

2급-2.jpg　　　2급-3.jpg　　　　2급-4.jpg

작업 과정

❶ '2급-2.jpg'를 복사한 후 액자를 만들고 액자틀 부분에 필터를, 안쪽 테두리에 서식과 레이어 스타일을 적용한다.

❸ '2급-4.jpg'에서 나뭇잎을 복사한 후 레이어 스타일을 적용한다.

❷ '2급-3.jpg'에서 밤을 복사한 후 레이어 스타일을 적용하고 색상을 보정한다.

❹ 수확의 기쁨 밤 따기를 입력한 후 레이어 스타일을 적용한다.

0 준비 작업

1. [File(파일)] → [New(새로 만들기)]([Ctrl]+[N])를 선택한다.

2. 'New Document(새로운 문서 만들기)' 대화상자에서 Name(이름)을 '모의02-2', Width(폭)를 400, Height(높이)를 500, Resolution(해상도)을 72, Color Mode(색상 모드)를 'RGB Color', '8Bit', Background Contents(배경 내용)를 'White(흰색)'로 지정한 후 〈Create(만들기)〉를 클릭한다.

> **포토샵 CS4/CS6 사용자**
> 'New(새 문서)' 대화상자에서 Name(이름), Width(폭), Height(높이) 등을 지정하세요.

3. [File(파일)] → [Save As(다른 이름으로 저장)]([Ctrl]+[Shift]+[S])를 선택한 다음 'Save As(다른 이름으로 저장)' 대화상자에서 저장 위치를 '모의02', 파일 이름을 '모의02-2'로 지정한 후 〈저장〉을 클릭한다.

1 액자 만들기

> **작업 결과**
> • '2급-2.jpg'를 복사한 후 바깥 테두리가 될 부분을 복사하여 새 레이어를 생성한 다음 Stained Glass(스테인드 글라스/채색 유리) 필터를 적용한다.
> • 안쪽 테두리에 서식을 지정한 후 Drop Shadow(그림자 효과) 스타일을 적용한다.

 →

1. [File(파일)] → [Open(열기)]([Ctrl]+[O])을 선택한다.

2. 'Open(열기)' 대화상자에서 찾는 위치를 'C:\길벗 GTQ2급\모의\모의02\Image' 폴더로 지정한 다음 '2급-2.jpg', '2급-3.jpg', '2급-4.jpg' 파일을 선택

하고 〈열기〉를 클릭한다.

3. '2급-2.jpg'를 '모의02-2.psd' 파일로 복사한다.

4. [Edit(편집)] → [Free Transform(자유 변형)]([Ctrl]+[T])을 선택한 다음 〈출력형태〉와 같이 배치한다. 이어서 [Enter]를 눌러 자유 변형 상태를 해제한다.

5. 도구 상자에서 ▭(Rectangle Tool(사각형 도구)) [U]을 선택하고, 옵션 바에서 Pick tool mode(선택 도구 모드)를 Path(패스)로 선택한 다음 Set radius of rounded corners(둥근 모퉁이 반경 설정)를 10px로 지정한 후 다음과 같이 추가한다.

> **포토샵 CS4/CS6 사용자**
> 도구 상자에서 ▭(Rounded Rectangle Tool(모서리가 둥근 직 사각형 도구))을 클릭하고, 옵션 바에서 옵션 모드로 ▭(Paths (패스))를 선택한 후 Radius(반경)를 10으로 지정하세요.

6. 패스 패널에서 Ctrl을 누른 채 Work Path(작업 패스)의 썸네일을 클릭하여 사각형을 선택 영역으로 지정한다.

7. [Select(선택)] → [Inverse(반전)](Ctrl+Shift+I)를 선택한 후 Ctrl+C를 눌러 복사한 다음 Ctrl+V를 눌러 붙여넣는다.

8. [Filter(필터)] → [Filter Gallery(필터 갤러리)] → [Texture(텍스처)] → [Stained Glass(채색 유리)]를 선택한 후 〈OK(확인)〉를 클릭한다.

9. 패스 패널에서 Ctrl을 누른 채 Work Path(작업 패스)의 썸네일을 클릭하여 사각형을 선택 영역으로 지정한다.

10. [Edit(편집)] → [Stroke(획)]를 선택한 후 'Stroke(획)' 대화상자에서 Width(폭)를 4, Color(색상)를 #000000으로 지정한 후 〈OK(확인)〉를 클릭한다.

11. Ctrl+D를 눌러 선택 영역을 해제한다.

12. 레이어 패널 하단의 fx(Add a layer style(레이어 스타일을 추가합니다.)) 아이콘을 클릭한 후 [Drop Shadow(그림자)]를 선택한다.

13. 'Layer Style(레이어 스타일)' 대화상자에서 〈OK(확인)〉를 클릭한다.

② 밤을 복사한 후 레이어 스타일을 적용하고 색상 보정하기

작업 결과

• '2급-3.jpg'에서 밤을 복사한 후 Outer Glow(외부 광선) 스타일을 적용한다.
• 파란색 계열로 색상을 보정한다.

1. '2급-3.jpg' 탭을 클릭하고 선택 도구를 이용하여 다음과 같이 선택한다.

2. 선택한 영역을 '모의02-2.psd' 파일로 복사한다.

3. 레이어 패널 하단의 fx(Add a layer style(레이어 스타일을 추가합니다.)) 아이콘을 클릭한 후 [Outer Glow(외부 광선)]를 선택한다.

4. 'Layer Style(레이어 스타일)' 대화상자에서 〈OK(확인)〉를 클릭한다.

5. [Edit(편집)] → [Free Transform(자유 변형)](Ctrl+T)을 선택한 다음 〈출력형태〉와 같이 크기를 조절한 후 배치한다. 이어서 Enter를 눌러 자유 변형 상태를 해제한다.

6. 선택 도구를 이용하여 그림과 같이 선택한다.

7. 레이어 패널 하단의 (Create new fill or adjustment layer(새 칠 또는 조정 레이어를 만듭니다.)) 아이콘을 클릭한 후 [Hue/Saturation(색조/채도)]을 선택한다.

8. 조정 패널에서 Colorize(색상화)를 체크한 후 Hue(색조)를 +210, Saturation(채도)을 +50으로 조절하여 파란색 계열로 색상을 보정한다.

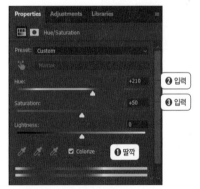

선택된 영역 전체를 대상으로 색상을 보정하려면 Colorize(색상화) 옵션이 선택된 상태에서 Hue(색조)와 Saturation(채도)을 조절해야 합니다. 다음은 Colorize(색상화) 옵션 적용 여부에 따른 보라색 계열 색상 보정의 차이입니다.

원본   보라색 계열 보정

Colorize(색상화)   Colorize(색상화), 보라색 계열 보정

❸ 나뭇잎을 복사한 후 레이어 스타일 적용하기

> **작업 결과**
>
> '2급–4jpg'에서 나뭇잎을 복사한 후 Drop Shadow(그림자 효과) 스타일을 적용한다.

1. '2급–4.jpg' 탭을 클릭한 후 선택 도구를 이용하여 다음과 같이 선택한다.

2. 선택한 영역을 '모의02-2.psd' 파일로 복사한다.

3. 레이어 패널 하단의 ▣(Add a layer style(레이어 스타일을 추가합니다.)) 아이콘을 클릭한 후 [Drop Shadow(그림자)]를 선택한다.

4. 'Layer Style(레이어 스타일)' 대화상자에서 〈OK(확인)〉를 클릭한다.

5. [Edit(편집)] → [Free Transform(자유 변형)]([Ctrl]+[T])을 선택한 다음 〈출력형태〉와 같이 크기를 조절한 후 배치한다. 이어서 [Enter]를 눌러 자유 변형 상태를 해제한다.

6. 레이어 패널에서 'Layer 4(레이어 4)'를 'Layer 2(레이어 2)' 아래로 드래그 하여 이동한다.

④ 문자를 입력한 후 레이어 스타일 적용하기

작업 결과

수확의 기쁨 밤 따기를 입력한 후 Gradient Overlay(그라디언트 오버레이)와 Stroke(선/획) 스타일을 적용한다.

1. 문자가 'Hue/Saturation 1(색조/채도 1)' 위쪽에 배치되도록 하기 위해 레이어 패널에서 'Hue/Saturation 1(색조/채도 1)'을 선택한다.

2. 도구 상자에서 ▣(Horizontal Type Tool(수평 문자 도구))([T])을 선택한 다음 적당한 위치를 클릭하고 **수확의 기쁨**을 입력하고 [Enter]를 누른 후 **밤 따기**를 입력한다.

3. [Ctrl]+[Enter]를 눌러 입력을 완료한 다음 옵션 바에서 Font(글꼴)를 '돋움', Size(크기)를 32, ▣(Center text(텍스트 중앙 정렬))를 지정한 후 ▣(Create warped text(뒤틀어진 텍스트 만들기))를 클릭한다.

4. 'Warp Text(텍스트 뒤틀기)' 대화상자에서 Style(스타일)을 'Bulge(돌출)'로 지정하고, 〈출력형태〉와 모양이 비슷해지도록 'Bend(구부리기)' 값을 조절한 후 〈OK(확인)〉를 클릭한다.

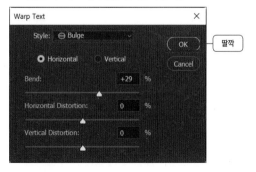

5. '밤 따기'를 블록으로 지정하고 옵션 바에서 Size(크기)를 40으로 지정한 후 [Ctrl]+[Enter]를 누른다.

6. 레이어 패널 하단의 ▨(Add a layer style(레이어 스타일을 추가합니다.)) 아이콘을 클릭한 후 [Gradient Overlay(그레이디언트 오버레이)]를 선택한다.

7. 'Layer Style(레이어 스타일)' 대화상자에서 Gradient(그레이디언트) 항목을 클릭한다.

8. 'Gradient Editor(그레이디언트 편집기)' 대화상자의 왼쪽 아래 Color Stop(색상 정지점)을 더블클릭한 다음 색상을 #993399로 지정한다.

9. 'Gradient Editor(그레이디언트 편집기)' 대화상자의 오른쪽 아래 Color Stop(색상 정지점)을 더블클릭한 다음 색상을 #ffffff로 지정한다.

10. 'Gradient Editor(그레이디언트 편집기)' 대화상자에서 〈OK(확인)〉를 클릭한다.

11. 'Layer Style(레이어 스타일)' 대화상자의 스타일 목록에서 [Stroke(획)]를 선택하고, Size(크기)를 2, Color(색상)를 #000033으로 지정한 후 〈OK(확인)〉를 클릭한다.

12. [Edit(편집)] → [Free Transform(자유 변형)] (Ctrl+T)을 선택한 다음 〈출력형태〉와 같이 배치한다. 이어서 Enter를 눌러 자유 변형 상태를 해제한다.

⑤ 파일 저장 및 이미지 크기 조절

1. [File(파일)] → [Save a Copy(사본 저장)](Ctrl+Alt+S)를 선택하고 'Save a Copy(사본 저장)' 대화상자에서 저장 위치를 '모의02', 파일 이름을 '모의02-2'로, Format(형식)을 'JPEG(*.JPG;*.JPEG;*.JPE)'로 지정한 후 〈저장〉을 클릭한다.

> **포토샵 CS4/CS6 사용자**
> JPG 형식으로 저장하기 위해 [File(파일)] → [Save As(다른 이름으로 저장)](Ctrl+Shift+S)를 선택하세요.

2. 'JPEG Options(JPEG 옵션)' 대화상자에서 Quality(품질)를 8로 지정한 후 〈OK(확인)〉를 클릭한다.

3. [Image(이미지)] → [Image Size(이미지 크기)] (Ctrl+Alt+I)를 선택하고 'Image Size(이미지 크기)' 대화상자에서 Width(폭)와 Height(높이)에 입력되어 있는 값에서 0 하나씩만 제거한 후 〈OK(확인)〉를 클릭한다.

4. [File(파일)] → [Save(저장)](Ctrl+S)를 선택한다.

⑥ [문제 2] 답안 파일 전송

1. 포토샵 프로그램을 최소화 한 후 '시험 관리 도구'에서 〈답안 전송〉을 클릭한다.

2. '고사실 PC로 답안 파일 보내기' 대화상자에서 전송할 '모의02-2.jpg'와 '모의02-2.psd' 파일을 선택한 후 〈답안 전송〉을 클릭한다.

 문제 3　　[기능평가]　**사진편집**

미리보기

사용할 이미지

2급-5.jpg

2급-6.jpg

2급-7.jpg

2급-8.jpg

모양 도구로 추가하기

①  빈 캔버스에 배경색을 지정한다.

②  '2급-5.jpg'를 복사한 후 필터를 적용하고 레이어 마스크를 수행한다.

③  '2급-6.jpg'에서 호박을 복사한 후 레이어 스타일을 적용한다.

④  '2급-7.jpg'에서 항아리를 복사한 후 레이어 스타일을 적용한다.

⑤  '2급-8.jpg'에서 김치를 복사한 후 레이어 스타일을 적용한다.

⑥  ◼, ✿를 추가한 후 레이어 스타일을 적용한다.

⑦  느림의 미학, Slow Food를 입력한 후 레이어 스타일을 적용한다.

 문제 3 [기능평가] **사진편집** 〔따라하기〕

⓪ 준비 작업

1. [File(파일)] → [New(새로 만들기)](Ctrl+N)를 선택한다.

2. 'New Document(새로운 문서 만들기)' 대화상자에서 Name(이름)을 '모의02-3', Width(폭)를 600, Height(높이)를 400, Resolution(해상도)을 72, Color Mode(색상 모드)를 'RGB Color', '8Bit', Background Contents(배경 내용)를 'White(흰색)'로 지정한 후 〈Create(만들기)〉를 클릭한다.

포토샵 CS4/CS6 사용자
'New(새 문서)' 대화상자에서 Name(이름), Witdh(폭), Height(높이) 등을 지정하세요.

3. [File(파일)] → [Save As(다른 이름으로 저장)](Ctrl+Shift+S)를 선택한 다음 'Save As(다른 이름으로 저장)' 대화상자에서 저장 위치를 '모의02', 파일 이름을 '모의02-3'으로 지정한 다음 〈저장〉을 클릭한다.

① 배경색 지정하기

빈 캔버스에 배경색을 지정한다.

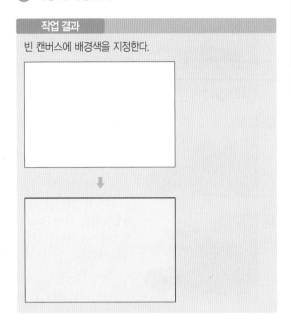

1. [Edit(편집)] → [Fill(칠)]((Shift)+(F5))을 선택한다.
2. 'Fill(칠)' 대화상자에서 Contents(내용) 항목을 클릭한 후 [Color(색상)]를 선택한다.
3. 'Color Picker(Fill Color)(색상 피커(칠 색상))' 대화상자에서 색상을 #ffffcc로 지정한 후 〈OK(확인)〉를 클릭한다. 이어서 'Fill(칠)' 대화상자에서도 〈OK(확인)〉를 클릭한다.

포토샵 CS4/CS6 사용자
'Fill(칠)' 대화상자가 표시되면 Use(사용)의 목록 단추를 클릭하여 [Color(색상)]를 선택하고 'Choose a color(색상 선택)' 대화상자에서 색상을 지정한 후 〈OK(확인)〉를 클릭하세요.

② 이미지를 복사한 후 필터를 적용하고 레이어 마스크 수행하기

• '2급-5.jpg'를 복사한 후 Film Grain(필름 그레인) 필터를 적용한다.
• 가로 방향으로 흐릿하게 레이어 마스크를 수행한다.

01. 필터 적용하기

1. [File(파일)] → [Open(열기)]((Ctrl)+(O))을 선택한다.
2. 'Open(열기)' 대화상자에서 찾는 위치를 'C:\길벗 GTQ2급\모의\모의02\Image' 폴더로 지정한 다음 '2급-5.jpg', '2급-6.jpg', '2급-7.jpg', '2급-8.jpg' 파일을 선택하고 〈열기〉를 클릭한다.
3. '2급-5.jpg'를 '모의02-3.psd' 파일로 복사한다.
4. [Filter(필터)] → [Filter Gallery(필터 갤러리)] → [Artistic(예술 효과)] → [Film Grain(필름 그레인)]을 선택한 후 〈OK(확인)〉를 클릭한다.

02. 레이어 마스크 수행하기

1. 레이어 패널 하단의 ▣(Add layer mask(레이어 마스크를 추가합니다.)) 아이콘을 클릭한다.
2. 도구 상자에서 ■(Gradient Tool(그레이디언트 도구))((G))을 클릭한 후 옵션 바에서 Gradient(그레이디언트) 항목을 클릭한다.

| | 딸깍 | | Mode: Normal | Opacity: 100% |

3. 'Gradient Editor(그레이디언트 편집기)' 대화상자의 Presets(사전 설정) 항목에서 Basics(기본 사항)의 확장 단추(▶)를 클릭한 다음 Black, White(검정, 흰색)를 클릭하고 〈OK(확인)〉를 클릭한다.

포토샵 CS4/CS6 사용자
'Gradient Editor(그라디언트 편집기)' 대화상자가 표시되면 Presets(사전 설정) 항목에서 Black, White(검정, 흰색)를 클릭하고 〈OK(확인)〉를 클릭하세요.

4. 마우스를 오른쪽에서 왼쪽 방향으로 다음과 같이 드래그 한다.

❸ 호박을 복사한 후 레이어 스타일 적용하기

작업 결과

'2급-6.jpg'에서 호박을 복사한 후 Bevel and Emboss(경사와 엠보스) 스타일을 적용한다.

1. '2급-6.jpg' 탭을 클릭한 후 선택 도구를 이용하여 다음과 같이 선택한다.

2. 선택한 영역을 '모의02-3.psd' 파일로 복사한다.

3. 레이어 패널 하단의 ▨(Add a layer style(레이어 스타일을 추가합니다.)) 아이콘을 클릭한 후 [Bevel & Emboss(경사와 엠보스)]를 선택한다.

4. 'Layer Style(레이어 스타일)' 대화상자에서 〈OK(확인)〉를 클릭한다.

5. [Edit(편집)] → [Free Transform(자유 변형)] (Ctrl+T)을 선택한 다음 〈출력형태〉와 같이 크기를 조절한 후 배치한다. 이어서 Enter를 눌러 자유 변형 상태를 해제한다.

④ 항아리를 복사한 후 레이어 스타일 적용하기

'2급-7.jpg'에서 항아리를 복사한 후 Drop Shadow(그림자 효과) 스타일을 적용한다.

1. '2급-7.jpg' 탭을 클릭한 후 선택 도구를 이용하여 다음과 같이 선택한다.

2. 선택한 영역을 '모의02-3.psd' 파일로 복사한다.
3. 레이어 패널 하단의 ⬛(Add a layer style(레이어 스타일을 추가합니다.)) 아이콘을 클릭한 후 [Drop Shadow(그림자)]를 선택한다.
4. 'Layer Style(레이어 스타일)' 대화상자에서 〈OK(확인)〉를 클릭한다.

5. [Edit(편집)] → [Free Transform(자유 변형)] (Ctrl+T)을 선택한 다음 〈출력형태〉와 같이 크기를 조절한 후 배치한다. 이어서 Enter를 눌러 자유 변형 상태를 해제한다.

⑤ 김치를 복사한 후 레이어 스타일 적용하기

'2급-8.jpg'에서 김치를 복사한 후 Outer Glow(외부 광선) 스타일을 적용한다.

1. '2급-8.jpg' 탭을 클릭한 후 선택 도구를 이용하여 다음과 같이 선택한다.

2. 선택한 영역을 '모의02-3.psd' 파일로 복사한다.

3. 레이어 패널 하단의 ▨(Add a layer style(레이어 스타일을 추가합니다.)) 아이콘을 클릭한 후 [Outer Glow(외부 광선)]를 선택한다.

4. 'Layer Style(레이어 스타일)' 대화상자에서 〈OK(확인)〉를 클릭한다.

5. [Edit(편집)] → [Free Transform(자유 변형)] ([Ctrl]+[T])을 선택한 다음 〈출력형태〉와 같이 크기를 조절한 후 배치한다. 이어서 [Enter]를 눌러 자유 변형 상태를 해제한다.

⑥ ▨, ✿를 추가한 후 레이어 스타일 적용하기

작업 결과

- 타일(▨) 모양을 추가한 후 Bevel and Emboss(경사와 엠보스) 스타일을 적용한다.
- 토끼풀(✿) 모양을 추가한 후 Gradient Overlay(그라디언트 오버레이)와 Outer Glow(외부 광선) 스타일을 적용한다.

01. ▨를 추가한 후 레이어 스타일 적용하기

1. 도구 상자에서 ▨(Custom Shape Tool(사용자 정의 모양 도구))([U])을 선택한 후 옵션 바의 Pick tool mode(선택 도구 모드)를 Shape(모양)로 선택한다.

2. 옵션 바에서 Shape(모양)의 목록 단추(▮)를 클릭한 다음 [Legacy Shapes and More(레거시 모양 및 기타)] → [All Legacy Default Shapes(모든 레거시 기본 모양)] → [Tiles(타일)]을 선택한다.

포토샵 CS4/CS6 사용자
Shape(모양) 목록에서 [Tiles(타일)]을 선택한 후 선택한 모양으로 대치할지를 묻는 대화상자가 나타나면 〈OK(확인)〉를 클릭하세요.

3. 모양 목록에서 ▨(Tile 3(타일 3))을 선택하고 드래그하여 추가한 다음 옵션 바에서 Fill(칠)을 클릭한 후 색상을 #ffffff로 지정한다.

포토샵 CS4 사용자
옵션 바에서 Color(색상)를 클릭한 다음 'Pick a solid color:(단색 선택:)' 대화상자에서 색상을 지정한 후 〈OK(확인)〉를 클릭하세요.

4. 레이어 패널 하단의 ▨(Add a layer style(레이어 스타일을 추가합니다.)) 아이콘을 클릭한 후 [Bavel & Emboss(경사와 엠보스)]를 선택한다.

5. 'Layer Style(레이어 스타일)' 대화상자에서 〈OK(확인)〉를 클릭한다.

6. [Edit(편집)] → [Free Transform Path(패스 자유 변형)]([Ctrl]+[T])를 선택한 다음 〈출력형태〉와 같이 크기와 방향을 조절한 후 배치한다. 이어서 [Enter]를 두 번 눌러 패스 자유 변형 상태를 해제한다.

02. ✿를 추가한 후 레이어 스타일 적용하기

1. ▨(Custom Shape Tool(사용자 정의 모양 도구))([U])이 선택된 상태로 옵션 바에서 Shape(모양)의 목록 단추(▮)를 클릭한 다음 [Legacy Shapes and More(레거시 모양 및 기타)] → [All Legacy Default Shapes(모든 레거시 기본 모양)] → [Nature(자연)]를 선택한다.

2. 모양 목록에서 ✿(Shamrock(토끼풀))을 선택한 후 드래그 하여 추가한다.

3. 레이어 패널 하단의 ▣(Add a layer style(레이어 스타일을 추가합니다.)) 아이콘을 클릭한 후 [Gradient Overlay(그레이디언트 오버레이)]를 선택한다.

4. 'Layer Style(레이어 스타일)' 대화상자에서 Gradient(그레이디언트) 항목을 클릭한다.

5. 'Gradient Editor(그레이디언트 편집기)' 대화상자의 왼쪽 아래 Color Stop(색상 정지점)을 더블클릭한 다음 색상을 #cc0000으로 지정한다.

6. 'Gradient Editor(그레이디언트 편집기)' 대화상자의 오른쪽 아래 Color Stop(색상 정지점)을 더블클릭한 다음 색상을 #ffffff로 지정한다.

7. 'Gradient Editor(그레이디언트 편집기)' 대화상자에서 〈OK(확인)〉를 클릭한다.

8. 'Layer Style(레이어 스타일)' 대화상자에서 Angle(각도)를 0으로 지정하고, 스타일 목록에서 [Outer Glow(외부 광선)]를 선택한 후 〈OK(확인)〉를 클릭한다.

9. [Edit(편집)] → [Free Transform Path(패스 자유 변형)]([Ctrl]+[T])를 선택한 다음 〈출력형태〉와 같이 크기와 방향을 조절한 후 배치한다. 이어서 [Enter]를 두 번 눌러 패스 자유 변형 상태를 해제한다.

❼ 문자를 입력한 후 레이어 스타일 적용하기

작업 결과

• **느림의 미학**을 입력한 후 Stroke(선/획) 스타일을 적용한다.
• **Slow Food**를 입력한 후 Gradient Overlay(그라디언트 오버레이)와 Stroke(선/획) 스타일을 적용한다.

01. 느림의 미학을 입력한 후 레이어 스타일 적용하기

1. 도구 상자에서 [T](Horizontal Type Tool(수평 문자 도구))([T])을 클릭한 다음 적당한 위치를 클릭하고 **느림의 미학**을 입력한다.

2. [Ctrl]+[Enter]를 눌러 입력을 완료한 다음 옵션 바에서 Font(글꼴)를 '돋움', Size(크기)를 18, Color(색상)를 #990033으로 지정한다.

3. '미학'을 블록으로 지정하고 옵션 바에서 Color(색상)를 #ffff33으로 지정한 후 [Ctrl]+[Enter]를 누른다.

4. 레이어 패널 하단의 ▣(Add a layer style(레이어 스타일을 추가합니다.)) 아이콘을 클릭한 후 [Stroke(획)]를 선택한다.

5. 'Layer Style(레이어 스타일)' 대화상자에서 Size(크기)를 2, Color(색상)를 #333333으로 지정한 후 〈OK(확인)〉를 클릭한다.

6. [Edit(편집)] → [Free Transform(자유 변형)]([Ctrl]+[T])을 선택한 다음 〈출력형태〉와 같이 배치한다. 이어서 [Enter]를 눌러 자유 변형 상태를 해제한다.

02. Slow Food를 입력한 후 레이어 스타일 적용하기

1. 도구 상자에서 ⊤(Horizontal Type Tool(수평 문자 도구))(T)을 클릭한 다음 적당한 위치를 클릭하고 **Slow Food**를 입력한다.

2. Ctrl+Enter를 눌러 입력을 완료한 다음 옵션 바에서 Font(글꼴)를 'Arial', Font Style(글꼴 스타일)을 'Bold', Size(크기)를 36으로 지정한 다음 ≛(Create warped text(뒤틀어진 텍스트 만들기))를 클릭한다.

3. 'Warp Text(텍스트 뒤틀기)' 대화상자에서 'Style(스타일)'을 'Arc Lower(아래 부채꼴)'로 지정하고 〈출력형태〉와 모양이 비슷해지도록 'Bend(구부리기)' 값을 조절한 후 〈OK(확인)〉를 클릭한다.

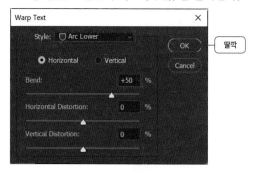

4. 레이어 패널 하단의 fx(Add a layer style(레이어 스타일을 추가합니다.)) 아이콘을 클릭한 후 [Gradient Overlay(그레이디언트 오버레이)]를 선택한다.

5. 'Layer Style(레이어 스타일)' 대화상자에서 Gradient(그레이디언트) 항목을 클릭한다.

6. 'Gradient Editor(그레이디언트 편집기)' 대화상자의 왼쪽 아래 Color Stop(색상 정지점)을 더블클릭한 다음 색상을 #990000으로 지정한다.

7. 'Gradient Editor(그레이디언트 편집기)' 대화상자의 오른쪽 아래 Color Stop(색상 정지점)을 더블클릭한 다음 색상을 #ffff66으로 지정한다.

8. 'Gradient Editor(그레이디언트 편집기)' 대화상자에서 〈OK(확인)〉를 클릭한다.

9. 'Layer Style(레이어 스타일)' 대화상자의 스타일 목록에서 [Stroke(획)]를 선택하고, Size(크기)를 3, Color(색상)를 #333333으로 지정한 후 〈OK(확인)〉를 클릭한다.

10. [Edit(편집)] → [Free Transform(자유 변형)] (Ctrl+T)을 선택한 다음 〈출력형태〉와 같이 배치한다. 이어서 Enter를 눌러 자유 변형 상태를 해제한다.

⑧ 파일 저장 및 이미지 크기 조절

1. [File(파일)] → [Save a Copy(사본 저장)] (Ctrl+Alt+S)를 선택하고 'Save a Copy(사본 저장)' 대화상자에서 저장 위치를 '모의02', 파일 이름을 '모의02-3'으로, Format (형식)을 'JPEG(*.JPG;*.JPEG;*.JPE)'로 지정한 후 〈저장〉을 클릭한다.

> **포토샵 CS4/CS6 사용자**
> JPG 형식으로 저장하기 위해 [File(파일)] → [Save As(다른 이름으로 저장)](Ctrl+Shift+S)를 선택하세요.

2. 'JPEG Options(JPEG 옵션)' 대화상자에서 Quality(품질)를 8로 지정한 후 〈OK(확인)〉를 클릭한다.

3. [Image(이미지)] → [Image Size(이미지 크기)] (Ctrl+Alt+I)를 선택하고 'Image Size(이미지 크기)' 대화상자에서 Width(폭)와 Height(높이)에 입력되어 있는 값에서 0 하나씩만 제거한 후 〈OK(확인)〉를 클릭한다.

4. [File(파일)] → [Save(저장)](Ctrl+S)를 선택한다.

⑨ [문제 3] 답안 파일 전송

1. 포토샵 프로그램을 최소화 한 후 '시험 관리 도구'에서 〈답안 전송〉을 클릭한다.

2. '고사실 PC로 답안 파일 보내기' 대화상자에서 전송할 '모의02-3.jpg'와 '모의02-3.psd' 파일을 선택한 후 〈답안 전송〉을 클릭한다.

미리보기

사용할 이미지

2급-9.jpg

2급-10.jpg

2급-11.jpg

2급-12.jpg

2급-13.jpg

모양 도구로 추가하기

작업 과정

❶ '2급-9.jpg'를 복사한 후 필터를 적용한다.

❷ '2급-10.jpg'에서 샐러드를 복사한 후 레이어 스타일을 적용한다.

❸ '2급-11.jpg'에서 비빔밥을 복사한 후 레이어 스타일을 적용한다.

❹ 빗방울 모양을 추가한 후 레이어 스타일을 적용하고, '2급-12.jpg'를 복사한 다음 필터를 적용하고 클리핑 마스크를 수행한다.

❺ '2급-13.jpg'에서 쿠키를 복사한 후 레이어 스타일을 적용하고 불투명도를 지정한다.

❻ ▣, ▣를 추가한 후 레이어 스타일을 적용하고 불투명도를 지정한다.

❼ 문자를 입력한 후 레이어 스타일을 적용한다.

문제 4 [실무응용] 이벤트 페이지 제작

따라
하기

⓪ 준비 작업

1. [File(파일)] → [New(새로 만들기)]([Ctrl]+[N])를 선택한다.

2. 'New Document(새로운 문서 만들기)' 대화상자에서 Name(이름)을 '모의02-4', Width(폭)를 600, Height(높이)를 400, Resolution(해상도)을 72, Color Mode(색상 모드)를 'RGB Color', '8Bit', Background Contents(배경 내용)를 'White(흰색)'로 지정한 후 〈Create(만들기)〉를 클릭한다.

> **포토샵 CS4/CS6 사용자**
> 'New(새 문서)' 대화상자에서 Name(이름), Witdth(폭), Height(높이) 등을 지정하세요.

3. [File(파일)] → [Save As(다른 이름으로 저장)]([Ctrl]+[Shift]+[S])를 선택한 다음 'Save As(다른 이름으로 저장)' 대화상자에서 저장 위치를 '모의02', 파일 이름을 '모의02-4'로 지정한 후 〈저장〉을 클릭한다.

① 이미지를 복사한 후 필터 적용하기

> **작업 결과**
> '2급-9.jpg'를 복사한 후 Paint Daubs(페인트 덥스/페인트 바르기) 필터를 적용한다.

---

1. [File(파일)] → [Open(열기)]([Ctrl]+[O])을 선택한다.

2. 'Open(열기)' 대화상자에서 찾는 위치를 'C:\길벗 GTQ2급\모의\모의02\Image' 폴더로 지정한 다음 '2급-9.jpg', '2급-10.jpg', '2급-11.jpg', '2급-12.jpg', '2급-13.jpg' 파일을 선택하고 〈열기〉를 클릭한다.

3. '2급-9.jpg'를 '모의02-4.psd' 파일로 복사한다.

4. [Filter(필터)] → [Filter Gallery(필터 갤러리)] → [Artistic(예술 효과)] → [Paint Daubs(페인트 바르기)]를 선택한 후 〈OK(확인)〉를 클릭한다.

5. [Edit(편집)] → [Free Transform(자유 변형)]([Ctrl]+[T])을 선택한 다음 〈출력형태〉와 같이 크기를 조절한 후 배치한다. 이어서 [Enter]를 눌러 자유 변형 상태를 해제한다.

② 샐러드를 복사한 후 레이어 스타일 적용하기

> **작업 결과**
> '2급-10.jpg'에서 샐러드를 복사한 후 Outer Glow(외부 광선) 스타일을 적용한다.

1. '2급-10.jpg' 탭을 클릭한 후 선택 도구를 이용하여 다음과 같이 선택한다.

2. 선택한 영역을 '모의02-4.psd' 파일로 복사한다.
3. 레이어 패널 하단의 ▨(Add a layer style(레이어 스타일을 추가합니다.)) 아이콘을 클릭한 후 [Outer Glow(외부 광선)]를 선택한다.
4. 'Layer Style(레이어 스타일)' 대화상자에서 〈OK(확인)〉를 클릭한다.
5. [Edit(편집)] → [Free Transform(자유 변형)] (Ctrl+T)을 선택한 다음 〈출력형태〉와 같이 크기를 조절한 후 배치한다. 이어서 Enter를 눌러 자유 변형 상태를 해제한다.

③ 비빔밥을 복사한 후 레이어 스타일 적용하기

작업 결과

'2급-11.jpg'에서 비빔밥을 복사한 후 Outer Glow(외부 광선)와 Bevel and Emboss(경사와 엠보스) 스타일을 적용한다.

1. '2급-11.jpg' 탭을 클릭한 후 선택 도구를 이용하여 다음과 같이 선택한다.

2. 선택한 영역을 '모의02-4.psd' 파일로 복사한다.
3. 레이어 패널 하단의 ▨(Add a layer style(레이어 스타일을 추가합니다.)) 아이콘을 클릭한 후 [Outer Glow(외부 광선)]를 선택한다.
4. 'Layer Style(레이어 스타일)' 대화상자의 스타일 목록에서 [Bevel & Emboss(경사와 엠보스)]를 클릭하고 〈OK(확인)〉를 클릭한다.
5. [Edit(편집)] → [Free Transform(자유 변형)] (Ctrl+T)을 선택한 다음 〈출력형태〉와 같이 크기를 조절한 후 배치한다. 이어서 Enter를 눌러 자유 변형 상태를 해제한다.

④ ◖를 추가한 후 레이어 스타일과 필터를 적용하고 클리핑 마스크 수행하기

작업 결과

- 빗방울(◖) 모양을 추가한 후 Inner Shadow(내부 그림자)와 Stroke(선/획) 스타일을 적용한다.
- '2급-12.jpg'를 복사한 후 Crosshatch(그물눈) 필터를 적용한 다음 클리핑 마스크를 수행한다.

↓

01. ◖를 추가한 후 레이어 스타일 적용하기

1. 도구 상자에서 ▨(Custom Shape Tool(사용자 정의 모양 도구))(U)을 선택한 후 옵션 바에서 Shape(모양)의 목록 단추(▮) → [Legacy Shapes and More(레거시 모양 및 기타)] → [All Legacy Default Shapes(모든 레거시 기본 모양)] → [Nature(자연)]를 선택한다.

포토샵 CS4/CS6 사용자
Shape(모양) 목록에서 [Nature(자연)]를 선택한 후 선택한 모양으로 대치할지를 묻는 대화상자가 나타나면 〈OK(확인)〉를 클릭하세요.

2. 모양 목록에서 ◖(Raindrop(빗방울))을 선택한 후 드래그 하여 추가한다.

3. 레이어 패널 하단의 █(Add a layer style(레이어 스타일을 추가합니다.)) 아이콘을 클릭한 후 [Stroke(획)]를 선택한다.

4. 'Layer Style(레이어 스타일)' 대화상자에서 Size(크기)를 3, Color(색상)을 #ff9999로 지정하고, 스타일 목록에서 [Inner Shadow(내부 그림자)]를 선택한 후 〈OK(확인)〉를 클릭한다.

5. [Edit(편집)] → [Free Transform Path(패스 자유 변형)](Ctrl+T)를 선택한 다음 〈출력형태〉와 같이 크기와 방향을 조절한 후 배치한다. 이어서 Enter를 두 번 눌러 패스 자유 변형 상태를 해제한다.

02. 필터를 적용하고 클리핑 마스크 수행하기

1. '2급-12.jpg'를 '모의02-4.psd' 파일로 복사한다.

2. [Filter(필터)] → [Filter Gallery(필터 갤러리)] → [Brush Strokes(브러시 획)] → [Crosshatch(그물눈)]를 선택한 후 〈OK(확인)〉를 클릭한다.

3. 레이어 패널에서 'Layer 4(레이어 4)'의 바로 가기 메뉴를 불러 [Create Clipping Mask(클리핑 마스크 만들기)]를 선택한다.

4. [Edit(편집)] → [Free Transform(자유 변형)] (Ctrl+T)을 선택한 다음 〈출력형태〉와 같이 크기를 조절한 후 배치한다. 이어서 Enter를 눌러 자유 변형 상태를 해제한다.

⑤ 쿠키를 복사한 후 레이어 스타일을 적용하고 불투명도 지정하기

'2급-13.jpg'에서 쿠키를 복사한 후 Bevel and Emboss(경사와 엠보스) 스타일을 적용하고, Opacity(불투명도)를 60%로 지정한다.

1. '2급-13.jpg' 탭을 클릭하고 선택 도구를 이용하여 다음과 같이 선택한다.

2. 선택한 영역을 '모의02-4.psd' 파일로 복사한다.

3. 레이어 패널 하단의 *fx*(Add a layer style(레이어 스타일을 추가합니다.)) 아이콘을 클릭한 후 [Bevel & Emboss(경사와 엠보스)]를 선택한다.

4. 'Layer Style(레이어 스타일)' 대화상자에서 〈OK(확인)〉를 클릭한다.

5. 레이어 패널 상단의 Opacity(불투명도)를 60%로 지정한다.

6. [Edit(편집)] → [Free Transform(자유 변형)] (Ctrl+T)을 선택한 다음 〈출력형태〉와 같이 크기를 조절한 후 배치한다. 이어서 Enter를 눌러 자유 변형 상태를 해제한다.

⑥ 🔹, 🔹를 추가한 후 레이어 스타일 적용하기

• 장식(🔹) 모양을 추가한 후 Inner Shadow(내부 그림자) 스타일을 적용하고, Opacity(불투명도)를 70%로 지정한다.
• 잎(🔹) 모양을 추가한 후 Gradient Overlay(그라디언트 오버레이)와 Outer Glow(외부 광선) 스타일을 적용한다.

01. 🔹를 추가하고 레이어 스타일 적용하기

1. 도구 상자에서 🔹(Custom Shape Tool(사용자 정의 모양 도구))(U)을 선택한 후 옵션 바에서 Shape(모양)의 목록 단추(🔹) → [Legacy Shapes and More(레거시 모양 및 기타)] → [All Legacy Default Shapes(모든 레거시 기본 모양)] → [Ornaments(장식)]를 선택한다.

2. 모양 목록에서 ⬥(Ornament 4(장식 4))를 선택한
   후 드래그 하여 추가한 다음 옵션 바에서 Fill(칠)을
   클릭하고 색상을 #ffff99로 지정한다.

3. 레이어 패널 하단의 ⬥(Add a layer style(레이어
   스타일을 추가합니다.)) 아이콘을 클릭한 후 [Inner
   Shadow(내부 그림자)]를 선택한다.

4. 'Layer Style(레이어 스타일)' 대화상자에서
   〈OK(확인)〉를 클릭한다.

5. 레이어 패널 상단의 Opacity(불투명도)를 70%로
   지정한다.

6. [Edit(편집)] → [Free Transform Path(패스 자유
   변형)](Ctrl+T)를 선택한 다음 〈출력형태〉와 같이
   크기와 방향을 조절한 후 배치한다. 이어서 Enter를
   두 번 눌러 패스 자유 변형 상태를 해제한다.

02. ⬥를 추가하고 레이어 스타일 적용하기

1. 도구 상자에서 ⬥(Custom Shape Tool(사용자 정
   의 모양 도구))(U)이 선택된 상태에서 옵션 바에서
   Shape(모양)의 목록 단추(⬤) → [Legacy Shapes
   and More(레거시 모양 및 기타)] → [All Legacy
   Default Shapes(모든 레거시 기본 모양)] →
   [Nature(자연)]를 선택한다.

2. 모양 목록에서 ❀(Leaf 5(나뭇잎 5))를 선택한 후
   드래그 하여 추가한다.

3. 레이어 패널 하단의 ⬥(Add a layer style(레이어
   스타일을 추가합니다.)) 아이콘을 클릭한 후
   [Gradient Overlay(그레이디언트 오버레이)]를 선
   택한다.

4. 'Layer Style(레이어 스타일)' 대화상자에서
   Gradient(그레이디언트) 항목을 클릭한다.

5. 'Gradient Editor(그레이디언트 편집기)' 대화상자
   의 왼쪽 아래 Color Stop(색상 정지점)을 더블클릭
   한 다음 색상을 #cc0000으로 지정한다.

6. 'Gradient Editor(그레이디언트 편집기)' 대화상자
   의 오른쪽 아래 Color Stop(색상 정지점)을 더블클
   릭한 다음 색상을 #006633으로 지정한 후 〈OK(확
   인)〉를 클릭한다.

7. 'Layer Style(레이어 스타일)' 대화상자에서 Angle
   (각도)을 90으로 지정한 후 스타일 목록에서 [Outer
   Glow(외부 광선)]를 선택한 다음 〈OK(확인)〉를 클
   릭한다.

8. [Edit(편집)] → [Free Transform Path(패스 자유
   변형)](Ctrl+T)를 선택한 다음 〈출력형태〉와 같이
   크기와 방향을 조절한 후 배치한다. 이어서 Enter를
   두 번 눌러 패스 자유 변형 상태를 해제한다.

❼ 문자를 입력한 후 레이어 스타일 적용하기

작업 결과

- FOOD EXPO, 체험관 무료이벤트, 주최 : 푸드 연구회를 입
  력한다.
- 입력한 문자열 각각에 서식을 지정하고 레이어 스타일을 적
  용한다.
- 각각의 문자열을 〈출력형태〉와 같이 배치한다.

01. 문자 입력하기

1. 도구 상자에서 T(Horizontal Type Tool(수평 문자 도구))([T])을 클릭한다.

2. 옵션 바에서 문자를 입력하기 좋은 크기와 색상을 지정한다. 여기서는 크기를 12, 색상을 검정 (#000000)으로 지정한다.

3. 입력되는 문자의 색상과 구분이 잘되는 배경을 클릭하고 다음과 같이 〈출력형태〉에 제시된 모든 문자를 입력한다.

02. 서식 지정 및 레이어 스타일 적용하기

1. 'FOOD ~'에 서식 지정 및 레이어 스타일 적용

① 레이어 패널에서 'FOOD ~' 레이어를 선택하고 옵션 바에서 Font(글꼴)를 'Arial', Font Style(글꼴 스타일) 'Bold', Size(크기)를 50, Color(색상)를 #ffffff로 지정한 후 T(Create warped text (뒤틀어진 텍스트 만들기))를 클릭한다.

② 'Warp Text(텍스트 뒤틀기)' 대화상자에서 'Style(스타일)'을 'Shell Lower(아래가 넓은 조개)'로 지정하고 〈출력형태〉와 모양이 비슷해지도록 'Bend(구부리기)' 값을 조절한 후 〈OK(확인)〉를 클릭한다.

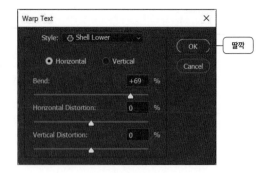

③ 레이어 패널 하단의 fx(Add a layer style(레이어 스타일을 추가합니다.)) 아이콘을 클릭한 후 [Bevel & Emboss(경사와 엠보스)]를 선택한다.

④ 'Layer Style(레이어 스타일)' 대화상자의 스타일 목록에서 [Stroke(획)]를 클릭하고 Size(크기)를 2, Color(색상)를 #993300으로 지정한 후 〈OK(확인)〉를 클릭한다.

2. '체험관 ~'에 서식 지정 및 레이어 스타일 적용

① 레이어 패널에서 '체험관 ~' 레이어를 선택하고 옵션 바에서 Font(글꼴)를 '돋움', Size(크기)를 27로 지정한 후 T(Create warped text(뒤틀어 진 텍스트 만들기))를 클릭한다.

② 'Warp Text(텍스트 뒤틀기)' 대화상자에서 'Style (스타일)'을 'Flag(깃발)'로 지정하고 〈출력형태〉와 모양이 비슷해지도록 'Bend(구부리기)' 값을 조절한 후 〈OK(확인)〉를 클릭한다.

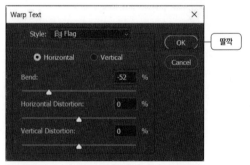

포토샵 CS4/CS6 사용자
'Wrap Text(텍스트 변형/뒤틀기)' 대화상자에서 'Bend(구부리기)' 값을 +52로 조절하세요.

③ 레이어 패널 하단의 ▨(Add a layer style(레이어 스타일을 추가합니다.)) 아이콘을 클릭한 후 [Gradient Overlay(그레이디언트 오버레이)]를 선택한다.

④ 'Layer Style(레이어 스타일)' 대화상자에서 Gradient(그레이디언트) 항목을 클릭한다.

⑤ 'Gradient Editor(그레이디언트 편집기)' 대화상자의 왼쪽 아래 Color Stop(색상 정지점)을 더블클릭한 다음 색상을 #6666ff로 지정한다.

⑥ 'Gradient Editor(그레이디언트 편집기)' 대화상자의 오른쪽 아래 Color Stop(색상 정지점)을 더블클릭한 다음 색상을 #ffff66으로 지정한다.

⑦ 'Gradient Editor(그레이디언트 편집기)' 대화상자에서 〈OK(확인)〉를 클릭한다.

⑧ 'Layer Style(레이어 스타일)' 대화상자에서 Angle(각도)을 0으로 지정한다.

⑨ 이어서 스타일 목록에서 [Stroke(획)]를 클릭하고 Size(크기)를 2, Color(색상)를 #000000으로 지정한 후 〈OK(확인)〉를 클릭한다.

3. '주최 ~'에 서식 지정 및 레이어 스타일 적용
 ① 레이어 패널에서 '주최 ~' 레이어를 선택하고 옵션 바에서 Font(글꼴)를 '궁서', Size(크기)를 15, Color(색상)를 #ffffff로 지정한다.
 ② '레이어 패널 하단의 ▨(Add a layer style(레이어 스타일을 추가합니다.)) 아이콘을 클릭한 후 [Stroke(획)]를 선택한다.
 ③ 'Layer style(레이어 스타일)' 대화상자에서 Size(크기)를 2, Color(색상)를 #666600으로 지정한 후 〈OK(확인)〉를 클릭한다.

03. 〈출력형태〉와 같이 배치하기

1. 레이어 패널에서 'FOOD EXPO'를 선택한다.
2. [Edit(편집)] → [Free Transform(자유 변형)] ([Ctrl]+[T])을 선택한 후 〈출력형태〉와 같이 배치한다. 이어서 [Enter]를 눌러 자유 변형 상태를 해제한다.

3. 나머지 글자도 위와 같은 방법으로 〈출력형태〉와 같이 배치한다.

⑧ 파일 저장 및 이미지 크기 조절

1. [File(파일)] → [Save a Copy(사본 저장)] ([Ctrl]+[Alt]+[S])를 선택하고 'Save a Copy(사본 저장)' 대화상자에서 저장 위치를 '모의02', 파일 이름을 '모의02-4'로, Format(형식)을 'JPEG (*.JPG;*.JPEG;*.JPE)'로 지정한 후 〈저장〉을 클릭한다.

포토샵 CS4/CS6 사용자
JPG 형식으로 저장하기 위해 [File(파일)] → [Save As(다른 이름으로 저장)]([Ctrl]+[Shift]+[S])를 선택하세요.

2. 'JPEG Options(JPEG 옵션)' 대화상자에서 Quality(품질)를 8로 지정한 후 〈OK(확인)〉를 클릭한다.
3. [Image(이미지)] → [Image Size(이미지 크기)] ([Ctrl]+[Alt]+[I])를 선택하고 'Image Size(이미지 크기)' 대화상자에서 Width(폭)와 Height(높이)에 입력되어 있는 값에서 0 하나씩만 제거한 후 〈OK(확인)〉를 클릭한다.
4. [File(파일)] → [Save(저장)]([Ctrl]+[S])를 선택한다.

⑨ [문제 4] 답안 파일 전송

1. 포토샵 프로그램을 최소화 한 후 '시험 관리 도구'에서 〈답안 전송〉을 클릭한다.
2. '고사실 PC로 답안 파일 보내기' 대화상자에서 전송할 '모의02-4.jpg'와 '모의02-4.psd' 파일을 선택한 후 〈답안 전송〉을 클릭한다.

 문제 **1** [기능평가] **Tool(도구) 활용** (20점)

다음의 〈조건〉에 따라 아래의 〈출력형태〉와 같이 작업하시오.

출력형태

조건			
원본 이미지			C:\길벗GTQ2급\모의\모의03\Image\2급-1.jpg
파일 저장 규칙	JPG	파일명	C:\길벗GTQ2급\모의\모의03\모의03-1.jpg
		크기	400 × 500 pixels
	PSD	파일명	C:\길벗GTQ2급\모의\모의03\모의03-1.psd
		크기	40 × 50 pixels

1. 그림 효과
① 복제 및 변형 : 무궁화
② Shape Tool(모양 도구) 사용 :
  – 잎 모양 (#669999, #cc6666, 레이어 스타일 – Bevel and Emboss(경사와 엠보스))
  – 꽃 모양 (#669966, 레이어 스타일 – Drop Shadow(그림자 효과))

2. 문자 효과
① Rose of Sharon (Arial, Bold, 38pt, 레이어 스타일 – 그라디언트 오버레이 (#993399, #ffffff), Inner Shadow(내부 그림자))

문제 **2** [기능평가] **사진편집 기초** (20점)

다음의 〈조건〉에 따라 아래의 〈출력형태〉와 같이 작업하시오.

출력형태

조건			
원본 이미지			C:\길벗GTQ2급\모의\모의03\Image\2급-2.jpg, 2급-3.jpg, 2급-4.jpg
파일 저장 규칙	JPG	파일명	C:\길벗GTQ2급\모의\모의03\모의03-2.jpg
		크기	400 × 500 pixels
	PSD	파일명	C:\길벗GTQ2급\모의\모의03\모의03-2.psd
		크기	40 × 50 pixels

1. 그림 효과
① 색상 보정 : 2급-3.jpg – 노란색 계열로 보정,
  레이어 스타일 – Drop Shadow(그림자 효과)
② 액자 제작 :
  필터 – Mosaic Tiles(모자이크 타일),
  안쪽 테두리 (5px, #339933),
  레이어 스타일 – Drop Shadow(그림자 효과)
③ 2급-4.jpg : 레이어 스타일 – Outer Glow(외부 광선)

2. 문자 효과

① 아름다운 한국의 전통미 (궁서, 40pt, 30pt, 레이어 스타일 – 그라디언트 오버레이(#000066, #ff00cc), Stroke(선/획)(2px, #ffffcc))

 문제 3 [기능평가] **사진편집** (25점)

다음의 〈조건〉에 따라 아래의 〈출력형태〉와 같이 작업하시오.

조건

원본 이미지	C:\길벗GTQ2급\모의\모의03\Image\2급-5.jpg, 2급-6.jpg, 2급-7.jpg, 2급-8.jpg		
파일 저장 규칙	JPG	파일명	C:\길벗GTQ2급\모의\모의03\모의03-3.jpg
		크기	600 × 400 pixels
	PSD	파일명	C:\길벗GTQ2급\모의\모의03\모의03-3.psd
		크기	60 × 40 pixels

1. 그림 효과

① 배경 : #cccc66
② 2급-5.jpg : 필터 – Sponge(스폰지), 레이어 마스크 – 세로 방향으로 흐릿하게
③ 2급-6.jpg : 레이어 스타일 – Drop Shadow(그림자 효과)
④ 2급-7.jpg : 레이어 스타일 – Drop Shadow(그림자 효과)
⑤ 2급-8.jpg : 레이어 스타일 – Bevel and Emboss(경사와 엠보스)
⑥ 그 외 《출력형태》 참조

2. 문자 효과

① 한국 문화 이해하기 (바탕, 25pt, #333399, #99cc99, 레이어 스타일 – Drop Shadow(그림자 효과), Stroke(선/획)(2px, #666666))
② About KOREA (Arial, Bold, 45pt, 레이어 스타일 – 그라디언트 오버레이(#99ffff, #ff6600), Stroke(선/획)(3px, #336666))

출력형태

Shape Tool(모양 도구) 사용
#cc3399, 레이어 스타일 –
Drop Shadow(그림자 효과),
Opacity(불투명도)(70%)

Shape Tool(모양 도구) 사용
레이어 스타일 –
그라디언트 오버레이
(#006633, #ffffff),
Outer Glow(외부 광선)

다음의 〈조건〉에 따라 아래의 〈출력형태〉와 같이 작업하시오.

조건

원본 이미지			C:\길벗GTQ2급\모의\모의03\Image\2급-9.jpg, 2급-10.jpg, 2급-11.jpg, 2급-12.jpg, 2급-13.jpg
파일 저장 규칙	JPG	파일명	C:\길벗GTQ2급\모의\모의03\모의03-4.jpg
		크기	600 × 400 pixels
	PSD	파일명	C:\길벗GTQ2급\모의\모의03\모의03-4.psd
		크기	60 × 40 pixels

1. 그림 효과

① 2급-9.jpg : 필터 – Cutout(오려내기)

② 2급-10.jpg : 레이어 스타일 – Outer Glow(외부 광선), Bevel and Emboss(경사와 엠보스)

③ 2급-11.jpg : 레이어 스타일 – Drop Shadow(그림자 효과)

④ 2급-12.jpg : 필터 – Texturizer(텍스처화)

⑤ 2급-13.jpg : 레이어 스타일 – Inner Glow(내부 광선), Opacity(불투명도)(70%)

⑥ 그 외 《출력형태》 참조

2. 문자 효과

① Welcome to Korea (Time New Roman, Bold Italic, 30pt, #ffffff, 레이어 스타일 – Drop Shadow(그림자 효과), Stroke(선/획)(3px, #cc6600))

② 한국 방문의 해 (궁서, 40pt, 레이어 스타일 – 그라디언트 오버레이(#660066, #ff9900), Stroke(선/획)(3px, #ffffff))

③ 홍보하기 (돋움, 20pt, #ccff66, 레이어 스타일 – Stroke(선/획)(3px, #996633))

출력형태

Shape Tool(모양 도구) 사용
레이어 스타일 –
Stroke(선/획)(4px, #ffff00),
Inner Shadow(내부 그림자)

Shape Tool(모양 도구) 사용
#3399ff, 레이어 스타일 – Inner Glow(내부 광선),
Opacity(불투명도)(70%)

Shape Tool(모양 도구) 사용
레이어 스타일 –
그라디언트 오버레이
(#990099, #ffffff),
Drop Shadow(그림자 효과),
Opacity(불투명도)(70%)

[기능평가]   Tool(도구) 활용

미리보기

사용할 이미지

2급-1.jpg

모양 도구로 추가하기

작업 과정

①

'2급-1.jpg'를 복사한 후 무궁화를 한 번 복제한다.

③

문자를 입력한 후 레이어 스타일을 적용한다.

②

◐, ◆를 추가한 후 레이어 스타일을 적용한다.

[기능평가]   Tool(도구) 활용

따라
하기

⓪ 준비 작업

1. [File(파일)] → [New(새로 만들기)]([Ctrl]+[N])를 선택한다.

2. 'New Document(새로운 문서 만들기)' 대화상자에서 Name(이름)을 '모의03-1', Width(폭)를 400, Height(높이)를 500, Resolution(해상도)을 72,

Color Mode(색상 모드)를 'RGB Color', '8Bit', Background Contents(배경 내용)를 'White(흰색)'로 지정한 후 〈Create(만들기)〉를 클릭한다.

포토샵 CS4/CS6 사용자
'New(새 문서)' 대화상자에서 Name(이름), Width(폭), Height(높이) 등을 지정하세요.

3. [File(파일)] → [Save As(다른 이름으로 저장)]
([Ctrl]+[Shift]+[S])를 선택한 후 'Save As(다른 이름으
로 저장)' 대화상자에서 저장 위치를 '모의03', 파일
이름을 '모의03-1'로 지정한 다음 〈저장〉을 클릭
한다.

① 이미지를 복사한 후 무궁화 복제하기

> **작업 결과**
>
> '2급-1.jpg'를 복사한 후 무궁화를 한 번 복제한다.

1. [File(파일)] → [Open(열기)]([Ctrl]+[O])을 선택한다.
2. '열기' 대화상자에서 찾는 위치를 'C:\길벗GTQ2
급\모의\모의03\Image' 폴더로 지정한 다음 '2
급-1.jpg' 파일을 선택하고 〈열기〉를 클릭한다.
3. '2급-1.jpg'를 '모의03-1.psd' 파일로 복사한다.
4. 선택 도구를 이용하여 다음과 같이 선택한다.

5. [Ctrl]+[C]를 눌러 복사한 후 [Ctrl]+[V]를 눌러 붙여넣
기 한다.
6. [Edit(편집)] → [Free Transform(자유 변형)]
([Ctrl]+[T])를 선택한 후 바로 가기 메뉴에서 [Flip
Horizontal(가로로 뒤집기)]을 선택한다.

7. 〈출력형태〉와 같이 크기와 방향을 조절한 후 배치
한다. 이어서 [Enter]를 눌러 자유 변형 상태를 해제
한다.

② ⬛, ⬛를 추가한 후 레이어 스타일 적용하기

> **작업 결과**
>
> • 잎(⬛) 모양을 추가한 후 Bevel and Emboss(경사와 엠보스)
>   스타일을 적용하고 한 번 복사한다.
> • 꽃(⬛) 모양을 추가한 후 Drop Shadow(그림자 효과) 스타일
>   을 적용한다.

01. ⬛를 추가한 후 레이어 스타일 적용하기

1. 도구 상자에서 ⬛(Custom Shape Tool(사용자 정
의 모양 도구))([U])을 선택한 후 옵션 바의 Pick
tool mode(선택 도구 모드)를 Shape(모양)로 선택
하고 Stroke(획)를 클릭하여 No Color(색상 없음)
로 지정한다.

> **포토샵 CS4/CS6 사용자**
> Stroke(선/획)가 Style(스타일)로 표시되며, Style(스타일)의 기
> 본 값이 Default Style(초기 스타일)입니다. 기본 값이 Default
> Style(초기 스타일)이 아닌 경우에만 선택하세요.

2. 옵션 바에서 Shape(모양)의 목록 단추(▾)를 클릭한 다음 [Legacy Shapes and More(레거시 모양 및 기타)] → [All Legacy Default Shapes(모든 레거시 기본 모양)] → [Nature(자연)]를 선택한다.

3. 모양 목록에서 ◖(Leaf 3(나뭇잎 3))을 선택하고 드래그하여 추가한 다음 옵션 바에서 Fill(칠)을 클릭한 후 색상을 #669999로 지정한다.

4. 레이어 패널 하단의 🗚(Add a layer style(레이어 스타일을 추가합니다.)) 아이콘을 클릭한 후 [Bevel & Emboss(경사와 엠보스)]를 선택한다.

5. 'Layer Style(레이어 스타일)' 대화상자에서 〈OK(확인)〉를 클릭한다.

6. [Edit(편집)] → [Free Transform Path(패스 자유 변형)](Ctrl+T)를 선택한 다음 〈출력형태〉와 같이 크기와 방향을 조절한 후 배치한다. 이어서 Enter를 두 번 눌러 패스 자유 변형 상태를 해제한다.

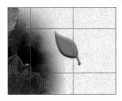

7. 도구 상자에서 ✥(Move Tool(이동 도구))(V)을 클릭한 후 Alt를 누른 채 잎 모양을 아래쪽 방향으로 드래그 하여 복사한다.

8. 도구 상자에서 ✿(Custom Shape Tool(사용자 정의 모양 도구))(U)을 클릭하고, Fill(칠)을 클릭한 후 색상을 #cc6666으로 지정한다.

9. [Edit(편집)] → [Free Transform Path(패스 자유 변형)](Ctrl+T)를 선택한 다음 〈출력형태〉와 같이 크기와 방향을 조절한 후 배치한다. 이어서 Enter를 두 번 눌러 패스 자유 변형 상태를 해제한다.

02. ✿를 추가한 후 레이어 스타일 적용하기

1. 도구 상자에서 ✿(Custom Shape Tool(사용자 정의 모양 도구))(U)이 선택된 상태에서 옵션 바에서 Shape(모양)의 목록 단추(▾)를 클릭한 다음 [Legacy Shapes and More(레거시 모양 및 기타)] → [All Legacy Default Shapes(모든 레거시 기본 모양)] → [Nature(자연)]를 선택한다.

2. 모양 목록에서 ✿(Flower 2(꽃 2))를 선택한 후 드래그 하여 추가한 다음 옵션 바에서 Fill(칠)을 클릭하고 색상을 #669966으로 지정한다.

3. 레이어 패널 하단의 🗚(Add a layer style(레이어 스타일을 추가합니다.)) 아이콘을 클릭한 후 [Drop Shadow(그림자)]를 선택한다.

4. 'Layer Style(레이어 스타일)' 대화상자에서 〈OK(확인)〉를 클릭한다.

5. [Edit(편집)] → [Free Transform Path(패스 자유 변형)](Ctrl+T)를 선택한 다음 〈출력형태〉와 같이 크기를 조절한 후 배치한다. 이어서 Enter를 두 번 눌러 패스 자유 변형 상태를 해제한다.

❸ 문자를 입력한 후 레이어 스타일 적용하기

Rose of Sharon을 입력한 후 Gradient Overlay(그라디언트 오버레이)와 Inner Shadow(내부 그림자) 스타일을 적용한다.

1. 도구 상자에서 🅣(Horizontal Type Tool(수평 문자 도구))([T])을 클릭한 다음 적당한 위치를 클릭하고 Rose of Sharon을 입력한다.
2. [Ctrl]+[Enter]를 눌러 입력을 완료하고 옵션 바에서 Font(글꼴)를 'Arial', Font Style(글꼴 스타일)을 Bold, Size(크기)를 38로 지정한다.
3. 레이어 패널 하단의 🖍(Add a layer style(레이어 스타일을 추가합니다.)) 아이콘을 클릭한 후 [Gradient Overlay(그레이디언트 오버레이)]를 선택한다.
4. 'Layer Style(레이어 스타일)' 대화상자에서 Gradient(그레이디언트) 항목을 클릭한다.
5. 'Gradient Editor(그레이디언트 편집기)' 대화상자의 왼쪽 아래 🔳(Color Stop(색상 정지점))을 더블 클릭한 다음 색상을 #993399로 지정한다.
6. 'Gradient Editor(그레이디언트 편집기)' 대화상자의 오른쪽 아래 🔳(Color Stop(색상 정지점))을 더블클릭한 다음 색상을 #ffffff로 지정한다.
7. 'Gradient Editor(그레이디언트 편집기)' 대화상자에서 〈OK(확인)〉를 클릭한다.
8. 'Layer Style(레이어 스타일)' 대화상자의 스타일 목록에서 [Inner Shadow(내부 그림자)]를 클릭하고 〈OK(확인)〉를 클릭한다.

9. [Edit(편집)] → [Free Transform(자유 변형)]([Ctrl]+[T])을 선택한 후 〈출력형태〉와 같이 배치한다. 이어서 [Enter]를 눌러 자유 변형 상태를 해제한다.

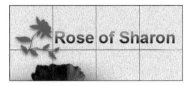

❹ 파일 저장 및 이미지 크기 조절

1. [File(파일)] → [Save a Copy(사본 저장)]([Ctrl]+[Alt]+[S])를 선택하고 'Save a Copy(사본 저장)' 대화상자에서 저장 위치를 '모의03', 파일 이름을 '모의03-1'로, Format(형식)을 'JPEG(*.JPG;*.JPEG;*.JPE)'로 지정한 후 〈저장〉을 클릭한다.

2. 'JPEG Options(JPEG 옵션)' 대화상자에서 Quality(품질)를 8로 지정한 후 〈OK(확인)〉를 클릭한다.
3. [Image(이미지)] → [Image Size(이미지 크기)]([Ctrl]+[Alt]+[I])를 선택하고 'Image Size(이미지 크기)' 대화상자에서 단위를 Pixel로 변경한 뒤 Width(폭)와 Height(높이)에 입력되어 있는 값에서 0 하나씩만 제거한 후 〈OK(확인)〉를 클릭한다.
4. [File(파일)] → [Save(저장)]([Ctrl]+[S])를 선택한다.

❺ [문제 1] 답안 파일 전송

1. 포토샵 프로그램을 최소화한 후 '시험 관리 도구'에서 〈답안 전송〉을 클릭한다.
2. '고사실 PC로 답안 파일 보내기' 대화상자에서 전송할 '모의03-1.jpg'와 '모의03-1.psd' 파일을 선택한 후 〈답안 전송〉을 클릭한다.

미리보기

사용할 이미지

2급-2.jpg　　2급-3.jpg　　2급-4.jpg

작업 과정

❶  '2급-2.jpg'를 복사한 후 액자를 만들고 액자틀 부분에 필터를, 안쪽 테두리에 서식과 레이어 스타일을 적용한다.

❸  '2급-4.jpg'에서 청자를 복사한 후 레이어 스타일을 적용한다.

❷  '2급-3.jpg'에서 인형을 복사한 후 레이어 스타일을 적용하고 색상을 보정한다.

❹  문자를 입력한 후 레이어 스타일을 적용한다.

 문제 2 　　[기능평가]　**사진편집 기초**　　 따라 하기

⓪ 준비 작업

1. [File(파일)] → [New(새로 만들기)](Ctrl + N)를 선택한다.

2. 'New Document(새로운 문서 만들기)' 대화상자에서 Name(이름)을 '모의03-2', Width(폭)를 400, Height(높이)를 500, Resolution(해상도)을 72, Color Mode(색상 모드)를 'RGB Color', '8Bit', Background Contents(배경 내용)를 'White(흰색)'로 지정한 후 〈Create(만들기)〉를 클릭한다.

포토샵 CS4/CS6 사용자

'New(새 문서)' 대화상자에서 Name(이름), Width(폭), Height(높이) 등을 지정하세요.

3. [File(파일)] → [Save As(다른 이름으로 저장)](Ctrl + Shift + S)를 선택한 후 'Save As(다른 이름으로 저장)' 대화상자에서 저장 위치를 '모의03', 파일 이름을 '모의03-2'로 지정한 다음 〈저장〉을 클릭한다.

① 액자 만들기

- '2급-2.jpg'를 복사한 후 바깥 테두리가 될 부분을 복사하여 새 레이어를 생성한 다음 Mosaic Tiles(모자이크 타일) 필터를 적용한다.
- 안쪽 테두리에 서식을 지정한 후 Drop Shadow(그림자 효과) 스타일을 적용한다.

1. [File(파일)] → [Open(열기)]((Ctrl)+(O))을 선택한다.

2. 'Open(열기)' 대화상자에서 찾는 위치를 'C:\길벗 GTQ2급\모의\모의03\Image' 폴더로 지정한 다음 '2급-2.jpg', '2급-3.jpg', '2급-4.jpg' 파일을 선택하고 〈열기〉를 클릭한다.

3. '2급-2.jpg'를 '모의03-2.psd' 파일로 복사한다.

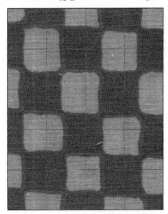

4. 도구 상자에서 ■(Rectangle Tool(사각형 도구)) (U)을 선택하고, 옵션 바에서 Pick tool mode(선택 도구 모드)를 Path(패스)로 선택한 다음 Set radius of rounded corners(둥근 모퉁이 반경 설정)를 10px로 지정한 후 다음과 같이 추가한다.

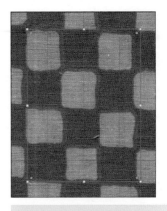

도구 상자에서 ▣(Rounded Rectangle Tool(모서리가 둥근 직사각형 도구))을 클릭하고, 옵션 바에서 옵션 모드로 ▣(Paths(패스))를 선택한 후 Radius(반경)를 10으로 지정하세요.

5. 패스 패널에서 (Ctrl)을 누른 채 Work Path(작업 패스)의 썸네일을 클릭하여 사각형을 선택 영역으로 지정한다.

6. [Select(선택)] → [Inverse(반전)]((Ctrl)+(Shift)+(I))를 선택한 후 (Ctrl)+(C)를 눌러 복사한 다음 (Ctrl)+(V)를 눌러 붙여넣는다.

7. [Filter(필터)] → [Filter Gallery(필터 갤러리)] → [Texture(텍스처)] → [Mosaic Tiles(모자이크 타일)]를 선택한 후 〈OK(확인)〉를 클릭한다.

8. 패스 패널에서 (Ctrl)을 누른 채 Work Path(작업 패스)의 썸네일을 클릭하여 사각형을 선택 영역으로 지정한다.

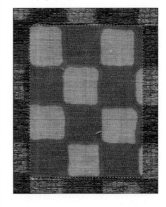

9. [Edit(편집)] → [Stroke(획)]를 선택한 후 'Stroke (획)' 대화상자에서 Width(폭)를 5, Color(색상)를 #339933으로 지정한 후 〈OK(확인)〉를 클릭한다.

10. Ctrl+D를 눌러 선택 영역을 해제한다.

11. 레이어 패널 하단의 *fx*(Add a layer style(레이어 스타일을 추가합니다.)) 아이콘을 클릭한 후 [Drop Shadow(그림자)]를 선택한다.

12. 'Layer Style(레이어 스타일)' 대화상자에서 〈OK(확인)〉를 클릭한다.

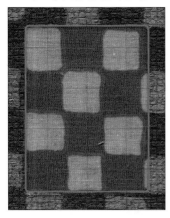

② 인형을 복사한 후 레이어 스타일을 적용하고 색상 보정하기

- '2급-3.jpg'에서 인형을 복사한 후 Drop Shadow(그림자 효과 스타일을 적용한다.
- 노란색 계열로 색상을 보정한다.

1. '2급-3.jpg' 탭을 클릭하고 선택 도구를 이용하여 다음과 같이 선택한다.

2. 선택한 영역을 '모의03-2.psd' 파일로 복사한다.

3. 레이어 패널 하단의 *fx*(Add a layer style(레이어 스타일을 추가합니다.)) 아이콘을 클릭한 후 [Drop Shadow(그림자)]를 선택한다.

4. 'Layer Style(레이어 스타일)' 대화상자에서 〈OK(확인)〉를 클릭한다.

5. [Edit(편집)] → [Free Transform(자유 변형)] (Ctrl+T)을 선택한 다음 〈출력형태〉와 같이 크기를 조절한 후 배치한다. 이어서 Enter를 눌러 자유 변형 상태를 해제한다.

6. 선택 도구를 이용하여 그림과 같이 선택한다.

7. 레이어 패널 하단의 ◉(Create new fill or adjustment layer(새 칠 또는 조정 레이어를 만듭니다.)) 아이콘을 클릭한 후 [Hue/Saturation(색조/채도)]을 선택한다.

8. 조정 패널에서 Colorize(색상화)를 체크한 후 Hue(색조)를 +50, Saturation(채도)을 +80으로 조절하여 노란색 계열로 색상을 보정한다.

③ 청자를 복사한 후 레이어 스타일 적용하기

'2급-4.jpg'에서 청자를 복사한 후 Outer Glow(외부 광선) 스타일을 적용한다.

1. '2급-4.jpg' 탭을 클릭한 후 선택 도구를 이용하여 다음과 같이 선택한다.

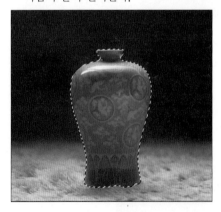

2. 선택한 영역을 '모의03-2.psd' 파일로 복사한다.
3. 레이어 패널 하단의 ⨍ᵡ(Add a layer style(레이어 스타일을 추가합니다.)) 아이콘을 클릭한 후 [Outer Glow(외부 광선)]를 선택한다.
4. 'Layer Style(레이어 스타일)' 대화상자에서 〈OK(확인)〉를 클릭한다.

5. [Edit(편집)] → [Free Transform(자유 변형)] (Ctrl+T)을 선택한 다음 〈출력형태〉와 같이 크기를 조절한 후 배치한다. 이어서 Enter를 눌러 자유 변형 상태를 해제한다.
6. 레이어 패널에서 'Layer 4(레이어 4)'를 'Layer 2(레이어 2)' 아래로 드래그 하여 이동한다.

④ 문자를 입력한 후 레이어 스타일 적용하기

아름다운 한국의 전통미를 입력한 후 Gradient Overlay(그라디언트 오버레이)와 Stroke(선/획) 스타일을 적용한다.

1. 도구 상자에서 (Horizontal Type Tool(수평 문자 도구))(T)을 선택한 다음 적당한 위치를 클릭하고 **아름다운**을 입력한 후 Enter를 누르고 **한국의 전통미**를 입력한다.
2. Ctrl+Enter를 눌러 입력을 완료한 다음 옵션 바에서 Font(글꼴)를 '궁서', Size(크기)를 40, ▤(Center text(텍스트 중앙 정렬))를 지정한 후 ⬚(Create warped text(뒤틀어진 텍스트 만들기))를 클릭한다.
3. 'Warp Text(텍스트 뒤틀기)' 대화상자에서 Style(스타일)을 'Arc(부채꼴)'로 지정하고, 〈출력형태〉와 모양이 비슷해지도록 'Bend(구부리기)' 값을 조절한 후 〈OK(확인)〉를 클릭한다.

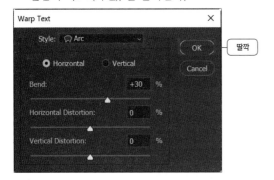

4. '한국의 전통미'를 블록으로 지정하고 옵션 바에서 Size(크기)를 30으로 지정한 후 Ctrl+Enter를 누른다.
5. 레이어 패널 하단의 *fx*(Add a layer style(레이어 스타일을 추가합니다.)) 아이콘을 클릭한 후 [Gradient Overlay(그레이디언트 오버레이)]를 선택한다.
6. 'Layer Style(레이어 스타일)' 대화상자에서 Gradient(그레이디언트) 항목을 클릭한다.
7. 'Gradient Editor(그레이디언트 편집기)' 대화상자의 왼쪽 아래 Color Stop(색상 정지점)을 더블클릭한 다음 색상을 #000066으로 지정한다.
8. 'Gradient Editor(그레이디언트 편집기)' 대화상자의 오른쪽 아래 Color Stop(색상 정지점)을 더블클릭한 다음 색상을 #ff00cc로 지정한다.
9. 'Gradient Editor(그레이디언트 편집기)' 대화상자에서 〈OK(확인)〉를 클릭한다.

10. 'Layer Style(레이어 스타일)' 대화상자의 스타일 목록에서 [Stroke(획)]를 클릭하고, Size(크기)를 2, Position(위치)을 Outside(바깥쪽)로 선택하고, Color(색상)를 #ffffcc로 지정한 후 〈OK(확인)〉를 클릭한다.
11. [Edit(편집)] → [Free Transform(자유 변형)]((Ctrl+T)을 선택한 다음 〈출력형태〉와 같이 배치한다. 이어서 Enter를 눌러 자유 변형 상태를 해제한다.

5 파일 저장 및 이미지 크기 조절

1. [File(파일)] → Save a Copy(사본 저장)](Ctrl+Alt+S)를 선택하고 Save a Copy(사본 저장) 대화상자에서 저장 위치를 '모의03', 파일 이름을 '모의03-2'로, Format(형식)을 'JPEG(*.JPG;*.JPEG;*.JPE)'로 지정한 후 〈저장〉을 클릭한다.

> **포토샵 CS4/CS6 사용자**
> JPG 형식으로 저장하기 위해 [File(파일)] → [Save As(다른 이름으로 저장)](Ctrl+Shift+S)를 선택하세요.

2. 'JPEG Options(JPEG 옵션)' 대화상자에서 Quality(품질)를 8로 지정한 후 〈OK(확인)〉를 클릭한다.
3. [Image(이미지)] → [Image Size(이미지 크기)]((Ctrl+Alt+I)를 선택하고 'Image Size(이미지 크기)' 대화상자에서 Width(폭)와 Height(높이)에 입력되어 있는 값에서 0 하나씩만 제거한 후 〈OK(확인)〉를 클릭한다.
4. [File(파일)] → [Save(저장)]((Ctrl+S)를 선택한다.

6 [문제 2] 답안 파일 전송

1. 포토샵 프로그램을 최소화한 후 '시험 관리 도구'에서 〈답안 전송〉을 클릭한다.
2. '고사실 PC로 답안 파일 보내기' 대화상자에서 전송할 '모의03-2.jpg'와 '모의03-2.psd' 파일을 선택한 후 〈답안 전송〉을 클릭한다.

미리보기

사용할 이미지

2급-5.jpg

2급-6.jpg

2급-7.jpg

2급-8.jpg

모양 도구로 추가하기

작업 과정

1
빈 캔버스에 배경색을 지정한다.

2
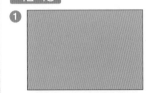
'2급-5.jpg'를 복사한 후 필터를 적용하고 레이어 마스크를 수행한다.

3

'2급-6.jpg'에서 떡을 복사한 후 레이어 스타일을 적용한다.

4

'2급-7.jpg'에서 장승을 복사한 후 레이어 스타일을 적용한다.

5

'2급-8.jpg'에서 처마를 복사한 후 레이어 스타일을 적용한다.

6

🚶, 🌲를 추가한 후 레이어 스타일을 적용하고 불투명도를 지정한다.

7

문자를 입력한 후 레이어 스타일을 적용한다.

ⓞ 준비 작업

1. [File(파일)] → [New(새로 만들기)]([Ctrl]+[N])를 선택한다.

2. 'New Document(새로운 문서 만들기)' 대화상자에서 Name(이름)을 '모의03-3', Width(폭)를 600, Height(높이)를 400, Resolution(해상도)을 72, Color Mode(색상 모드)를 'RGB Color', '8Bit', Background Contents(배경 내용)를 'White(흰색)'로 지정한 후 〈Create(만들기)〉를 클릭한다.

> **포토샵 CS4/CS6 사용자**
> 'New(새 문서)' 대화상자에서 Name(이름), Width(폭), Height(높이) 등을 지정하세요.

3. [File(파일)] → [Save As(다른 이름으로 저장)] ([Ctrl]+[Shift]+[S])를 선택한 후 'Save As(다른 이름으로 저장)' 대화상자에서 저장 위치를 '모의03', 파일 이름을 '모의03-3'으로 지정한 다음 〈저장〉을 클릭한다.

① 배경색 지정하기

> **작업 결과**
> 빈 캔버스에 배경색을 지정한다.

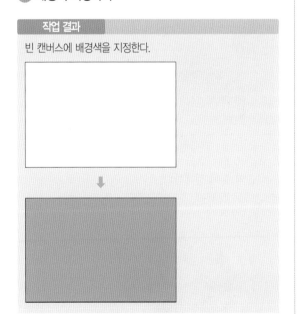

1. [Edit(편집)] → [Fill(칠)]([Shift]+[F5])을 선택한다.

2. 'Fill(칠)' 대화상자에서 Contents(내용) 항목을 클릭한 후 [Color(색상)]를 선택한다.

3. 'Color Picker(Fill Color)(색상 피커(칠 색상))' 대화상자에서 색상을 #cccc66으로 지정한 후 〈OK(확인)〉를 클릭한다. 이어서 'Fill(칠)' 대화상자에서도 〈OK(확인)〉를 클릭한다.

> **포토샵 CS4/CS6 사용자**
> 'Fill(칠)' 대화상자가 표시되면 Use(사용)의 목록 단추를 클릭하여 [Color(색상)]를 선택하고 'Choose a color(색상 선택)' 대화상자에서 색상을 지정한 후 〈OK(확인)〉를 클릭하세요.

② 이미지를 복사한 후 필터를 적용하고 레이어 마스크 수행하기

> **작업 결과**
> • '2급-5.jpg'를 복사한 후 Sponge(스폰지) 필터를 적용한다.
> • 세로 방향으로 흐릿하게 레이어 마스크를 수행한다.

01. 필터 적용하기

1. [File(파일)] → [Open(열기)]([Ctrl]+[O])을 선택한다.

2. 'Open(열기)' 대화상자에서 찾는 위치를 'C:\길벗 GTQ2급\모의\모의03\Image' 폴더로 지정한 다음 '2급-5.jpg', '2급-6.jpg', '2급-7.jpg', '2급-8.jpg' 파일을 선택하고 〈열기〉를 클릭한다.

3. '2급-5.jpg'를 '모의03-3.psd' 파일로 복사한다.

4. [Filter(필터)] → [Filter Gallery(필터 갤러리)] → [Artistic(예술 효과)] → [Sponge(스폰지)]를 선택한 후 〈OK(확인)〉를 클릭한다.

02. 레이어 마스크 수행하기

1. 레이어 패널 하단의 ▣(Add layer mask(레이어 마스크를 추가합니다.)) 아이콘을 클릭한다.

2. 도구 상자에서 ▣(Gradient Tool(그레이디언트 도구))(ⓖ)을 클릭한 후 옵션 바에서 Gradient(그레이디언트) 항목을 클릭한다.

3. 'Gradient Editor(그레이디언트 편집기)' 대화상자의 Presets(사전 설정) 항목에서 Basics(기본 사항)의 확장 단추(▣)를 클릭한 다음 Black, White(검정, 흰색)를 클릭하고 〈OK(확인)〉를 클릭한다.

포토샵 CS4/CS6 사용자
'Gradient Editor(그레이디언트 편집기)' 대화상자가 표시되면 Presets(사전 설정) 항목에서 Black, White(검정, 흰색)를 클릭하고 〈OK(확인)〉를 클릭하세요.

4. 마우스를 위쪽에서 아래쪽 방향으로 다음과 같이 드래그 한다.

③ 떡을 복사한 후 레이어 스타일 적용하기

'2급-6.jpg'에서 떡을 복사한 후 Drop Shadow(그림자 효과) 스타일을 적용한다.

1. '2급-6.jpg' 탭을 클릭한 후 선택 도구를 이용하여 다음과 같이 선택한다.

2. 선택한 영역을 '모의03-3.psd' 파일로 복사한다.

3. 레이어 패널 하단의 ✍(Add a layer style(레이어 스타일을 추가합니다.)) 아이콘을 클릭한 후 [Drop Shadow(그림자)]를 선택한다.

4. 'Layer Style(레이어 스타일)' 대화상자에서 ⟨OK(확인)⟩를 클릭한다.

5. [Edit(편집)] → [Free Transform(자유 변형)] (Ctrl+T)을 선택한 다음 ⟨출력형태⟩와 같이 크기를 조절한 후 배치한다. 이어서 Enter를 눌러 자유 변형 상태를 해제한다.

❹ 장승을 복사한 후 레이어 스타일 적용하기

작업 결과

'2급-7.jpg'에서 장승을 복사한 후 Drop Shadow(그림자 효과) 스타일을 적용한다.

1. '2급-7.jpg' 탭을 클릭한 후 선택 도구를 이용하여 다음과 같이 선택한다.

2. 선택한 영역을 '모의03-3.psd' 파일로 복사한다.

3. 레이어 패널 하단의 ✍(Add a layer style(레이어 스타일을 추가합니다.)) 아이콘을 클릭한 후 [Drop Shadow(그림자)]를 선택한다.

4. 'Layer Style(레이어 스타일)' 대화상자에서 ⟨OK(확인)⟩를 클릭한다.

5. [Edit(편집)] → [Free Transform(자유 변형)] (Ctrl+T)를 선택한 후 바로 가기 메뉴에서 [Flip Horizontal(가로로 뒤집기)]을 선택한다.

6. ⟨출력형태⟩와 같이 크기를 조절한 후 배치한다. 이어서 Enter를 눌러 자유 변형 상태를 해제한다.

❺ 처마를 복사한 후 레이어 스타일 적용하기

작업 결과

'2급-8.jpg'에서 처마를 복사한 후 Bevel and Emboss(경사와 엠보스) 스타일을 적용한다.

1. '2급-8.jpg' 탭을 클릭한 후 선택 도구를 이용하여 다음과 같이 선택한다.

2. 선택한 영역을 '모의03-3.psd' 파일로 복사한다.
3. 레이어 패널 하단의 ▨(Add a layer style(레이어 스타일을 추가합니다.)) 아이콘을 클릭한 후 [Bevel & Emboss(경사와 엠보스)]를 선택한다.
4. 'Layer Style(레이어 스타일)' 대화상자에서 〈OK(확인)〉를 클릭한다.
5. [Edit(편집)] → [Free Transform(자유 변형)] (Ctrl+T)를 선택한 후 바로 가기 메뉴에서 [Flip Horizontal(가로로 뒤집기)]을 선택한다.
6. 〈출력형태〉와 같이 크기를 조절한 후 배치한다. 이어서 Enter를 눌러 자유 변형 상태를 해제한다.

❻ 🚶, 🌲를 추가한 후 레이어 스타일 적용하기

- 사람(🚶) 모양을 추가한 후 Drop Shadow(그림자 효과) 스타일을 적용하고 불투명도를 70%로 지정한다.
- 나무(🌲) 모양을 추가한 후 Gradient Overlay(그라디언트 오버레이)와 Outer Glow(외부 광선) 스타일을 적용한다.

↓

01. 🚶를 추가한 후 레이어 스타일 적용하기

1. 도구 상자에서 ▨(Custom Shape Tool(사용자 정의 모양 도구))(U)을 선택한 후 옵션 바의 Pick tool mode(선택 도구 모드)를 Shape(모양)로 선택한다.
2. 옵션 바에서 Shape(모양)의 목록 단추(▨)를 클릭한 다음 [Legacy Shapes and More(레거시 모양 및 기타)] → [All Legacy Default Shapes(모든 레거시 기본 모양)] → [Symbols(기호)]를 선택한다.

포토샵 CS4/CS6 사용자
Shape(모양) 목록에서 [Symbols(기호)]를 선택한 후 선택한 모양으로 대치할지를 묻는 대화상자가 나타나면 〈OK(확인)〉를 클릭하세요.

3. 모양 목록에서 🚶(School(학교))을 선택하고 드래그하여 추가한 다음 옵션 바에서 Fill(칠)을 클릭한 후 색상을 #cc3399로 지정한다.

포토샵 CS4 사용자
옵션 바에서 Color(색상)를 클릭한 다음 'Pick a solid color:(단색 선택:)' 대화상자에서 색상을 지정한 후 〈OK(확인)〉를 클릭하세요.

4. 레이어 패널 하단의 **fx**(Add a layer style(레이어 스타일을 추가합니다.)) 아이콘을 클릭한 후 [Drop Shadow(그림자)]를 선택한다.

5. 'Layer Style(레이어 스타일)' 대화상자에서 〈OK(확인)〉를 클릭한다.

6. 레이어 패널 상단의 Opacity(불투명도)를 70%로 지정한다.

7. [Edit(편집)] → [Free Transform Path(패스 자유 변형)]([Ctrl]+[T])를 선택한 다음 〈출력형태〉와 같이 크기를 조절한 후 배치한다. 이어서 [Enter]를 두 번 눌러 패스 자유 변형 상태를 해제한다.

02.  를 추가한 후 레이어 스타일 적용하기

1. 도구 상자에서 ▨(Custom Shape Tool(사용자 정의 모양 도구))([U])이 선택된 상태로 옵션 바에서 Shape(모양)의 목록 단추(▾)를 클릭한 다음 [Legacy Shapes and More(레거시 모양 및 기타)] → [All Legacy Default Shapes(모든 레거시 기본 모양)] → [Nature(자연)]를 선택한다.

포토샵 CS4/CS6 사용자
Shape(모양) 목록에서 [Nature(자연)]를 선택한 후 선택한 모양으로 대치할지를 묻는 대화상자가 나타나면 〈OK(확인)〉를 클릭하세요.

2. 모양 목록에서 ▲(Tree(나무))를 선택한 후 드래그하여 추가한다.

3. 레이어 패널 하단의 **fx**(Add a layer style(레이어 스타일을 추가합니다.)) 아이콘을 클릭한 후 [Gradient Overlay(그레이디언트 오버레이)]를 선택한다.

4. 'Layer Style(레이어 스타일)' 대화상자에서 Gradient(그레이디언트) 항목을 클릭한다.

5. 'Gradient Editor(그레이디언트 편집기)' 대화상자의 왼쪽 아래 Color Stop(색상 정지점)을 더블클릭한 다음 색상을 #006633으로 지정한다.

6. 'Gradient Editor(그레이디언트 편집기)' 대화상자의 오른쪽 아래 Color Stop(색상 정지점)을 더블클릭한 다음 색상을 #ffffff로 지정한다.

7. 'Gradient Editor(그레이디언트 편집기)' 대화상자에서 〈OK(확인)〉를 클릭한다.

8. 'Layer Style(레이어 스타일)' 대화상자에서 Angle(각도)를 0으로 지정하고, 스타일 목록에서 [Outer Glow(외부 광선)]를 클릭한 후 〈OK(확인)〉를 클릭한다.

9. [Edit(편집)] → [Free Transform Path(패스 자유 변형)]([Ctrl]+[T])를 선택한 다음 〈출력형태〉와 같이 크기를 조절한 후 배치한다. 이어서 [Enter]를 두 번 눌러 패스 자유 변형 상태를 해제한다.

7 문자를 입력한 후 레이어 스타일 적용하기

작업 결과

• **한국 문화 이해하기**를 입력한 후 Drop Shadow(그림자 효과)와 Stroke(선/획) 스타일을 적용한다.
• **About KOREA**를 입력한 후 Gradient Overlay(그라디언트 오버레이)와 Stroke(선/획) 스타일을 적용한다.

01. 한국 문화 이해하기를 입력한 후 레이어 스타일 적용하기

1. 도구 상자에서 ▣(Horizontal Type Tool(수평 문자 도구))(Ⓣ)을 클릭한 다음 적당한 위치를 클릭하고 **한국 문화 이해하기**를 입력한다.

2. Ⓒtrl+Ⓔnter를 눌러 입력을 완료한 다음 옵션 바에서 Font(글꼴)를 '바탕', Size(크기)를 25, Color(색상)를 #333399로 지정한다.

3. '한국 문화'를 블록으로 지정하고 옵션 바에서 Color(색상)를 #99cc99로 지정한 후 Ⓒtrl+Ⓔnter를 누른다.

4. 레이어 패널 하단의 ▣(Add a layer style(레이어 스타일을 추가합니다.)) 아이콘을 클릭한 후 [Stroke(획)]를 선택한다.

5. 'Layer Style(레이어 스타일)' 대화상자에서 Size(크기)를 2, Color(색상)를 #666666으로 지정한 다음 스타일 목록에서 [Drop Shadow(드롭 섀도)]를 클릭하고 〈OK(확인)〉를 클릭한다.

6. [Edit(편집)] → [Free Transform(자유 변형)] ((Ⓒtrl)+Ⓣ)을 선택한 다음 〈출력형태〉와 같이 배치한다. 이어서 Ⓔnter를 눌러 자유 변형 상태를 해제한다.

02. About KOREA를 입력한 후 레이어 스타일 적용하기

1. 도구 상자에서 ▣(Horizontal Type Tool(수평 문자 도구))(Ⓣ)을 클릭한 다음 적당한 위치를 클릭하고 **About KOREA**를 입력한다.

2. Ⓒtrl+Ⓔnter를 눌러 입력을 완료한 다음 옵션 바에서 Font(글꼴)를 'Arial', Font Style(글꼴 스타일) 'Bold', Size(크기)를 45로 지정한 다음 ▣(Create warped text(뒤틀어진 텍스트 만들기))를 클릭한다.

3. 'Warp Text(텍스트 뒤틀기)' 대화상자에서 'Style(스타일)'을 'Rise(상승)'로 지정하고 〈출력형태〉와 모양이 비슷해지도록 'Bend(구부리기)' 값을 조절한 후 〈OK(확인)〉를 클릭한다.

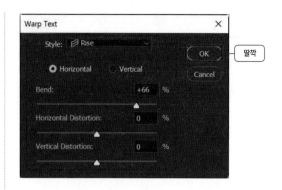

4. 레이어 패널 하단의 ▣(Add a layer style(레이어 스타일을 추가합니다.)) 아이콘을 클릭한 후 [Gradient Overlay(그레이디언트 오버레이)]를 선택한다.

5. 'Layer Style(레이어 스타일)' 대화상자에서 Gradient(그레이디언트) 항목을 클릭한다.

6. 'Gradient Editor(그레이디언트 편집기)' 대화상자의 왼쪽 아래 Color Stop(색상 정지점)을 더블클릭한 다음 색상을 #99ffff로 지정한다.

7. 'Gradient Editor(그레이디언트 편집기)' 대화상자의 오른쪽 아래 Color Stop(색상 정지점)을 더블클릭한 다음 색상을 #ff6600으로 지정한다.

8. 'Gradient Editor(그레이디언트 편집기)' 대화상자에서 〈OK(확인)〉를 클릭한다.

9. 'Layer Style(레이어 스타일)' 대화상자의 스타일 목록에서 [Stroke(획)]를 선택하고, Size(크기)를 3, Color(색상)를 #336666으로 지정한 후 〈OK(확인)〉를 클릭한다.

10. [Edit(편집)] → [Free Transform(자유 변형)] ((Ⓒtrl)+Ⓣ)을 선택한 다음 〈출력형태〉와 같이 배치한다. 이어서 Ⓔnter를 눌러 자유 변형 상태를 해제한다.

⑧ 파일 저장 및 이미지 크기 조절

1. [File(파일)] → Save a Copy(사본 저장)(Ctrl + Alt + S)를 선택하고 'Save a Copy(사본 저장)' 대화상자에서 저장 위치를 '모의03', 파일 이름을 '모의03-3'으로, Format(형식)을 'JPEG(*.JPG;*.JPEG;*.JPE)'로 지정한 후 〈저장〉을 클릭한다.

> **포토샵 CS4/CS6 사용자**
> JPG 형식으로 저장하기 위해 [File(파일)] → [Save As(다른 이름으로 저장)](Ctrl + Shift + S)를 선택하세요.

2. 'JPEG Options(JPEG 옵션)' 대화상자에서 Quality(품질)를 8로 지정한 후 〈OK(확인)〉를 클릭한다.

3. [Image(이미지)] → [Image Size(이미지 크기)](Ctrl + Alt + I)를 선택하고 'Image Size(이미지 크기)' 대화상자에서 Width(폭)와 Height(높이)에 입력되어 있는 값에서 0 하나씩만 제거한 후 〈OK(확인)〉를 클릭한다.

4. [File(파일)] → [Save(저장)](Ctrl + S)를 선택한다.

⑨ [문제 3] 답안 파일 전송

1. 포토샵 프로그램을 최소화한 후 '시험 관리 도구'에서 〈답안 전송〉을 클릭한다.

2. '고사실 PC로 답안 파일 보내기' 대화상자에서 전송할 '모의03-3.jpg'와 '모의03-3.psd' 파일을 선택한 후 〈답안 전송〉을 클릭한다.

문제 4　　[실무응용] 이벤트 페이지 제작

미리보기

사용할 이미지

2급-9.jpg　　2급-10.jpg　　2급-11.jpg　　2급-12.jpg　　2급-13.jpg

모양 도구로 추가하기

작업 과정

❶  '2급-9.jpg'를 복사한 후 필터를 적용한다.

❷  '2급-10.jpg'에서 탈을 복사한 후 레이어 스타일을 적용한다.

❸  '2급-11.jpg'에서 태극기를 복사한 후 레이어 스타일을 적용한다.

❹  깃발 모양을 추가한 후 레이어 스타일을 적용하고, '2급-12.jpg'를 복사한 다음 필터를 적용하고 클리핑 마스크를 수행한다.

❺  '2급-13.jpg'에서 북을 복사한 후 레이어 스타일을 적용하고 불투명도를 지정한다.

❻  ⚒, 🔨를 추가한 후 레이어 스타일을 적용하고 불투명도를 지정한다.

❼ 문자를 입력한 후 레이어 스타일을 적용한다.

![문제 4] [실무응용] 이벤트 페이지 제작 따라 하기

⓿ 준비 작업

1. [File(파일)] → [New(새로 만들기)]([Ctrl]+[N])를 선택한다.
2. 'New Document(새로운 문서 만들기)' 대화상자에서 Name(이름)을 '모의03-4', Width(폭)를 600, Height(높이)를 400, Resolution(해상도)을 72, Color Mode(색상 모드)를 'RGB Color', '8Bit', Background Contents(배경 내용)를 'White(흰색)'로 지정한 후 〈Create(만들기)〉를 클릭한다.

> **포토샵 CS4/CS6 사용자**
> 'New(새 문서)' 대화상자에서 Name(이름), Witdth(폭), Height(높이) 등을 지정하세요.

3. [File(파일)] → [Save As(다른 이름으로 저장)]([Ctrl]+[Shift]+[S])를 선택한 후 'Save As(다른 이름으로 저장)' 대화상자에서 저장 위치를 '모의03', 파일 이름을 '모의03-4'로 지정한 다음 〈저장〉을 클릭한다.

❶ 이미지를 복사한 후 필터 적용하기

> **작업 결과**

'2급-9.jpg'를 복사한 후 Cutout(오려내기) 필터를 적용한다.

1. [File(파일)] → [Open(열기)]([Ctrl]+[O])을 선택한다.
2. 'Open(열기)' 대화상자에서 찾는 위치를 'C:\길벗 GTQ2급\모의\모의03\Image' 폴더로 지정한 다음 '2급-9.jpg', '2급-10.jpg', '2급-11.jpg', '2급-12.jpg', '2급-13.jpg' 파일을 선택하고 〈열기〉를 클릭한다.
3. '2급-9.jpg'를 '모의03-4.psd' 파일로 복사한다.
4. [Filter(필터)] → [Filter Gallery(필터 갤러리)] → [Artistic(예술 효과)] → [Cutout(오려내기)]을 선택한 후 〈OK(확인)〉를 클릭한다.

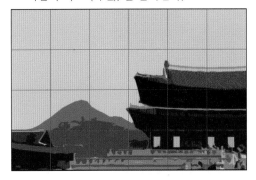

② 탈을 복사한 후 레이어 스타일 적용하기

작업 결과

'2급-10.jpg'에서 탈을 복사한 후 Outer Glow(외부 광선)와 Bevel and Emboss(경사와 엠보스) 스타일을 적용한다.

1. '2급-10.jpg' 탭을 클릭한 후 선택 도구를 이용하여 다음과 같이 선택한다.

2. 선택한 영역을 '모의03-4.psd' 파일로 복사한다.
3. 레이어 패널 하단의 🔲(Add a layer style(레이어 스타일을 추가합니다.)) 아이콘을 클릭한 후 [Outer Glow(외부 광선)]를 선택한다.
4. 'Layer Style(레이어 스타일)' 대화상자의 스타일 목록에서 [Bevel & Emboss(경사와 엠보스)]를 클릭한 후 〈OK(확인)〉를 클릭한다.
5. [Edit(편집)] → [Free Transform(자유 변형)]([Ctrl]+[T])을 선택한 다음 〈출력형태〉와 같이 크기를 조절한 후 배치한다. 이어서 [Enter]를 눌러 자유 변형 상태를 해제한다.

③ 태극기를 복사한 후 레이어 스타일 적용하기

작업 결과

'2급-11.jpg'에서 태극기를 복사한 후 Drop Shadow(그림자 효과) 스타일을 적용한다.

1. '2급-11.jpg' 탭을 클릭한 후 선택 도구를 이용하여 다음과 같이 선택한다.

2. 선택한 영역을 '모의03-4.psd' 파일로 복사한다.
3. 레이어 패널 하단의 🅵🆇(Add a layer style(레이어 스타일을 추가합니다.)) 아이콘을 클릭한 후 [Drop Shadow(그림자)]를 선택한다.
4. 'Layer Style(레이어 스타일)' 대화상자에서 ⟨OK(확인)⟩를 클릭한다.
5. [Edit(편집)] → [Free Transform(자유 변형)] (Ctrl+T)을 선택한 다음 ⟨출력형태⟩와 같이 크기를 조절한 후 배치한다. 이어서 Enter를 눌러 자유 변형 상태를 해제한다.

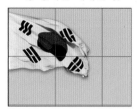

④ ⌐를 추가한 후 레이어 스타일과 필터를 적용하고 클리핑 마스크 수행하기

- 깃발(⌐) 모양을 추가한 후 Stroke(선/획)와 Inner Shadow(내부 그림자) 스타일을 적용한다.
- '2급-12.jpg'를 복사한 후 Texturizer(텍스처화) 필터를 적용하고 클리핑 마스크를 수행한다.

01. ⌐를 추가한 후 레이어 스타일 적용하기

1. 도구 상자에서 🔲(Custom Shape Tool(사용자 정의 모양 도구))(U)을 선택한 후 옵션 바의 Pick tool mode(선택 도구 모드)를 Shape(모양)로 선택한다.
2. 옵션 바에서 Shape(모양)의 목록 단추(▪) → [Legacy Shapes and More(레거시 모양 및 기타)] → [All Legacy Default Shapes(모든 레거시 기본 모양)] → [Banners and Awards(배너 및 상장)]를 선택한다.

포토샵 CS4/CS6 사용자
Shape(모양) 목록에서 [Banners and Awards(배너 및 상장)]를 선택한 후 선택한 모양으로 대치할지를 묻는 대화상자가 나타나면 ⟨OK(확인)⟩를 클릭하세요.

3. 모양 목록에서 ⌐(Flag(깃발))를 선택한 후 드래그하여 추가한다.
4. 레이어 패널 하단의 🅵🆇(Add a layer style(레이어 스타일을 추가합니다.)) 아이콘을 클릭한 후

[Stroke(획)]를 선택한다.

5. 'Layer Style(레이어 스타일)' 대화상자에서 Size(크기)를 4, Color(색상)을 #ffff00으로 지정하고, 스타일 목록에서 [Inner Shadow(내부 그림자)]를 클릭한 후 〈OK(확인)〉를 클릭한다.

6. [Edit(편집)] → [Free Transform Path(패스 자유 변형)]([Ctrl]+[T])를 선택한 다음 〈출력형태〉와 같이 크기와 방향을 조절한 후 배치한다. 이어서 [Enter]를 두 번 눌러 패스 자유 변형 상태를 해제한다.

02. 필터를 적용하고 클리핑 마스크 수행하기

1. '2급-12.jpg'를 '모의03-4.psd' 파일로 복사한다.

2. [Filter(필터)] → [Filter Gallery(필터 갤러리)] → [Texture(텍스처)] → [Texturizer(텍스처화)]를 선택한 후 〈OK(확인)〉를 클릭한다.

3. 레이어 패널에서 'Layer 4(레이어 4)'의 바로 가기 메뉴를 불러 [Create Clipping Mask(클리핑 마스크 만들기)]를 선택한다.

4. [Edit(편집)] → [Free Transform(자유 변형)]([Ctrl]+[T])을 선택한 다음 〈출력형태〉와 같이 크기를 조절한 후 배치한다. 이어서 [Enter]를 눌러 자유 변형 상태를 해제한다.

❺ 북을 복사한 후 레이어 스타일을 적용하고 불투명도 지정하기

작업 결과

'2급-13.jpg'에서 북을 복사한 후 Inner Glow(내부 광선) 스타일을 적용하고, Opacity(불투명도)를 70%로 지정한다.

1. '2급-13.jpg' 탭을 클릭하고 선택 도구를 이용하여 다음과 같이 선택한다.

2. 선택한 영역을 '모의03-4.psd' 파일로 복사한다.

3. 레이어 패널 하단의 *fx*(Add a layer style(레이어 스타일을 추가합니다.)) 아이콘을 클릭한 후 [Inner Glow(내부 광선)]를 선택한다.

4. 'Layer Style(레이어 스타일)' 대화상자에서 〈OK(확인)〉를 클릭한다.

5. 레이어 패널 상단의 Opacity(불투명도)를 70%로 지정한다.

6. [Edit(편집)] → [Free Transform(자유 변형)] ([Ctrl]+[T])을 선택한 다음 〈출력형태〉와 같이 크기를 조절한 후 배치한다. 이어서 [Enter]를 눌러 자유 변형 상태를 해제한다.

⑥ ⭐, 🍃를 추가한 후 레이어 스타일 적용하기

- 별(⭐) 모양을 추가한 후 Inner Glow(내부 광선) 스타일을 적용하고, Opacity(불투명도)를 70%로 지정한다.
- 나뭇잎(🍃) 모양을 추가한 후 Gradient Overlay(그라디언트 오버레이)와 Drop Shadow(그림자 효과) 스타일을 적용하고 Opacity(불투명도)를 70%로 지정한다.

01. ⭐를 추가하고 레이어 스타일 적용하기

1. 도구 상자에서 ▨(Custom Shape Tool(사용자 정의 모양 도구))([U])을 선택한 후 옵션 바에서 Shape(모양)의 목록 단추(▪) → [Legacy Shapes and More(레거시 모양 및 기타)] → [All Legacy Default Shapes(모든 레거시 기본 모양)] → [Symbols(기호)]를 선택한다.

2. 모양 목록에서 ✦(Star(별))을 선택한 후 드래그 하여 추가한 다음 옵션 바에서 Fill(칠)을 클릭하고 색상을 #3399ff로 지정한다.

3. 레이어 패널 하단의 ▨(Add a layer style(레이어 스타일을 추가합니다.)) 아이콘을 클릭한 후 [Inner Glow(내부 광선)]를 선택한다.

4. 'Layer Style(레이어 스타일)' 대화상자에서 〈OK(확인)〉를 클릭한다.

5. 레이어 패널 상단의 Opacity(불투명도)를 70%로 지정한다.

6. [Edit(편집)] → [Free Transform Path(패스 자유 변형)]([Ctrl]+[T])를 선택한 다음 〈출력형태〉와 같이 크기와 방향을 조절한 후 배치한다. 이어서 [Enter]를 두 번 눌러 패스 자유 변형 상태를 해제한다.

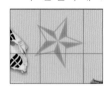

02. 🍃를 추가하고 레이어 스타일 적용하기

1. 도구 상자에서 ▨(Custom Shape Tool(사용자 정의 모양 도구))([U])이 선택된 상태로 옵션 바에서 Shape(모양)의 목록 단추(▪) → [Legacy Shapes and More(레거시 모양 및 기타)] → [All Legacy Default Shapes(모든 레거시 기본 모양)] → [Ornaments(장식)]를 선택한다.

2. 모양 목록에서 (Leaf Ornament 2(나뭇잎 장식 2))를 선택한 후 드래그 하여 추가한다.

3. 레이어 패널 하단의 ▣(Add a layer style(레이어 스타일을 추가합니다.)) 아이콘을 클릭한 후 [Gradient Overlay(그레이디언트 오버레이)]를 선택한다.

4. 'Layer Style(레이어 스타일) 대화상자에서 Gradient(그레이디언트) 항목을 클릭한다.

5. 'Gradient Editor(그레이디언트 편집기)' 대화상자의 왼쪽 아래 Color Stop(색상 정지점)을 더블클릭한 다음 색상을 #990099로 지정한다.

6. 'Gradient Editor(그레이디언트 편집기)' 대화상자의 오른쪽 아래 Color Stop(색상 정지점)을 더블클릭한 다음 색상을 #ffffff로 지정한 후 〈OK(확인)〉를 클릭한다.

7. 'Layer Style(레이어 스타일)' 대화상자의 스타일 목록에서 [Drop Shadow(드롭 섀도)]를 클릭한 다음 〈OK(확인)〉를 클릭한다.

8. 레이어 패널 상단의 Opacity(불투명도)를 70%로 지정한다.

9. [Edit(편집)] → [Free Transform Path(패스 자유 변형)]([Ctrl]+[T])를 선택한 다음 〈출력형태〉와 같이 크기를 조절한 후 배치한다. 이어서 [Enter]를 두 번 눌러 패스 자유 변형 상태를 해제한다.

⑦ 문자를 입력한 후 레이어 스타일 적용하기

작업 결과
- Welcome to Korea, 한국 방문의 해, 홍보하기를 입력한다.
- 입력한 문자열 각각에 서식을 지정하고 레이어 스타일을 적용한다.
- 각각의 문자열을 〈출력형태〉와 같이 배치한다.

01. 문자 입력하기

1. 도구 상자에서 ▣(Horizontal Type Tool(수평 문자 도구))([T])을 클릭한다.

2. 옵션 바에서 문자를 입력하기 좋은 크기와 색상을 지정한다. 여기서는 크기를 12, 색상을 검정(#000000)으로 지정한다.

3. 입력되는 문자의 색상과 구분이 잘되는 배경을 클릭하고 다음과 같이 〈출력형태〉에 제시된 모든 문자를 입력한다.

02. 서식 지정 및 레이어 스타일 적용하기

1. 'Welcome ~'에 서식 지정 및 레이어 스타일 적용
   ① 레이어 패널에서 'Welcome ~' 레이어를 선택하고 옵션 바에서 Font(글꼴)를 'Times New Roman', Font Style(글꼴 스타일) 'Bold Italic', Size(크기)를 30, Color(색상)를 #ffffff로 지정한 후 ▣(Create warped text(뒤틀어진 텍스트 만들기))를 클릭한다.
   ② 'Warp Text(텍스트 뒤틀기)' 대화상자에서 'Style(스타일)'을 'Shell Upper(위가 넓은 조개)'로 지정하고 〈출력형태〉와 모양이 비슷해지도록 'Bend(구부리기)' 값을 조절한 후 〈OK(확인)〉를 클릭한다.

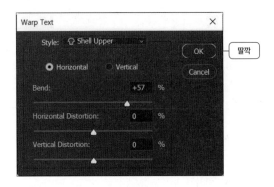

③ 레이어 패널 하단의 ▧(Add a layer style(레이어 스타일을 추가합니다.)) 아이콘을 클릭한 후 [Drop Shadow(그림자)]를 선택한다.

④ 'Layer Style(레이어 스타일)' 대화상자의 스타일 목록에서 [Stroke(획)]를 클릭하고 Size(크기)를 3, Color(색상)를 #cc6600으로 지정한 후 〈OK(확인)〉를 클릭한다.

2. '한국 ~'에 서식 지정 및 레이어 스타일 적용

① 레이어 패널에서 '한국 ~' 레이어를 선택하고 옵션 바에서 Font(글꼴)를 '궁서', Size(크기)를 40으로 지정한 후 ▧(Create warped text(뒤틀어진 텍스트 만들기))를 클릭한다.

② 'Warp Text(텍스트 뒤틀기)' 대화상자에서 'Style(스타일)'을 'Bulge(돌출)'로 지정하고 〈출력형태〉와 모양이 비슷해지도록 'Bend(구부리기)' 값을 조절한 후 〈OK(확인)〉를 클릭한다.

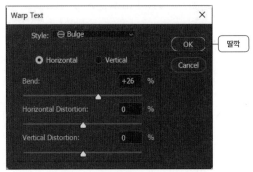

③ 레이어 패널 하단의 ▧(Add a layer style(레이어 스타일을 추가합니다.)) 아이콘을 클릭한 후 [Gradient Overlay(그레이디언트 오버레이)]를 선택한다.

④ 'Layer Style(레이어 스타일)' 대화상자에서 Gradient(그레이디언트) 항목을 클릭한다.

⑤ 'Gradient Editor(그레이디언트 편집기)' 대화상자의 왼쪽 아래 Color Stop(색상 정지점)을 더블클릭한 다음 색상을 #660066으로 지정한다.

⑥ 'Gradient Editor(그레이디언트 편집기)' 대화상자의 오른쪽 아래 Color Stop(색상 정지점)을 더블클릭한 다음 색상을 #ff9900으로 지정한다.

⑦ 'Gradient Editor(그레이디언트 편집기)' 대화상자에서 〈OK(확인)〉를 클릭한다.

⑧ 'Layer Style(레이어 스타일)' 대화상자에서 Angle(각도)을 90으로 지정한 다음 스타일 목록에서 [Stroke(획)]를 클릭한다.

⑨ 이어서 Size(크기)를 3, Color(색상)를 #ffffff로 지정한 후 〈OK(확인)〉를 클릭한다.

3. '홍보하기'에 서식 지정 및 레이어 스타일 적용

① 레이어 패널에서 '홍보하기' 레이어를 선택하고 옵션 바에서 Font(글꼴)를 '돋움', Size(크기)를 20, Color(색상)를 #ccff66으로 지정한다.

② 레이어 패널 하단의 ▧(Add a layer style(레이어 스타일을 추가합니다.)) 아이콘을 클릭한 후 [Stroke(획)]를 선택한다.

③ 'Layer Style(레이어 스타일)' 대화상자에서 Size(크기)를 3, Color(색상)를 #996633으로 지정한 후 〈OK(확인)〉를 클릭한다.

03. 〈출력형태〉와 같이 배치하기

1. 레이어 패널에서 'Welcome ~'를 선택한다.

2. [Edit(편집)] → [Free Transform(자유 변형)]([Ctrl]+[T])을 선택한 후 〈출력형태〉와 같이 배치한다. 이어서 [Enter]를 눌러 자유 변형 상태를 해제한다.

3. 나머지 글자도 위와 같은 방법으로 〈출력형태〉와 같이 배치한다.

⑧ 파일 저장 및 이미지 크기 조절

1. [File(파일)] → [Save a Copy(사본)](Ctrl+Alt+S)를 선택하고 'Save a Copy(사본)' 대화상자에서 저장 위치를 '모의03', 파일 이름을 '모의03-4'로, Format(형식)을 'JPEG(*.JPG;*.JPEG;*.JPE)'로 지정한 후 〈저장〉을 클릭한다.

포토샵 CS4/CS6 사용자

JPG 형식으로 저장하기 위해 [File(파일)] → [Save As(다른 이름으로 저장)](Ctrl+Shift+S)를 선택하세요.

---

2. 'JPEG Options(JPEG 옵션)' 대화상자에서 Quality(품질)를 8로 지정한 후 〈OK(확인)〉를 클릭한다.
3. [Image(이미지)] → [Image Size(이미지 크기)](Ctrl+Alt+I)를 선택하고 'Image Size(이미지 크기)' 대화상자에서 Width(폭)와 Height(높이)에 입력되어 있는 값에서 0 하나씩만 제거한 후 〈OK(확인)〉를 클릭한다.
4. [File(파일)] → [Save(저장)](Ctrl+S)를 선택한다.

⑨ [문제 4] 답안 파일 전송

1. 포토샵 프로그램을 최소화한 후 '시험 관리 도구'에서 〈답안 전송〉을 클릭한다.
2. '고사실 PC로 답안 파일 보내기' 대화상자에서 전송할 '모의03-4.jpg'와 '모의03-4.psd' 파일을 선택한 후 〈답안 전송〉을 클릭한다.

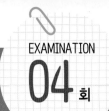

실전 모의고사

 문제 1 [기능평가] Tool(도구) 활용 (20점)

다음의 〈조건〉에 따라 아래의 〈출력형태〉와 같이 작업하시오.

조건

원본 이미지			C:\길벗GTQ2급\모의\모의04\Image\2급-1.jpg
파일 저장 규칙	JPG	파일명	C:\길벗GTQ2급\모의\모의04\모의04-1.jpg
		크기	400 × 500 pixels
	PSD	파일명	C:\길벗GTQ2급\모의\모의04\모의04-1.psd
		크기	40 × 50 pixels

출력형태

1. 그림 효과

① 복제 및 변형 : 기타
② Shape Tool(모양 도구) 사용 :
  – 음표 모양 (#ffffff, #ffff66, 레이어 스타일 – Outer Glow(외부 광선))
  – 꽃 모양 (#ff6666, 레이어 스타일 – Inner Shadow(내부 그림자))

2. 문자 효과

① 기타 연주회 (바탕, 45pt, 레이어 스타일 – 그라디언트 오버레이(#99cc00, #000000), Stroke(선/획)(2px, #ffffff))

문제 2 [기능평가] 사진편집 기초 (20점)

다음의 〈조건〉에 따라 아래의 〈출력형태〉와 같이 작업하시오.

조건

원본 이미지			C:\길벗GTQ2급\모의\모의04\Image\2급-2.jpg, 2급-3.jpg, 2급-4.jpg
파일 저장 규칙	JPG	파일명	C:\길벗GTQ2급\모의\모의04\모의04-2.jpg
		크기	400 × 500 pixels
	PSD	파일명	C:\길벗GTQ2급\모의\모의04\모의04-2.psd
		크기	40 × 50 pixels

출력형태

1. 그림 효과

① 색상 보정 : 2급-3.jpg – 빨간색 계열로 보정,
  레이어 스타일 – Inner Glow(내부 광선)
② 액자 제작 :
  필터 – Watercolor(수채화 효과),
  안쪽 테두리 (5px, #ffffff),
  레이어 스타일 – Outer Glow(외부 광선)
③ 2급-4.jpg : 레이어 스타일 – Drop Shadow(그림자 효과)

2. 문자 효과

① All-night Music Festival (Times New Roman, Regular, 35pt, 45pt, #ffffff, 레이어 스타일 - Stroke(선/획)(3px, #003366))

문제 3   [기능평가] **사진편집**   **(25점)**

다음의 《조건》에 따라 아래의 《출력형태》와 같이 작업하시오.

조건

원본 이미지	C:\길벗GTQ2급\모의\모의04\Image\2급-5.jpg, 2급-6.jpg, 2급-7.jpg, 2급-8.jpg		
파일 저장 규칙	JPG	파일명	C:\길벗GTQ2급\모의\모의04\모의04-3.jpg
		크기	600 × 400 pixels
	PSD	파일명	C:\길벗GTQ2급\모의\모의04\모의04-3.psd
		크기	60 × 40 pixels

1. 그림 효과

① 배경 : #cc9900

② 2급-5.jpg : 필터 - Ocean Ripple(바다 물결), 레이어 마스크 - 대각선 방향으로 흐릿하게

③ 2급-6.jpg : 레이어 스타일 - Bevel and Emboss(경사와 엠보스)

④ 2급-7.jpg : 레이어 스타일 - Outer Glow(외부 광선)

⑤ 2급-8.jpg : 레이어 스타일 - Drop Shadow(그림자 효과)

⑥ 그 외 《출력형태》 참조

2. 문자 효과

① 감성적인 느낌의 (궁서, 35pt, 레이어 스타일 - 그라디언트 오버레이(#330000, #ffff99), Stroke(선/획)(1px, #330000))

② Classic cafe (Times New Roman, Bold, 72pt, #ffff99, 레이어 스타일 - Drop Shadow(그림자 효과), Stroke(선/획)(2px, #000000))

출력형태

Shape Tool(모양 도구) 사용
#ffff00, 레이어 스타일 - Drop Shadow(그림자 효과)

Shape Tool(모양 도구) 사용
레이어 스타일 -
그라디언트 오버레이
(#ff9900, #ffffcc),
Inner Shadow(내부 그림자)

다음의 〈조건〉에 따라 아래의 〈출력형태〉와 같이 작업하시오.

조건

원본 이미지			C:\길벗GTQ2급\모의\모의04\Image\2급-9.jpg, 2급-10.jpg, 2급-11.jpg, 2급-12.jpg, 2급-13.jpg
파일 저장 규칙	JPG	파일명	C:\길벗GTQ2급\모의\모의04\모의04-4.jpg
		크기	600 × 400 pixels
	PSD	파일명	C:\길벗GTQ2급\모의\모의04\모의04-4.psd
		크기	60 × 40 pixels

1. 그림 효과

① 2급-9.jpg : 필터 – Crosshatch(그물눈)
② 2급-10.jpg : 레이어 스타일 – Bevel and Emboss(경사와 엠보스), Drop Shadow(그림자 효과)
③ 2급-11.jpg : 레이어 스타일 – Outer Glow(외부 광선)
④ 2급-12.jpg : 필터 – Grian(그레인)
⑤ 2급-13.jpg : 레이어 스타일 – Outer Glow(외부 광선), Opacity(불투명도)(70%)
⑥ 그 외 《출력형태》 참조

2. 문자 효과

① Healing sound (바탕, 25pt, #ffff33, 레이어 스타일 – Outer Glow(외부 광선), Stroke(선/획)(2px, #000000))
② 음악이 있는 가을 콘서트 (돋움, 30pt, 레이어 스타일 – 그라디언트 오버레이(#ffffff, #00ff33), Stroke(선/획)(2px, #000000))
③ 문의 : 9876-5432 (돋움, 14pt, #ffffff, 레이어 스타일 – Stroke(선/획)(2px, #330000))

출력형태

Shape Tool(모양 도구) 사용
#ffcc00, 레이어 스타일 – Bevel and Emboss(경사와 엠보스),
Opacity(불투명도)(80%)

Shape Tool(모양 도구) 사용
레이어 스타일 –
그라디언트 오버레이
(#ffffcc, #cccc66),
Drop Shadow(그림자 효과)

Shape Tool(모양 도구) 사용
레이어 스타일 –
Stroke(선/획)(5px, #ff9900),
Inner Shadow(내부 그림자)

문제 1　　[기능평가]　Tool(도구) 활용

미리보기

사용할 이미지

2급-1.jpg

모양 도구로 추가하기

작업 과정

❶

'2급-1.jpg'를 복사한 후 기타를 한 번 복제한다.

❷

🎵, ✽를 추가한 후 레이어 스타일을 적용한다.

❸

문자를 입력한 후 레이어 스타일을 적용한다.

0 준비 작업

1. [File(파일)] → [New(새로 만들기)]([Ctrl]+[N])를 선택한다.

2. 'New Document(새로운 문서 만들기)' 대화상자에서 Name(이름)을 '모의04-1', Width(폭)를 400, Height(높이)를 500, Resolution(해상도)을 72, Color Mode(색상 모드)를 'RGB Color', '8Bit', Background Contents(배경 내용)를 'White(흰색)'로 지정한 후 〈Create(만들기)〉를 클릭한다.

> **포토샵 CS4/CS6 사용자**
> 'New(새 문서)' 대화상자에서 Name(이름), Width(폭), Height(높이) 등을 지정하세요.

3. [File(파일)] → [Save As(다른 이름으로 저장)]([Shift]+[Ctrl]+[S])를 선택한 다음 'Save As(다른 이름으로 저장)' 대화상자에서 저장 위치를 '모의04', 파일 이름을 '모의04-1'로 지정한 후 〈저장〉을 클릭한다.

1 이미지를 복사한 후 기타 복제하기

> **작업 결과**
> '2급-1.jpg'를 복사한 후 기타를 한 번 복제한다.

 →

1. [File(파일)] → [Open(열기)]([Ctrl]+[O])을 선택한다.

2. '열기' 대화상자에서 찾는 위치를 'C:\길벗GTQ2급\모의\모의04\Image' 폴더로 지정한 다음 '2급-1.jpg' 파일을 선택하고 〈열기〉를 클릭한다.

3. '2급-1.jpg'를 '모의04-1.psd' 파일로 복사한다.

4. [Edit(편집)] → [Free Transform(자유 변형)]([Ctrl]+[T])을 선택한 다음 〈출력형태〉와 같이 크기를 조절한 후 배치한다. 이어서 [Enter]를 눌러 자유 변형 상태를 해제한다.

5. 선택 도구를 이용하여 다음과 같이 선택한다.

6. [Ctrl]+[C]를 눌러 복사한 후 [Ctrl]+[V]를 눌러 붙여넣기 한다.

7. [Edit(편집)] → [Free Transform(자유 변형)]([Ctrl]+[T])을 선택한 다음 〈출력형태〉와 같이 크기와 방향을 조절한 후 배치한다. 이어서 [Enter]를 눌러 자유 변형 상태를 해제한다.

❷ ♪, ✽를 추가한 후 레이어 스타일 적용하기

- 음표(♪) 모양을 추가한 후 Outer Glow(외부 광선) 스타일을 적용하고 한 번 복사한다.
- 꽃(✽) 모양을 추가한 후 Inner Shadow(내부 그림자) 스타일을 적용한다.

01. ♪를 추가한 후 레이어 스타일 적용하기

1. 도구 상자에서 ✿(Custom Shape Tool(사용자 정의 모양 도구))(U)을 선택한 후 옵션 바의 Pick tool mode(선택 도구 모드)를 Shape(모양)로 선택한 후 Stroke(획)를 클릭하여 No Color(색상 없음)로 지정한다.

2. 옵션 바에서 Shape(모양)의 목록 단추(▾)를 클릭한 다음 [Legacy Shapes and More(레거시 모양 및 기타)] → [All Legacy Default Shapes(모든 레거시 기본 모양)] → [Music(음악)]을 선택한다.

3. 모양 목록에서 ♪(Eighth Note(8분 음표))을 선택하고 드래그하여 추가한 다음 옵션 바에서 Fill(칠)을 클릭한 후 색상을 #ffffff로 지정한다.

4. 레이어 패널 하단의 ƒx(Add a layer style(레이어 스타일을 추가합니다.)) 아이콘을 클릭한 후 [Outer Glow(외부 광선)]를 선택한다.

5. 'Layer Style(레이어 스타일)' 대화상자에서 〈OK(확인)〉를 클릭한다.

6. [Edit(편집)] → [Free Transform Path(패스 자유 변형)](Ctrl+T)를 선택한 다음 〈출력형태〉와 같이 크기와 방향을 조절한 후 배치한다. 이어서 Enter를 두 번 눌러 패스 자유 변형 상태를 해제한다.

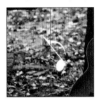

7. 도구 상자에서 ✛(Move Tool(이동 도구))(V)을 클릭한 후 Alt를 누른 채 음표 모양을 오른쪽 방향으로 드래그 하여 복사한다.

8. 도구 상자에서 ✿(Custom Shape Tool(사용자 정의 모양 도구))(U)을 클릭하고, 옵션 바에서 Fill(칠)을 클릭한 후 색상을 #ffff66으로 지정한다.

9. [Edit(편집)] → [Free Transform Path(패스 자유 변형)](Ctrl+T)를 선택한 다음 〈출력형태〉와 같이 크기와 방향을 조절한 후 배치한다. 이어서 Enter를 두 번 눌러 패스 자유 변형 상태를 해제한다.

02. ✽를 추가한 후 레이어 스타일 적용하기

1. 도구 상자에서 ✿(Custom Shape Tool(사용자 정의 모양 도구))(U)이 선택된 상태로 옵션 바에서 Shape(모양)의 목록 단추(▾)를 클릭한 다음 [Legacy Shapes and More(레거시 모양 및 기타)] → [All Legacy Default Shapes(모든 레거시 기본 모양)] → [Nature(자연)]를 선택한다.

2. 모양 목록에서 (Flower 4(꽃 4))를 선택한 후 드래그 하여 추가한 다음 옵션 바에서 Fill(칠)을 클릭하고 색상을 #ff6666으로 지정한다.

3. 레이어 패널 하단의 (Add a layer style(레이어 스타일을 추가합니다.)) 아이콘을 클릭한 후 [Inner Shadow(내부 그림자)]를 선택한다.

4. 'Layer Style(레이어 스타일)' 대화상자에서 〈OK(확인)〉를 클릭한다.

5. [Edit(편집)] → [Free Transform Path(패스 자유 변형)]([Ctrl]+[T])를 선택한 다음 〈출력형태〉와 같이 크기를 조절한 후 배치한다. 이어서 [Enter]를 두 번 눌러 패스 자유 변형 상태를 해제한다.

③ 문자를 입력한 후 레이어 스타일 적용하기

작업 결과

기타 연주회를 입력한 후 Gradient Overlay(그라디언트 오버레이)와 Stroke(선/획) 스타일을 적용한다.

1. 도구 상자에서 (Horizontal Type Tool(수평 문자 도구))([T])을 클릭한 다음 적당한 위치를 클릭하고 **기타 연주회**를 입력한다.

2. [Ctrl]+[Enter]를 눌러 입력을 완료하고 옵션 바에서 Font(글꼴)를 '바탕', Size(크기)를 45로 지정한다.

3. 레이어 패널 하단의 (Add a layer style(레이어 스타일을 추가합니다.)) 아이콘을 클릭한 후 [Gradient Overlay(그레이디언트 오버레이)]를 선택한다.

4. 'Layer Style(레이어 스타일)' 대화상자에서 Gradient(그레이디언트) 항목을 클릭한다.

5. 'Gradient Editor(그레이디언트 편집기)' 대화상자의 왼쪽 아래 (Color Stop(색상 정지점))을 더블 클릭한 다음 색상을 #99cc00으로 지정한다.

6. 'Gradient Editor(그레이디언트 편집기)' 대화상자의 오른쪽 아래 (Color Stop(색상 정지점))을 더블클릭한 다음 색상을 #000000으로 지정한다.

7. 'Gradient Editor(그레이디언트 편집기)' 대화상자에서 〈OK(확인)〉를 클릭한다.

8. 'Layer Style(레이어 스타일)' 대화상자의 스타일 목록에서 [Stroke(획)]를 선택하고, Size(크기)를 2, Position(위치)을 Outside(바깥쪽)로 선택하고, Color(색상)를 #ffffff로 지정한 후 〈OK(확인)〉를 클릭한다.

9. [Edit(편집)] → [Free Transform(자유 변형)]([Ctrl]+[T])을 선택한 후 〈출력형태〉와 같이 배치한다. 이어서 [Enter]를 눌러 자유 변형 상태를 해제한다.

④ 파일 저장 및 이미지 크기 조절

1. [File(파일)] → [Save a Copy(사본 저장)]([Ctrl]+[Alt]+[S])를 선택한 다음 'Save a Copy(사본 저장)' 대화상자에서 저장 위치를 '모의04', 파일 이름을 '모의04-1'로, Format(형식)을 'JPEG(*.JPG;*.JPEG;*.JPE)'로 지정한 후 〈저장〉을 클릭한다.

2. 'JPEG Options(JPEG 옵션)' 대화상자에서 Quality(품질)를 8로 지정한 후 〈OK(확인)〉를 클릭한다.

3. [Image(이미지)] → [Image Size(이미지 크기)] ([Ctrl]+[Alt]+[I])를 선택하고 'Image Size(이미지 크기)' 대화상자에서 단위를 Pixel로 변경한 다음 Width(폭)와 Height(높이)에 입력되어 있는 값에서 0 하나씩만 제거한 후 〈OK(확인)〉를 클릭한다.
4. [File(파일)] → [Save(저장)]([Ctrl]+[S])를 선택한다.

⑤ [문제 1] 답안 파일 전송

1. 포토샵 프로그램을 최소화한 후 '시험 관리 도구'에서 〈답안 전송〉을 클릭한다.
2. '고사실 PC로 답안 파일 보내기' 대화상자에서 전송할 '모의04-1.jpg'와 '모의04-1.psd' 파일을 선택한 후 〈답안 전송〉을 클릭한다.

 문제 2 [기능평가] 사진편집 기초

미리보기

사용할 이미지

2급-2.jpg   2급-3.jpg   2급-4.jpg

작업 과정

 ❶ '2급-2.jpg'를 복사한 후 액자를 만들고 액자틀 부분에 필터를, 안쪽 테두리에 서식과 레이어 스타일을 적용한다.

 ❷ '2급-3.jpg'에서 기타를 복사한 후 레이어 스타일을 적용하고 색상을 보정한다.

 ❸ '2급-4.jpg'에서 스피커를 복사한 후 레이어 스타일을 적용한다.

 ❹ 문자를 입력한 후 레이어 스타일을 적용한다.

⓪ 준비 작업

1. [File(파일)] → [New(새로 만들기)]([Ctrl]+[N])를 선택한다.

2. 'New Document(새로운 문서 만들기)' 대화상자에서 Name(이름)을 '모의04-2', Width(폭)를 400, Height(높이)를 500, Resolution(해상도)을 72, Color Mode(색상 모드)를 'RGB Color', '8Bit', Background Contents(배경 내용)를 'White(흰색)'로 지정한 후 〈Create(만들기)〉를 클릭한다.

> **포토샵 CS4/CS6 사용자**
> 'New(새 문서)' 대화상자에서 Name(이름), Witdth(폭), Height(높이) 등을 지정하세요

3. [File(파일)] → [Save As(다른 이름으로 저장)]([Ctrl]+[Shift]+[S])를 선택한 다음 'Save As(다른 이름으로 저장)' 대화상자에서 저장 위치를 '모의04', 파일 이름을 '모의04-2'로 지정한 후 〈저장〉을 클릭한다.

① 액자 만들기

> **작업 결과**
> • '2급-2.jpg'를 복사한 후 바깥 테두리가 될 부분을 복사하여 새 레이어를 생성한 다음 Watercolor(수채화 효과) 필터를 적용한다.
> • 안쪽 테두리에 서식을 지정한 후 Outer Glow(외부 광선) 스타일을 적용한다.

 →

1. [File(파일)] → [Open(열기)]([Ctrl]+[O])을 선택한다.

2. 'Open(열기)' 대화상자에서 찾는 위치를 'C:\길벗GTQ2급\모의\모의04\Image' 폴더로 지정한 다음 '2급-2.jpg', '2급-3.jpg', '2급-4.jpg' 파일을 선택하고 〈열기〉를 클릭한다.

3. '2급-2.jpg'를 '모의04-2.psd' 파일로 복사한다.

4. [Edit(편집)] → [Free Transform(자유 변형)]([Ctrl]+[T])을 선택한 다음 〈출력형태〉와 같이 배치한다. 이어서 [Enter]를 눌러 자유 변형 상태를 해제한다.

5. 도구 상자에서 █(Rectangle Tool(사각형 도구)) [U]을 선택하고, 옵션 바에서 Pick tool mode(선택 도구 모드)를 Path(패스)로 선택한 다음 Set radius of rounded corners(둥근 모퉁이 반경 설정)를 10px로 지정한 후 다음과 같이 추가한다.

> **포토샵 CS4/CS6 사용자**
> 도구 상자에서 █(Rounded Rectangle Tool(모서리가 둥근 직사각형 도구))을 클릭하고, 옵션 바에서 옵션 모드로 █(Paths(패스))를 선택한 후 Radius(반경)를 10으로 지정하세요.

6. 패스 패널에서 [Ctrl]을 누른 채 Work Path(작업 패스)의 썸네일을 클릭하여 사각형을 선택 영역으로 지정한다.

7. [Select(선택)] → [Inverse(반전)]([Ctrl]+[Shift]+[I])를 선택한 후 [Ctrl]+[C]를 눌러 복사한 다음 [Ctrl]+[V]를 눌러 붙여넣는다.

8. [Filter(필터)] → [Filter Gallery(필터 갤러리)] → [Artistic(예술 효과)] → [Watercolor(수채화 효과)]를 선택한 후 〈OK(확인)〉를 클릭한다.

9. 패스 패널에서 [Ctrl]을 누른 채 Work Path(작업 패스)의 썸네일을 클릭하여 사각형을 선택 영역으로 지정한다.

10. [Edit(편집)] → [Stroke(획)]를 선택한 후 'Stroke(획)' 대화상자에서 Width(폭)를 5, Color(색상)를 #ffffff로 지정한 후 〈OK(확인)〉를 클릭한다.

11. [Ctrl]+[D]를 눌러 선택 영역을 해제한다.

12. 레이어 패널 하단의 **fx**(Add a layer style(레이어 스타일을 추가합니다.)) 아이콘을 클릭한 후 [Outer Glow(외부 광선)]를 선택한다.

13. 'Layer Style(레이어 스타일)' 대화상자에서 〈OK(확인)〉를 클릭한다.

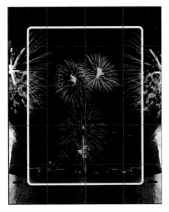

② 기타를 복사한 후 레이어 스타일을 적용하고 색상 보정하기

• '2급-3.jpg'에서 기타를 복사한 후 Inner Glow(내부 광선) 스타일을 적용한다.
• 빨간색 계열로 색상을 보정한다.

1. '2급-3.jpg' 탭을 클릭하고 선택 도구를 이용하여 다음과 같이 선택한다.

2. 선택한 영역을 '모의04-2.psd' 파일로 복사한다.

3. 레이어 패널 하단의 **fx**(Add a layer style(레이어 스타일을 추가합니다.)) 아이콘을 클릭한 후 [Inner Glow(내부 광선)]를 선택한다.

4. 'Layer Style(레이어 스타일)' 대화상자에서 〈OK(확인)〉를 클릭한다.

5. [Edit(편집)] → [Free Transform(자유 변형)]([Ctrl]+[T])을 선택한 다음 〈출력형태〉와 같이 크기와 방향을 조절한 후 배치한다. 이어서 [Enter]를 눌러 자유 변형 상태를 해제한다.

6. 선택 도구를 이용하여 그림과 같이 선택한다.

7. 레이어 패널 하단의 ◙(Create new fill or adjustment layer(새 칠 또는 조정 레이어를 만듭니다.)) 아이콘을 클릭한 후 [Hue/Saturation(색조/채도)]을 선택한다.

8. 조정 패널에서 Hue(색조)를 −40으로 조절하여 빨간색 계열로 색상을 보정한다.

③ 스피커를 복사한 후 레이어 스타일 적용하기

작업 결과

'2급-4jpg'에서 스피커를 복사한 후 Drop Shadow(그림자 효과) 스타일을 적용한다.

 →

1. '2급-4.jpg' 탭을 클릭한 후 선택 도구를 이용하여 다음과 같이 선택한다.

2. 선택한 영역을 '모의04-2.psd' 파일로 복사한다.

3. 레이어 패널 하단의 ￡(Add a layer style(레이어 스타일을 추가합니다.)) 아이콘을 클릭한 후 [Drop Shadow(그림자)]를 선택한다.

4. 'Layer Style(레이어 스타일)' 대화상자에서 〈OK(확인)〉를 클릭한다.

5. [Edit(편집)] → [Free Transform(자유 변형)]([Ctrl]+[T])을 선택한 다음 〈출력형태〉와 같이 크기를 조절한 후 배치한다. 이어서 [Enter]를 눌러 자유 변형 상태를 해제한다.

④ 문자를 입력한 후 레이어 스타일 적용하기

작업 결과

All-night Music Festival을 입력한 후 Stroke(선/획) 스타일을 적용한다.

1. 도구 상자에서 **T**(Horizontal Type Tool(수평 문자 도구))(T)을 선택한 다음 적당한 위치를 클릭하고 **All-night**를 입력한 후 Enter를 누르고 **Music Festival**을 입력한다.

2. Ctrl+Enter를 눌러 입력을 완료한 다음 옵션 바에서 Font(글꼴)를 'Times New Roman', Font Style(글꼴 스타일) 'Regular', Size(크기)를 35, Color(색상)를 #ffffff, (Center text(텍스트 중앙 정렬))를 지정한 후 (Create warped text(뒤틀어진 텍스트 만들기))를 클릭한다.

3. 'Warp Text(텍스트 뒤틀기)' 대화상자에서 Style(스타일)을 'Wave(파형)'로 지정하고, 〈출력형태〉와 모양이 비슷해지도록 'Bend(구부리기)' 값을 조절한 후 〈OK(확인)〉를 클릭한다.

4. 'Music Festival'을 블록으로 지정하고 옵션 바에서 Size(크기)를 45로 지정한 후 Ctrl+Enter를 누른다.

5. 레이어 패널 하단의 *fx*(Add a layer style(레이어 스타일을 추가합니다.)) 아이콘을 클릭한 후 [Stroke(획)]를 선택한다.

6. 'Layer Style(레이어 스타일)' 대화상자에서 Size(크기)를 3, Color(색상)를 #003366으로 지정한 후 〈OK(확인)〉를 클릭한다.

7. [Edit(편집)] → [Free Transform(자유 변형)](Ctrl+T)을 선택한 다음 〈출력형태〉와 같이 배치한다. 이어서 Enter를 눌러 자유 변형 상태를 해제한다.

⑤ 파일 저장 및 이미지 크기 조절

1. [File(파일)] → [Save a Copy(사본 저장)](Ctrl+Alt+S)를 선택한 다음 'Save a Copy(사본 저장)' 대화상자에서 저장 위치를 '모의04', 파일 이름을 '모의04-2'로, Format(형식)을 'JPEG(*.JPG;*.JPEG;*.JPE)'로 지정한 후 〈저장〉을 클릭한다.

포토샵 CS4/CS6 사용자
JPG 형식으로 저장하기 위해 [File(파일)] → [Save As(다른 이름으로 저장)](Ctrl+Shift+S)를 선택하세요.

2. 'JPEG Options(JPEG 옵션)' 대화상자에서 Quality(품질)를 8로 지정한 후 〈OK(확인)〉를 클릭한다.

3. [Image(이미지)] → [Image Size(이미지 크기)](Ctrl+Alt+I)를 선택하고 'Image Size(이미지 크기)' 대화상자에서 Width(폭)와 Height(높이)에 입력되어 있는 값에서 0 하나씩만 제거한 후 〈OK(확인)〉를 클릭한다.

4. [File(파일)] → [Save(저장)](Ctrl+S)를 선택한다.

⑥ [문제 2] 답안 파일 전송

1. 포토샵 프로그램을 최소화한 후 '시험 관리 도구'에서 〈답안 전송〉을 클릭한다.

2. '고사실 PC로 답안 파일 보내기' 대화상자에서 전송할 '모의04-2.jpg'와 '모의04-2.psd' 파일을 선택한 후 〈답안 전송〉을 클릭한다.

미리보기

사용할 이미지

2급-5.jpg   2급-6.jpg   2급-7.jpg   2급-8.jpg   모양 도구로 추가하기

작업 과정

❶ 빈 캔버스에 배경색을 지정한다.

❷  '2급-5.jpg'를 복사한 후 필터를 적용하고 레이어 마스크를 수행한다.

❸  '2급-6.jpg'에서 바이올린을 복사한 후 레이어 스타일을 적용한다.

❹  '2급-7.jpg'에서 마이크를 복사한 후 레이어 스타일을 적용한다.

❺  '2급-8.jpg'에서 꽃을 복사한 후 레이어 스타일을 적용한다.

❻  🏠, ✳를 추가한 후 레이어 스타일을 적용한다.

❼  문자를 입력한 후 레이어 스타일을 적용한다.

⓪ 준비 작업

1. [File(파일)] → [New(새로 만들기)]([Ctrl]+[N])를 선택한다.

2. 'New Document(새로운 문서 만들기)' 대화상자에서 Name(이름)을 '모의04-3', Width(폭)를 600, Height(높이)를 400, Resolution(해상도)을 72, Color Mode(색상 모드)를 'RGB Color', '8Bit', Background Contents(배경 내용)를 'White(흰색)'로 지정한 후 〈Create(만들기)〉를 클릭한다.

포토샵 CS4/CS6 사용자
'New(새 문서)' 대화상자에서 Name(이름), Witdth(폭), Height(높이) 등을 지정하세요.

3. [File(파일)] → [Save As(다른 이름으로 저장)]([Ctrl]+[Shift]+[S])를 선택한 다음 'Save As(다른 이름으로 저장)' 대화상자에서 저장 위치를 '모의04', 파일 이름을 '모의04-3'으로 지정한 후 〈저장〉을 클릭한다.

① 배경색 지정하기

작업 결과

빈 캔버스에 배경색을 지정한다.

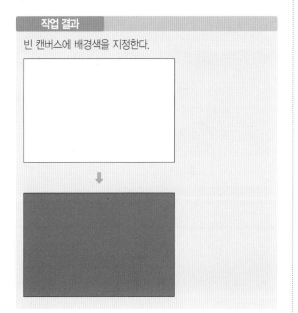

---

1. [Edit(편집)] → [Fill(칠)]([Shift]+[F5])을 선택한다.

2. 'Fill(칠)' 대화상자에서 Contents(내용) 항목을 클릭한 후 [Color(색상)]를 선택한다.

3. 'Color Picker(Fill Color)(색상 피커(칠 색상))' 대화상자에서 색상을 #cc9900으로 지정한 후 〈OK(확인)〉를 클릭한다. 이어서 'Fill(칠)' 대화상자에서도 〈OK(확인)〉를 클릭한다.

포토샵 CS4/CS6 사용자
'Fill(칠)' 대화상자가 표시되면 Use(사용)의 목록 단추를 클릭하여 [Color(색상)]를 선택하고 'Choose a color(색상 선택)' 대화상자에서 색상을 지정한 후 〈OK(확인)〉를 클릭하세요.

② 이미지를 복사한 후 필터를 적용하고 레이어 마스크 수행하기

작업 결과

• '2급-5.jpg'를 복사한 후 Ocean Ripple(바다 물결) 필터를 적용한다.
• 대각선 방향으로 흐릿하게 레이어 마스크를 수행한다.

01. 필터 적용하기

1. [File(파일)] → [Open(열기)]([Ctrl]+[O])을 선택한다.

2. 'Open(열기)' 대화상자에서 찾는 위치를 'C:\길벗 GTQ2급\모의\모의04\Image' 폴더로 지정한 다음 '2급-5.jpg', '2급-6.jpg', '2급-7.jpg', '2급-8.jpg' 파일을 선택하고 〈열기〉를 클릭한다.

3. '2급-5.jpg'를 '모의04-3.psd' 파일로 복사한다.

4. [Filter(필터)] → [Filter Gallery(필터 갤러리)] → [Distort(왜곡)] → [Ocean Ripple(바다 물결)]을 선택한 후 〈OK(확인)〉를 클릭한다.

5. [Edit(편집)] → [Free Transform(자유 변형)] (Ctrl + T)을 선택한 다음 〈출력형태〉와 같이 배치한다. 이어서 Enter를 눌러 자유 변형 상태를 해제한다.

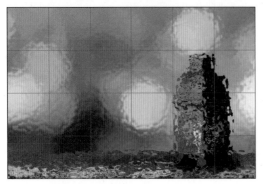

02. 레이어 마스크 수행하기

1. 레이어 패널 하단의 ▣(Add layer mask(레이어 마스크를 추가합니다.)) 아이콘을 클릭한다.

2. 도구 상자에서 ▣(Gradient Tool(그레이디언트 도구))(G)을 클릭한 후 옵션 바에서 Gradient(그레이디언트) 항목을 클릭한다.

3. 'Gradient Editor(그레이디언트 편집기)' 대화상자의 Presets(사전 설정) 항목에서 Basics(기본 사항)의 확장 단추(▤)를 클릭한 다음 Black, White(검정, 흰색)를 클릭하고 〈OK(확인)〉를 클릭한다.

포토샵 CS4/CS6 사용자
'Gradient Editor(그라디언트 편집기)' 대화상자가 표시되면 Presets(사전 설정) 항목에서 Black, White(검정, 흰색)를 클릭하고 〈OK(확인)〉를 클릭하세요.

4. 마우스를 대각선 방향으로 다음과 같이 드래그 한다.

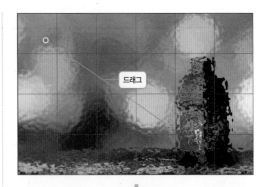

③ 바이올린을 복사한 후 레이어 스타일 적용하기

작업 결과

'2급-6.jpg'에서 바이올린을 복사한 후 Bevel and Emboss(경사와 엠보스) 스타일을 적용한다.

1. '2급-6.jpg' 탭을 클릭한 후 선택 도구를 이용하여 다음과 같이 선택한다.

2. 선택한 영역을 '모의04-3.psd' 파일로 복사한다.
3. 레이어 패널 하단의 ▨(Add a layer style(레이어 스타일을 추가합니다.)) 아이콘을 클릭한 후 [Bevel & Emboss(경사와 엠보스)]를 선택한다.
4. 'Layer Style(레이어 스타일)' 대화상자에서 〈OK(확인)〉를 클릭한다.
5. [Edit(편집)] → [Free Transform(자유 변형)] ([Ctrl]+[T])를 선택한 후 바로 가기 메뉴에서 [Flip Horizontal(가로로 뒤집기)]을 선택한다.
6. 〈출력형태〉와 같이 크기를 조절한 후 배치한다. 이어서 [Enter]를 눌러 자유 변형 상태를 해제한다.

❹ 마이크를 복사한 후 레이어 스타일 적용하기

'2급-7.jpg'에서 마이크를 복사한 후 Outer Glow(외부 광선) 스타일을 적용한다.

↓

1. '2급-7.jpg' 탭을 클릭한 후 선택 도구를 이용하여 다음과 같이 선택한다.

2. 선택한 영역을 '모의04-3.psd' 파일로 복사한다.
3. 레이어 패널 하단의 ▨(Add a layer style(레이어 스타일을 추가합니다.)) 아이콘을 클릭한 후 [Outer Glow(외부 광선)]를 선택한다.
4. 'Layer Style(레이어 스타일)' 대화상자에서 〈OK(확인)〉를 클릭한다.
5. [Edit(편집)] → [Free Transform(자유 변형)] ([Ctrl]+[T])을 선택한 다음 〈출력형태〉와 같이 크기와 방향을 조절한 후 배치한다. 이어서 [Enter]를 눌러 자유 변형 상태를 해제한다.

⑤ 꽃을 복사한 후 레이어 스타일 적용하기

'2급-8.jpg'에서 꽃을 복사한 후 Drop Shadow(그림자 효과) 스타일을 적용한다.

1. '2급-8.jpg' 탭을 클릭한 후 선택 도구를 이용하여 다음과 같이 선택한다.

2. 선택한 영역을 '모의04-3.psd' 파일로 복사한다.

3. 레이어 패널 하단의 ⓕ(Add a layer style(레이어 스타일을 추가합니다.)) 아이콘을 클릭한 후 [Drop Shadow(그림자)]를 선택한다.

4. 'Layer Style(레이어 스타일)' 대화상자에서 〈OK(확인)〉를 클릭한다.

5. [Edit(편집)] → [Free Transform(자유 변형)]([Ctrl]+[T])을 선택한 다음 〈출력형태〉와 같이 크기와 방향을 조절한 후 배치한다. 이어서 [Enter]를 눌러 자유 변형 상태를 해제한다.

6. 레이어 패널에서 'Layer 4(레이어 4)'를 'Layer 2(레이어 2)' 아래로 드래그 하여 이동한다.

⑥ 🏠, ✳를 추가한 후 레이어 스타일 적용하기

· 홈(🏠) 모양을 추가한 후 Drop Shadow(그림자 효과) 스타일을 적용한다.
· 별(✳) 모양을 추가한 후 Gradient Overlay(그라디언트 오버레이)와 Inner Shadow(내부 그림자) 스타일을 적용한다.

01. 🏠를 추가한 후 레이어 스타일 적용하기

1. 도구 상자에서 (Custom Shape Tool(사용자 정의 모양 도구))((U))을 선택한 후 옵션 바의 Pick tool mode(선택 도구 모드)를 Shape(모양)로 선택한다.

2. 옵션 바에서 Shape(모양)의 목록 단추()를 클릭한 다음 [Legacy Shapes and More(레거시 모양 및 기타)] → [All Legacy Default Shapes(모든 레거시 기본 모양] → [Web(웹)]을 선택한다.

> **포토샵 CS4/CS6 사용자**
> Shape(모양) 목록에서 [Web(웹)]을 선택한 후 선택한 모양으로 대치할지를 묻는 대화상자가 나타나면 〈OK(확인)〉를 클릭하세요.

3. 모양 목록에서 🏠(Home(홈))을 선택하고 드래그하여 추가한 다음 옵션 바에서 Fill(칠)을 클릭한 후 색상을 #ffff00으로 지정한다.

> **포토샵 CS4 사용자**
> 옵션 바에서 Color(색상)를 클릭한 다음 'Pick a solid color:(단색 선택:)' 대화상자에서 색상을 지정한 후 〈OK(확인)〉를 클릭하세요.

4. 레이어 패널 하단의 (Add a layer style(레이어 스타일을 추가합니다.)) 아이콘을 클릭한 후 [Drop Shadow(그림자)]를 선택한다.

5. 'Layer Style(레이어 스타일)' 대화상자에서 〈OK(확인)〉를 클릭한다.

6. [Edit(편집)] → [Free Transform Path(패스 자유 변형)]((Ctrl)+(T))를 선택한 다음 〈출력형태〉와 같이 크기를 조절한 후 배치한다. 이어서 (Enter)를 두 번 눌러 패스 자유 변형 상태를 해제한다.

02. ✴를 추가한 후 레이어 스타일 적용하기

1. 도구 상자에서 (Custom Shape Tool(사용자 정의 모양 도구))((U))이 선택된 상태로 옵션 바에서 Shape(모양)의 목록 단추()를 클릭한 다음 [Legacy Shapes and More(레거시 모양 및 기타)] → [All Legacy Default Shapes(모든 레거시 기본 모양)] → [Shapes(모양)]를 선택한다.

> **포토샵 CS4/CS6 사용자**
> Shape(모양) 목록에서 [Shapes(모양)]를 선택한 후 선택한 모양으로 대치할지를 묻는 대화상자가 나타나면 〈OK(확인)〉를 클릭하세요.

2. 모양 목록에서 ✴(10 Point Star Frame(10포인트 별 프레임))를 선택한 후 드래그 하여 추가한다.

3. 레이어 패널 하단의 (Add a layer style(레이어 스타일을 추가합니다.)) 아이콘을 클릭한 후 [Gradient Overlay(그레이디언트 오버레이)]를 선택한다.

4. 'Layer Style(레이어 스타일)' 대화상자에서 Gradient(그레이디언트) 항목을 클릭한다.

5. 'Gradient Editor(그레이디언트 편집기)' 대화상자의 왼쪽 아래 Color Stop(색상 정지점)을 더블클릭한 다음 색상을 #ff9900으로 지정한다.

6. 'Gradient Editor(그레이디언트 편집기)' 대화상자의 오른쪽 아래 Color Stop(색상 정지점)을 더블클릭한 다음 색상을 #ffffcc로 지정한다.

7. 'Gradient Editor(그레이디언트 편집기)' 대화상자에서 〈OK(확인)〉를 클릭한다.

8. 'Layer Style(레이어 스타일)' 대화상자에의 스타일 목록에서 [Inner Shadow(내부 그림자)]를 선택하고 〈OK(확인)〉를 클릭한다.

9. [Edit(편집)] → [Free Transform Path(패스 자유 변형)]((Ctrl)+(T))를 선택한 다음 〈출력형태〉와 같이 크기를 조절한 후 배치한다. 이어서 (Enter)를 두 번 눌러 자유 변형 상태를 해제한다.

⑦ 문자를 입력한 후 레이어 스타일 적용하기

- **감성적인 느낌의**를 입력한 후 Gradient Overlay(그라디언트 오버레이)와 Stroke(선/획) 스타일을 적용한다.
- **Classic cafe**를 입력한 후 Drop Shadow(그림자 효과)와 Stroke(선/획) 스타일을 적용한다.

↓

01. 감성적인 느낌의를 입력한 후 레이어 스타일 적용하기

1. 도구 상자에서 **T**(Horizontal Type Tool(수평 문자 도구))(T)을 클릭한 다음 적당한 위치를 클릭하고 **감성적인 느낌의**를 입력한다.

2. Ctrl+Enter를 눌러 입력을 완료한 다음 옵션 바에서 Font(글꼴)를 '궁서', Size(크기)를 35로 지정한 다음 🔲(Create warped text(뒤틀어진 텍스트 만들기))를 클릭한다.

3. Warp Text(텍스트 뒤틀기)' 대화상자에서 'Style(스타일)'을 'Arch(아치)'로 지정하고 〈출력형태〉와 모양이 비슷해지도록 'Bend(구부리기)' 값을 조절한 후 〈OK(확인)〉를 클릭한다.

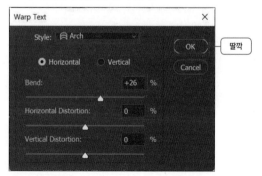

4. 레이어 패널 하단의 **fx**(Add a layer style(레이어 스타일을 추가합니다.)) 아이콘을 클릭한 후 [Gradient Overlay(그레이디언트 오버레이)]를 선택한다.

5. 'Layer Style(레이어 스타일)' 대화상자에서 Gradient(그레이디언트) 항목을 클릭한다.

6. 'Gradient Editor(그레이디언트 편집기)' 대화상자의 왼쪽 아래 Color Stop(색상 정지점)을 더블클릭한 다음 색상을 #330000으로 지정한다.

7. 'Gradient Editor(그레이디언트 편집기)' 대화상자의 오른쪽 아래 Color Stop(색상 정지점)을 더블클릭한 다음 색상을 #ffff99로 지정한다.

8. 'Gradient Editor(그레이디언트 편집기)' 대화상자에서 〈OK(확인)〉를 클릭한다.

9. 'Layer Style(레이어 스타일)' 대화상자에서 Angle(각도)을 0으로 지정한다.

10. 이어서 스타일 목록에서 [Stroke(획)]를 선택하고, Size(크기)를 1, Color(색상)를 #330000으로 지정한 후 〈OK(확인)〉를 클릭한다.

11. [Edit(편집)] → [Free Transform(자유 변형)] (Ctrl+T)을 선택한 다음 〈출력형태〉와 같이 배치한다. 이어서 Enter를 눌러 자유 변형 상태를 해제한다.

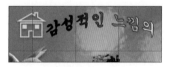

02. Classic cafe를 입력한 후 레이어 스타일 적용하기

1. 도구 상자에서 **T**(Horizontal Type Tool(수평 문자 도구))(T)을 클릭한 다음 적당한 위치를 클릭하고 **Classic cafe**를 입력한다.

2. Ctrl+Enter를 눌러 입력을 완료한 다음 옵션 바에서 Font(글꼴)를 'Times New Roman', Font Style(글꼴 스타일) 'Bold', Size(크기)를 72, Color(색상)를 #ffff99로 지정한다.

3. 레이어 패널 하단의 **fx**(Add a layer style(레이어 스타일을 추가합니다.)) 아이콘을 클릭한 후 [Drop Shadow(그림자)]를 선택한다.

4. 'Layer Style(레이어 스타일)' 대화상자의 스타일 목록에서 [Stroke(획)]를 선택하고 Size(크기)를 2, Color(색상)를 #000000으로 지정한 후 〈OK(확인)〉를 클릭한다.

5. [Edit(편집)] → [Free Transform(자유 변형)] (Ctrl+T)을 선택한 다음 〈출력형태〉와 같이 배치한다. 이어서 Enter를 눌러 자유 변형 상태를 해제한다.

⑧ 파일 저장 및 이미지 크기 조절

1. [File(파일)] → [Save a Copy(사본 저장)](Ctrl+Alt+S)를 선택하고 Save a Copy(사본 저장) 대화상자에서 저장 위치를 '모의04', 파일 이름을 '모의04-3'으로, Format(형식)을 'JPEG(*.JPG;*.JPEG;*.JPE)'로 지정한 후 〈저장〉을 클릭한다.

> **포토샵 CS4/CS6 사용자**
> JPG 형식으로 저장하기 위해 [File(파일)] → [Save As(다른 이름으로 저장)](Ctrl+Shift+S)를 선택하세요.

2. 'JPEG Options(JPEG 옵션)' 대화상자에서 Quality(품질)를 8로 지정한 후 〈OK(확인)〉를 클릭한다.

3. [Image(이미지)] → [Image Size(이미지 크기)] (Ctrl+Alt+I)를 선택하고 'Image Size(이미지 크기)' 대화상자에서 Width(폭)와 Height(높이)에 입력되어 있는 값에서 0 하나씩만 제거한 후 〈OK(확인)〉를 클릭한다.

4. [File(파일)] → [Save(저장)](Ctrl+S)를 선택한다.

⑨ [문제 3] 답안 파일 전송

1. 포토샵 프로그램을 최소화한 후 '시험 관리 도구'에서 〈답안 전송〉을 클릭한다.

2. '고사실 PC로 답안 파일 보내기' 대화상자에서 전송할 '모의04-3.jpg'와 '모의04-3.psd' 파일을 선택한 후 〈답안 전송〉을 클릭한다.

 문제 4 　　[실무응용]　이벤트 페이지 제작

사용할 이미지

사용할 이미지

2급-9.jpg

2급-10.jpg

2급-11.jpg

2급-12.jpg

2급-13.jpg

모양 도구로 추가하기

① '2급-9.jpg'를 복사한 후 필터를 적용한다.

⑤ '2급-13.jpg'에서 나무를 복사한 후 레이어 스타일을 적용하고 불투명도를 지정한다.

② '2급-10.jpg'에서 나뭇가지를 복사한 후 레이어 스타일을 적용한다.

⑥ 🍂, 🍁를 추가한 후 레이어 스타일을 적용하고 불투명도를 지정한다.

③ '2급-11.jpg'에서 헤드폰을 복사한 후 레이어 스타일을 적용한다.

⑦ 문자를 입력한 후 레이어 스타일을 적용한다.

④ 나뭇잎 모양을 추가한 후 레이어 스타일을 적용하고, '2급-12.jpg'를 복사한 다음 필터를 적용하고 클리핑 마스크를 수행한다.

 문제 4　[실무응용]　이벤트 페이지 제작　[따라하기]

ⓞ 준비 작업

1. [File(파일)] → [New(새로 만들기)]([Ctrl]+[N])를 선택한다.

2. 'New Document(새로운 문서 만들기)' 대화상자에서 Name(이름)을 '모의04-4', Width(폭)를 600, Height(높이)를 400, Resolution(해상도)을 72, Color Mode(색상 모드)를 'RGB Color', '8Bit', Background Contents(배경 내용)를 'White(흰색)'로 지정한 후 〈Create(만들기)〉를 클릭한다.

포토샵 CS4/CS6 사용자
'New(새 문서)' 대화상자에서 Name(이름), Width(폭), Height(높이) 등을 지정하세요.

3. [File(파일)] → [Save As(다른 이름으로 저장)]([Ctrl]+[Shift]+[S])를 선택한 다음 'Save As(다른 이름으로 저장)' 대화상자에서 저장 위치를 '모의04', 파일 이름을 '모의04-4'로 지정한 후 〈저장〉을 클릭한다.

① 이미지를 복사한 후 필터 적용하기

작업 결과

'2급-9.jpg'를 복사한 후 Crosshatch(그물눈) 필터를 적용한다.

1. [File(파일)] → [Open(열기)]([Ctrl]+[O])을 선택한다.
2. 'Open(열기)' 대화상자에서 찾는 위치를 'C:\길벗
   GTQ2급\모의\모의04\Image' 폴더로 지정한 다음
   '2급-9.jpg', '2급-10.jpg', '2급-11.jpg', '2급-12.
   jpg', '2급-13.jpg' 파일을 선택하고 〈열기〉를 클릭
   한다.
3. '2급-9.jpg'를 '모의04-4.psd' 파일로 복사한다.
4. [Filter(필터)] → [Filter Gallery(필터 갤러리)] →
   [Brush Strokes(브러시 획)] → [Crosshatch(그물
   눈)]를 선택한 후 〈OK(확인)〉를 클릭한다.
5. [Edit(편집)] → [Free Transform(자유 변형)]
   ([Ctrl]+[T])을 선택한 다음 〈출력형태〉와 같이 배치한
   다. 이어서 [Enter]를 눌러 자유 변형 상태를 해제한다.

② 나뭇가지를 복사한 후 레이어 스타일 적용하기

작업 결과

'2급-10.jpg'에서 나뭇가지를 복사한 후 Bevel and Emboss(경
사와 엠보스)와 Drop Shadow(그림자 효과) 스타일을 적용한다.

---

1. '2급-10.jpg' 탭을 클릭한 후 선택 도구를 이용하여
   다음과 같이 선택한다.

2. 선택한 영역을 '모의04-4.psd' 파일로 복사한다.
3. 레이어 패널 하단의 [fx](Add a layer style(레이어
   스타일을 추가합니다.)) 아이콘을 클릭한 후 [Bevel
   & Emboss(경사와 엠보스)]를 선택한다.
4. 'Layer Style(레이어 스타일)' 대화상자의 스타일
   목록에서 [Drop Shadow(드롭 섀도)]를 선택한 후
   〈OK(확인)〉를 클릭한다.
5. [Edit(편집)] → [Free Transform(자유 변형)]
   ([Ctrl]+[T])을 선택한 다음 〈출력형태〉와 같이 크기
   를 조절한 후 배치한다. 이어서 [Enter]를 눌러 자유 변
   형 상태를 해제한다.

③ 헤드폰을 복사한 후 레이어 스타일 적용하기

'2급-11.jpg'에서 헤드폰을 복사한 후 Outer Glow(외부 광선) 스타일을 적용한다.

⬇

1. '2급-11.jpg' 탭을 클릭한 후 선택 도구를 이용하여 다음과 같이 선택한다.

2. 선택한 영역을 '모의04-4.psd' 파일로 복사한다.
3. 레이어 패널 하단의 ƒx(Add a layer style(레이어 스타일을 추가합니다.)) 아이콘을 클릭한 후 [Outer Glow(외부 광선)]를 선택한다.
4. 'Layer Style(레이어 스타일)' 대화상자에서 〈OK(확인)〉를 클릭한다.
5. [Edit(편집)] → [Free Transform(자유 변형)] ([Ctrl]+[T])을 선택한 다음 〈출력형태〉와 같이 크기를 조절한 후 배치한다. 이어서 [Enter]를 눌러 자유 변형 상태를 해제한다.

④ ◢를 추가한 후 레이어 스타일과 필터를 적용하고 클리핑 마스크 수행하기

- 나뭇잎(◢) 모양을 추가한 후 Stroke(선/획)와 Inner Shadow (내부 그림자) 스타일을 적용한다.
- '2급-12.jpg'를 복사한 후 Grain(그레인) 필터를 적용하고 클리핑 마스크를 수행한다.

⬇

01. ◢를 추가한 후 레이어 스타일 적용하기

1. 도구 상자에서 ✿(Custom Shape Tool(사용자 정의 모양 도구))([U])을 선택한 후 옵션 바에서 Shape (모양)의 목록 단추(▪) → [Legacy Shapes and More(레거시 모양 및 기타)] → [All Legacy Default Shapes(모든 레거시 기본 모양)] → [Nature(자연)]를 선택한다.

포토샵 CS4/CS6 사용자
Shape(모양) 목록에서 [Nature(자연)]를 선택한 후 선택한 모양으로 대치할지를 묻는 대화상자가 나타나면 〈OK(확인)〉를 클릭하세요.

2. 모양 목록에서 ◢(Leaf 1(나뭇잎 1))을 선택한 후 드래그 하여 추가한다.
3. 레이어 패널 하단의 ƒx(Add a layer style(레이어 스타일을 추가합니다.)) 아이콘을 클릭한 후 [Stroke(획)]를 선택한다.

4. 'Layer Style(레이어 스타일)' 대화상자에서 Size(크기)를 5, Color(색상)을 #ff9900으로 지정하고, 스타일 목록에서 [Inner Shadow(내부 그림자)]를 선택한 후 〈OK(확인)〉를 클릭한다.

5. [Edit(편집)] → [Free Transform Path(패스 자유 변형)]([Ctrl]+[T])를 선택한 다음 〈출력형태〉와 같이 크기와 방향을 조절한 후 배치한다. 이어서 [Enter]를 두 번 눌러 패스 자유 변형 상태를 해제한다.

02. 필터를 적용하고 클리핑 마스크 수행하기

1. '2급-12.jpg'를 '모의04-4.psd' 파일로 복사한다.

2. [Filter(필터)] → [Filter Gallery(필터 갤러리)] → [Texture(텍스처)] → [Grain(그레인)]을 선택한 후 〈OK(확인)〉를 클릭한다.

3. 레이어 패널에서 'Layer 4(레이어 4)'의 바로 가기 메뉴를 불러 [Create Clipping Mask(클리핑 마스크 만들기)]를 선택한다.

4. [Edit(편집)] → [Free Transform(자유 변형)]([Ctrl]+[T])을 선택한 다음 〈출력형태〉와 같이 크기를 조절한 후 배치한다. 이어서 [Enter]를 눌러 자유 변형 상태를 해제한다.

⑤ 나무를 복사한 후 레이어 스타일을 적용하고 불투명도 지정하기

작업 결과

'2급-13.jpg'에서 나무를 복사한 후 Outer Glow(외부 광선) 스타일을 적용하고, Opacity(불투명도)를 70%로 지정한다.

1. '2급-13.jpg' 탭을 클릭하고 선택 도구를 이용하여 다음과 같이 선택한다.

2. 선택한 영역을 '모의04-4.psd' 파일로 복사한다.

3. 레이어 패널 하단의 [fx](Add a layer style(레이어 스타일을 추가합니다.)) 아이콘을 클릭한 후 [Outer Glow(외부 광선)]를 선택한다.

4. 'Layer Style(레이어 스타일)' 대화상자에서 〈OK(확인)〉를 클릭한다.

5. 레이어 패널 상단의 Opacity(불투명도)를 70%로 지정한다.

6. [Edit(편집)] → [Free Transform(자유 변형)]([Ctrl]+[T])을 선택한 다음 〈출력형태〉와 같이 크기를 조절한 후 배치한다. 이어서 [Enter]를 눌러 자유 변형 상태를 해제한다.

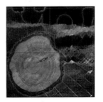

❻ 🌼, 🍁를 추가한 후 레이어 스타일 적용하기

- 꽃(🌼) 모양을 추가한 후 Bevel and Emboss(경사와 엠보스) 스타일을 적용하고, Opacity(불투명도)를 80%로 지정한다.
- 나뭇잎(🍁) 모양을 추가한 후 Gradient Overlay(그라디언트 오버레이)와 Drop Shadow(그림자 효과) 스타일을 적용한다.

01. 🌼를 추가하고 레이어 스타일 적용하기

1. 도구 상자에서 🖌(Custom Shape Tool(사용자 정의 모양 도구))(U)을 선택한 후 옵션 바에서 Shape(모양)의 목록 단추(▾) → [Legacy Shapes and More(레거시 모양 및 기타)] → [All Legacy Default Shapes(모든 레거시 기본 모양)] → [Nature(자연)]를 선택한다.

포토샵 CS4/CS6 사용자
Shape(모양) 목록에서 [Nature(자연)]를 선택한 후 선택한 모양으로 대치할지를 묻는 대화상자가 나타나면 〈OK(확인)〉를 클릭하세요.

2. 모양 목록에서 🌼(Flower 3(꽃 3))을 선택한 후 드래그 하여 추가한 다음 옵션 바에서 Fill(칠)을 클릭하고 색상을 #ffcc00으로 지정한다.

포토샵 CS4 사용자
옵션 바에서 Color(색상)를 클릭한 다음 'Pick a solid color:(단색 선택:)' 대화상자에서 색상을 지정한 후 〈OK(확인)〉를 클릭하세요.

3. 레이어 패널 하단의 𝑓𝑥(Add a layer style(레이어

스타일을 추가합니다.)) 아이콘을 클릭한 후 [Bevel & Emboss(경사와 엠보스)]를 선택한다.

4. 'Layer Style(레이어 스타일)' 대화상자에서 〈OK(확인)〉를 클릭한다.

5. 레이어 패널 상단의 Opacity(불투명도)를 80%로 지정한다.

6. [Edit(편집)] → [Free Transform Path(패스 자유 변형)](Ctrl+T)를 선택한 다음 〈출력형태〉와 같이 크기를 조절한 후 배치한다. 이어서 Enter를 두 번 눌러 패스 자유 변형 상태를 해제한다.

02. 🍁를 추가하고 레이어 스타일 적용하기

1. 도구 상자에서 🖌(Custom Shape Tool(사용자 정의 모양 도구))(U)이 선택된 상태로 옵션 바에서 Shape(모양)의 목록 단추(▾) → [Legacy Shapes and More(레거시 모양 및 기타)] → [All Legacy Default Shapes(모든 레거시 기본 모양)] → [Nature(자연)]를 선택한다.

2. 모양 목록에서 🍁(Leaf 2(나뭇잎 2))를 선택한 후 드래그 하여 추가한다.

3. 레이어 패널 하단의 𝑓𝑥(Add a layer style(레이어 스타일을 추가합니다.)) 아이콘을 클릭한 후 [Gradient Overlay(그레이디언트 오버레이)]를 선택한다.

4. 'Layer Style(레이어 스타일)' 대화상자에서 Gradient(그레이디언트) 항목을 클릭한다.

5. 'Gradient Editor(그레이디언트 편집기)' 대화상자의 왼쪽 아래 Color Stop(색상 정지점)을 더블클릭한 다음 색상을 #ffffcc로 지정한다.

6. 'Gradient Editor(그레이디언트 편집기)' 대화상자의 오른쪽 아래 Color Stop(색상 정지점)을 더블클릭한 다음 색상을 #cccc66으로 지정한 후 〈OK(확인)〉를 클릭한다.

7. 'Layer Style(레이어 스타일)' 대화상자의 스타일 목록에서 [Drop Shadow(드롭 섀도)]를 선택한 다음 〈OK(확인)〉를 클릭한다.

8. [Edit(편집)] → [Free Transform Path(패스 자유 변형)](Ctrl+T)를 선택한 다음 〈출력형태〉와 같이

크기를 조절한 후 배치한다. 이어서 Enter를 두 번 눌러 패스 자유 변형 상태를 해제한다.

❼ 문자를 입력한 후 레이어 스타일 적용하기

작업 결과

- Healing sound, 음악이 있는 가을 콘서트, 문의 : 9876-5432를 입력한다.
- 입력한 문자열 각각에 서식을 지정하고 레이어 스타일을 적용한다.
- 각각의 문자열을 〈출력형태〉와 같이 배치한다.

01. 문자 입력하기

1. 도구 상자에서 ▣(Horizontal Type Tool(수평 문자 도구))(T)을 클릭한다.
2. 옵션 바에서 문자를 입력하기 좋은 크기와 색상을 지정한다. 여기서는 크기를 12, 색상을 흰색(#ffffff)으로 지정한다.
3. 입력되는 문자의 색상과 구분이 잘되는 배경을 클릭하고 다음과 같이 〈출력형태〉에 제시된 모든 문자를 입력한다.

02. 서식 지정 및 레이어 스타일 적용하기

1. 'Healing ~'에 서식 지정 및 레이어 스타일 적용
   ① 레이어 패널에서 'Healing ~' 레이어를 선택하고 옵션 바에서 Font(글꼴)를 '바탕', Size(크기)를 25, Color(색상)를 #ffff33으로 지정한 후 ▣(Create warped text(뒤틀어진 텍스트 만들기))를 클릭한다.
   ② 'Warp Text(텍스트 뒤틀기)' 대화상자에서 'Style(스타일)'을 'Arc Upper(위 부채꼴)'로 지정하고 〈출력형태〉와 모양이 비슷해지도록 'Bend(구부리기)' 값을 조절한 후 〈OK(확인)〉를 클릭한다.

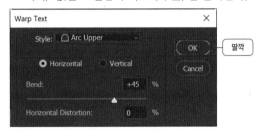

   ③ 레이어 패널 하단의 ▣(Add a layer style(레이어 스타일을 추가합니다.)) 아이콘을 클릭한 후 [Outer Glow(외부 광선)]를 선택한다.
   ④ 'Layer Style(레이어 스타일)' 대화상자의 스타일 목록에서 [Stroke(획)]를 클릭하고 Size(크기)를 2, Color(색상)를 #000000으로 지정한 후 〈OK(확인)〉를 클릭한다.

2. '음악이 ~'에 서식 지정 및 레이어 스타일 적용
   ① 레이어 패널에서 '음악이 ~' 레이어를 선택하고 옵션 바에서 Font(글꼴)를 '돋움', Size(크기)를 30으로 지정한 후 ▣(Create warped text(뒤틀어진 텍스트 만들기))를 클릭한다.
   ② 'Warp Text(텍스트 뒤틀기)' 대화상자에서 'Style(스타일)'을 'Arc Lower(아래 부채꼴)'로 지정하고 〈출력형태〉와 모양이 비슷해지도록 'Bend(구부리기)' 값을 조절한 후 〈OK(확인)〉를 클릭한다.

③ 레이어 패널 하단의 *fx*(Add a layer style(레이어 스타일을 추가합니다.)) 아이콘을 클릭한 후 [Gradient Overlay(그레이디언트 오버레이)]를 선택한다.

④ 'Layer Style(레이어 스타일)' 대화상자에서 Gradient(그레이디언트) 항목을 클릭한다.

⑤ 'Gradient Editor(그레이디언트 편집기)' 대화상자의 왼쪽 아래 Color Stop(색상 정지점)을 더블 클릭한 다음 색상을 #ffffff로 지정한다.

⑥ 'Gradient Editor(그레이디언트 편집기)' 대화상자의 오른쪽 아래 Color Stop(색상 정지점)을 더블클릭한 다음 색상을 #00ff33으로 지정한다.

⑦ 'Gradient Editor(그레이디언트 편집기)' 대화상자에서 〈OK(확인)〉를 클릭한다.

⑧ 'Layer Style(레이어 스타일)' 대화상자에서 Angle(각도)을 90으로 지정한다.

⑨ 이어서 스타일 목록에서 [Stroke(획)]를 클릭하고 Size(크기)를 2, Color(색상)를 #000000으로 지정한 후 〈OK(확인)〉를 클릭한다.

3. '문의 ~'에 서식 지정 및 레이어 스타일 적용

① 레이어 패널에서 '문의 ~' 레이어를 선택하고 옵션 바에서 Font(글꼴)를 '돋움', Size(크기)를 14, Color(색상)를 #ffffff으로 지정한다.

② 레이어 패널 하단의 *fx*(Add a layer style(레이어 스타일을 추가합니다.)) 아이콘을 클릭한 후 [Stroke(획)]를 선택한다.

③ 'Layer Style(레이어 스타일)' 대화상자에서 Size(크기)를 2, Color(색상)를 #330000으로 지정한 후 〈OK(확인)〉를 클릭한다.

03. 〈출력형태〉와 같이 배치하기

1. 레이어 패널에서 'Healing ~'를 선택한다.

2. [Edit(편집)] → [Free Transform(자유 변형)]([Ctrl]+[T])을 선택한 후 〈출력형태〉와 같이 배치한다. 이어서 [Enter]를 눌러 자유 변형 상태를 해제한다.

3. 나머지 글자도 위와 같은 방법으로 〈출력형태〉와 같이 배치한다.

⑧ 파일 저장 및 이미지 크기 조절

1. [File(파일)] → [Save a Copy(사본 저장)]([Ctrl]+[Alt]+[S])를 선택하고 'Save a Copy(사본 저장)' 대화상자에서 저장 위치를 '모의04', 파일 이름을 '모의04-4'로, Format(형식)을 'JPEG(*.JPG;*.JPEG;*.JPE)'로 지정한 후 〈저장〉을 클릭한다.

> **포토샵 CS4/CS6 사용자**
> JPG 형식으로 저장하기 위해 [File(파일)] → [Save As(다른 이름으로 저장)]([Ctrl]+[Shift]+[S])를 선택하세요.

2. 'JPEG Options(JPEG 옵션)' 대화상자에서 Quality(품질)를 8로 지정한 후 〈OK(확인)〉를 클릭한다.

3. [Image(이미지)] → [Image Size(이미지 크기)]를 선택하고 'Image Size(이미지 크기)' 대화상자에서 Width(폭)와 Height(높이)에 입력되어 있는 값에서 0을 하나씩만 제거한 후 〈OK(확인)〉를 클릭한다.

4. [File(파일)] → [Save(저장)]([Ctrl]+[S])를 선택한다.

⑨ [문제 4] 답안 파일 전송

1. 포토샵 프로그램을 최소화한 후 '시험 관리 도구'에서 〈답안 전송〉을 클릭한다.

2. '고사실 PC로 답안 파일 보내기' 대화상자에서 전송할 '모의04-4.jpg'와 '모의04-4.psd' 파일을 선택한 후 〈답안 전송〉을 클릭한다.

실전 모의고사

실전

문제 1   [기능평가]   Tool(도구) 활용   (20점)

다음의 〈조건〉에 따라 아래의 〈출력형태〉와 같이 작업하시오.

출력형태

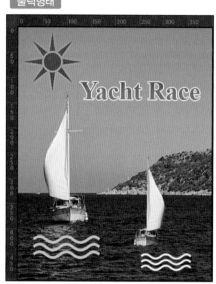

조건

원본 이미지	\multicolumn{3}{l}{C:\길벗GTQ2급\모의\모의05\Image\2급-1.jpg}		
파일 저장 규칙	JPG	파일명	C:\길벗GTQ2급\모의\모의05\모의05-1.jpg
		크기	400 × 500 pixels
	PSD	파일명	C:\길벗GTQ2급\모의\모의05\모의05-1.psd
		크기	40 × 50 pixels

1. 그림 효과

① 복제 및 변형 : 요트
② Shape Tool(모양 도구) 사용 :
　– 물결 모양 (#99ffff, #ffffff, 레이어 스타일 – Drop Shadow(그림자 효과))
　– 해 모양 (#ff0000, 레이어 스타일 – Outer Glow(외부 광선))

2. 문자 효과

① Yacht Race (Times New Roman, Bold, 52pt, 레이어 스타일 –
　그라디언트 오버레이(#ff6666, #3366ff), Stroke(선/획)(2px, #ffffff))

문제 2   [기능평가]   사진편집 기초   (20점)

다음의 〈조건〉에 따라 아래의 〈출력형태〉와 같이 작업하시오.

출력형태

조건

원본 이미지	\multicolumn{3}{l}{C:\길벗GTQ2급\모의\모의05\Image\2급-2.jpg, 2급-3.jpg, 2급-4.jpg}		
파일 저장 규칙	JPG	파일명	C:\길벗GTQ2급\모의\모의05\모의05-2.jpg
		크기	400 × 500 pixels
	PSD	파일명	C:\길벗GTQ2급\모의\모의05\모의05-2.psd
		크기	40 × 50 pixels

1. 그림 효과

① 색상 보정 : 2급-3.jpg – 파란색 계열로 보정,
　레이어 스타일 – Drop Shadow(그림자 효과)
② 액자 제작 :
　필터 – Stained Glass(스테인드 글라스/채색 유리),
　안쪽 테두리 (2px, #cc9900),
　레이어 스타일 – Drop Shadow(그림자 효과)
③ 2급-4.jpg : 레이어 스타일 – Outer Glow(외부 광선)

2. 문자 효과

① 시원하고 달콤한 과일 (돋움, 38pt, #ffff00, 레이어 스타일 – Stroke(선/획)(2px,
　#993333))

다음의 〈조건〉에 따라 아래의 〈출력형태〉와 같이 작업하시오.

조건

원본 이미지			C:\길벗GTQ2급\모의\모의05\Image\2급-5.jpg, 2급-6.jpg, 2급-7.jpg, 2급-8.jpg
파일 저장 규칙	JPG	파일명	C:\길벗GTQ2급\모의\모의05\모의05-3.jpg
		크기	600 × 400 pixels
	PSD	파일명	C:\길벗GTQ2급\모의\모의05\모의05-3.psd
		크기	60 × 40 pixels

1. 그림 효과

① 배경 : #ccffff
② 2급-5.jpg : 필터 - Paint Daubs(페인트 덥스/페인트 바르기), 레이어 마스크 - 가로 방향으로 흐릿하게
③ 2급-6.jpg : 레이어 스타일 - Drop Shadow(그림자 효과)
④ 2급-7.jpg : 레이어 스타일 - Drop Shadow(그림자 효과)
⑤ 2급-8.jpg : 레이어 스타일 - Bevel and Emboss(경사와 엠보스)
⑥ 그 외 《출력형태》 참조

2. 문자 효과

① Beach Festival (Times New Roman, Bold, 50pt, 레이어 스타일 - 그라디언트 오버레이(#cc0000, #0033cc), Stroke(선/획)(2px, #ffffff))
② 각종 행사 알아보기 (돋움, 28pt, #3333ff, 레이어 스타일 - Drop Shadow(그림자 효과), Stroke(선/획)(2px, #ffffff))

출력형태

Shape Tool(모양 도구) 사용
#3399ff, 레이어 스타일 -
Stroke(선/획)(2px, #003399)

Shape Tool(모양 도구) 사용
레이어 스타일 -
Inner Shadow(내부 그림자),
그라디언트 오버레이(#00ffcc,
#3366ff, #ff0066)

다음의 〈조건〉에 따라 아래의 〈출력형태〉와 같이 작업하시오.

원본 이미지	\multicolumn{2}{c}{}	C:\길벗GTQ2급\모의\모의05\Image\2급-9.jpg, 2급-10.jpg, 2급-11.jpg, 2급-12.jpg, 2급-13.jpg	
파일 저장 규칙	JPG	파일명	C:\길벗GTQ2급\모의\모의05\모의05-4.jpg
		크기	600 × 400 pixels
	PSD	파일명	C:\길벗GTQ2급\모의\모의05\모의05-4.psd
		크기	60 × 40 pixels

1. 그림 효과

① 2급-9.jpg : 필터 – Dry Brush(드라이 브러시)
② 2급-10.jpg : 레이어 스타일 – Inner Glow(내부 광선), Drop Shadow(그림자 효과)
③ 2급-11.jpg : 레이어 스타일 – Bevel and Emboss(경사와 엠보스), Opacity(불투명도)(60%)
④ 2급-12.jpg : 필터 – Facet(단면화)
⑤ 2급-13.jpg : 레이어 스타일 – Drop Shadow(그림자 효과)
⑥ 그 외 《출력형태》 참조

2. 문자 효과

① Water Park (Arial, Bold, 38pt, #339933, 레이어 스타일 – Drop Shadow(그림자 효과), Stroke(선/획)(2px, #ffffff))
② 아쿠아리움도 함께 해요 (궁서, 28pt, 레이어 스타일 – 그라디언트 오버레이(#0066cc, #ffffff), Stroke(선/획)(2px, #ccccff))
③ 더위 한 방에 날리기 (바탕, 17pt, #ffffff, 레이어 스타일 – Outer Glow(외부 광선))

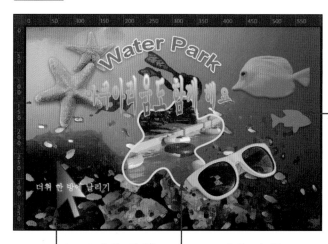

Shape Tool(모양 도구) 사용
#ff99cc, 레이어 스타일 –
Drop Shadow(그림자 효과),
Opacity(불투명도)(70%)

Shape Tool(모양 도구) 사용
레이어 스타일 – 그라디언트
오버레이(#336600, #ffffff),
Stroke(선/획)(2px, #006633)

Shape Tool(모양 도구) 사용
레이어 스타일 –
Stroke(선/획)(4px, #ffff33),
Drop Shadow(그림자 효과)

실전 모의고사 풀이

 문제 1　　[기능평가]　Tool(도구) 활용

미리보기

사용할 이미지

2급-1.jpg

모양 도구로 추가하기

작업 과정

① 　'2급-1.jpg'를 복사한 후 요트를 한 번 복제한다.

② 　, ✳를 추가한 후 레이어 스타일을 적용한다.

③　문자를 입력한 후 레이어 스타일을 적용한다.

 문제 1　　[기능평가]　Tool(도구) 활용　　 **따라 하기**

⓪ 준비 작업

1. [File(파일)] → [New(새로 만들기)]([Ctrl]+[N])를 선택한다.

2. 'New Document(새로운 문서 만들기)' 대화상자에서 Name(이름)을 '모의05-1', Width(폭)를 400, Height(높이)를 500, Resolution(해상도)을 72, Color Mode(색상 모드)를 'RGB Color', '8Bit', Background Contents(배경 내용)를 'White(흰색)'로 지정한 후 〈Create(만들기)〉를 클릭한다.

포토샵 CS4/CS6 사용자
'New(새 문서)' 대화상자에서 Name(이름), Width(폭), Height(높이) 등을 지정하세요.

3. [File(파일)] → [Save As(다른 이름으로 저장)]
([Ctrl]+[Shift]+[S])를 선택한 다음 'Save As(다른 이름
으로 저장)' 대화상자에서 저장 위치를 '모의05', 파일
이름을 '모의05-1'로 지정한 후 〈저장〉을 클릭한다.

1 이미지를 복사한 후 요트 복제하기

작업 결과

'2급-1.jpg'를 복사한 후 요트를 한 번 복제한다.

1. [File(파일)] → [Open(열기)]([Ctrl]+[O])을 선택한다.
2. '열기' 대화상자에서 찾는 위치를 'C:\길벗GTQ2
급\모의\모의05\Image' 폴더로 지정한 다음 '2
급-1.jpg' 파일을 선택하고 〈열기〉를 클릭한다.
3. '2급-1.jpg'를 '모의05-1.psd' 파일로 복사한다.
4. [Edit(편집)] → [Free Transform(자유 변형)]
([Ctrl]+[T])을 선택한 다음 〈출력형태〉와 같이 크기
를 조절한 후 배치한다. 이어서 [Enter]를 눌러 자유 변
형 상태를 해제한다.
5. 선택 도구를 이용하여 다음과 같이 선택한다.

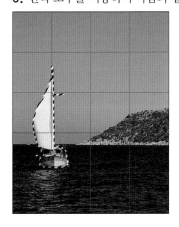

6. [Ctrl]+[C]를 눌러 복사한 후 [Ctrl]+[V]를 눌러 붙여넣
기 한다.

7. [Edit(편집)] → [Free Transform(자유 변형)]
([Ctrl]+[T])를 선택한 후 바로 가기 메뉴에서 [Flip
Horizontal(가로로 뒤집기)]을 선택한다.
8. 〈출력형태〉와 같이 크기를 조절한 후 배치한다. 이
어서 [Enter]를 눌러 자유 변형 상태를 해제한다.

2 ≋, ✳를 추가한 후 레이어 스타일 적용하기

작업 결과

• 물결(≋) 모양을 추가한 후 Drop Shadow(그림자 효과) 스타
일을 적용하고 한 번 복사한다.
• 해(✳) 모양을 추가한 후 Outer Glow(외부 광선) 스타일을 적
용한다.

01. ≋를 추가한 후 레이어 스타일 적용하기

1. 도구 상자에서 ▨(Custom Shape Tool(사용자 정
의 모양 도구))([U])을 선택한 후 옵션 바의 Pick
tool mode(선택 도구 모드)를 Shape(모양)로 선택
하고 Stroke(획)를 클릭하여 No Color(색상 없음)
로 지정한다.

포토샵 CS4/CS6 사용자
Stroke(선/획)가 Style(스타일)로 표시되며, Style(스타일)의 기
본 값이 Default Style(초기 스타일)입니다. 기본 값이 Default
Style(초기 스타일)이 아닌 경우에만 선택하세요.

2. 옵션 바에서 Shape(모양)의 목록 단추(⋮)를 클릭한 다음 [Legacy Shapes and More(레거시 모양 및 기타)] → [All Legacy Default Shapes(모든 레거시 기본 모양)] → [Nature(자연)]를 선택한다.

3. 모양 목록에서 ≋(Waves(파형))를 선택하고 드래그하여 추가한 다음 옵션 바에서 Fill(칠)을 클릭한 후 색상을 #99ffff로 지정한다.

4. 레이어 패널 하단의 ⨍(Add a layer style(레이어 스타일을 추가합니다.)) 아이콘을 클릭한 후 [Drop Shadow(그림자)]를 선택한다.
5. 'Layer Style(레이어 스타일)' 대화상자에서 〈OK(확인)〉를 클릭한다.
6. [Edit(편집)] → [Free Transform Path(패스 자유 변형)]([Ctrl]+[T])를 선택한 다음 〈출력형태〉와 같이 크기를 조절한 후 배치한다. 이어서 [Enter]를 두 번 눌러 패스 자유 변형 상태를 해제한다.

7. 도구 상자에서 ⊹(Move Tool(이동 도구))([V])을 클릭한 후 [Alt]를 누른 채 파형 모양을 오른쪽 방향으로 드래그 하여 복사한다.

8. 도구 상자에서 ⚛(Custom Shape Tool(사용자 정의 모양 도구))([U])을 클릭한 다음 옵션 바에서 Fill(칠)을 클릭하고 색상을 #ffffff로 지정한다.
9. [Edit(편집)] → [Free Transform Path(패스 자유 변형)]([Ctrl]+[T])를 선택한 다음 〈출력형태〉와 같이 크기를 조절한 후 배치한다. 이어서 [Enter]를 두 번 눌러 패스 자유 변형 상태를 해제한다.

02. ✳를 추가한 후 레이어 스타일 적용하기

1. 도구 상자에서 ⚛(Custom Shape Tool(사용자 정의 모양 도구))([U])이 선택된 상태로 옵션 바에서 Shape(모양)의 목록 단추(⋮)를 클릭한 다음 [Legacy Shapes and More(레거시 모양 및 기타)] → [All Legacy Default Shapes(모든 레거시 기본 모양)] → [Nature(자연)]를 선택한다.
2. 모양 목록에서 ✳(Sun 2(해 2))를 선택한 후 드래그 하여 추가한 다음 옵션 바에서 Fill(칠)을 클릭하고 색상을 #ff0000으로 지정한다.

3. 레이어 패널 하단의 ⨍(Add a layer style(레이어 스타일을 추가합니다.)) 아이콘을 클릭한 후 [Outer Glow(외부 광선)]를 선택한다.
4. 'Layer Style(레이어 스타일)' 대화상자에서 〈OK(확인)〉를 클릭한다.
5. [Edit(편집)] → [Free Transform Path(패스 자유 변형)]([Ctrl]+[T])를 선택한 다음 〈출력형태〉와 같이 크기를 조절한 후 배치한다. 이어서 [Enter]를 두 번 눌러 패스 자유 변형 상태를 해제한다.

❸ 문자를 입력한 후 레이어 스타일 적용하기

Yacht Race를 입력한 후 Gradient Overlay(그라디언트 오버레이)와 Stroke(선/획) 스타일을 적용한다.

1. 도구 상자에서 ⊤(Horizontal Type Tool(수평 문자 도구))(T)을 클릭한 다음 적당한 위치를 클릭하고 **Yacht Race**를 입력한다.
2. Ctrl+Enter를 눌러 입력을 완료하고 옵션 바에서 Font(글꼴)를 'Times New Roman', Font Style(글꼴 스타일)을 Bold, Size(크기)를 52로 지정한다.
3. 레이어 패널 하단의 fx(Add a layer style(레이어 스타일을 추가합니다.)) 아이콘을 클릭한 후 [Gradient Overlay(그레이디언트 오버레이)]를 선택한다.
4. 'Layer Style(레이어 스타일)' 대화상자에서 Gradient(그레이디언트) 항목을 클릭한다.
5. 'Gradient Editor(그레이디언트 편집기)' 대화상자의 왼쪽 아래 ■(Color Stop(색상 정지점))을 더블클릭한 다음 색상을 #ff6666으로 지정한다.
6. 'Gradient Editor(그레이디언트 편집기)' 대화상자의 오른쪽 아래 ■(Color Stop(색상 정지점))을 더블클릭한 다음 색상을 #3366ff로 지정한다.
7. 'Gradient Editor(그레이디언트 편집기)' 대화상자에서 〈OK(확인)〉를 클릭한다.
8. 'Layer Style(레이어 스타일)' 대화상자의 스타일 목록에서 [Stroke(획)]를 선택한 다음 Size(크기)를 2, Position(위치)을 Outside(바깥쪽)로 선택하고, Color(색상)를 #ffffff로 지정한 후 〈OK(확인)〉를 클릭한다.

9. [Edit(편집)] → [Free Transform(자유 변형)] (Ctrl+T)을 선택한 후 〈출력형태〉와 같이 배치한다. 이어서 Enter를 눌러 자유 변형 상태를 해제한다.

❹ 파일 저장 및 이미지 크기 조절

1. [File(파일)] → [Save a Copy(사본 저장)] (Ctrl+Alt+S)를 선택하고 'Save a Copy(사본 저장)' 대화상자에서 저장 위치를 '모의05', 파일 이름을 '모의05-1'로, Format(형식)을 'JPEG(*.JPG;*.JPEG;*.JPE)'로 지정한 후 〈저장〉을 클릭한다.

2. 'JPEG Options(JPEG 옵션)' 대화상자에서 Quality(품질)를 8로 지정한 후 〈OK(확인)〉를 클릭한다.
3. [Image(이미지)] → [Image Size(이미지 크기)] (Ctrl+Alt+I)를 선택하고 'Image Size(이미지 크기)' 대화상자에서 단위를 Pixel로 변경한 뒤 Width(폭)와 Height(높이)에 입력되어 있는 값에서 0 하나씩만 제거한 후 〈OK(확인)〉를 클릭한다.
4. [File(파일)] → [Save(저장)](Ctrl+S)를 선택한다.

❺ [문제 1] 답안 파일 전송

1. 포토샵 프로그램을 최소화한 후 '시험 관리 도구'에서 〈답안 전송〉을 클릭한다.
2. '고사실 PC로 답안 파일 보내기' 대화상자에서 전송할 '모의05-1.jpg'와 '모의05-1.psd' 파일을 선택한 후 〈답안 전송〉을 클릭한다.

미리보기

사용할 이미지

2급-2.jpg   2급-3.jpg   2급-4.jpg

작업 과정

① '2급-2.jpg'를 복사한 후 액자를 만들고 액자틀 부분에 필터를, 안쪽 테두리에 서식과 레이어 스타일을 적용한다.

③ '2급-4.jpg'에서 과일 볼을 복사한 후 레이어 스타일을 적용한다.

② '2급-3.jpg'에서 체리를 복사한 후 레이어 스타일을 적용하고 색상을 보정한다.

④ 문자를 입력한 후 레이어 스타일을 적용한다.

 문제 2 [기능평가] 사진편집 기초   따라 하기

ⓞ 준비 작업

1. [File(파일)] → [New(새로 만들기)]([Ctrl]+[N])를 선택한다.

2. 'New Document(새로운 문서 만들기)' 대화상자에서 Name(이름)을 '모의05-2', Width(폭)를 400, Height(높이)를 500, Resolution(해상도)을 72, Color Mode(색상 모드)를 'RGB Color', '8Bit', Background Contents(배경 내용)를 'White(흰색)'로 지정한 후 〈Create(만들기)〉를 클릭한다.

포토샵 CS4/CS6 사용자
'New(새 문서)' 대화상자에서 Name(이름), Width(폭), Height(높이) 등을 지정하세요.

3. [File(파일)] → [Save As(다른 이름으로 저장)]([Ctrl]+[Shift]+[S])를 선택한 다음 'Save As(다른 이름으로 저장)' 대화상자에서 저장 위치를 '모의05', 파일 이름을 '모의05-2'로 지정한 후 〈저장〉을 클릭한다.

① 액자 만들기

- '2급-2.jpg'를 복사한 후 바깥 테두리가 될 부분을 복사하여 새 레이어를 생성한 다음 Stained Glass(스테인드 글라스/채색 유리) 필터를 적용한다.
- 안쪽 테두리에 서식을 지정한 후 Drop Shadow(그림자 효과) 스타일을 적용한다.

1. [File(파일)] → [Open(열기)]([Ctrl]+[O])을 선택한다.
2. 'Open(열기)' 대화상자에서 찾는 위치를 'C:\길벗 GTQ2급\모의\모의05\Image' 폴더로 지정한 다음 '2급-2.jpg', '2급-3.jpg', '2급-4.jpg' 파일을 선택하고 〈열기〉를 클릭한다.
3. '2급-2.jpg'를 '모의05-2.psd' 파일로 복사한다.
4. [Edit(편집)] → [Free Transform(자유 변형)] ([Ctrl]+[T])을 선택한 다음 〈출력형태〉와 같이 크기를 조절한 후 배치한다. 이어서 [Enter]를 눌러 자유 변형 상태를 해제한다.

5. 도구 상자에서 ▣(Rectangle Tool(사각형 도구)) [U]을 선택하고, 옵션 바에서 Pick tool mode(선택 도구 모드)를 Path(패스)로 선택한 다음 Set

radius of rounded corners(둥근 모퉁이 반경 설정)를 10px로 지정한 후 다음과 같이 추가한다.

6. 패스 패널에서 [Ctrl]을 누른 채 Work Path(작업 패스)의 썸네일을 클릭하여 사각형을 선택 영역으로 지정한다.
7. [Select(선택)] → [Inverse(반전)]([Ctrl]+[Shift]+[I])를 선택한 후 [Ctrl]+[C]를 눌러 복사한 다음 [Ctrl]+[V]를 눌러 붙여넣는다.
8. 전경색을 흰색으로 변경하고 [Filter(필터)] → [Filter Gallery(필터 갤러리)] → [Texture(텍스처)] → [Stained Glass(채색 유리)]를 선택한 후 〈OK(확인)〉를 클릭한다.

9. 패스 패널에서 [Ctrl]을 누른 채 Work Path(작업 패스)의 썸네일을 클릭하여 사각형을 선택 영역으로 지정한다.

10. [Edit(편집)] → [Stroke(획)]를 선택한 후 'Stroke (획)' 대화상자에서 Width(폭)를 2, Color(색상)를 #cc9900으로 지정한 후 〈OK(확인)〉를 클릭한다.

11. Ctrl+D를 눌러 선택 영역을 해제한다.

12. 레이어 패널 하단의 fx(Add a layer style(레이어 스타일을 추가합니다.)) 아이콘을 클릭한 후 [Drop Shadow(그림자)]를 선택한다.

13. 'Layer Style(레이어 스타일)' 대화상자에서 〈OK(확인)〉를 클릭한다.

② 체리를 복사한 후 레이어 스타일을 적용하고 색상 보정하기

작업 결과

• '2급-3.jpg'에서 체리를 복사한 후 Drop Shadow(그림자 효과) 스타일을 적용한다.
• 파란색 계열로 색상을 보정한다.

1. '2급-3.jpg' 탭을 클릭하고 선택 도구를 이용하여 다음과 같이 선택한다.

2. 선택한 영역을 '모의05-2.psd' 파일로 복사한다.

3. 레이어 패널 하단의 fx(Add a layer style(레이어 스타일을 추가합니다.)) 아이콘을 클릭한 후 [Drop Shadow(그림자)]를 선택한다.

4. 'Layer Style(레이어 스타일)' 대화상자에서 〈OK(확인)〉를 클릭한다.

5. [Edit(편집)] → [Free Transform(자유 변형)] (Ctrl+T)을 선택한 다음 〈출력형태〉와 같이 크기를 조절한 후 배치한다. 이어서 Enter를 눌러 자유 변형 상태를 해제한다.

6. 선택 도구를 이용하여 그림과 같이 선택한다.

7. 레이어 패널 하단의 (Create new fill or adjustment layer(새 칠 또는 조정 레이어를 만듭니다.)) 아이콘을 클릭한 후 [Hue/Saturation(색조/채도)]을 선택한다.

8. 조정 패널에서 Hue(색조)를 −120으로 조절하여 파란색 계열로 색상을 보정한다.

❸ 과일 볼을 복사한 후 레이어 스타일 적용하기

'2급-4.jpg'에서 과일 볼을 복사한 후 Outer Glow(외부 광선) 스타일을 적용한다.

1. '2급-4.jpg' 탭을 클릭한 후 선택 도구를 이용하여 다음과 같이 선택한다.

2. 선택한 영역을 '모의05-2.psd' 파일로 복사한다.

3. 레이어 패널 하단의 🟦(Add a layer style(레이어 스타일을 추가합니다.)) 아이콘을 클릭한 후 [Outer Glow(외부 광선)]를 선택한다.

4. 'Layer Style(레이어 스타일)' 대화상자에서 〈OK(확인)〉를 클릭한다.

5. [Edit(편집)] → [Free Transform(자유 변형)] ([Ctrl]+[T])을 선택한 다음 〈출력형태〉와 같이 크기를 조절한 후 배치한다. 이어서 [Enter]를 눌러 자유 변형 상태를 해제한다.

❹ 문자를 입력한 후 레이어 스타일 적용하기

시원하고 달콤한 과일을 입력한 후 Stroke(선/획) 스타일을 적용한다.

1. 도구 상자에서 🅣(Horizontal Type Tool(수평 문자 도구))([T])을 선택한 다음 적당한 위치를 클릭하고 **시원하고 달콤한 과일**을 [Enter]로 줄을 나누면서 입력한다.

2. [Ctrl]+[Enter]를 눌러 입력을 완료한 다음 옵션 바에서 Font(글꼴)를 '돋움', Size(크기)를 38, Color(색상)를 #ffff00, 🔳(Center text(텍스트 중앙 정렬))를 지정한 후 🅧(Create warped text(뒤틀어진 텍스트 만들기))를 클릭한다.

3. 'Warp Text(텍스트 뒤틀기)' 대화상자에서 Style(스타일)을 'Rise(상승)'로 지정하고, 〈출력형태〉와 모양이 비슷해지도록 'Bend(구부리기)' 값을 조절한 후 〈OK(확인)〉를 클릭한다.

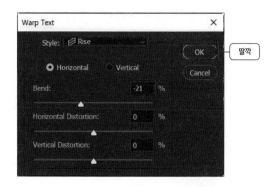

4. 레이어 패널 하단의 🔳(Add a layer style(레이어 스타일을 추가합니다.)) 아이콘을 클릭한 후 [Stroke(획)]를 선택한다.

5. 'Layer Style(레이어 스타일)' 대화상자에서 Size(크기)를 2, Color(색상)를 #993333으로 지정한 후 〈OK(확인)〉를 클릭한다.

6. [Edit(편집)] → [Free Transform(자유 변형)]([Ctrl]+[T])을 선택한 다음 〈출력형태〉와 같이 배치한다. 이어서 [Enter]를 눌러 자유 변형 상태를 해제한다.

⑤ 파일 저장 및 이미지 크기 조절

1. [File(파일)] → [Save a Copy(사본 저장)]([Ctrl]+[Alt]+[S])를 선택하고 'Save a Copy(사본 저장)' 대화상자에서 저장 위치를 '모의05', 파일 이름을 '모의05-2'로, Format(형식)을 'JPEG(*.JPG;*.JPEG;*.JPE)'로 지정한 후 〈저장〉을 클릭한다.

> **포토샵 CS4/CS6 사용자**
> JPG 형식으로 저장하기 위해 [File(파일)] → [Save As(다른 이름으로 저장)]([Ctrl]+[Shift]+[S])를 선택하세요.

2. 'JPEG Options(JPEG 옵션)' 대화상자에서 Quality(품질)를 8로 지정한 후 〈OK(확인)〉를 클릭한다.

3. [Image(이미지)] → [Image Size(이미지 크기)]([Ctrl]+[Alt]+[I])를 선택하고 'Image Size(이미지 크기)' 대화상자에서 Width(폭)와 Height(높이)에 입력되어 있는 값에서 0 하나씩만 제거한 후 〈OK(확인)〉를 클릭한다.

4. [File(파일)] → [Save(저장)]([Ctrl]+[S])를 선택한다.

⑥ [문제 2] 답안 파일 전송

1. 포토샵 프로그램을 최소화한 후 '시험 관리 도구'에서 〈답안 전송〉을 클릭한다.

2. '고사실 PC로 답안 파일 보내기' 대화상자에서 전송할 '모의05-2.jpg'와 '모의05-2.psd' 파일을 선택한 후 〈답안 전송〉을 클릭한다.

 문제 3   [기능평가] **사진편집**

미리보기

사용할 이미지

2급-5.jpg	2급-6.jpg	2급-7.jpg	2급-8.jpg	모양 도구로 추가하기

①  빈 캔버스에 배경색을 지정한다.

②  '2급-5.jpg'를 복사한 후 필터를 적용하고 레이어 마스크를 수행한다.

③  '2급-6.jpg'에서 바람개비를 복사한 후 레이어 스타일을 적용한다.

④  '2급-7.jpg'에서 파스타를 복사한 후 레이어 스타일을 적용한다.

⑤  '2급-8.jpg'에서 물개를 복사한 후 레이어 스타일을 적용한다.

⑥  ⚡, ☑를 추가한 후 레이어 스타일을 적용한다.

⑦  문자를 입력한 후 레이어 스타일을 적용한다.

문제 3   [기능평가] **사진편집**   따라하기

⓪ 준비 작업

1. [File(파일)] → [New(새로 만들기)]([Ctrl]+[N])를 선택한다.

2. 'New Document(새로운 문서 만들기)' 대화상자에서 Name(이름)을 '모의05-3', Width(폭)를 600, Height(높이)를 400, Resolution(해상도)을 72, Color Mode(색상 모드)를 'RGB Color', '8Bit', Background Contents(배경 내용)를 'White(흰색)'로 지정한 후 〈Create(만들기)〉를 클릭한다.

포토샵 CS4/CS6 사용자
'New(새 문서)' 대화상자에서 Name(이름), Witdth(폭), Height(높이) 등을 지정하세요.

3. [File(파일)] → [Save As(다른 이름으로 저장)]([Ctrl]+[Shift]+[S])를 선택한 다음 'Save As(다른 이름으로 저장)' 대화상자에서 저장 위치를 '모의05', 파일 이름을 '모의05-3'으로 지정한 후 〈저장〉을 클릭한다.

① 배경색 지정하기

빈 캔버스에 배경색을 지정한다.

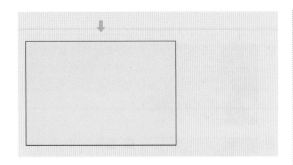

1. [Edit(편집)] → [Fill(칠)]([Shift]+[F5])을 선택한다.
2. 'Fill(칠)' 대화상자에서 Contents(내용) 항목을 클릭한 후 [Color(색상)]를 선택한다.
3. 'Color Picker(Fill Color)(색상 피커(칠 색상))' 대화상자에서 색상을 #ccffff로 지정한 후 〈OK(확인)〉를 클릭한다. 이어서 'Fill(칠)' 대화상자에서도 〈OK(확인)〉를 클릭한다.

포토샵 CS4/CS6 사용자
'Fill(칠)' 대화상자가 표시되면 Use(사용)의 목록 단추를 클릭하여 [Color(색상)]를 선택하고 'Choose a color(색상 선택)' 대화상자에서 색상을 지정한 후 〈OK(확인)〉를 클릭하세요.

② 이미지를 복사한 후 필터를 적용하고 레이어 마스크 수행하기

작업 결과
• '2급-5.jpg'를 복사한 후 Paint Daubs(페인트 덥스/페인트 바르기) 필터를 적용한다.
• 가로 방향으로 흐릿하게 레이어 마스크를 수행한다.

01. 필터 적용하기

1. [File(파일)] → [Open(열기)]([Ctrl]+[O])을 선택한다.
2. 'Open(열기)' 대화상자에서 찾는 위치를 'C:\길벗 GTQ2급\모의\모의05\Image' 폴더로 지정한 다음 '2급-5.jpg', '2급-6.jpg', '2급-7.jpg', '2급-8.jpg' 파일을 선택하고 〈열기〉를 클릭한다.
3. '2급-5.jpg'를 '모의05-3.psd' 파일로 복사한다.
4. [Filter(필터)] → [Filter Gallery(필터 갤러리)] → [Artistic(예술 효과)] → [Paint Daubs(페인트 바르기)]를 선택한 후 〈OK(확인)〉를 클릭한다.
5. [Edit(편집)] → [Free Transform(자유 변형)]([Ctrl]+[T])을 선택한 다음 〈출력형태〉와 같이 배치한다. 이어서 [Enter]를 눌러 자유 변형 상태를 해제한다.

02. 레이어 마스크 수행하기

1. 레이어 패널 하단의 ▣(Add layer mask(레이어 마스크를 추가합니다.)) 아이콘을 클릭한다.
2. 도구 상자에서 ▣(Gradient Tool(그레이디언트 도구))([G])을 클릭한 후 옵션 바에서 Gradient(그레이디언트) 항목을 클릭한다.

3. 'Gradient Editor(그레이디언트 편집기)' 대화상자의 Presets(사전 설정) 항목에서 Basics(기본 사항)의 확장 단추(▣)를 클릭한 다음 Black, White(검정, 흰색)를 클릭하고 〈OK(확인)〉를 클릭한다.

포토샵 CS4/CS6 사용자
'Gradient Editor(그레이디언트 편집기)' 대화상자가 표시되면 Presets(사전 설정) 항목에서 Black, White(검정, 흰색)를 클릭하고 〈OK(확인)〉를 클릭하세요.

4. 마우스를 가로 방향으로 다음과 같이 드래그 한다.

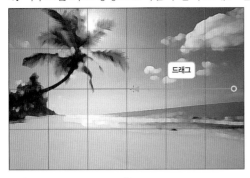

③ 바람개비를 복사한 후 레이어 스타일 적용하기

> **작업 결과**
>
> '2급-6.jpg'에서 바람개비를 복사한 후 Drop Shadow(그림자 효과) 스타일을 적용한다.

1. '2급-6.jpg' 탭을 클릭한 후 선택 도구를 이용하여 다음과 같이 선택한다.

2. 선택한 영역을 '모의05-3.psd' 파일로 복사한다.

3. 레이어 패널 하단의 ▨(Add a layer style(레이어 스타일을 추가합니다.)) 아이콘을 클릭한 후 [Drop Shadow(그림자)]를 선택한다.

4. 'Layer Style(레이어 스타일)' 대화상자에서 〈OK(확인)〉를 클릭한다.

5. [Edit(편집)] → [Free Transform(자유 변형)] (Ctrl+T)을 선택한 다음 〈출력형태〉와 같이 크기를 조절한 후 배치한다. 이어서 Enter를 눌러 자유 변형 상태를 해제한다.

④ 파스타를 복사한 후 레이어 스타일 적용하기

> **작업 결과**
>
> '2급-7.jpg'에서 파스타를 복사한 후 Drop Shadow(그림자 효과) 스타일을 적용한다.

1. '2급-7.jpg' 탭을 클릭한 후 선택 도구를 이용하여 다음과 같이 선택한다.

2. 선택한 영역을 '모의05-3.psd' 파일로 복사한다.
3. 레이어 패널 하단의 ▓(Add a layer style(레이어 스타일을 추가합니다.)) 아이콘을 클릭한 후 [Drop Shadow(그림자)]를 선택한다.
4. 'Layer Style(레이어 스타일)' 대화상자에서 〈OK(확인)〉를 클릭한다.
5. [Edit(편집)] → [Free Transform(자유 변형)] (Ctrl+T)을 선택한 다음 〈출력형태〉와 같이 크기를 조절한 후 배치한다. 이어서 Enter를 눌러 자유 변형 상태를 해제한다.

⑤ 물개를 복사한 후 레이어 스타일 적용하기

작업 결과

'2급-8.jpg'에서 물개를 복사한 후 Bevel and Emboss(경사와 엠보스) 스타일을 적용한다.

1. '2급-8.jpg' 탭을 클릭한 후 선택 도구를 이용하여 다음과 같이 선택한다.

2. 선택한 영역을 '모의05-3.psd' 파일로 복사한다.
3. 레이어 패널 하단의 ▓(Add a layer style(레이어 스타일을 추가합니다.)) 아이콘을 클릭한 후 [Bevel & Emboss(경사와 엠보스)]를 선택한다.
4. 'Layer Style(레이어 스타일)' 대화상자에서 〈OK(확인)〉를 클릭한다.
5. [Edit(편집)] → [Free Transform(자유 변형)] (Ctrl+T)을 선택한 다음 〈출력형태〉와 같이 크기를 조절한 후 배치한다. 이어서 Enter를 눌러 자유 변형 상태를 해제한다.

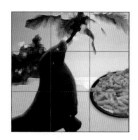

⑥ ⚡, ☑️를 추가한 후 레이어 스타일 적용하기

- 번개(⚡) 모양을 추가한 후 Stroke(선/획) 스타일을 적용한다.
- 체크박스(☑️) 모양을 추가한 후 Gradient Overlay(그라디언트 오버레이)와 Inner Shadow(내부 그림자) 스타일을 적용한다.

↓

01. ⚡를 추가한 후 레이어 스타일 적용하기

1. 도구 상자에서 🎨(Custom Shape Tool(사용자 정의 모양 도구))(U)을 선택한 후 옵션 바의 Pick tool mode(선택 도구 모드)를 Shape(모양)로 선택한다.

2. 옵션 바에서 Shape(모양)의 목록 단추(⏷)를 클릭한 다음 [Legacy Shapes and More(레거시 모양 및 기타)] → [All Legacy Default Shapes(모든 레거시 기본 모양)] → [Nature(자연)]를 선택한다.

포토샵 CS4/CS6 사용자
Shape(모양) 목록에서 [Nature(자연)]를 선택한 후 선택한 모양으로 대치할지를 묻는 대화상자가 나타나면 〈OK(확인)〉를 클릭하세요.

3. 모양 목록에서 ⚡(Lighting(번개))을 선택하고 드래그하여 추가한 다음 옵션 바에서 Fill(칠)을 클릭한 후 색상을 #3399ff로 지정한다.

포토샵 CS4 사용자
옵션 바에서 Color(색상)를 클릭한 다음 'Pick a solid color:(단색 선택:)' 대화상자에서 색상을 지정한 후 〈OK(확인)〉를 클릭하세요.

4. 레이어 패널 하단의 *fx*(Add a layer style(레이어 스타일을 추가합니다.)) 아이콘을 클릭한 후 [Stroke(획)]를 선택한다.

5. 'Layer Style(레이어 스타일)' 대화상자에서 Size(크기)를 2, Color(색상)를 #003399로 지정한 후 〈OK(확인)〉를 클릭한다.

6. [Edit(편집)] → [Free Transform Path(패스 자유 변형)](Ctrl+T)를 선택한 다음 〈출력형태〉와 같이 크기를 조절한 후 배치한다. 이어서 Enter를 두 번 눌러 패스 자유 변형 상태를 해제한다.

02. ☑️를 추가한 후 레이어 스타일 적용하기

1. 도구 상자에서 🎨(Custom Shape Tool(사용자 정의 모양 도구))(U)이 선택된 상태로 옵션 바에서 Shape(모양)의 목록 단추(⏷)를 클릭한 다음 [Legacy Shapes and More(레거시 모양 및 기타)] → [All Legacy Default Shapes(모든 레거시 기본 모양)] → [Symbols(기호)]를 선택한다.

포토샵 CS4/CS6 사용자
Shape(모양) 목록에서 [Symbols(기호)]를 선택한 후 선택한 모양으로 대치할지를 묻는 대화상자가 나타나면 〈OK(확인)〉를 클릭하세요.

2. 모양 목록에서 ☑️(Checked Box(확인란))를 선택한 후 드래그 하여 추가한다.

3. 레이어 패널 하단의 *fx*(Add a layer style(레이어 스타일을 추가합니다.)) 아이콘을 클릭한 후 [Gradient Overlay(그레이디언트 오버레이)]를 선택한다.

4. 'Layer Style(레이어 스타일)' 대화상자에서 Gradient(그레이디언트) 항목을 클릭한다.

5. 'Gradient Editor(그레이디언트 편집기)' 대화상자의 왼쪽 아래 Color Stop(색상 정지점)을 더블클릭한 다음 색상을 #00ffcc로 지정한다.

6. 'Gradient Editor(그레이디언트 편집기)' 대화상자의 가운데 아래를 클릭하여 Color Stop(색상 정지점)을 추가한다.

> 마우스 포인터를 색상 중간점 조금 아래로 이동시켜 마우스 포인터의 모양이 으로 변경되었을 때 클릭해야 색상 정지점이 추가됩니다.

7. 만들어진 가운데 Color Stop(색상 정지점)을 더블클릭한 후 색상을 #3366ff로 지정한다.

8. 'Gradient Editor(그레이디언트 편집기)' 대화상자의 오른쪽 아래 Color Stop(색상 정지점)을 더블클릭한 다음 색상을 #ff0066으로 지정한다.

9. 'Gradient Editor(그레이디언트 편집기)' 대화상자에서 〈OK(확인)〉를 클릭한다.

10. 'Layer Style(레이어 스타일)' 대화상자에의 스타일 목록에서 [Inner Shadow(내부 그림자)]를 선택하고 〈OK(확인)〉를 클릭한다.

11. [Edit(편집)] → [Free Transform Path(패스 자유 변형)]([Ctrl]+[T])를 선택한 다음 〈출력형태〉와 같이 크기를 조절한 후 배치한다. 이어서 [Enter]를 두 번 눌러 패스 자유 변형 상태를 해제한다.

⑦ 문자를 입력한 후 레이어 스타일 적용하기

> **작업 결과**
> • **Beach Festival**을 입력한 후 Gradient Overlay(그라디언트 오버레이)와 Stroke(선/획) 스타일을 적용한다.
> • **각종 행사 알아보기**를 입력한 후 Drop Shadow(그림자 효과)와 Stroke(선/획) 스타일을 적용한다.

01. Beach Festival을 입력한 후 레이어 스타일 적용하기

1. 도구 상자에서 (Horizontal Type Tool(수평 문자 도구))([T])을 클릭한 다음 적당한 위치를 클릭하고 **Beach Festival**을 입력한다.

2. [Ctrl]+[Enter]를 눌러 입력을 완료한 다음 옵션 바에서 Font(글꼴)를 'Times New Roman', Font Style(글꼴 스타일) 'Bold', Size(크기)를 50으로 지정한 다음 (Create warped text(뒤틀어진 텍스트 만들기))를 클릭한다.

3. Warp Text(텍스트 뒤틀기)' 대화상자에서 'Style(스타일)'을 'Flag(깃발)'로 지정하고 〈출력형태〉와 모양이 비슷해지도록 'Bend(구부리기)' 값을 조절한 후 〈OK(확인)〉를 클릭한다.

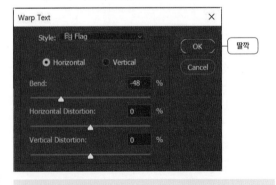

포토샵 CS4/CS6 사용자
'Wrap Text(텍스트 변환/뒤틀기)' 대화상자에서 'Bend(구부리기)' 값을 +48로 조절하세요.

4. 레이어 패널 하단의 fx(Add a layer style(레이어 스타일을 추가합니다.)) 아이콘을 클릭한 후 [Gradient Overlay(그레이디언트 오버레이)]를 선택한다.

5. 'Layer Style(레이어 스타일)' 대화상자에서 Gradient(그레이디언트) 항목을 클릭한다.

6. 'Gradient Editor(그레이디언트 편집기)' 대화상자의 왼쪽 아래 Color Stop(색상 정지점)을 더블클릭한 다음 색상을 #cc0000으로 지정한다.

7. 'Gradient Editor(그레이디언트 편집기)' 대화상자의 가운데 아래 Color Stop(색상 정지점)을 클릭하고 〈Delete(삭제)〉를 클릭한다.

8. 'Gradient Editor(그레이디언트 편집기)' 대화상자의 오른쪽 아래 Color Stop(색상 정지점)을 더블클릭한 다음 색상을 #0033cc로 지정한다.

9. 'Gradient Editor(그레이디언트 편집기)' 대화상자에서 〈OK(확인)〉를 클릭한다.

10. 'Layer Style(레이어 스타일)' 대화상자에서 Angle(각도)을 0으로 지정한 다음 스타일 목록에서 [Stroke(획)]를 클릭한다.

11. 이어서 Size(크기)를 2, Color(색상)를 #ffffff로 지정한 후 〈OK(확인)〉를 클릭한다.

12. [Edit(편집)] → [Free Transform(자유 변형)]([Ctrl]+[T])을 선택한 다음 〈출력형태〉와 같이 배치한다. 이어서 [Enter]를 눌러 자유 변형 상태를 해제한다.

02. 각종 행사 알아보기를 입력한 후 레이어 스타일 적용하기

1. 도구 상자에서 T(Horizontal Type Tool(수평 문자 도구))([T])을 클릭한 다음 적당한 위치를 클릭하고 **각종 행사 알아보기**를 입력한다.

2. [Ctrl]+[Enter]를 눌러 입력을 완료한 다음 옵션 바에서 Font(글꼴)를 '돋움', Size(크기)를 28, Color(색상)를 #3333ff로 지정한다.

3. 레이어 패널 하단의 fx(Add a layer style(레이어 스타일을 추가합니다.)) 아이콘을 클릭한 후 [Drop Shadow(그림자)]를 선택한다.

4. 'Layer Style(레이어 스타일)' 대화상자의 스타일 목록에서 [Stroke(획)]를 선택하고 Size(크기)를 2, Color(색상)를 #ffffff로 지정한 후 〈OK(확인)〉를 클릭한다.

5. [Edit(편집)] → [Free Transform(자유 변형)]([Ctrl]+[T])을 선택한 다음 〈출력형태〉와 같이 배치한다. 이어서 [Enter]를 눌러 자유 변형 상태를 해제한다.

⑧ 파일 저장 및 이미지 크기 조절

1. [File(파일)] → [Save a Copy(사본 저장)]([Ctrl]+[Alt]+[S])를 선택하고 'Save a Copy(사본 저장)' 대화상자에서 저장 위치를 '모의05', 파일 이름을 '모의05-3'으로, Format(형식)을 'JPEG(*.JPG;*.JPEG;*.JPE)'로 지정한 후 〈저장〉을 클릭한다.

> **포토샵 CS4/CS6 사용자**
> JPG 형식으로 저장하기 위해 [File(파일)] → [Save As(다른 이름으로 저장)]([Ctrl]+[Shift]+[S])를 선택하세요.

2. 'JPEG Options(JPEG 옵션)' 대화상자에서 Quality(품질)를 8로 지정한 후 〈OK(확인)〉를 클릭한다.

3. [Image(이미지)] → [Image Size(이미지 크기)]([Ctrl]+[Alt]+[I])를 선택하고 'Image Size(이미지 크기)' 대화상자에서 Width(폭)와 Height(높이)에 입력되어 있는 값에서 0 하나씩만 제거한 후 〈OK(확인)〉를 클릭한다.

4. [File(파일)] → [Save(저장)]([Ctrl]+[S])를 선택한다.

⑨ [문제 3] 답안 파일 전송

1. 포토샵 프로그램을 최소화 한 후 '시험 관리 도구'에서 〈답안 전송〉을 클릭한다.

2. '고사실 PC로 답안 파일 보내기' 대화상자에서 전송할 '모의05-3.jpg'와 '모의05-3.psd' 파일을 선택한 후 〈답안 전송〉을 클릭한다.

미리보기

사용할 이미지

2급-9.jpg   2급-10.jpg   2급-11.jpg   2급-12.jpg   2급-13.jpg

모양 도구로 추가하기

작업 과정

① '2급-9.jpg'를 복사한 후 필터를 적용한다.

② '2급-10.jpg'에서 불가사리를 복사한 후 레이어 스타일을 적용한다.

③ '2급-11.jpg'에서 물고기를 복사한 후 레이어 스타일을 적용하고 불투명도를 지정한다.

④ 얼룩 모양을 추가한 후 레이어 스타일을 적용하고, '2급-12.jpg'를 복사한 다음 필터를 적용하고 클리핑 마스크를 수행한다.

⑤ '2급-13.jpg'에서 선글라스를 복사한 후 레이어 스타일을 적용한다.

⑥ , 를 추가한 후 레이어 스타일을 적용하고 불투명도를 지정한다.

⑦ 문자를 입력한 후 레이어 스타일을 적용한다.

⓪ 준비 작업

1. [File(파일)] → [New(새로 만들기)]([Ctrl]+[N])를 선택한다.

2. 'New Document(새로운 문서 만들기)' 대화상자에서 Name(이름)을 '모의05-4', Width(폭)를 600, Height(높이)를 400, Resolution(해상도)을 72, Color Mode(색상 모드)를 'RGB Color', '8Bit', Background Contents(배경 내용)를 'White(흰색)'로 지정한 후 〈Create(만들기)〉를 클릭한다.

포토샵 CS4/CS6 사용자
'New(새 문서)' 대화상자에서 Name(이름), Witdth(폭), Height(높이) 등을 지정하세요.

3. [File(파일)] → [Save As(다른 이름으로 저장)]([Ctrl]+[Shift]+[S])를 선택한 다음 'Save As(다른 이름으로 저장)' 대화상자에서 저장 위치를 '모의05', 파일 이름을 '모의05-4'로 지정한 후 〈저장〉을 클릭한다.

❶ 이미지를 복사한 후 필터 적용하기

> **작업 결과**
>
> '2급-9.jpg'를 복사한 후 Dry Brush(드라이 브러시) 필터를 적용한다.

1. [File(파일)] → [Open(열기)]([Ctrl]+[O])을 선택한다.

2. 'Open(열기)' 대화상자에서 찾는 위치를 'C:\길벗 GTQ2급\모의\모의05\Image' 폴더로 지정한 다음 '2급-9.jpg', '2급-10.jpg', '2급-11.jpg', '2급-12.jpg', '2급-13.jpg' 파일을 선택하고 〈열기〉를 클릭한다.

3. '2급-9.jpg'를 '모의05-4.psd' 파일로 복사한다.

4. [Filter(필터)] → [Filter Gallery(필터 갤러리)] → [Artistic(예술 효과)] → [Dry Brush(드라이 브러시)]를 선택한 후 〈OK(확인)〉를 클릭한다.

5. [Edit(편집)] → [Free Transform(자유 변형)]([Ctrl]+[T])을 선택한 다음 〈출력형태〉와 같이 배치한다. 이어서 [Enter]를 눌러 자유 변형 상태를 해제한다.

❷ 불가사리를 복사한 후 레이어 스타일 적용하기

> **작업 결과**
>
> '2급-10.jpg'에서 불가사리를 복사한 후 Inner Glow(내부 광선)와 Drop Shadow(그림자 효과) 스타일을 적용한다.

1. '2급-10.jpg' 탭을 클릭한 후 선택 도구를 이용하여 다음과 같이 선택한다.

2. 선택한 영역을 '모의05-4.psd' 파일로 복사한다.

3. 레이어 패널 하단의 ▨(Add a layer style(레이어 스타일을 추가합니다.)) 아이콘을 클릭한 후 [Inner Glow(내부 광선)]를 선택한다.

4. 'Layer Style(레이어 스타일)' 대화상자의 스타일 목록에서 [Drop Shadow(드롭 섀도)]를 선택한 후 〈OK(확인)〉를 클릭한다.

5. [Edit(편집)] → [Free Transform(자유 변형)] (Ctrl+T)을 선택한 다음 〈출력형태〉와 같이 크기를 조절한 후 배치한다. 이어서 Enter를 눌러 자유 변형 상태를 해제한다.

③ 물고기를 복사한 후 레이어 스타일을 적용하고 불투명도 지정하기

작업 결과

'2급-11.jpg'에서 물고기를 복사한 후 Bevel and Emboss(경사와 엠보스) 스타일을 적용하고, Opacity(불투명도)를 60%로 지정한다.

⬇

1. '2급-11.jpg' 탭을 클릭한 후 선택 도구를 이용하여 다음과 같이 선택한다.

2. 선택한 영역을 '모의05-4.psd' 파일로 복사한다.

3. 레이어 패널 하단의 ▨(Add a layer style(레이어 스타일을 추가합니다.)) 아이콘을 클릭한 후 [Bevel & Emboss(경사와 엠보스)]를 선택한다.

4. 'Layer Style(레이어 스타일)' 대화상자에서 〈OK(확인)〉를 클릭한다.

5. 레이어 패널 상단의 Opacity(불투명도)를 60%로 지정한다.

6. [Edit(편집)] → [Free Transform(자유 변형)]([Ctrl]+[T])를 선택한 후 바로 가기 메뉴에서 [Flip Horizontal(가로로 뒤집기)]을 선택한다.

7. 〈출력형태〉와 같이 크기를 조절한 후 배치한다. 이어서 [Enter]를 눌러 자유 변형 상태를 해제한다.

④ ⬛를 추가한 후 레이어 스타일과 필터를 적용하고 클리핑 마스크 수행하기

> **작업 결과**
> • 얼룩(⬛) 모양을 추가한 후 Stroke(선/획)와 Drop Shadow (그림자 효과) 스타일을 적용한다.
> • '2급-12.jpg'를 복사한 후 Facet(단면화) 필터를 적용한 다음 클리핑 마스크를 수행한다.

↓

01. ⬛를 추가한 후 레이어 스타일 적용하기

1. 도구 상자에서 🔷(Custom Shape Tool(사용자 정의 모양 도구))([U])을 선택한 후 옵션 바의 Pick tool mode(선택 도구 모드)를 Shape(모양)로 선택한다.

2. 옵션 바에서 Shape(모양)의 목록 단추(▮) → [Legacy Shapes and More(레거시 모양 및 기타)] → [All Legacy Default Shapes(모든 레거시 기본 모양)] → [Shapes(모양)]를 선택한다.

> **포토샵 CS4/CS6 사용자**
> Shape(모양) 목록에서 [Shapes(모양)]를 선택한 후 선택한 모양으로 대치할지를 묻는 대화상자가 나타나면 〈OK(확인)〉를 클릭하세요.

3. 모양 목록에서 ⬛(Blob 1(얼룩 1))을 선택한 후 드래그 하여 추가한다.

4. 레이어 패널 하단의 🔲(Add a layer style(레이어 스타일을 추가합니다.)) 아이콘을 클릭한 후 [Stroke(획)]를 선택한다.

5. 'Layer Style(레이어 스타일)' 대화상자에서 Size(크기)를 4, Color(색상)을 #ffff33으로 지정하고, 스타일 목록에서 [Drop Shadow(드롭 섀도)]를 선택한 후 〈OK(확인)〉를 클릭한다.

6. [Edit(편집)] → [Free Transform Path(패스 자유 변형)]([Ctrl]+[T])를 선택한 다음 〈출력형태〉와 같이 크기와 방향을 조절한 후 배치한다. 이어서 [Enter]를 두 번 눌러 패스 자유 변형 상태를 해제한다.

02. 필터를 적용하고 클리핑 마스크 수행하기

1. '2급-12.jpg'를 '모의05-4.psd' 파일로 복사한다.

2. [Filter(필터)] → [Pixelate(픽셀화)] → [Facet(단면화)]를 선택한다.

3. 레이어 패널에서 'Layer 4(레이어 4)'의 바로 가기 메뉴를 불러 [Create Clipping Mask(클리핑 마스크 만들기)]를 선택한다.

4. [Edit(편집)] → [Free Transform(자유 변형)]([Ctrl]+[T])을 선택한 다음 〈출력형태〉와 같이 크기를 조절한 후 배치한다. 이어서 [Enter]를 눌러 자유 변형 상태를 해제한다.

⑤ 선글라스를 복사한 후 레이어 스타일 적용하기

'2급-13.jpg'에서 선글라스를 복사한 후 Drop Shadow(그림자 효과) 스타일을 적용한다.

↓

1. '2급-13.jpg' 탭을 클릭하고 선택 도구를 이용하여 다음과 같이 선택한다.

2. 선택한 영역을 '모의05-4.psd' 파일로 복사한다.

3. 레이어 패널 하단의 fx(Add a layer style(레이어 스타일을 추가합니다.)) 아이콘을 클릭한 후 [Drop Shadow(그림자)]를 선택한다.

4. 'Layer Style(레이어 스타일)' 대화상자에서 〈OK(확인)〉를 클릭한다.

5. [Edit(편집)] → [Free Transform(자유 변형)] (Ctrl+T)을 선택한 다음 〈출력형태〉와 같이 크기를 조절한 후 배치한다. 이어서 Enter를 눌러 자유 변형 상태를 해제한다.

⑥ 🐟, ⬆를 추가한 후 레이어 스타일 적용하기

- 물고기(🐟) 모양을 추가한 후 Drop Shadow(그림자 효과) 스타일을 적용하고, Opacity(불투명도)를 70%로 지정한다.
- 포인터(⬆) 모양을 추가한 후 Gradient Overlay(그라디언트 오버레이)와 Stroke(선/획) 스타일을 적용한다.

↓

01. 🐟를 추가하고 레이어 스타일 적용하기

1. 도구 상자에서 🎨(Custom Shape Tool(사용자 정의 모양 도구))(U)을 선택한 후 옵션 바에서 Shape(모양)의 목록 단추(▾) → [Legacy Shapes and More(레거시 모양 및 기타)] → [All Legacy Default Shapes(모든 레거시 기본 모양)] → [Animals(동물)]을 선택한다.

2. 모양 목록에서 🐟(Fish(물고기))를 선택한 후 드래그 하여 추가한 다음 옵션 바에서 Fill(칠)을 클릭하고 색상을 #ff99cc로 지정한다.

3. 레이어 패널 하단의 *fx*(Add a layer style(레이어 스타일을 추가합니다.)) 아이콘을 클릭한 후 [Drop Shadow(그림자)]를 선택한다.

4. 'Layer Style(레이어 스타일)' 대화상자에서 〈OK(확인)〉를 클릭한다.

5. 레이어 패널 상단의 Opacity(불투명도)를 70%로 지정한다.

6. [Edit(편집)] → [Free Transform Path(패스 자유 변형)]([Ctrl]+[T])를 선택한 다음 〈출력형태〉와 같이 크기를 조절한 후 배치한다. 이어서 [Enter]를 두 번 눌러 패스 자유 변형 상태를 해제한다.

02. ▶를 추가하고 레이어 스타일 적용하기

1. 도구 상자에서 *(Custom Shape Tool(사용자 정의 모양 도구))([U])이 선택된 상태로 옵션 바에서 Shape(모양)의 목록 단추(■) → [Legacy Shapes and More(레거시 모양 및 기타)] → [All Legacy Default Shapes(모든 레거시 기본 모양)] → [Symbols(기호)]를 선택한다.

2. 모양 목록에서 ▶(Mac Pointer(매킨토시 포인터))를 선택한 후 드래그 하여 추가한다.

3. 레이어 패널 하단의 *fx*(Add a layer style(레이어 스타일을 추가합니다.)) 아이콘을 클릭한 후 [Gradient Overlay(그레이디언트 오버레이)]를 선택한다.

4. 'Layer Style(레이어 스타일)' 대화상자에서 Gradient(그레이디언트) 항목을 클릭한다.

5. 'Gradient Editor(그레이디언트 편집기)' 대화상자의 왼쪽 아래 Color Stop(색상 정지점)을 더블클릭한 다음 색상을 #336600으로 지정한다.

6. 'Gradient Editor(그레이디언트 편집기)' 대화상자의 오른쪽 아래 Color Stop(색상 정지점)을 더블클릭한 다음 색상을 #ffffff로 지정한 후 〈OK(확인)〉를 클릭한다.

7. 'Layer Style(레이어 스타일)' 대화상자의 스타일 목록에서 [Stroke(획)]를 선택하고 Size(크기)를 2, Color(색상)를 #006633으로 지정한 후 〈OK(확인)〉를 클릭한다.

8. [Edit(편집)] → [Free Transform Path(패스 자유 변형)]([Ctrl]+[T])를 선택한 다음 〈출력형태〉와 같이 크기를 조절한 후 배치한다. 이어서 [Enter]를 두 번 눌러 패스 자유 변형 상태를 해제한다.

❼ 문자를 입력한 후 레이어 스타일 적용하기

작업 결과

- Water Park, 아쿠아리움도 함께 해요, 더위 한 방에 날리기를 입력한다.
- 입력한 문자열 각각에 서식을 지정하고 레이어 스타일을 적용한다.
- 각각의 문자열을 〈출력형태〉와 같이 배치한다.

↓

01. 문자 입력하기

1. 도구 상자에서 ![T](Horizontal Type Tool(수평 문자 도구))(T))을 클릭한다.

2. 옵션 바에서 문자를 입력하기 좋은 크기와 색상을 지정한다. 여기서는 크기를 12, 색상을 검정 (#000000)으로 지정한다.

3. 입력되는 문자의 색상과 구분이 잘되는 배경을 클릭하고 다음과 같이 〈출력형태〉에 제시된 모든 문자를 입력한다.

02. 서식 지정 및 레이어 스타일 적용하기

1. 'Water ~'에 서식 지정 및 레이어 스타일 적용

① 레이어 패널에서 'Water ~' 레이어를 선택하고 옵션 바에서 Font(글꼴)를 'Arial', Font Style(글꼴 스타일)을 Bold, Size(크기)를 38, Color(색상)를 #339933으로 지정한 후 ![](Create warped text(뒤틀어진 텍스트 만들기))를 클릭한다.

② 'Warp Text(텍스트 뒤틀기)' 대화상자에서 'Style(스타일)'을 'Arc(부채꼴)'로 지정하고 〈출력형태〉와 모양이 비슷해지도록 'Bend(구부리기)' 값을 조절한 후 〈OK(확인)〉를 클릭한다.

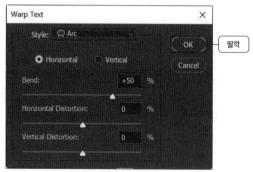

③ 레이어 패널 하단의 ![fx](Add a layer style(레이어 스타일을 추가합니다.)) 아이콘을 클릭한 후 [Drop Shadow(그림자)]를 선택한다.

④ 'Layer Style(레이어 스타일)' 대화상자의 스타일 목록에서 [Stroke(획)]를 클릭하고 Size(크기)를 2, Color(색상)를 #ffffff로 지정한 후 〈OK(확인)〉를 클릭한다.

2. '아쿠아리움도 ~'에 서식 지정 및 레이어 스타일 적용

① 레이어 패널에서 '아쿠아리움도 ~' 레이어를 선택하고 옵션 바에서 Font(글꼴)를 '궁서', Size(크기)를 28로 지정한 후 ![](Create warped text(뒤틀어진 텍스트 만들기))를 클릭한다.

② 'Warp Text(텍스트 뒤틀기)' 대화상자에서 'Style(스타일)'을 'Bulge(돌출)'로 지정하고 〈출력형태〉와 모양이 비슷해지도록 'Bend(구부리기)' 값을 조절한 후 〈OK(확인)〉를 클릭한다.

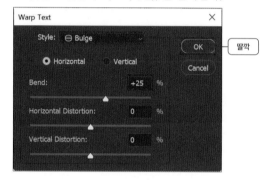

③ 레이어 패널 하단의 ![fx](Add a layer style(레이어 스타일을 추가합니다.)) 아이콘을 클릭한 후 [Gradient Overlay(그레이디언트 오버레이)]를 선택한다.

④ 'Layer Style(레이어 스타일)' 대화상자에서 Gradient(그레이디언트) 항목을 클릭한다.

⑤ 'Gradient Editor(그레이디언트 편집기)' 대화상자의 왼쪽 아래 Color Stop(색상 정지점)을 더블클릭한 다음 색상을 #0066cc로 지정한다.

⑥ 'Gradient Editor(그레이디언트 편집기)' 대화상자의 오른쪽 아래 Color Stop(색상 정지점)을 더블클릭한 다음 색상을 #ffffff로 지정한다.

⑦ 'Gradient Editor(그레이디언트 편집기)' 대화상자에서 〈OK(확인)〉를 클릭한다.

⑧ 'Layer Style(레이어 스타일)' 대화상자에서 Angle(각도)을 90으로 지정한 다음 스타일 목록에서 [Stroke(획)]를 클릭한다.

⑨ 이어서 Size(크기)를 2, Color(색상)를 #ccccff로 지정한 후 〈OK(확인)〉를 클릭한다.

3. '더위 ~'에 서식 지정 및 레이어 스타일 적용

① 레이어 패널에서 '더위 ~' 레이어를 선택하고 옵션 바에서 Font(글꼴)를 '바탕', Size(크기)를 17, Color(색상)를 #ffffff로 지정한다.

② 레이어 패널 하단의 *fx*(Add a layer style(레이어 스타일을 추가합니다.)) 아이콘을 클릭한 후 [Outer Glow(외부 광선)]를 선택한다.

③ 'Layer Style(레이어 스타일)' 대화상자에서 〈OK(확인)〉를 클릭한다.

03. 〈출력형태〉와 같이 배치하기

1. 레이어 패널에서 'Water ~'를 선택한다.

2. [Edit(편집)] → [Free Transform(자유 변형)] (Ctrl+T)을 선택한 후 〈출력형태〉와 같이 배치한다. 이어서 Enter를 눌러 자유 변형 상태를 해제한다.

3. 나머지 글자도 위와 같은 방법으로 〈출력형태〉와 같이 배치한다.

8 **파일 저장 및 이미지 크기 조절**

1. [File(파일)] → [Save a Copy(사본 저장)] (Ctrl+Alt+S)를 선택하고 'Save a Copy(사본 저장)' 대화상자에서 저장 위치를 '모의05', 파일 이름을 '모의05-4'로, Format(형식)을 'JPEG(*.JPG;*.JPEG;*.JPE)'로 지정한 후 〈저장〉을 클릭한다.

> **포토샵 CS4/CS6 사용자**
> JPG 형식으로 저장하기 위해 [File(파일)] → [Save As(다른 이름으로 저장)](Ctrl+Shift+S)를 선택하세요.

2. 'JPEG Options(JPEG 옵션)' 대화상자에서 Quality (품질)를 8로 지정한 후 〈OK(확인)〉를 클릭한다.

3. [Image(이미지)] → [Image Size(이미지 크기)] (Ctrl+Alt+I)를 선택하고 'Image Size(이미지 크기)' 대화상자에서 Width(폭)와 Height(높이)에 입력되어 있는 값에서 0 하나씩만 제거한 후 〈OK(확인)〉를 클릭한다.

4. [File(파일)] → [Save(저장)](Ctrl+S)를 선택한다.

9 **[문제 4] 답안 파일 전송**

1. 포토샵 프로그램을 최소화한 후 '시험 관리 도구'에서 〈답안 전송〉을 클릭한다.

2. '고사실 PC로 답안 파일 보내기' 대화상자에서 전송할 '모의05-4.jpg'와 '모의05-4.psd' 파일을 선택한 후 〈답안 전송〉을 클릭한다.

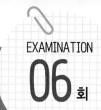

실전 모의고사

 문제 1 [기능평가] **Tool(도구) 활용** (20점)

다음의 〈조건〉에 따라 아래의 〈출력형태〉와 같이 작업하시오.

출력형태

조건

원본 이미지	C:\길벗GTQ2급\모의\모의06\Image\2급-1.jpg		
파일 저장 규칙	JPG	파일명	C:\길벗GTQ2급\모의\모의06\모의06-1.jpg
		크기	400 × 500 pixels
	PSD	파일명	C:\길벗GTQ2급\모의\모의06\모의06-1.psd
		크기	40 × 50 pixels

1. 그림 효과

① 복제 및 변형 : 등대
② Shape Tool(모양 도구) 사용 :
  – 구름 모양 (#33cc66, #ffffcc, 레이어 스타일 – Outer Glow(외부 광선))
  – 나침판 모양 (#ffffff, 레이어 스타일 – Drop Shadow(그림자 효과))

2. 문자 효과

① Lighthouse (Times New Roman, Bold, 52pt, 레이어 스타일 –
  그라디언트 오버레이(#cc9966, #cc3366), Stroke(선/획)(2px, #ffffff))

문제 2 [기능평가] **사진편집 기초** (20점)

다음의 〈조건〉에 따라 아래의 〈출력형태〉와 같이 작업하시오.

출력형태

조건

원본 이미지	C:\길벗GTQ2급\모의\모의06\Image\2급-2.jpg, 2급-3.jpg, 2급-4.jpg		
파일 저장 규칙	JPG	파일명	C:\길벗GTQ2급\모의\모의06\모의06-2.jpg
		크기	400 × 500 pixels
	PSD	파일명	C:\길벗GTQ2급\모의\모의06\모의06-2.psd
		크기	40 × 50 pixels

1. 그림 효과

① 색상 보정 : 2급-3.jpg – 녹색 계열로 보정, 레이어 스타일 –
  Drop Shadow(그림자 효과)
② 액자 제작 :
  필터 – Patchwork(패치워크/이어붙이기), 안쪽 테두리 (5px, #ffffff),
  레이어 스타일 – Drop Shadow(그림자 효과)
③ 2급-4.jpg : 레이어 스타일 – Inner Shadow(내부 그림자)

2. 문자 효과

① 수영장에서 즐기는 물놀이 (돋움, 33pt, #ffffff, 레이어 스타일 –
  Stroke(선/획)(2px, #006699))

다음의 〈조건〉에 따라 아래의 〈출력형태〉와 같이 작업하시오.

조건

원본 이미지	C:\길벗GTQ2급\모의\모의06\Image\2급-5.jpg, 2급-6.jpg, 2급-7.jpg, 2급-8.jpg		
파일 저장 규칙	JPG	파일명	C:\길벗GTQ2급\모의\모의06\모의06-3.jpg
		크기	600 × 400 pixels
	PSD	파일명	C:\길벗GTQ2급\모의\모의06\모의06-3.psd
		크기	60 × 40 pixels

1. 그림 효과

① 배경 : #33ffff

② 2급-5.jpg : 필터 – Paint Daubs(페인트 덥스/페인트 바르기), 레이어 마스크 – 대각선 방향으로 흐릿하게

③ 2급-6.jpg : 레이어 스타일 – Outer Glow(외부 광선)

④ 2급-7.jpg : 레이어 스타일 – Drop Shadow(그림자 효과)

⑤ 2급-8.jpg : 레이어 스타일 – Inner Shadow(내부 그림자)

⑥ 그 외 《출력형태》 참조

2. 문자 효과

① 뜨거운 여름 즐거운 레포츠 (돋움, 40pt, 레이어 스타일 – 그라디언트 오버레이(#33cc66, #ff33ff), Stroke(선/획)(3px, #ffffcc))

② Enjoy Your Summer! (Arial, Regular, 22pt, #3333cc, 레이어 스타일 – Stroke(선/획)(2px, #ffffff))

출력형태

Shape Tool(모양 도구) 사용
#ff6633, #669900, 레이어 스타일 – Stroke(선/획)(3px, #cccccc)

Shape Tool(모양 도구) 사용
레이어 스타일 –
그라디언트 오버레이
(#990033, #66ccff)

다음의 〈조건〉에 따라 아래의 〈출력형태〉와 같이 작업하시오.

조건

원본 이미지	C:\길벗GTQ2급\모의\모의06\Image\2급-9.jpg, 2급-10.jpg, 2급-11.jpg, 2급-12.jpg, 2급-13.jpg		
파일 저장 규칙	JPG	파일명	C:\길벗GTQ2급\모의\모의06\모의06-4.jpg
		크기	600 × 400 pixels
	PSD	파일명	C:\길벗GTQ2급\모의\모의06\모의06-4.psd
		크기	60 × 40 pixels

1. 그림 효과

① 2급-9.jpg : 필터 – Texturizer(텍스처화)

② 2급-10.jpg : 레이어 스타일 – Drop Shadow(그림자 효과), Bevel and Emboss(경사와 엠보스)

③ 2급-11.jpg : 레이어 스타일 – Inner Glow(내부 광선)

④ 2급-12.jpg : 필터 – Rough Pastels(거친 파스텔 효과)

⑤ 2급-13.jpg : 레이어 스타일 – Drop Shadow(그림자 효과), Opacity(불투명도)(70%)

⑥ 그 외 《출력형태》 참조

2. 문자 효과

① 여름 휴가 이벤트 (돋움, 48pt, 레이어 스타일 – 그라디언트 오버레이(#cc0000, #006633), Stroke(선/획)(2px, #ffffff))

② 3박 이상 선물 증정 (궁서, 20pt, #333366, 레이어 스타일 – Outer Glow(외부 광선))

③ Will you have summer vacation? (Arial, Regular, 30pt, #ffffff, 레이어 스타일 – Drop Shadow(그림자 효과), Stroke(선/획)(3px, #993333))

출력형태

Shape Tool(모양 도구) 사용
레이어 스타일 –
그라디언트 오버레이
(#006600, #ffff00),
Drop Shadow(그림자 효과),
Opacity(불투명도)(70%)

Shape Tool(모양 도구) 사용,
레이어 스타일 –
Drop Shadow(그림자 효과),
Stroke(선/획)(3px,#660000)

Shape Tool(모양 도구) 사용
#663399, 레이어 스타일 –
Bevel and Emboss(경사와 엠보스)

EXAMINATION 06 회

실전 모의고사 풀이

실전 모의고사 06회부터는 〈출력형태〉를 보고 수험생이 판단해야 하는 설정 값을 제외한 기본적인 작업 과정에 대한 설명은 생략합니다. 해설을 이해하기 힘들면 실전 모의고사 01~05회를 다시 한번 공부하고 오세요.

  문제 1 [기능평가] Tool(도구) 활용

사용할 이미지

2급-1.jpg

모양 도구로 추가하기

  문제 1 [기능평가] Tool(도구) 활용

> **따라
> 하기**

⓪ 준비 작업

다음에 제시된 파일 저장 규칙에 맞게 캔버스를 만든 후 PSD 형식으로 저장한다.

파일명	모의06-1.psd
크기	400 × 500 pixels

① 이미지를 복사한 후 등대 복제하기

> **작업 결과**

'2급-1.jpg'를 복사한 후 등대를 한 번 복제한다.

 →

② 🌥, ❖를 추가한 후 레이어 스타일 적용하기

> **작업 결과**

- 구름(🌥) 모양을 추가한 후 Outer Glow(외부 광선) 스타일을 적용하고 한 번 복사한다.
- 나침반(❖) 모양을 추가한 후 Drop Shadow(그림자 효과) 스타일을 적용한다.

 →

- 🌥 : [Natrure(자연)]
- ❖ : [Symbols(기호)]

실전 모의고사 **06회** **391**

❸ 문자를 입력한 후 레이어 스타일 적용하기

Lighthouse를 입력한 후 Gradient Overlay(그라디언트 오버레이)와 Stroke(선/획) 스타일을 적용한다.

 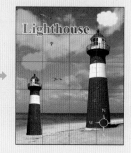

• Gradient Overlay(그레이디언트 오버레이) 스타일 : Angle(각도) 0°

 문제 **2**　　[기능평가]　사진편집 기초

사용할 이미지

2급-2.jpg　　　2급-3.jpg　　　2급-4.jpg

 문제 **2**　　[기능평가]　사진편집 기초　　따라 하기

⓪ 준비 작업

다음에 제시된 파일 저장 규칙에 맞게 캔버스를 만든 후 PSD 형식으로 저장한다.

파일명	모의06-2.psd
크기	400 × 500 pixels

❶ 액자 만들기

• '2급-2.jpg'를 복사한 후 바깥 테두리가 될 부분만을 복사하여 새 레이어를 생성한 다음 Patchwork(패치워크/이어붙이기) 필터를 적용한다.
• 안쪽 테두리에서 서식을 지정한 후 Drop Shadow(그림자 효과) 스타일을 적용한다.

- Patchwork(패치워크/이어붙이기) 필터 : [Filter(필터)] → [Filter Gallery(필터 갤러리)] → [Texture(텍스처)]

② 사람을 복사한 후 레이어 스타일을 적용하고 색상 보정하기

- '2급-3.jpg'에서 사람을 복사한 후 Drop Shadow(그림자 효과) 스타일을 적용한다.
- 녹색 계열로 색상을 보정한다.

- 색상 보정 : Colorize(색상화)를 체크한 후 Hue(색조) +160, Saturation(채도) +50으로 조절

③ 조개를 복사한 후 레이어 스타일 적용하기

'2급-4.jpg'에서 조개를 복사한 후 Inner Shadow(내부 그림자) 스타일을 적용한다.

④ 문자를 입력한 후 레이어 스타일 적용하기

수영장에서 즐기는 물놀이를 입력한 후 Stroke(선/획) 스타일을 적용한다.

- '수영장에서 ~ ' 텍스트 뒤틀기

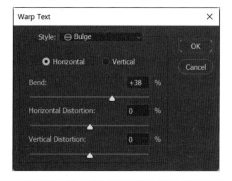

문제 3 [기능평가] 사진편집

사용할 이미지

2급-5.jpg

2급-6.jpg

2급-7.jpg

2급-8.jpg

모양 도구로 추가하기

 문제 3 [기능평가] 사진편집

따라
하기

0 준비 작업

다음에 제시된 파일 저장 규칙에 맞게 캔버스를 만든
후 PSD 형식으로 저장한다.

파일명	모의06-3.psd
크기	600 × 400 pixels

1 배경색 지정하기

> **작업 결과**

빈 캔버스에 배경색을 지정한다.

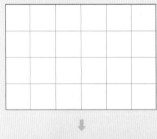

⬇

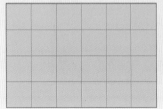

**2 이미지를 복사한 후 필터를 적용하고 레이어 마스크
수행하기**

> **작업 결과**

• '2급-5.jpg'를 복사한 후 Paint Daubs(페인트 덥스/페인트 바
르기) 필터를 적용한다.
• 대각선 방향으로 흐릿하게 레이어 마스크를 수행한다.

⬇

• Paint Daubs(페인트 덥스/페인트 바르기) 필터 :
[Filter(필터)] → [Filter Gallery(필터 갤러리)] →
[Artistic(예술 효과)]

- 대각선 방향으로 흐릿하게 레이어 마스크 수행

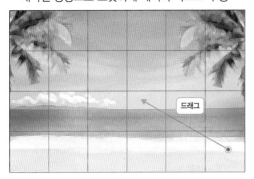

③ 보트를 복사한 후 레이어 스타일 적용하기

작업 결과

'2급-6.jpg'에서 보트를 복사한 후 Outer Glow(외부 광선) 스타일을 적용한다.

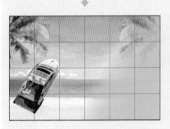

④ 아이를 복사한 후 레이어 스타일 적용하기

작업 결과

'2급-7.jpg'에서 아이를 복사한 후 Drop Shadow(그림자 효과) 스타일을 적용한다.

⑤ 제트스키를 복사한 후 레이어 스타일 적용하기

작업 결과

'2급-8.jpg'에서 제트스키를 복사한 후 Inner Shadow(내부 그림자) 스타일을 적용한다.

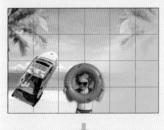

⑥ ☆, 🚲를 추가한 후 레이어 스타일 적용하기

- 별(☆) 모양을 추가한 후 Stroke(선/획) 스타일을 적용하고 한 번 복사한다.
- 자전거(🚲) 모양을 추가한 후 Gradient Overlay(그라디언트 오버레이) 스타일을 적용한다.

- ☆ : [Shapes(모양)]
- 🚲 : [Symbols(기호)]
  - Gradient Overlay(그레이디언트 오버레이) : Angle(각도) 90°

⑦ 문자를 입력한 후 레이어 스타일 적용하기

- **뜨거운 여름 즐거운 레포츠**, Enjoy Your Summer!를 입력한다.
- 입력한 문자열 각각에 서식을 지정하고 스타일을 적용한다.
- 각각의 문자열을 〈출력형태〉와 같이 배치한다.

- '뜨거운 ~ ' 텍스트 뒤틀기

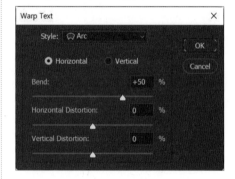

문제 4   [실무응용]   이벤트 페이지 제작

사용할 이미지

2급-9.jpg

2급-10.jpg

2급-11.jpg

2급-12.jpg

2급-13.jpg

모양 도구로 추가하기

문제 4   [실무응용]   이벤트 페이지 제작   따라하기

⓪ 준비 작업

다음에 제시된 파일 저장 규칙에 맞게 캔버스를 만든 후 PSD 형식으로 저장한다.

파일명	모의06-4.psd
크기	600 × 400 pixels

① 이미지를 복사한 후 필터 적용하기

> **작업 결과**

'2급-9.jpg'를 복사한 후 Texturizer(텍스처화) 필터를 적용한다.

• Texturizer(텍스처화) 필터 : [Filter(필터)] → [Filter Gallery(필터 갤러리)] → [Texture(텍스처)]

② 갈매기를 복사한 후 레이어 스타일 적용하기

> **작업 결과**

'2급-10.jpg'에서 갈매기를 복사한 후 Drop Shadow(그림자 효과)와 Bevel and Emboss(경사와 엠보스) 스타일을 적용한다.

③ 조타 핸들을 복사한 후 레이어 스타일 적용하기

작업 결과

'2급-11.jpg'에서 조타 핸들을 복사한 후 Inner Glow(내부 광선) 스타일을 적용한다.

④ ✦를 추가한 후 레이어 스타일과 필터를 적용하고 클리핑 마스크 수행하기

작업 결과

• 별(✦) 모양을 추가한 후 Drop Shadow(그림자 효과)와 Stroke(선/획) 스타일을 적용한다.
• '2급-12.jpg'를 복사한 후 Rough Pastels(거친 파스텔 효과) 필터를 적용하고 클리핑 마스크를 수행한다.

• ✦ : [Shapes(모양)]
• Rough Pastels(거친 파스텔 효과) 필터 : [Filter(필터)] → [Filter Gallery(필터 갤러리)] → [Artistic(예술 효과)]

⑤ 불가사리를 복사한 후 레이어 스타일을 적용하고 불 투명도 지정하기

작업 결과

'2급-13.jpg'에서 불가사리를 복사한 후 Drop Shadow(그림자 효과) 스타일을 적용하고, Opacity(불투명도)를 70%로 지정한다.

⑥ ⚡, ✿를 추가한 후 레이어 스타일 적용하기

작업 결과

• 새(⚡) 모양을 추가한 후 Gradient Overlay(그라디언트 오 버레이)와 Drop Shadow(그림자 효과) 스타일을 적용하고, Opacity(불투명도)를 70%로 지정한다.
• 꽃(✿) 모양을 추가한 후 Bevel and Emboss(경사와 엠보스) 스타일을 적용한다.

- ✎ : [Animals(동물)]
- ✿ : [Ornaments(장식)]

7 문자를 입력한 후 레이어 스타일 적용하기

- 여름 휴가 이벤트, 3박 이상 선물 증정, Will you have summer vacation?을 입력한다.
- 입력한 문자열 각각에 서식을 지정하고 스타일을 적용한다.
- 각각의 문자열을 〈출력형태〉와 같이 배치한다.

↓

- '여름 휴가 이벤트' 텍스트 뒤틀기

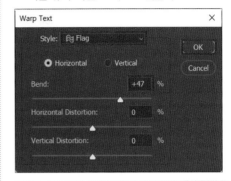

포토샵 CS4/CS6 사용자
'Wrap Text(텍스트 변환/뒤틀기)' 대화상자에서 'Bend(구부리기)' 값을 −47로 조절하세요.

- 'Will you ~' 텍스트 뒤틀기

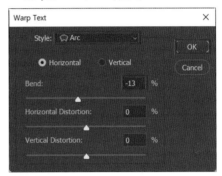

 문제 1   [기능평가]   **Tool(도구) 활용**   (20점)

다음의 〈조건〉에 따라 아래의 〈출력형태〉와 같이 작업하시오.

조건

원본 이미지	C:\길벗GTQ2급\모의\모의07\Image\2급-1.jpg		
파일 저장 규칙	JPG	파일명	C:\길벗GTQ2급\모의\모의07\모의07-1.jpg
		크기	400 × 500 pixels
	PSD	파일명	C:\길벗GTQ2급\모의\모의07\모의07-1.psd
		크기	40 × 50 pixels

출력형태

1. 그림 효과

① 복제 및 변형 : 다식

② Shape Tool(모양 도구) 사용 :
  - 장식 모양 (#ff9966, #cccc66, 레이어 스타일 – Drop Shadow(그림자 효과))
  - 문양 모양 (#333366, 레이어 스타일 – Outer Glow(외부 광선))

2. 문자 효과

① 전통다식 (궁서, 58pt, 레이어 스타일 – 그라디언트 오버레이(#ffff00, #ffffff), Stroke(선/획)(3px, #ccccff))

 문제 2   [기능평가]   **사진편집 기초**   (20점)

다음의 〈조건〉에 따라 아래의 〈출력형태〉와 같이 작업하시오.

조건

원본 이미지	C:\길벗GTQ2급\모의\모의07\Image\2급-2.jpg, 2급-3.jpg, 2급-4.jpg		
파일 저장 규칙	JPG	파일명	C:\길벗GTQ2급\모의\모의07\모의07-2.jpg
		크기	400 × 500 pixels
	PSD	파일명	C:\길벗GTQ2급\모의\모의07\모의07-2.psd
		크기	40 × 50 pixels

출력형태

1. 그림 효과

① 색상 보정 : 2급-3.jpg – 노란색 계열로 보정,
   레이어 스타일 – Drop Shadow(그림자 효과)

② 액자 제작 :
   필터 – Spatter(뿌리기), 안쪽 테두리 (5px, #ffffff),
   레이어 스타일 – Drop Shadow(그림자 효과)

③ 2급-4.jpg : 레이어 스타일 – Bevel and Emboss(경사와 엠보스)

2. 문자 효과

① 아름다운 한국의 미 (바탕, 48pt, 레이어 스타일 – 그라디언트 오버레이(#66cc66, #cccccc), Stroke(선/획)(2px, #333333))

다음의 〈조건〉에 따라 아래의 〈출력형태〉와 같이 작업하시오.

조건

원본 이미지	C:\길벗GTQ2급\모의\모의07\Image\2급-5.jpg, 2급-6.jpg, 2급-7.jpg, 2급-8.jpg		
파일 ·저장 규칙	JPG	파일명	C:\길벗GTQ2급\모의\모의07\모의07-3.jpg
		크기	600 × 400 pixels
	PSD	파일명	C:\길벗GTQ2급\모의\모의07\모의07-3.psd
		크기	60 × 40 pixels

1. 그림 효과

① 배경 : #33cccc

② 2급-5.jpg : 필터 – Cutout(오려내기), 레이어 마스크 – 대각선 방향으로 흐릿하게

③ 2급-6.jpg : 레이어 스타일 – Inner Shadow(내부 그림자)

④ 2급-7.jpg : 레이어 스타일 – Drop Shadow(그림자 효과)

⑤ 2급-8.jpg : 레이어 스타일 – Bevel and Emboss(경사와 엠보스)

⑥ 그 외 《출력형태》 참조

2. 문자 효과

① 소중한 우리의 문화 (바탕, 35pt, 50pt, #66ff00, #ccffff, 레이어 스타일 – Drop Shadow(그림자 효과), Stroke(선/획)(2px, #000033))

② Culture & Tradition (Arial, Regular, 35pt, 레이어 스타일 – 그라디언트 오버레이(#660000, #00cc66), Stroke(선/획)(2px, #ffffcc))

출력형태

Shape Tool(모양 도구) 사용
#999900, 레이어 스타일 –
Inner Shadow(내부 그림자)

Shape Tool(모양 도구) 사용
레이어 스타일 – 그라디언트 오버레이(#330099, #ff6633),
Outer Glow(외부 광선), Opacity(불투명도)(70%)

다음의 〈조건〉에 따라 아래의 〈출력형태〉와 같이 작업하시오.

조건

원본 이미지			C:\길벗GTQ2급\모의\모의07\Image\2급-9.jpg, 2급-10.jpg, 2급-11.jpg, 2급-12.jpg, 2급-13.jpg
파일 저장 규칙	JPG	파일명	C:\길벗GTQ2급\모의\모의07\모의07-4.jpg
		크기	600 × 400 pixels
	PSD	파일명	C:\길벗GTQ2급\모의\모의07\모의07-4.psd
		크기	60 × 40 pixels

1. 그림 효과

① 2급-9.jpg : 필터 – Dry Brush(드라이 브러시)
② 2급-10.jpg : 레이어 스타일 – Outer Glow(외부 광선), Bevel and Emboss(경사와 엠보스)
③ 2급-11.jpg : 레이어 스타일 – Outer Glow(외부 광선)
④ 2급-12.jpg : 필터 – Texturizer(텍스처화)
⑤ 2급-13.jpg : 레이어 스타일 – Inner Shadow(내부 그림자), Opacity(불투명도)(70%)
⑥ 그 외 《출력형태》 참조

2. 문자 효과

① Culture of Korea (Arial, Bold, 40pt, 레이어 스타일 – 그라디언트 오버레이(#000066, #ff66cc), Stroke(선/획)(3px, #ffffff))
② 신토불이 즐기기 (궁서, 28pt, 레이어 스타일 – 그라디언트 오버레이(#ff66cc, #cccc00), Stroke(선/획)(2px, #330000))
③ 우리 것이 좋은 거시여! (궁서, 20pt, #660000, 레이어 스타일 – Stroke(선/획)(2px, #ffffcc))

출력형태

Shape Tool(모양 도구) 사용
#666666, 레이어 스타일 –
Stroke(선/획)(2px, #cccc66),
Opacity(불투명도)(70%)

Shape Tool(모양 도구) 사용
#cc9933, 레이어 스타일 –
Inner Shadow(내부 그림자),
Stroke(선/획)(4px, #33cc99)

Shape Tool(모양 도구) 사용
#ffff99, #cc66cc,
레이어 스타일 –
Outer Glow(외부 광선)

EXAMINATION
07회 실전 모의고사 풀이

문제 1 [기능평가] Tool(도구) 활용

사용할 이미지

2급-1.jpg

모양 도구로 추가하기

문제 1 [기능평가] Tool(도구) 활용

따라하기

0 준비 작업

다음에 제시된 파일 저장 규칙에 맞게 캔버스를 만든 후 PSD 형식으로 저장한다.

파일명	모의07-1.psd
크기	400 × 500 pixels

1 이미지를 복사한 후 다식 복제하기

작업 결과

'2급-1.jpg'를 복사한 후 다식을 한 번 복제한다.

2 ▣, ▣를 추가한 후 레이어 스타일 적용하기

작업 결과

- 장식(▣) 모양을 추가한 후 Drop Shadow(그림자 효과) 스타일을 적용하고 한 번 복사한다.
- 문양(▣) 모양을 추가한 후 Outer Glow(외부 광선) 스타일을 적용한다.

- ▣, ▣ : [Ornaments(장식)]

③ 문자를 입력한 후 레이어 스타일 적용하기

전통다식을 입력한 후 Gradient Overlay(그라디언트 오버레이)
와 Stroke(선/획) 스타일을 적용한다.

• '전통다식' 텍스트 뒤틀기

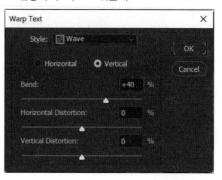

문제 2   [기능평가]   사진편집 기초

사용할 이미지

2급-2.jpg   2급-3.jpg   2급-4.jpg

문제 2   [기능평가]   사진편집 기초   따라하기

⓪ 준비 작업

다음에 제시된 파일 저장 규칙에 맞게 캔버스를 만든
후 PSD 형식으로 저장한다.

파일명	모의07-2.psd
크기	400 × 500 pixels

① 액자 만들기

• '2급-2.jpg'를 복사한 후 바깥 테두리가 될 부분만을 복사
하여 새 레이어를 생성한 다음 Spatter(뿌리기) 필터를 적용
한다.
• 안쪽 테두리에서 서식을 지정한 후 Drop Shadow(그림자 효
과) 스타일을 적용한다.

- Spatter(뿌리기) 필터 : [Filter(필터)] → [Filter Gallery(필터 갤러리)] → [Brush Strokes(브러시 획)]

❷ 떡을 복사한 후 레이어 스타일을 적용하고 색상 보정하기

- '2급-3.jpg'에서 떡을 복사한 후 Drop Shadow(그림자 효과) 스타일을 적용한다.
- 노란색 계열로 색상을 보정한다.

- 색상 보정 : Colorize(색상화)를 체크한 후 Hue(색조) +55, Saturation(채도) +100으로 조절

❸ 무궁화를 복사한 후 레이어 스타일 적용하기

'2급-4.jpg'에서 무궁화를 복사한 후 Bevel and Emboss(경사와 엠보스) 스타일을 적용한다.

❹ 문자를 입력한 후 레이어 스타일 적용하기

아름다운 한국의 미를 입력한 후 Gradient Overlay(그라디언트 오버레이)와 Stroke(선/획) 스타일을 적용한다.

- '아름다운 한국의 미'
  - Gradient Overlay(그레이디언트 오버레이) : Angle(각도) 0°
  - 텍스트 뒤틀기

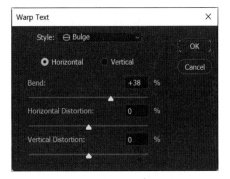

사용할 이미지

2급-5.jpg

2급-6.jpg

2급-7.jpg

2급-8.jpg

모양 도구로 추가하기

 문제 **3** [기능평가] 사진편집

따라 하기

⓿ 준비 작업

다음에 제시된 파일 저장 규칙에 맞게 캔버스를 만든 후 PSD 형식으로 저장한다.

파일명	모의07-3.psd
크기	600 × 400 pixels

❶ 배경색 지정하기

작업 결과

빈 캔버스에 배경색을 지정한다.

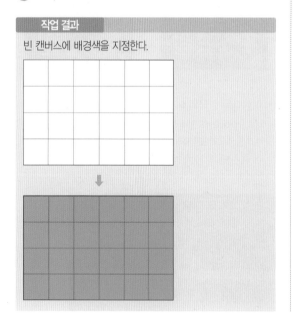

❷ 이미지를 복사한 후 필터를 적용하고 레이어 마스크 수행하기

작업 결과

- '2급-5.jpg'를 복사한 후 Cutout(오려내기) 필터를 적용한다.
- 대각선 방향으로 흐릿하게 레이어 마스크를 수행한다.

- Cutout(오려내기) 필터 : [Filter(필터)] → [Filter Gallery(필터 갤러리)] → [Artistic(예술 효과)]

- 대각선 방향으로 흐릿하게 레이어 마스크 수행

3 떡을 복사한 후 레이어 스타일 적용하기

작업 결과

'2급-6.jpg'에서 떡을 복사한 후 Inner Shadow(내부 그림자) 스타일을 적용한다.

4 탈을 복사한 후 레이어 스타일 적용하기

작업 결과

'2급-7.jpg'에서 탈을 복사한 후 Drop Shadow(그림자 효과) 스타일을 적용한다.

5 도자기를 복사한 후 레이어 스타일 적용하기

작업 결과

'2급-8.jpg'에서 도자기를 복사한 후 Bevel and Emboss(경사와 엠보스) 스타일을 적용한다.

⑥ ❀, ▨를 추가한 후 레이어 스타일 적용하기

- 꽃(❀) 모양을 추가한 Inner Shadow(내부 그림자) 스타일을 적용한다.
- 풀(▨) 모양을 추가한 Gradient Overlay(그라디언트 오버레이)와 Outer Glow(외부 광선) 스타일을 적용하고 Opacity(불투명도)를 70%로 지정한다.

- ❀ : [Ornaments(장식)]
- ▨ : [Nature(자연)]
  - Gradient Overlay(그레이디언트 오버레이) : Angle (각도) 90°

---

⑦ 문자를 입력한 후 레이어 스타일 적용하기

- **소중한 우리의 문화**, Culture & Tradition을 입력한다.
- 입력한 문자열 각각에 서식을 지정하고 스타일을 적용한다.
- 각각의 문자열을 〈출력형태〉와 같이 배치한다.

- 'Culture & Tradition' 텍스트 뒤틀기

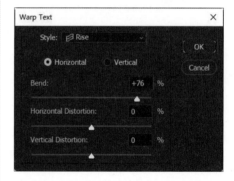

사용할 이미지

2급-9.jpg

2급-10.jpg

2급-11.jpg

2급-12.jpg

2급-13.jpg

모양 도구로 추가하기

문제 **4** [실무응용] 이벤트 페이지 제작

따라
하기

⓪ 준비 작업

다음에 제시된 파일 저장 규칙에 맞게 캔버스를 만든 후 PSD 형식으로 저장한다.

파일명	모의07-4.psd
크기	600 × 400 pixels

❶ 이미지를 복사한 후 필터 적용하기

> **작업 결과**

'2급-9.jpg'를 복사한 후 Dry Brush(드라이 브러시) 필터를 적용한다.

- Dry Brush(드라이 브러시) 필터 : [Filter(필터)] → [Filter Gallery(필터 갤러리)] → [Artistic(예술 효과)]

❷ 화전을 복사한 후 레이어 스타일 적용하기

> **작업 결과**

'2급-10.jpg'에서 화전을 복사한 후 Outer Glow(외부 광선)와 Bevel and Emboss(경사와 엠보스) 스타일을 적용한다.

③ 탈을 복사한 후 레이어 스타일 적용하기

'2급-11.jpg'에서 탈을 복사한 후 Outer Glow(외부 광선) 스타일을 적용한다.

④ ☐를 추가한 후 레이어 스타일과 필터를 적용하고 클리핑 마스크 수행하기

- 기호(☐) 모양을 추가한 후 Inner Shadow(내부 그림자)와 Stroke(선/획) 스타일을 적용한다.
- '2급-12.jpg'를 복사한 후 Texturizer(텍스처화) 필터를 적용하고 클리핑 마스크를 수행한다.

- ☐ : [Symbols(기호)]
- Texturizer(텍스처화) 필터 : [Filter(필터)] → [Filter Gallery(필터 갤러리)] → [Texture(텍스처)]

⑤ 부채를 복사한 후 레이어 스타일을 적용하고 불투명도 지정하기

'2급-13.jpg'에서 부채를 복사한 후 Inner Shadow(내부 그림자) 스타일을 적용하고, Opacity(불투명도)를 70%로 지정한다.

⑥ ━, ♪를 추가한 후 레이어 스타일 적용하기

- 열쇠(━) 모양을 추가한 후 Stroke(선/획) 스타일을 적용하고 Opacity(불투명도)를 70%로 지정한다.
- 음표(♪) 모양을 추가한 후 Outer Glow(외부 광선) 스타일을 적용하고, 한 번 복사한다.

- ▬ : [Objects(물건)]
- ♪ : [Music(음악)]

⑦ 문자를 입력한 후 레이어 스타일 적용하기

- Culture of Korea, 신토불이 즐기기, 우리 것이 좋은 거시 여!를 입력한다.
- 입력한 문자열 각각에 서식을 지정하고 스타일을 적용한다.
- 각각의 문자열을 〈출력형태〉와 같이 배치한다.

- 'Culture of Korea' 텍스트 뒤틀기

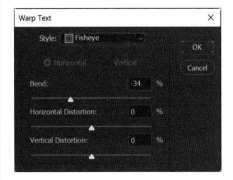

- '신토불이 즐기기'
  - Gradient Overlay(그레이디언트 오버레이) : Angle(각도) 0°
- '우리 것이 ~ ' 텍스트 뒤틀기

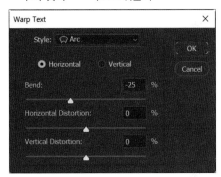

실전 모의고사

다음의 〈조건〉에 따라 아래의 〈출력형태〉와 같이 작업하시오.

조건

원본 이미지	C:\길벗GTQ2급\모의\모의08\Image\2급-1.jpg		
파일 저장 규칙	JPG	파일명	C:\길벗GTQ2급\모의\모의08\모의08-1.jpg
		크기	400 × 500 pixels
	PSD	파일명	C:\길벗GTQ2급\모의\모의08\모의08-1.psd
		크기	40 × 50 pixels

출력형태

1. 그림 효과

① 복제 및 변형 : 커피잔
② Shape Tool(모양 도구) 사용 :
　– 물결 모양 (#336633, #993333,
　　레이어 스타일 – Inner Shadow(내부 그림자))
　– 꽃 모양 (#99cc99, 레이어 스타일 – Outer Glow(외부 광선))

2. 문자 효과

① Coffee Time (Times New Roman, Regular, 50pt, 레이어 스타일 – 그라디언트
오버레이(#0000ff, #660000), Outer Glow(외부 광선))

다음의 〈조건〉에 따라 아래의 〈출력형태〉와 같이 작업하시오.

조건

원본 이미지	C:\길벗GTQ2급\모의\모의08\Image\2급-2.jpg, 2급-3.jpg, 2급-4.jpg		
파일 저장 규칙	JPG	파일명	C:\길벗GTQ2급\모의\모의08\모의08-2.jpg
		크기	400 × 500 pixels
	PSD	파일명	C:\길벗GTQ2급\모의\모의08\모의08-2.psd
		크기	40 × 50 pixels

출력형태

1. 그림 효과

① 색상 보정 : 2급-3.jpg – 분홍색 계열로 보정,
　레이어 스타일 – Drop Shadow(그림자 효과)
② 액자 제작 :
　필터 – Stained Glass(스테인드 글라스/채색 유리), 안쪽 테두리(5px, #ffcc00),
　레이어 스타일 – Drop Shadow(그림자 효과)
③ 2급-4.jpg : 레이어 스타일 – Inner Glow(내부 광선)

2. 문자 효과

① 여유로운 휴식시간 (바탕, 40pt, #cc0000, 레이어 스타일 – Stroke(선/획)(3px, #ffffff))

다음의 〈조건〉에 따라 아래의 〈출력형태〉와 같이 작업하시오.

조건

원본 이미지			C:\길벗GTQ2급\모의\모의08\Image\2급-5.jpg, 2급-6.jpg, 2급-7.jpg, 2급-8.jpg	
파일 저장 규칙	JPG	파일명	C:\길벗GTQ2급\모의\모의08\모의08-3.jpg	
		크기	600 × 400 pixels	
	PSD	파일명	C:\길벗GTQ2급\모의\모의08\모의08-3.psd	
		크기	60 × 40 pixels	

1. 그림 효과

① 배경 : #ffcccc
② 2급-5.jpg : 필터 - Film Grain(필름 그레인), 레이어 마스크 - 가로 방향으로 흐릿하게
③ 2급-6.jpg : 레이어 스타일 - Drop Shadow(그림자 효과)
④ 2급-7.jpg : 레이어 스타일 - Bevel and Emboss(경사와 엠보스)
⑤ 2급-8.jpg : 레이어 스타일 - Drop Shadow(그림자 효과)
⑥ 그 외 《출력형태》 참조

2. 문자 효과

① 과일차 체험마당 (바탕, 35pt, #ff9900, 레이어 스타일 - Drop Shadow(그림자 효과), Stroke(선/획)(2px, #000000))
② Fruit Tea Class (Arial, Regular, 40pt, 레이어 스타일 - 그라디언트 오버레이(#ff3366, #ffff66), Stroke(선/획)(3px, #003300))

출력형태

Shape Tool(모양 도구) 사용
#ffffff, 레이어 스타일 -
Drop Shadow(그림자 효과),
Opacity(불투명도)(50%)

Shape Tool(모양 도구) 사용
레이어 스타일 - 그라디언트
오버레이(#ff6600, #ffff00),
Bevel and Emboss(경사와 엠보스)

다음의 〈조건〉에 따라 아래의 〈출력형태〉와 같이 작업하시오.

조건

원본 이미지			C:\길벗GTQ2급\모의\모의08\Image\2급-9.jpg, 2급-10.jpg, 2급-11.jpg, 2급-12.jpg, 2급-13.jpg
파일 저장 규칙	JPG	파일명	C:\길벗GTQ2급\모의\모의08\모의08-4.jpg
		크기	600 × 400 pixels
	PSD	파일명	C:\길벗GTQ2급\모의\모의08\모의08-4.psd
		크기	60 × 40 pixels

1. 그림 효과

① 2급-9.jpg : 필터 – Cutout(오려내기)

② 2급-10.jpg : 레이어 스타일 – Outer Glow(외부 광선)

③ 2급-11.jpg : 레이어 스타일 – Drop Shadow(그림자 효과)

④ 2급-12.jpg : 필터 – Texturizer(텍스처화)

⑤ 2급-13.jpg : 레이어 스타일 – Drop Shadow(그림자 효과), Opacity(불투명도)(70%)

⑥ 그 외 《출력형태》 참조

2. 문자 효과

① Hot Summer (Arial, Bold, 40pt, 레이어 스타일 – 그라디언트 오버레이(#0099ff, #ccffff), Stroke(선/획)(3px, #0033ff))

② 커피 할인 이벤트 (돋움, 30pt, #003333, 레이어 스타일 – Drop Shadow(그림자 효과), Stroke(선/획)(2px, #ffffff))

③ Take-out 1000원 할인 (궁서, 20pt, #333300, 레이어 스타일 – Outer Glow(외부 광선))

출력형태

Shape Tool(모양 도구) 사용
레이어 스타일 –그라디언트 오버레이
(#336600, #ffff99),
Stroke(선/획)(3px, #ffffff),
Opacity(불투명도)(40%)

Shape Tool(모양 도구) 사용
#ffffff, #ffcccc,
레이어 스타일 –
Drop Shadow(그림자 효과)

Shape Tool(모양 도구) 사용
레이어 스타일 –
Stroke(선/획)(5px, #ffffff),
Inner Shadow(내부 그림자)

EXAMINATION
08회

실전 모의고사 풀이

 문제 1 [기능평가] Tool(도구) 활용

사용할 이미지

2급-1.jpg   모양 도구로 추가하기

 문제 1 [기능평가] Tool(도구) 활용 　　따라
하기

❶ 준비 작업

다음에 제시된 파일 저장 규칙에 맞게 캔버스를 만든 후 PSD 형식으로 저장한다.

파일명	모의08-1.psd
크기	400 × 500 pixels

❶ 이미지를 복사한 후 커피잔 복제하기

작업 결과

'2급-1.jpg'를 복사한 후 커피잔을 한 번 복제한다.

❷ 물결, 꽃을 추가한 후 레이어 스타일 적용하기

작업 결과

- 물결(물결) 모양을 추가한 후 Inner Shadow(내부 그림자) 스타일을 적용하고 한 번 복사한다.
- 꽃(꽃) 모양을 추가한 후 Outer Glow(외부 광선) 스타일을 적용한다.

- 물결, 꽃 : [Nature(자연)]

③ 문자를 입력한 후 레이어 스타일 적용하기

> **작업 결과**
>
> **Coffee Time**을 입력한 후 Gradient Overlay(그라디언트 오버
> 레이)와 Outer Glow(외부 광선) 스타일을 적용한다.

 →

 문제 2　　　[기능평가]　**사진편집 기초**

사용할 이미지

2급-2.jpg

2급-3.jpg

2급-4.jpg

 문제 2　　　[기능평가]　**사진편집 기초**　　　［따라 하기］

❶ 준비 작업

다음에 제시된 파일 저장 규칙에 맞게 캔버스를 만든
후 PSD 형식으로 저장한다.

파일명	모의08-2.psd
크기	400 × 500 pixels

① 액자 만들기

> **작업 결과**
>
> • '2급-2.jpg'를 복사한 후 바깥 테두리가 될 부분만을 복사하
> 여 새 레이어를 생성한 다음 Stained Glass(스테인드 글라스/
> 채색 유리) 필터를 적용한다.
> • 안쪽 테두리에서 서식을 지정한 후 Drop Shadow(그림자 효
> 과) 스타일을 적용한다.

- Stained Glass(스테인드 글라스/채색 유리) 필터 : [Filter(필터)] → [Filter Gallery(필터 갤러리)] → [Texture(텍스처)]

전경색을 흰색으로 변경하기
〈출력형태〉와 같이 Stainde Glass(채색 유리) 필터의 선이 흰색으로 표시되도록 하려면 전경색이 흰색인 상태에서 필터를 적용해야 합니다. 전경색이 흰색이 아니라면 도구 상자 하단의 ⬛(기본 전경색과 배경색)을 클릭한 후 ↩(전경색과 배경색 전환)을 클릭하면 됩니다.

② 꽃을 복사한 후 레이어 스타일을 적용하고 색상 보정하기

작업 결과

- '2급-3.jpg'에서 꽃을 복사한 후 Drop Shadow(그림자 효과) 스타일을 적용한다.
- 분홍색 계열로 색상을 보정한다.

- 색상 보정 : Colorize(색상화)를 체크한 후 Hue(색조) +330, Saturation(채도) +100으로 조절

③ 빵을 복사한 후 레이어 스타일 적용하기

작업 결과

'2급-4.jpg'에서 빵을 복사한 후 Inner Glow(내부 광선) 스타일을 적용한다.

④ 문자를 입력한 후 레이어 스타일 적용하기

작업 결과

여유로운 휴식시간을 입력한 후 Stroke(선/획) 스타일을 적용한다.

- '여유로운 휴식시간' 텍스트 뒤틀기

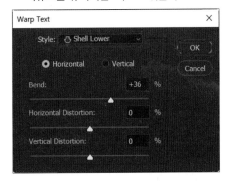

문제 **3**　[기능평가]　사진편집

사용할 이미지

2급-5.jpg

2급-6.jpg

2급-7.jpg

2급-8.jpg

모양 도구로 추가하기

 문제 **3**　[기능평가]　사진편집　｜따라 하기｜

❶ 준비 작업

다음에 제시된 파일 저장 규칙에 맞게 캔버스를 만든 후 PSD 형식으로 저장한다.

파일명	모의08-3.psd
크기	600 × 400 pixels

❶ 배경색 지정하기

> **작업 결과**

빈 캔버스에 배경색을 지정한다.

⬇

❷ 이미지를 복사한 후 필터를 적용하고 레이어 마스크 수행하기

> **작업 결과**

- '2급-5.jpg'를 복사한 후 Film Grain(필름 그레인) 필터를 적용한다.
- 가로 방향으로 흐릿하게 레이어 마스크를 수행한다.

⬇

- Film Grain(필름 그레인) 필터 : [Filter(필터)] → [Filter Gallery(필터 갤러리)] → [Artistic(예술 효과)]

- 가로 방향으로 흐릿하게 레이어 마스크 수행

③ 음료를 복사한 후 레이어 스타일 적용하기

작업 결과

'2급-6.jpg'에서 음료를 복사한 후 Drop Shadow(그림자 효과)
스타일을 적용한다.

④ 차를 복사한 후 레이어 스타일 적용하기

작업 결과

'2급-7.jpg'에서 차를 복사한 후 Bevel and Emboss(경사와 엠
보스) 스타일을 적용한다.

⑤ 딸기를 복사한 후 레이어 스타일 적용하기

작업 결과

'2급-8.jpg'에서 딸기를 복사한 후 Drop Shadow(그림자 효과)
스타일을 적용한다.

6 👑, 🌙를 추가한 후 레이어 스타일 적용하기

- 왕관(👑) 모양을 추가한 Drop Shadow(그림자 효과) 스타일을 적용하고 Opacity(불투명도)를 50%로 지정한다.
- 달(🌙) 모양을 추가한 Gradient Overlay(그라디언트 오버레이)와 Bevel and Emboss(경사와 엠보스) 스타일을 적용한다.

- 👑 : [Objects(물건)]
- 🌙 : [Shapes(모양)]

7 문자를 입력한 후 레이어 스타일 적용하기

- **과일 차 체험마당**, Fruit Tea Class를 입력한다.
- 입력한 문자열 각각에 서식을 지정하고 스타일을 적용한다.
- 각각의 문자열을 〈출력형태〉와 같이 배치한다.

- 'Fruit Tea Class' 텍스트 뒤틀기

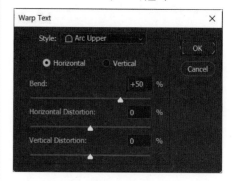

사용할 이미지

2급-9.jpg

2급-10.jpg

2급-11.jpg

2급-12.jpg

2급-13.jpg

모양 도구로 추가하기

 문제 **4** [실무응용] 이벤트 페이지 제작　　　　　따라
하기

⓿ 준비 작업

다음에 제시된 파일 저장 규칙에 맞게 캔버스를 만든 후 PSD 형식으로 저장한다.

파일명	모의08-4.psd
크기	600 × 400 pixels

❶ 이미지를 복사한 후 필터 적용하기

작업 결과

'2급-9.jpg'를 복사한 후 Cutout(오려내기) 필터를 적용한다.

- Cutout(오려내기) 필터 : [Filter(필터)] → [Filter Gallery(필터 갤러리)] → [Artistic(예술 효과)]

❷ 커피를 복사한 후 레이어 스타일 적용하기

작업 결과

'2급-10.jpg'에서 커피를 복사한 후 Outer Glow(외부 광선) 스타일을 적용한다.

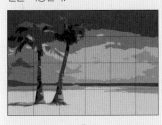
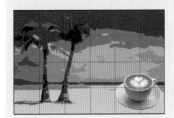

③ 음료를 복사한 후 레이어 스타일 적용하기

작업 결과

'2급-11.jpg'에서 음료를 복사한 후 Drop Shadow(그림자 효과) 스타일을 적용한다.

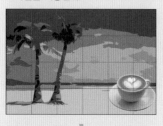

↓

④ ▣를 추가한 후 레이어 스타일과 필터를 적용하고 클리핑 마스크 수행하기

작업 결과

- 꽃(▣) 모양을 추가한 후 Stroke(선/획)와 Inner Shadow(내부 그림자) 스타일을 적용한다.
- 2급-12.jpg를 복사한 후 Texturizer(텍스처화) 필터를 적용하고 클리핑 마스크를 수행한다.

↓

- ▣ : [Nature(자연)]
- Texturizer(텍스처화) 필터 : [Filter(필터)] → [Filter Gallery(필터 갤러리)] → [Texture(텍스처)]

⑤ 소라를 복사한 후 레이어 스타일을 적용하고 불투명도 지정하기

작업 결과

'2급-13.jpg'에서 소라를 복사한 후 Drop Shadow(그림자 효과) 스타일을 적용하고, Opacity(불투명도)를 70%로 지정한다.

↓

⑥ ❋, ❀를 추가한 후 레이어 스타일 적용하기

작업 결과

- 꽃(❋) 모양을 추가한 후 Drop Shadow(그림자 효과) 스타일을 적용하고, 한 번 복사한다.
- 눈(❀) 모양을 추가한 후 Gradient Overlay(그라디언트 오버레이)와 Stroke(선/획) 스타일을 적용하고, Opacity(불투명도)를 40%로 지정한다.

↓

- 🌸 ❄ : [Nature(자연)]

7️⃣ 문자를 입력한 후 레이어 스타일 적용하기

작업 결과

- Hot Summer, 커피 할인 이벤트, Take-out 1000원 할인을 입력한다.
- 입력한 문자열 각각에 서식을 지정하고 스타일을 적용한다.
- 각각의 문자열을 〈출력형태〉와 같이 배치한다.

↓

• 'Take ~' 텍스트 뒤틀기

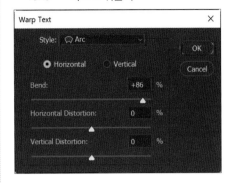

 문제 1 [기능평가] Tool(도구) 활용 (20점)

다음의 〈조건〉에 따라 아래의 〈출력형태〉와 같이 작업하시오.

출력형태

원본 이미지		C:\길벗GTQ2급\모의\모의09\Image\2급-1.jpg	
파일 저장 규칙	JPG	파일명	C:\길벗GTQ2급\모의\모의09\모의09-1.jpg
		크기	400 × 500 pixels
	PSD	파일명	C:\길벗GTQ2급\모의\모의09\모의09-1.psd
		크기	40 × 50 pixels

1. 그림 효과

① 복제 및 변형 : 배
② Shape Tool(모양 도구) 사용 :
  – 다이아몬드 모양 (#336699, #cc9999,
    레이어 스타일 – Drop Shadow(그림자 효과))
  – 봉투 모양 (#339999, 레이어 스타일 – Bevel and Emboss(경사와 엠보스))

2. 문자 효과

① Lake Park (Times New Roman, Bold, 60pt, 레이어 스타일 – Stroke(선/획)
  (2px, #ffffcc), 그라디언트 오버레이(#999933, #cc6666))

 문제 2 [기능평가] 사진편집 기초 (20점)

다음의 〈조건〉에 따라 아래의 〈출력형태〉와 같이 작업하시오.

출력형태

원본 이미지		C:\길벗GTQ2급\모의\모의09\Image\2급-2.jpg, 2급-3.jpg, 2급-4.jpg	
파일 저장 규칙	JPG	파일명	C:\길벗GTQ2급\모의\모의09\모의09-2.jpg
		크기	400 × 500 pixels
	PSD	파일명	C:\길벗GTQ2급\모의\모의09\모의09-2.psd
		크기	40 × 50 pixels

1. 그림 효과

① 색상 보정 : 2급-3.jpg – 빨간색 계열로 보정,
  레이어 스타일 – Inner Shadow(내부 그림자)
② 액자 제작 :
  필터 – Poster Edges(포스터 가장자리), 안쪽 테두리 (5px, #333366),
  레이어 스타일 – Drop Shadow(그림자 효과)
③ 2급-4.jpg : 레이어 스타일 – Drop Shadow(그림자 효과)

2. 문자 효과

① 자동차로 떠나는 여행 (바탕, 38pt, #663333, 레이어 스타일 – Stroke(선/획)
  (2px, #cccccc))

다음의 〈조건〉에 따라 아래의 〈출력형태〉와 같이 작업하시오.

조건

원본 이미지	C:\길벗GTQ2급\모의\모의09\Image\2급-5.jpg, 2급-6.jpg, 2급-7.jpg, 2급-8.jpg		
파일 저장 규칙	JPG	파일명	C:\길벗GTQ2급\모의\모의09\모의09-3.jpg
		크기	600 × 400 pixels
	PSD	파일명	C:\길벗GTQ2급\모의\모의09\모의09-3.psd
		크기	60 × 40 pixels

1. 그림 효과

① 배경 : #66ccff

② 2급-5.jpg : 필터 – Crosshatch(그물눈), 레이어 마스크 – 가로 방향으로 흐릿하게

③ 2급-6.jpg : 레이어 스타일 – Bevel and Emboss(경사와 엠보스)

④ 2급-7.jpg : 레이어 스타일 – Drop Shadow(그림자 효과)

⑤ 2급-8.jpg : 레이어 스타일 – Inner Shadow(내부 그림자)

⑥ 그 외 《출력형태》 참조

2. 문자 효과

① 지금 떠나자 (바탕, 25pt, #663300, #000000, 레이어 스타일 – Stroke(선/획)(2px, #ffcccc))

② World Travel (Times New Roman, Bold, 35pt, 레이어 스타일 – Stroke(선/획)(2px, #330000), 그라디언트 오버레이(#339966, #ff6666))

출력형태

Shape Tool(모양 도구) 사용
#cc6600, 레이어 스타일 –
Drop Shadow(그림자 효과)

Shape Tool(모양 도구) 사용
레이어 스타일 –
그라디언트 오버레이(#ffffff, #ff6600),
Inner Shadow(내부 그림자), Opacity(불투명도)(40%)

다음의 〈조건〉에 따라 아래의 〈출력형태〉와 같이 작업하시오.

조건

원본 이미지		C:\길벗GTQ2급\모의\모의09\Image\2급-9.jpg, 2급-10.jpg, 2급-11.jpg, 2급-12.jpg, 2급-13.jpg	
파일 저장 규칙	JPG	파일명	C:\길벗GTQ2급\모의\모의09\모의09-4.jpg
		크기	600 × 400 pixels
	PSD	파일명	C:\길벗GTQ2급\모의\모의09\모의09-4.psd
		크기	60 × 40 pixels

1. 그림 효과

① 2급-9.jpg : 필터 – Texturizer(텍스처화)

② 2급-10.jpg : 레이어 스타일 – Drop Shadow(그림자 효과)

③ 2급-11.jpg : 레이어 스타일 – Drop Shadow(그림자 효과), Bevel and Emboss(경사와 엠보스)

④ 2급-12.jpg : 필터 – Dry Brush(드라이 브러시)

⑤ 2급-13.jpg : 레이어 스타일 – Outer Glow(외부 광선), Opacity(불투명도)(70%)

⑥ 그 외 《출력형태》 참조

2. 문자 효과

① 축구는 감동의 드라마 (돋움, 45pt, 레이어 스타일 – 그라디언트 오버레이(#330000, #9966cc), Stroke(선/획)(2px, #ffcccc))

② Soccer Game (Arial, Bold, 35pt, 27pt, #663333, 레이어 스타일 – Stroke(선/획)(3px, #ffffcc))

③ 경기장 안전수칙 (바탕, 20pt, #ffcc00, 레이어 스타일 – Stroke(선/획)(2px, #333333))

출력형태

Shape Tool(모양 도구) 사용
레이어 스타일 –
Stroke(선/획)(4px, #339933),
Inner Shadow(내부 그림자)

Shape Tool(모양 도구) 사용
#cccc66, 레이어 스타일 –
Drop Shadow(그림자 효과)

Shape Tool(모양 도구) 사용
레이어 스타일 – Outer Glow(외부 광선),
그라디언트 오버레이(#330000, #ffcc00),
Bevel and Emboss(경사와 엠보스)

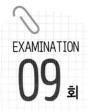

 문제 1   [기능평가]   Tool(도구) 활용

사용할 이미지

2급-1.jpg

  모양 도구로 추가하기

 문제 1   [기능평가]   Tool(도구) 활용   따라 하기

⓪ 준비 작업

다음에 제시된 파일 저장 규칙에 맞게 캔버스를 만든 후 PSD 형식으로 저장한다.

파일명	모의09-1.psd
크기	400 × 500 pixels

① 이미지를 복사한 후 배 복제하기

작업 결과

'2급-1.jpg'를 복사한 후 배를 한 번 복제한다.

② , 를 추가한 후 레이어 스타일 적용하기

작업 결과

- 다이아몬드() 모양을 추가한 후 Drop Shadow(그림자 효과) 스타일을 적용하고 한 번 복사한다.
- 봉투() 모양을 추가한 후 Bevel and Emboss(경사와 엠보스) 스타일을 적용한다.

- : [Shapes(모양)]
- : [Objects(물건)]

③ 문자를 입력한 후 레이어 스타일 적용하기

Lake Park를 입력한 후 Gradient Overlay(그라디언트 오버레이)와 Stroke(선/획) 스타일을 적용한다.

 →

문제 **2**   [기능평가]   **사진편집 기초**

사용할 이미지

2급-2.jpg

2급-3.jpg

2급-4.jpg

문제 **2**   [기능평가]   **사진편집 기초**   따라
                                              하기

⓪ 준비 작업

다음에 제시된 파일 저장 규칙에 맞게 캔버스를 만든 후 PSD 형식으로 저장한다.

파일명	모의09-2.psd
크기	400 × 500 pixels

① 액자 만들기

- '2급-2.jpg'를 복사한 후 바깥 테두리가 될 부분만을 복사하여 새 레이어를 생성한 다음 Poster Edges(포스터 가장자리) 필터를 적용한다.
- 안쪽 테두리에서 서식을 지정한 후 Drop Shadow(그림자 효과) 스타일을 적용한다.

- Poster Edges(포스터 가장자리) 필터 : [Filter(필터)] → [Filter Gallery(필터 갤러리)] → [Artistic(예술 효과)]

② 자동차를 복사한 후 레이어 스타일을 적용하고 색상 보정하기

- '2급-3.jpg'에서 자동차를 복사한 후 Inner Shadow(내부 그림자) 스타일을 적용한다.
- 빨간색으로 색상을 보정한다.

- 색상 보정 : Hue(색조) −40으로 조절

③ 신호등을 복사한 후 레이어 스타일 적용하기

'2급-4.jpg'에서 신호등을 복사한 후 Drop Shadow(그림자 효과) 스타일을 적용한다.

④ 문자를 입력한 후 레이어 스타일 적용하기

자동차로 떠나는 여행을 입력한 후 Stroke(선/획) 스타일을 적용한다.

- '자동차로 떠나는 여행' 텍스트 뒤틀기

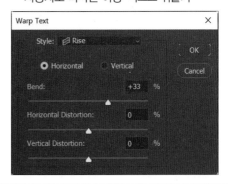

사용할 이미지

2급-5.jpg

2급-6.jpg

2급-7.jpg

2급-8.jpg

모양 도구로 추가하기

문제 3   [기능평가] 사진편집   따라하기

ⓞ 준비 작업

다음에 제시된 파일 저장 규칙에 맞게 캔버스를 만든 후 PSD 형식으로 저장한다.

파일명	모의09-3.psd
크기	600 × 400 pixels

① 배경색 지정하기

작업 결과

빈 캔버스에 배경색을 지정한다.

② 이미지를 복사한 후 필터를 적용하고 레이어 마스크 수행하기

작업 결과

• '2급-5.jpg'를 복사한 후 Crosshatch(그물눈) 필터를 적용한다.
• 가로 방향으로 흐릿하게 레이어 마스크를 수행한다.

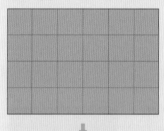

↓

• Crosshatch(그물눈) 필터 : [Filter(필터)] → [Filter Gallery(필터 갤러리)] → [Brush Strokes(브러시 획)]

• 가로 방향으로 흐릿하게 레이어 마스크 수행

③ 지구본을 복사한 후 레이어 스타일 적용하기

'2급-6.jpg'에서 지구본을 복사한 후 Bevel and Emboss(경사와 엠보스) 스타일을 적용한다.

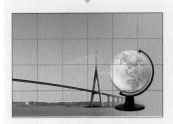

④ 나비를 복사한 후 레이어 스타일 적용하기

'2급-7.jpg'에서 나비를 복사한 후 Drop Shadow(그림자 효과) 스타일을 적용한다.

⑤ 비행기를 복사한 후 레이어 스타일 적용하기

'2급-8.jpg'에서 비행기를 복사한 후 Inner Shadow(내부 그림자) 스타일을 적용한다.

⑥ 🌐, 👑를 추가한 후 레이어 스타일 적용하기

- 지구(🌐) 모양을 추가한 Gradient Overlay(그라디언트 오버레이)와 Inner Shadow(내부 그림자) 스타일을 적용하고 Opacity(불투명도)를 40%로 지정한다.
- 왕관(👑) 모양을 추가한 후 Drop Shadow(그림자 효과) 스타일을 적용한다.

- 🌐 : [Symbols(기호)]
- 👑 : [Objects(물건)]

⑦ 문자를 입력한 후 레이어 스타일 적용하기

- **지금 떠나자**, World Travel을 입력한다.
- 입력한 문자열 각각에 서식을 지정하고 스타일을 적용한다.
- 각각의 문자열을 〈출력형태〉와 같이 배치한다.

- 'World Travel' 텍스트 뒤틀기

사용할 이미지

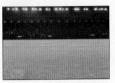

2급-9.jpg

2급-10.jpg

2급-11.jpg

2급-12.jpg

2급-13.jpg

모양 도구로 추가하기

 문제 **4** [실무응용] 이벤트 페이지 제작

따라 하기

⓪ 준비 작업

다음에 제시된 파일 저장 규칙에 맞게 캔버스를 만든 후 PSD 형식으로 저장한다.

파일명	모의09-4.psd
크기	600 × 400 pixels

① 이미지를 복사한 후 필터 적용하기

> **작업 결과**

'2급-9.jpg'를 복사한 후 Texturizer(텍스처화) 필터를 적용한다.

- Texturizer(텍스처화) 필터 : [Filter(필터)] → [Filter Gallery(필터 갤러리)] → [Texture(텍스처)]

② 카메라를 복사한 후 레이어 스타일 적용하기

> **작업 결과**

'2급-10.jpg'에서 카메라를 복사한 후 Drop Shadow(그림자 효과) 스타일을 적용한다.

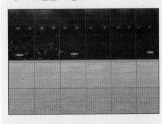

❸ 공을 복사한 후 레이어 스타일 적용하기

작업 결과

'2급-11.jpg'에서 공을 복사한 후 Drop Shadow(그림자 효과)와 Bevel and Emboss(경사와 엠보스) 스타일을 적용한다.

↓

❹ ⬛를 추가한 후 레이어 스타일과 필터를 적용하고 클리핑 마스크 수행하기

작업 결과

- 퍼즐(⬛) 모양을 추가한 후 Stroke(선/획)와 Inner Shadow(내부 그림자) 스타일을 적용한다.
- '2급-12.jpg'를 복사한 후 Dry Brush(드라이 브러시) 필터를 적용하고 클리핑 마스크를 수행한다.

↓

- ⬛ : [Objects(물건)]
- Dry Brush(드라이 브러시) 필터 : [Filter(필터)] → [Filter Gallery(필터 갤러리)] → [Artistic(예술 효과)]

❺ 사람을 복사한 후 레이어 스타일을 적용하고 불투명도 지정하기

작업 결과

'2급-13.jpg'에서 사람을 복사한 후 Outer Glow(외부 광선) 스타일을 적용하고, Opacity(불투명도)를 70%로 지정한다.

↓

❻ ⬛, ❋를 추가한 후 레이어 스타일 적용하기

작업 결과

- 퍼즐(⬛) 모양을 추가한 후 Drop Shadow(그림자 효과) 스타일을 적용한다.
- 꽃(❋) 모양을 추가한 후 Outer Glow(외부 광선), Gradient Overlay(그라디언트 오버레이), Bevel and Emboss(경사와 엠보스) 스타일을 적용한다.

↓

-  : [Objects(물건)]
-  : [Nature(자연)]

⑦ 문자를 입력한 후 레이어 스타일 적용하기

작업 결과

- 축구는 감동의 드라마, Soccer Game, 경기장 안전수칙을 입력한다.
- 입력한 문자열 각각에 서식을 지정하고 스타일을 적용한다.
- 각각의 문자열을 〈출력형태〉와 같이 배치한다.

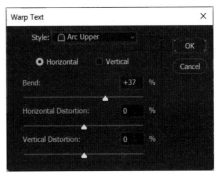

- '축구는 감동의 드라마'
  - Gradient Overlay(그레이디언트 오버레이) : Angle(각도) 0°
- 'Soccer Game' 텍스트 뒤틀기

실전 모의고사

 문제 1 [기능평가] **Tool(도구) 활용** (20점)

다음의 〈조건〉에 따라 아래의 〈출력형태〉와 같이 작업하시오.

출력형태

조건

원본 이미지	C:\길벗GTQ2급\모의\모의10\Image\2급-1.jpg		
파일 저장 규칙	JPG	파일명	C:\길벗GTQ2급\모의\모의10\모의10-1.jpg
		크기	400 × 500 pixels
	PSD	파일명	C:\길벗GTQ2급\모의\모의10\모의10-1.psd
		크기	40 × 50 pixels

1. 그림 효과

① 복제 및 변형 : 건물

② Shape Tool(모양 도구) 사용 :
- 새 모양 (#00ffff, #ffff33, 레이어 스타일 – Drop Shadow(그림자 효과))
- 해 모양 (#ff3333, 레이어 스타일 – Bevel and Emboss(경사와 엠보스))

2. 문자 효과

① Blue Sky (Arial, Bold, 40pt, 레이어 스타일 – 그라디언트 오버레이(#0033ff, #006666), Outer Glow(외부 광선)

 문제 2 [기능평가] **사진편집 기초** (20점)

다음의 〈조건〉에 따라 아래의 〈출력형태〉와 같이 작업하시오.

출력형태

조건

원본 이미지	C:\길벗GTQ2급\모의\모의10\Image\2급-2.jpg, 2급-3.jpg, 2급-4.jpg		
파일 저장 규칙	JPG	파일명	C:\길벗GTQ2급\모의\모의10\모의10-2.jpg
		크기	400 × 500 pixels
	PSD	파일명	C:\길벗GTQ2급\모의\모의10\모의10-2.psd
		크기	40 × 50 pixels

1. 그림 효과

① 색상 보정 : 2급-3.jpg – 녹색 계열로 보정,
레이어 스타일 – Drop Shadow(그림자 효과)

② 액자 제작 :
필터 – Rough Pastels(거친 파스텔 효과),
안쪽 테두리 (5px, #0066ff), 레이어 스타일 – Drop Shadow(그림자 효과)

③ 2급-4.jpg : 레이어 스타일 – Inner Glow(내부 광선)

2. 문자 효과

① 즐거운 여행 안전운전 하세요 (바탕, 43pt, 레이어 스타일 – 그라디언트 오버레이
(#ff0000, #339966), Stroke(선/획)(2px, #ffffff))

다음의 〈조건〉에 따라 아래의 〈출력형태〉와 같이 작업하시오.

조건

원본 이미지	C:\길벗GTQ2급\모의\모의10\Image\2급-5.jpg, 2급-6.jpg, 2급-7.jpg, 2급-8.jpg		
파일 저장 규칙	JPG	파일명	C:\길벗GTQ2급\모의\모의10\모의10-3.jpg
		크기	600 × 400 pixels
	PSD	파일명	C:\길벗GTQ2급\모의\모의10\모의10-3.psd
		크기	60 × 40 pixels

1. 그림 효과

① 배경 : #ffcc00
② 2급-5.jpg : 필터 – Crosshatch(그물눈), 레이어 마스크 – 대각선 방향으로 흐릿하게
③ 2급-6.jpg : 레이어 스타일 – Outer Glow(외부 광선)
④ 2급-7.jpg : 레이어 스타일 – Drop Shadow(그림자 효과)
⑤ 2급-8.jpg : 레이어 스타일 – Bevel and Emboss(경사와 엠보스)
⑥ 그 외 《출력형태》 참조

2. 문자 효과

① 세계로 떠나는 여행 (돋움, 30pt, #006666, 레이어 스타일 – Drop Shadow(그림자 효과), Stroke(선/획)(2px, #ccffcc))
② World Tour (Times New Roman, Bold, 45pt, 레이어 스타일 – 그라디언트 오버레이(#336633, #ffffff), Stroke(선/획)(1px, #336633))

출력형태

Shape Tool(모양 도구) 사용
#00cc99, 레이어 스타일 –
Bevel and Emboss(경사와 엠보스),
Drop Shadow(그림자 효과)

Shape Tool(모양 도구) 사용
레이어 스타일 –
그라디언트 오버레이
(#336699, #ff66cc),
Opacity(불투명도)(40%)

다음의 〈조건〉에 따라 아래의 〈출력형태〉와 같이 작업하시오.

조건

원본 이미지			C:\길벗GTQ2급\모의\모의10\Image\2급-9.jpg, 2급-10.jpg, 2급-11.jpg, 2급-12.jpg, 2급-13.jpg
파일 저장 규칙	JPG	파일명	C:\길벗GTQ2급\모의\모의10\모의10-4.jpg
		크기	600 × 400 pixels
	PSD	파일명	C:\길벗GTQ2급\모의\모의10\모의10-4.psd
		크기	60 × 40 pixels

1. 그림 효과

① 2급-9.jpg : 필터 – Paint Daubs(페인트 덥스/페인트 바르기)
② 2급-10.jpg : 레이어 스타일 – Outer Glow(외부 광선), Inner Shadow(내부 그림자)
③ 2급-11.jpg : 레이어 스타일 – Outer Glow(외부 광선)
④ 2급-12.jpg : 필터 – Stained Glass(스테인드 글라스/채색 유리)
⑤ 2급-13.jpg : 레이어 스타일 – Bevel and Emboss(경사와 엠보스), Opacity(불투명도)(70%)
⑥ 그 외 《출력형태》 참조

2. 문자 효과

① Merry Christmas (Arial, Bold, 36pt, 레이어 스타일 – 그라디언트 오버레이(ff0000, #ffff00), Stroke(선/획)(3px, #ffffff))
② 행복한 크리스마스 (돋움, 30pt, #3333cc, 레이어 스타일 – Outer Glow(외부 광선))
③ 즐겁고 행복한 성탄절 (궁서, 15pt, #993333, 레이어 스타일 – Stroke(선/획)(2px, #ffffcc))

출력형태

Shape Tool(모양 도구) 사용
#ccffff, 레이어 스타일 –
Stroke(선/획)(3px, #cccccc),
Opacity(불투명도)(70%)

Shape Tool(모양 도구) 사용
레이어 스타일 –
Stroke(선/획)(3px, 그라디언트
(#ff9999, #ffff66)),
Inner Shadow(내부 그림자)

Shape Tool(모양 도구) 사용
#ffff99, 레이어 스타일 – Bevel and Emboss(경사와 엠보스),
Opacity(불투명도)(70%)

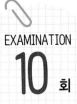

EXAMINATION 10 회

실전 모의고사 풀이

 문제 1　[기능평가]　Tool(도구) 활용

사용할 이미지

2급-1.jpg　　　　　모양 도구로 추가하기

 문제 1　[기능평가]　Tool(도구) 활용　　**따라하기**

⓿ 준비 작업

다음에 제시된 파일 저장 규칙에 맞게 캔버스를 만든 후 PSD 형식으로 저장한다.

파일명	모의10-1.psd
크기	400 × 500 pixels

❶ 이미지를 복사한 후 건물 복제하기

작업 결과

'2급-1.jpg'를 복사한 후 건물을 한 번 복제한다.

❷ 🕊, ☀를 추가한 후 레이어 스타일 적용하기

작업 결과

- 새(🕊) 모양을 추가한 후 Drop Shadow(그림자 효과) 스타일을 적용하고, 한 번 복사한다.
- 해(☀) 모양을 추가한 후 Bevel and Emboss(경사와 엠보스) 스타일을 적용한다.

- 🕊 : [Animals(동물)]
- ☀ : [Nature(자연)]

③ 문자를 입력한 후 레이어 스타일 적용하기

作업 결과

Blue Sky를 입력한 후 Gradient Overlay(그라디언트 오버레이)
와 Outer Glow(외부 광선) 스타일을 적용한다.

 →

- Gradient Overlay(그레이디언트 오버레이) 스타일 :
  Angle(각도) 0°

 문제 2　[기능평가]　**사진편집 기초**

사용할 이미지

2급-2.jpg　　2급-3.jpg　　2급-4.jpg

 문제 2　[기능평가]　**사진편집 기초**　　따라하기

⓪ 준비 작업

다음에 제시된 파일 저장 규칙에 맞게 캔버스를 만든
후 PSD 형식으로 저장한다.

파일명	모의10-2.psd
크기	400 × 500 pixels

① 액자 만들기

- '2급–2.jpg'를 복사한 후 바깥 테두리가 될 부분만을 복사하여 새 레이어를 생성한 다음 Rough Pastels(거친 파스텔 효과) 필터를 적용한다.
- 안쪽 테두리에 서식을 지정한 후 Drop Shadow(그림자 효과) 스타일을 적용한다.

- Rough Pastels(거친 파스텔 효과) 필터 : [Filter(필터)] → [Filter Gallery(필터 갤러리)] → [Artistic(예술 효과)]

② 표지판을 복사한 후 레이어 스타일을 적용하고 색상 보정하기

- '2급–3.jpg'에서 표지판을 복사한 후 Drop Shadow(그림자 효과) 스타일을 적용한다.
- 녹색 계열로 색상을 보정한다.

- 색상 보정 : Colorize(색상화)를 체크한 후 Hue(색조) +140, Saturation(채도) +80으로 조절

③ 신호등을 복사한 후 레이어 스타일 적용하기

'2급–4.jpg'에서 신호등을 복사한 후 Inner Glow(내부 광선) 스타일을 적용한다.

④ 문자를 입력한 후 레이어 스타일 적용하기

즐거운 여행 안전운전 하세요를 입력한 후 Gradient Overlay(그라디언트 오버레이)와 Stroke(선/획) 스타일을 적용한다.

- '즐거운 여행 ~' 텍스트 뒤틀기

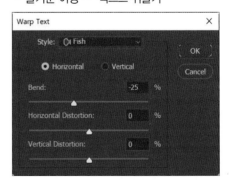

사용할 이미지

2급-5.jpg

2급-6.jpg

2급-7.jpg

2급-8.jpg

모양 도구로 추가하기

 문제 **3** [기능평가] 사진편집

따라
하기

0 준비 작업

다음에 제시된 파일 저장 규칙에 맞게 캔버스를 만든 후 PSD 형식으로 저장한다.

파일명	모의10-3.psd
크기	600 × 400 pixels

1 배경색 지정하기

작업 결과

빈 캔버스에 배경색을 지정한다.

2 이미지를 복사한 후 필터를 적용하고 레이어 마스크 수행하기

작업 결과

- '2급-5.jpg'를 복사한 후 Crosshatch(그물눈) 필터를 적용한다.
- 대각선 방향으로 흐릿하게 레이어 마스크를 수행한다.

- Crosshatch(그물눈) 필터 : [Filter(필터)] → [Filter Gallery(필터 갤러리)] → [Brush Strokes(브러시 획)]

• 대각선 방향으로 흐릿하게 레이어 마스크 수행

③ 기차를 복사한 후 레이어 스타일 적용하기

'2급-6.jpg'에서 기차를 복사한 후 Outer Glow(외부 광선) 스타일을 적용한다.

④ 자동차를 복사한 후 레이어 스타일 적용하기

'2급-7.jpg'에서 자동차를 복사한 후 Drop Shadow(그림자 효과) 스타일을 적용한다.

⑤ 비행기를 복사한 후 레이어 스타일 적용하기

'2급-8.jpg'에서 비행기를 복사한 후 Bevel and Emboss(경사와 엠보스) 스타일을 적용한다.

6 🌐, ✳를 추가한 후 레이어 스타일 적용하기

- 지구(🌐) 모양을 추가한 후 Gradient Overlay(그라디언트 오버레이) 스타일을 적용하고, Opacity(불투명도)를 40%로 지정한다.
- 해(✳) 모양을 추가한 후 Bevel and Emboss(경사와 엠보스)와 Drop Shadow(그림자 효과) 스타일을 적용한다.

⬇

- 🌐 : [Symbols(기호)]
- ✳ : [Nature(자연)]

7 문자를 입력한 후 레이어 스타일 적용하기

- **세계로 떠나는 여행**, World Tour를 입력한다.
- 입력한 문자열 각각에 서식을 지정하고 스타일을 적용한다.
- 각각의 문자열을 〈출력형태〉와 같이 배치한다.

⬇

- 'World Tour' 텍스트 뒤틀기

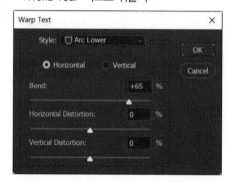

문제 4 [실무응용] 이벤트 페이지 제작

사용할 이미지

2급-9.jpg

2급-10.jpg

2급-11.jpg

2급-12.jpg

2급-13.jpg

모양 도구로 추가하기

 문제 4 [실무응용] 이벤트 페이지 제작 [따라하기]

ⓞ 준비 작업

다음에 제시된 파일 저장 규칙에 맞게 캔버스를 만든 후 PSD 형식으로 저장한다.

파일명	모의10-4.psd
크기	600 × 400 pixels

❶ 이미지를 복사한 후 필터 적용하기

> **작업 결과**
>
> '2급-9.jpg'를 복사한 후 Paint Daubs(페인트 덥스/페인트 바르기) 필터를 적용한다.

↓

- Paint Daubs(페인트 덥스/페인트 바르기) 필터 : [Filter(필터)] → [Filter Gallery(필터 갤러리)] → [Artistic(예술 효과)]

❷ 눈사람을 복사한 후 레이어 스타일 적용하기

> **작업 결과**
>
> '2급-10.jpg'에서 눈사람을 복사한 후 Outer Glow(외부 광선)와 Inner Shadow(내부 그림자) 스타일을 적용한다.

↓

❸ 장식1을 복사한 후 레이어 스타일 적용하기

'2급-11.jpg'에서 장식1을 복사한 후 Outer Glow(외부 광선) 스타일을 적용한다.

↓

❹ 를 추가한 후 필터와 레이어 스타일을 적용하고 클리핑 마스크 수행하기

- 눈꽃(❄) 모양을 추가한 후 Stroke(선/획)와 Inner Shadow(내부 그림자) 스타일을 적용한다.
- '2급-12.jpg'를 복사한 후 Stained Glass(스테인드 글라스/채색 유리) 필터를 적용하고, 클리핑 마스크를 수행한다.

↓

- ❄ : [Nature(자연)]
- Stained Glass(스테인드 글라스/채색 유리) 필터 : [Filter(필터)] → [Filter Gallery(필터 갤러리)] → [Texture(텍스처)]

전경색을 흰색으로 변경하기

〈출력형태〉와 같이 Stainde Glass(채색 유리) 필터의 선이 흰색으로 표시되도록 하려면 전경색이 흰색인 상태에서 필터를 적용해야 합니다. 전경색이 흰색이 아니라면 도구 상자 하단의 ▣(기본 전경색과 배경색)을 클릭한 후 ↰(전경색과 배경색 전환)을 클릭하면 됩니다.

❶ 딸깍

❷ 딸깍

❺ 장식2를 복사한 후 레이어 스타일을 적용하고 불투명도 지정하기

'2급-13.jpg'에서 장식2를 복사한 후 Bevel and Emboss(경사와 엠보스) 스타일을 적용하고, Opacity(불투명도)를 70%로 지정한다.

↓

⑥ ❋, ❅를 추가한 후 레이어 스타일 적용하기

작업 결과

- 눈꽃1(❋) 모양을 추가한 후 Stroke(선/획) 스타일을 적용하고, Opacity(불투명도)를 70%로 지정한다.
- 눈꽃2(❅) 모양을 추가한 후 Bevel and Emboss(경사와 엠보스) 스타일을 적용하고, Opacity(불투명도)를 70%로 지정한다.

- ❋, ❅ : [Nature(자연)]

⑦ 문자를 입력한 후 레이어 스타일 적용하기

작업 결과

- Merry Christmas, 행복한 크리스마스, 즐겁고 행복한 성탄절을 입력한다.
- 입력한 문자열 각각에 서식을 지정하고 스타일을 적용한다.
- 각각의 문자열을 〈출력형태〉와 같이 배치한다.

- 'Merry Christmas' 텍스트 뒤틀기

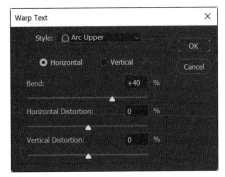

- '행복한 크리스마스' 텍스트 뒤틀기

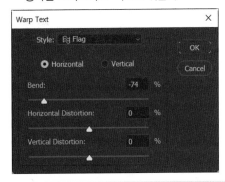

포토샵 CS4/CS6 사용자

'Wrap Text(텍스트 변환/뒤틀기)' 대화상자에서 'Bend(구부리기)' 값을 +74로 조절하세요.

나는 시험에 나오는 것만 공부한다!
이제 시나공으로 한 번에 정복하세요!

기초 이론부터 완벽하게 공부해서 안전하게 합격하고 싶어요!

필요한 내용만 간추려 빠르고 쉽게 공부하고 싶어요!

이론은 공부했지만 어떻게 적용되는지 문제풀이를 통해 감각을 익히고 싶어요!

이론은 완벽해요! 기출문제로 마무리하고 싶어요!

기본서
(필기/실기)

Quick & Easy
퀵이지(필기/실기)

총정리
(필기/실기)

기출문제집
(필기/실기)

■■■■ 특 징 ■■■■	■■■■ 특 징 ■■■■	■■■■ 특 징 ■■■■	■■■■ 특 징 ■■■■
자세하고 친절한 이론으로 기초를 쌓은 후 바로 문제풀이를 통해 정리한다.	큰 판형, 쉬운 설명으로 시험에 꼭 나오는 알짜만 골라 학습한다.	간단하게 이론을 정리한 후 충분한 문제풀이를 통해 실전 감각을 향상시킨다.	최신 기출문제를 반복 학습하며 최종 마무리한다.

■■■■ 구 성 ■■■■	■■■■ 구 성 ■■■■	■■■■ 구 성 ■■■■	■■■■ 구 성 ■■■■
본권 기출문제 토막강의	본권 기출문제 토막강의	핵심요약 기출문제 모의고사 토막강의	핵심요약(PDF) 기출문제(20회) 토막강의

실기
온라인 채점 프로그램
• 워드프로세서
• 컴퓨터활용능력
• ITQ

실기
• 온라인 채점 프로그램
• 기출문제
• 모의고사

실기
기출문제(10회)

■■ 출 간 종 목 ■■	■■ 출 간 종 목 ■■	■■ 출 간 종 목 ■■	■■ 출 간 종 목 ■■
컴퓨터활용능력1급 필기/실기 컴퓨터활용능력2급 필기/실기 워드프로세서 필기/실기 정보처리기사 필기/실기 정보처리산업기사 필기/실기 정보처리기능사 필기/실기 사무자동화산업기사 실기 ITQ 엑셀/한글/파워포인트 GTQ 1급/2급	컴퓨터활용능력1급 필기 컴퓨터활용능력2급 필기 정보처리기사 필기/실기	컴퓨터활용능력1급 필기/실기 컴퓨터활용능력2급 필기/실기 사무자동화산업기사 필기	컴퓨터활용능력1급 필기/실기 컴퓨터활용능력2급 필기/실기 정보처리기사 필기/실기